U0147038

資本主義的先知

馬克思

法蘭西斯・惠蔭 Francis Wheen◎著　洪儀真　何明修◎譯　夏傳位◎核譯

CONTENTS

目錄

導論

一八八三年三月十七日，卡爾・馬克思葬禮上只有十一人前來哀悼。「他的英名和事業將永垂不朽，」恩格斯（Friedrich Engles）在高門墓園（Highgate cemetery）的追悼演說中如此表示。這聽來像是一句不值一哂的狂言；然而，他卻說對了。

二十世紀的歷史可說是馬克思的遺產。史達林、毛澤東、切・格瓦拉（Che Guevara, 1928-1967，譯按：古巴革命領導人之一）和卡斯楚（Castro）——這些現代的偶像梟雄物都自命爲他的繼承人，至於馬克思自己承不承認就是另一回事了。那些自詡師承馬克思的人甚至在馬克思在生前就有許多古怪行徑，常讓他深感絕望。當他得知法國的一個新政黨自稱是馬克思主義者的時候，他回應說，如果是如此，「至少我不算馬克思主義者。」然而，馬克思辭世不到百年，全世界半數被奉馬克思主義爲圭臬的政府所統治。他的觀念改變了經濟學、歷史學、地理學、社會學和文學研究。從耶穌基督以降，沒有一位出身卑賤的貧民能擁有遍及全球的追隨者——也沒有人廣受曲解到這個地步。

現在是卸下神話，試著重新發掘馬克思其人的時候了。有關馬克思主義的書已是汗牛充棟，然而這幾乎都是由學者或狂熱崇拜者所撰寫，對於這些人而言，將馬克思視爲有血有肉的人可說是一件近乎褻瀆的事——把他看成一位普魯士移民，搖身一變，成了英國中產階級紳士；他把大半生耗在大英博物館寂靜閱覽室，心中的憤怒難抑；他幾乎與所有朋友鬧翻，卻又好客愛交際；一個爲家庭奉獻、卻又讓女傭懷孕的男人；一位苦心追求，卻喜愛喝酒、抽煙、開玩笑的哲學家。

對於冷戰期間的西方世界而言，他是衆惡之始，魔鬼中的魔鬼，創建了一套恐怖邪惡的儀式，必須去之而後快。在一九五〇年代的蘇聯，馬克思的地位就像現世上帝，列寧（Lenin）是施洗約翰，而史達林當然就是救世主彌賽亞。許多人光憑這點，就說馬克思是大屠殺和整肅的共犯：如果他再多活幾年，或許哪個獨具商業慧眼的記者，還要指控他是「開膛手傑克」的頭號嫌疑犯呢。這有什麼道理呢？當然也沒人問過馬克思要不要列入聖三位一體，他對於那些以他之名犯下的罪行，恐怕也會不寒而慄。史達林、毛澤東和金日成信奉冒牌的信條，他們對待馬克思作品的方式，就像現代基督徒使用《舊約聖經》一樣：大部分都將之忽略或棄之不用，把某些引起共鳴的口號（「人民的鴉片」、「無產階級專政」）硬生生斷章取義，顚倒黑白，然後引之爲金科玉律，用來替最殘忍、不人道的行爲辯護。吉普林（Kipling, 1865-1936，英國作家、詩人）的描述最爲適切（他向來有此本領）：

他有一福音
可解救萬民
他全然奉獻——

以身、靈與心——
他邁向骷髏地（譯按：耶穌被釘十字架之地）
日日以求收穫——
然而他的門徒
竟使一切皆枉然

只有傻瓜才會要馬克思替古拉格（譯按：蘇聯的集中營）負責；但現成的傻子還眞不少。「不管如何，我們這個時代所發生最重大之事，若追究起來，通通歸於一個人——卡爾．馬克思，」一九七四年，史瓦茲齊德（Leopold Schwarzschild）於自傳《赤色普魯士人》（*The Red Prussian*）前言中如此宣稱。「我們在蘇聯的存在，尤其是蘇維埃使用的恐怖手段中，可以看到馬克思的鬼魂，這點可說是鐵證如山。」對史瓦茲齊德來說，馬克思與史達林的殘酷手段實在是太相似了，所以他完全沒想到應該為自己荒謬的主張舉證。他認為「觀其果實，知其樹」的說法就夠了。然而，哲學家應該為自己的觀念所引起的各種損害而受責備嗎？如果史瓦茲齊德在自家果園發現掉落地上的果實被胡蜂咬過——或者餐桌上的蘋果派烤焦了——他會不會拿起斧頭，要這棵有罪的樹還他公道？

那些愚昧或酷愛權力的信衆把馬克思奉為神祇；但批評馬克思的人也常犯同樣的錯誤，只是評價恰好相反，把馬克思想像成撒旦的代言人。「馬克思有些時候看來被惡魔附身了，」現代一位傳記家羅伯．倍恩（Robert Payne）寫道，「他抱持惡魔的世界觀，如惡魔般猙獰邪惡。有時候，他似乎也明白自己成就的是邪惡的作品。」這一派想法輾轉流傳——實在是讓人聯想起少年感化院——在美國著名的狂熱福音傳道家李查．溫布蘭（Richard Wurmbrand）手中，出現了荒謬的結論。一九七六年出版的《馬克思崇拜撒旦嗎？》（Was Karl Marx a Satanist?）實在是一本怪書；此人也是暢銷兩百萬本的《爲基督受難》（Tortured for Christ）和《莫斯科聖經之解答》（The Answer to Moscow's Bible）兩書的作者。

根據溫布蘭的說法，馬克思年輕時曾加入一間「極其秘密的崇拜惡魔教？」，他終其一生都爲這間教會服事。當然，這件事找不到任何證據；但這卻讓這位牧師偵探更相信他的直覺：「既然撒旦教派神秘莫測，我們只能推測馬克思與它之間有某種關連而已。」這是如何「推測」來的呢？說來可笑，馬克思在學生時代寫過一齣名爲《奧蘭尼姆》（Oulanem）的詩劇，這劇名多少有點像是把「以馬內利」（Emanuel）倒過來寫——因此「讓我們想起，這是撒旦黑彌撒的顛倒僞裝。」這是最嚴重的控告，還不只這樣。「你是否曾經懷疑馬克思的髮型？」溫布蘭質問，「那個時代的男人通常都留鬍子，但不是像他那樣……馬克思的言行舉止活脫是撒旦派女祭司喬安娜．紹斯寇特（Joanna Southcott）的門徒，這女祭司自認能與魔鬼希羅（Shiloh）接觸。」事實上，在馬克思所居住的英國，有許多鬍鬚茸茸的紳士，從板球球員葛瑞斯（W. G. Grace）到政治家薩利斯柏瑞爵士（Lord Salisbury）都是。難道他們也和魔鬼希羅有所來往嗎？

冷戰結束，上帝顯然戰勝了撒旦，之後無數自以爲是的人宣告，我們來到了福山（Francis Fukuyama）洋洋得意吹噓的「歷史的盡頭」。共產主義跟馬克思一起進了墳墓，而那本史上最具影響力的政治小冊子《共產黨宣言》，馬克思於結尾處曾發出令敵人血液都爲之凝結的威脅，現在看來不過是古怪的歷史遺跡：「讓統治階級在共產主義革命面前發抖吧。無產者失去的只是束縛他們的鎖鍊，整個世界等待他們去贏取。全世界的工人們，聯合起來！」然而，現在唯一束縛無產階級的事物，是仿冒的勞力士手錶；但他們還有更多不願失去的事物——微波爐、假期分配，以及衛星小耳朵。他們買了自己的公宅房子，也購買了民營化企業的股份；當他們的建築融資合作社變成銀行的時候，他們發了一筆不錯的小橫財。簡而言之，我們現在都是資產階級，連英國工黨也走柴契爾路線了。

我開始爲這本自傳蒐集資料時，許多朋友帶著同情及不可思議的眼光看著我。他們懷疑怎麼還有人願意爲這樣一位名譽掃地、過時且不相干的人物寫傳——更遑論有人願意讀它了。我對此還是不予理會。我對馬克思的研究越深入，他就越像是一個令人驚訝的主題。今日，那些一副當代智者姿態的專家和政客很喜歡在各種場合中提及「全球化」這個流行字眼——卻沒有想到馬克思在一八四八年就已經談這個問題了。全世界麥當勞和MTV的優勢，一點也不會令他驚訝。由於亞洲經濟高速成長和美西繁盛的矽谷，金融實力從大西洋轉移到了太平洋區——馬克思在比爾．蓋茲出生前一個多世紀就已預見這種轉變了。

然而，不論是馬克思或我，都沒有料到一項意外發展：一九九〇年代晚期，當時老馬已被追逐流行的自由派份子和後現代左翼人士唾棄許久，邪惡的老布爾喬亞資本家忽然又推崇他爲不世出的天才。這個奇怪的歷史翻案在一九九七年十月出現徵兆，當時《紐約客》（New Yorker）雜誌在特刊中將馬克思列爲「未來偉大思想家」，一位帶我們深入透視有關政治腐敗、壟斷、異化、不平等和全球市場的人。「我在華爾街待得越久，我就越相信馬克思是對的，」一位富有的投資銀行家向該雜誌如此表示。「我絕對相信馬克思的學說是解讀資本主義的最佳方式。」從那時起，右翼經濟學家和專欄作家便排隊向馬克思獻上敬意。撇下共產主義的所有荒謬吧，他們說：馬克思確實是「一位向資本主義學習的學生」。

即使右翼人士刻意恭維他，也只是貶低了他而已。馬克思是一位哲學家、歷史學家、經濟學家、語言學家、文學評論者與革命家。雖然他不曾「專職」這些身分，但他的工作量卻大得出奇：作品達五十冊之多，其中只有少部分在生前出版。他的敵人和門徒都不願承認他性格中至爲明顯、也至爲驚人的特質：這個神話般的魔鬼和聖者是個凡人。一九五〇年代麥卡錫主義份子的政治迫害，越戰和韓戰，古巴的飛彈危機，蘇聯入侵捷克及匈牙利，天安門廣場的學生大屠殺——這些二十世紀歷史上的血漬，都以馬克思主義或反馬克思主義的名義遂行。對於一個一生多苦於貧窮、膿瘡和肝疾，曾經在酒吧鬧事而被倫敦警察沿街追捕的人而言，這可不是微小的功業。

1 局外人

一列火車緩緩駛過摩塞爾河（Moselle）山谷——高大的松樹，沿坡羅列的葡萄園，整齊的小村落，冬日天空下寧靜的煙霧。法國抗暴運動中被捕的年輕西班牙人在過於擁擠的牲畜貨廂中喘著氣，數著一天又一天。他和其他犯人都是從康比埃紐（Compiegne）帶到布亨瓦德（Buchenwald）的納粹集中營。火車在某處靠站，這西班牙人瞅了一眼站牌：特利爾（TRIER）。突然間，站台上一位德國男孩猛力向車窗口丟了一塊石頭，車窗後，蜷縮著難逃一死的乘客。

喬治．松伯朗（Jorge Semprun）著名的納粹大屠殺小說《漫長的旅程》（The Long Voyage）是這麼開場的，在那通往死亡的旅程中，沒有一件事比丟石頭的男孩更痛苦地刺穿了小說中敘事者的心——甚至連預知到即將發生在布亨瓦德的慘事都比不上。「這件事偏偏降臨在特利爾，眞是該死的巧合，」敘事者嘆道。

「爲什麼？」一位法國人困惑地問，「你以前就知道這個地方？」

「不，我從未來過此地。」

「那麼你認識從此地來的人？」

「沒錯，沒錯。」他解釋，一位幼年伙伴。其實他心裡想的是一個更早在特利爾出生的人，一個生於一八一八年五月五日凌晨的猶太男孩。

「幸好他沒有家庭，」一八五四年六月，馬克思在寫給恩格斯的信裡頹然感嘆。他當時三十六歲，早已斷絕了與家庭的聯繫。他的父親、三位兄弟和一個妹妹已經去世，另一位妹妹兩年後也告過世，連其他在世的兄弟姊妹和他也沒什麼瓜葛。他和母親的關係冰冷而疏離，尤其是她居然活了那麼久，使得這個生性反叛的繼承人與遺產絕緣。

馬克思是資產階級的猶太人，來自於信仰天主教的城市，這城市位於一個以新教爲官方信仰的國家裡。他將自己的壯年投注在預言資產階級凋零和民族國家消亡，到了臨終卻是一個無神論者和沒有國籍的人。馬克思遠離宗教、階級和公民身份，他認定「異化」（alienation）是資本主義加諸人性的詛咒，而他自己正好是異化活生生的例子。

這位令人尊敬的日耳曼中產階級，作爲被壓迫群衆的代表也許有些怪異，然而，馬克思自己並不會對他的象徵地位感到訝異。他相信個人反映了他所身處的世界。他的教養使他了解宗教具有誘人迷途的專制力量，也讓他具備了滔滔雄辯的口才和自信，足以力勸人們拋棄自身的枷鎖。

「他說故事的本事是獨一無二、無人能及的，」女兒愛琳娜（Eleanor）如此記載，這是她的父親僅存的童年軼事之一。「我曾聽姑姑說，他小時候簡直就是可怕的暴君。他會將姊妹們當成他的馬，以全速『驅趕』到特利爾的馬庫斯堡（Markusberg）。更糟的是，他還會強迫她們吃用髒手做成的『蛋糕』。不過，她們寧願忍受『驅趕』，並且不吭氣地吃下這些『蛋糕』，就是爲了聽卡爾說故事，來獎賞她們的溫順。在往後的歲月，愛玩的女孩變爲受人尊敬的已婚婦女，她們就沒那麼順著這個任性的兄弟了。移民到南美的路易莎・馬克思（Luise Marx），有一次在造訪倫敦時到他家吃晚餐，「她無法認同自己的哥哥居然是社會主義的領導人，」一位同行的友伴如此說，「路易莎當著我的面，堅持他倆都是可敬的律師家庭之成員，受到特利爾所有人的支持。」

馬克思一心想脫離家庭、宗教、階級和國籍的影響，然而從來沒有完全成功過。即使他年事已高，骨子裡仍是個浪子，向有錢的叔伯寫信乞求，或巴結那些也許快要立遺囑的遠親。當他去世時，上衣口袋裡還發現一張父親的銀版相片。這張相片被放在棺材內，隨他葬於高門墓園。

雖然馬克思極不情願，但他還是陷在自身的邏輯中。馬克思在十七歲就寫了一篇文章〈對青年人選擇職業之反思〉，文中寫道，「我們相信自己被呼召的職位往往無法獲取；在我們能夠決定社會關係之前，我們的社會關係在某種程度上已開始建立了。」第一個替馬克思寫傳的梅林（Franz Mehring）在這個句子中見到馬克思主義的萌芽，這話雖然過於誇大，但仍有幾分道理。馬克思日後也主張，人類無法獨立或抽離於他們的社經環境——甚或祖先的冰冷陰影。「所有死去祖先的傳統，」他在《路易・波拿巴的霧月十八日》（The Eighteenth Brumaire of Louis Bonaparte）裡寫道，「如山一般沈重，壓在生者的心頭。」

馬克思父系的祖先約書亞．赫舍爾．羅烏夫（Joshue Heschel Lwow），他在一七二三年成爲特利爾的「拉比」（Rabbi，譯按：猶太教的牧師）。邁爾．哈利維．馬克思（Meier Halevi Marx，馬克思的祖父）在鎮上的拉比職位是由薩繆爾（Samuel，馬克思的伯父）接任。馬克思的母親罕麗達（Henriette）來自一個荷蘭的猶太家庭，族人做了「好幾世代的拉比」——包括她的父親在內。馬克思身爲家中長子，有這種「社會經濟環境」，恐怕難逃成爲拉比的宿命。

肩上擔著祖先的重量，這是特利爾這個萊茵谷地最古老城市的精神傳統。歌德(Goethe）在一七九三年造訪此地後黯然表示，「在城牆背後，這個城市負擔著那些獻給騎士和教士的教堂、禮拜堂、修道院、學院和樓舍，更遑論修道院長老、卡爾特修道會（Carthusian），與那些依附這個城市，或應說是阻礙這個城市的團體。」然而，特利爾在拿破崙戰爭中爲法國所有之後，當地居民開始接觸一些非日耳曼式的觀念，如出版自由、憲政自由，以及對馬克思家庭饒具意義的宗教寬容。在馬克思誕生前三年，維也納會議決定讓萊茵省再次併入普魯士，但法國啓蒙運動的誘人氛圍卻依然存留。

卡爾的父親希爾舍（Hirshel）在摩塞爾河流域擁有幾處葡萄園，是一個富裕而有教養的中產階級，但他也是猶太教徒。萊茵省的猶太人在法國統治之下仍有所限制，但他們所嘗到的自由滋味，已讓他們渴求更多的自由。當普魯士從拿破崙手中再次奪回萊茵河谷時，希爾舍向新政府訴請終止法令對於他和其他「信仰同胞」的歧視，結果卻徒勞無功：特利爾的猶太人須遵守一八一二年普魯士的法規，不准擔任公職或從事某些專業。希爾舍不願在社會地位和收入上都淪爲二等公民，於是改名爲海恩利希·馬克思（Heinrich Marx），成爲普魯士的愛國者及路德教派的基督徒（譯註❶）。對他而言，猶太教只是一個世世代代流傳下來的偶然，並非深刻不移的信仰。（他曾說，「我必須承認，除了母親的愛之外，我沒有從家庭裡得到什麼。」）我們不知道他受洗的日期，但他確實是在卡爾出生前便改宗了：根據官方記載，希爾舍於一八一五年起開始擔任律師，一八一九年從原本租賃的五房公寓搬到十個房間的宅第裡，位於通往黑門（Porta Nigra）的舊羅馬大道附近。

若只是爲了便宜行事，或許改信天主教更是理所當然：在這個一萬一千四百人的城市，希爾舍所屬的教派只有四百名信衆，但是特利爾一些最有權有勢的人都在其中。如同一位歷史學家所說，「對於普魯士政體而言，在這個羅馬天主教佔優勢，而且法國化得有些令人憂心的萊茵省份裡，身爲普魯士政權所扶植的宗教成員，即代表堅定、可靠及忠誠的核心。」

希爾舍也無法免於法國化的魅惑：在拿破崙統治時代，他曾經埋首於法國政治、宗教、生活和藝術的自由思想，成爲一個眞正「熟悉伏爾泰和盧梭的十八世紀『法國人』。」他也是特利爾文藝俱樂部的活躍社員，有許多開明的人士聚集此處討論政治和文學。一八三四年一月，卡爾十五歲時，海恩利希在俱樂部裡辦了一場宴會，歡迎萊茵省議會新選出

譯註❶：希爾舍選擇的新教教派正式名稱為「普魯士帝國公立福音教會」（Evangelical Church），是普魯士的國家教會。

的「自由派議員」。他舉杯恭維普魯士國王，贏得了滿堂的喝采——「因爲他的雅量，所以我們第一次能擁有人民代表機構。王威顯赫，無所不能，他的自由意志指示要召開議會，使得事實能直達御前。」

對一個軟弱而反猶太的君王做出如此阿諛，聽來不無諷刺意味。但海恩利希是眞心誠意的，他並非要搞革命。但他措詞再怎麼節制、再怎麼諂媚，他既然用了「人民代表」一詞，就已足以引起柏林當局的警覺：在審查制度和警察特務充斥的地方，反對份子的武器往往只有反諷。而普魯士帝國的特務長於探察那些無心的譏諷，絕不以惡小而輕饒。於是，當地的新聞被禁止刊載海恩利希的演說。文藝俱樂部的成員也在聚會中高唱法國馬賽曲等革命歌曲，八天以後，政府派遣警方監視這棟大樓，譴責地方官員縱容如此忤逆的聚會，並將海恩利希·馬克思列爲危險人物。

他的妻子反應如何呢？她很可能被蒙在鼓裡。罕麗達·馬克思（Henriette Marx）並沒有同享丈夫在知識上的品味：她沒受過教育，識字不多，她的心力都放在家庭之上。對於家人，她有無止境的焦慮和煩躁。她承認自己受苦於「過度的母愛」，在至今少數留存的一封寫給兒子的信中——寫於馬克思就讀大學之際——充分印證了這症狀：「親愛的卡爾，容我指出，不要把清潔和秩序視爲次要之事，因爲健康和快活都得依靠它們。我要你經常清理房間，而且要定時清理——而你自己，我親愛的卡爾，每週要用海綿和肥皂洗澡。你如何沖泡咖啡？你自己沖泡嗎？滋味如何？請讓我知道你居家的一切事情。」

一旦馬克思離巢而去，他和母親的關連就不深了——除非他試圖從這位老夫人身上弄到一點銀子，然而卻很少得逞。多年之後，恩格斯的愛人瑪麗．博恩（Mary Burns）辭世，馬克思寄給朋友一封弔慰信：「我目前正被催討子女教育費和房租……為什麼不幸降臨在瑪麗身上？難道不應該是我的母親？畢竟她苦受病痛折磨，早已活夠了。」

卡爾．馬克思誕生於布魯肯巷（Brückergasse）第六六四號樓上的房間裡，這幢房舍前臨繁忙道路，這條路蜿蜒至摩塞爾河橋邊。他的父親一個月前才整修這棟房子，但在卡爾十五個月大時就搬離了，所以卡爾對此地毫無印象。一九二八年四月，德國社會民主黨將之收購，自此成為馬克思生活及其時代的紀念館，但是一九三三年到一九四五年間，納粹以此地為納粹黨報的總部。戰後，有人寫信募款，以修繕被希特勒侵佔所造成的損害。其中一封回信的日期是一九四七年三月十九日，由英國工黨國際秘書處發出：「親愛的同志，我很遺憾英國工黨不擬支持貴國際委員會重建卡爾．馬克思的特利爾舊宅之計畫，因為它已奉獻資源整修卡爾．馬克思在英國的紀念館了。丹尼斯．奚利（Denis Healey）謹致。」不過這間房子還是保了下來。三十公尺之外，是特利爾舊猶太教會所在之地，馬克思族中有好幾人曾主持過這所教會。今日只有街角燈柱上以德文書寫的一塊牌子：「這是先前猶太教教會的原址，於一九三八年十一月的屠殺猶太人之夜裡，被國家社會主義者〔註：納粹黨人〕所摧毀。」

除了逼迫姊妹們吃泥派的習慣之外，卡爾．馬克思的童年鮮為人知。他在一八三〇年入特利爾高中，校長威登巴赫（Hugo Wyttenbach）是海恩利希．馬克思的友人，也是文藝俱樂部的創始人之一。卡爾後來把同校校友蔑稱為「土包子」；其實，學校老師大部分是自由派的人文主義者，盡其所能地教化這群鄉巴佬。一八三二年，在一場於漢巴哈（Hambach）舉行的支持言論自由的集會之後，警察闖入學校，搜出流傳於學生當中的煽動文件——包括漢巴哈的抗議演說。有一個男孩被拘捕，威登巴赫則受到嚴密監視。在一八三四年一月的文藝俱樂部晚宴事件之後，學校的數學老師和希伯來文老師被安上「無神論」和「唯物論」的罪名。當局爲了降低威登巴赫的影響力，指派了一個反動份子洛爾司（Loers）共同擔任校長。

「我發現好好先生威登巴赫的處境萬分痛苦，」在參加洛爾司的就職典禮之後，海恩利希對兒子如此說。「聽到別人對他的抨擊，我差點落淚。他唯一的缺點就是心腸太好了。我盡力向他表達我的崇敬，我還特別告訴他，你是多麼敬愛他……。」但是，當馬克思拒絕和洛爾司說話，以此表明他對威登巴赫的熱愛，他的父親卻責備了他。「洛爾司先生不滿你未曾向他辭行，」海恩利希在一九三五年馬克思大學入學考試後寫信給他。「只有你和克里門斯（另一名學生）兩人如此做……我只好撒謊，說我們曾經到他家，但是他不在。」這就是海恩利希．馬克思的眞實面貌，氣憤卻膽怯，不悅但順從，總是在說了「我想」之後添加一句「我不敢」。

卡爾．馬克思卻截然相反。「社會改革不曾憑藉強者的軟弱而實現，而總是由弱者的堅強來推動。」我們可以說他親身實踐了這項原則。他好像要透過挑戰自己身體的極限，並找出脆弱肉身內含的強韌，以檢驗自己對無產階級的倡言。

一八三五年，馬克思入波昂（Bonn）大學不久，海恩利希．馬克思勸告當時十七歲的兒子：「在我看來，九堂課太多了，我不希望你身心負擔過重。當你獲取眞正有活力而健康的精神糧食時，莫忘這個悲慘的世界中總是伴隨著身體的存在，它決定了整個人的幸福。病懨懨的學者是世上最不幸的人。因此，你的學習不要超出健康所能負荷。」卡爾自始至終都沒把父親的勸告放在心上：在未來幾年裡，他不但經常熬夜，而且常喝廉價的麥酒，抽惡臭的香菸。

這個小伙子以他一貫的輕率態度回答，他的健康確實很糟——這引來他父親另一番喋喋不休。「年輕人無節制甚至是有害的享樂所帶來的罪孽，將招致可怕的報應。貢斯特（Günster）先生就是一個悲哀的例子。他的例子確實不能算是墮落，然而菸酒卻摧殘他原本已經衰弱的肺部，他很難活過今年夏天。」他的母親隨信附上叮嚀，一如往常的焦慮：「你必須避免任何使健康惡化的事物，不要太熱，不要喝過多的酒和咖啡，不要吃任何刺激性的食物，加太多胡椒或是香料。你不要抽煙，不要在晚上熬夜，同時要早點起來。小心不要感冒，親愛的卡爾，在你身體完全康復之前不要去跳舞。」可以確定的是，馬克思夫人一點也不是說著玩的。

馬克思十八歲生日剛過，就因肺不好得以免除兵役。不過狀況可能沒那麼嚴重。父親寫了一封信，建議他如何逃避兵役：「親愛的卡爾，如果可能的話，讓當地醫術精湛的名醫爲你開合格的檢定證明，你可以心安理得地做這件事情……但如果你想不違良心的話，煙就不要抽得太凶。」裝病當然沒有影響馬克思享受學生時期的狂歡作樂。有一份波昂大學發的轉學證明稱讚馬克思的學術成績（「極勤學和留心聽講」），並指出「他曾受到一日監禁的處罰，因爲夜間喧鬧和酗酒，破壞安寧……後來，他在科隆攜帶違禁武器被檢舉，這件事還在調查當中。他沒有參加地下學生社團的嫌疑。」

學校當局並不了解眞相。他在第一學期所參加的詩社雖不是一個「地下社團」，但也不像名稱聽來那般純潔：以討論詩詞與修辭學爲名，掩飾煽動言論之實。他的父親也不了解眞相，「你知道嗎？你的小圈子比起酒館的聚會更吸引我，」海恩利希．馬克思在信中寫道，陶然想像他的兒子正利用燦爛的時光認眞討論文藝。

馬克思對酒館也不陌生。他是特利爾酒館俱樂部的共同會長，該社團集結了鎭上三十名左右的大學生，目標就是是恣意買醉及狂鬧：在一次酒宴之後，年輕的馬克思發現自己被拘留二十四小時，但這次拘禁也沒有阻止同囚難友爲他帶來更多的狂飲和牌局，讓他的服刑得以輕鬆。一八三六年期間，特利爾的幫派和波魯亞西團（Borussia Korp，譯註❷）的小伙子之間發生了幾次決鬥，波魯亞西團的份子會強迫遊蕩的學生下跪，並宣誓對普魯士貴族效忠。馬克思爲了避免受辱，隨身帶了一把手槍自衛。他在四月到科隆時，這把「違禁手槍」被警察搜出。海恩利希．馬克思因此寫信給科隆的法官，請求他遊說當局不要判刑。過了兩個月，馬克思又一次與波魯亞西團衝突，這次他接受了決鬥的挑戰。近視的啃書蟲和受過訓練的士兵之間發生決鬥，其結果可想而知。但他很幸運，只有左眼上方破了一個小傷口。「難道決鬥跟哲學之間有密切關連嗎？」他的父親絕望地問。「不要讓這種

譯註❷：波魯亞西團由波昂大學貴族出身的學生所組成，常在波昂郊區修辱平民學生。

傾向（如果不是傾向的話，就是瘋狂）根深蒂固。否則你終將辜負你自己和父母對生活的美好盼望。」

在波昂「狂野喧鬧」了一年之後，海恩利希．馬克思很想讓兒子轉學到柏林大學就讀。「這裡沒有飲酒、決鬥和愉快的共同出遊，」哲學家費爾巴哈（Ludwig Feuerbach）十年前就讀於此時就已經觀察到了。「你無法在其他學校裡發現同樣的學術熱情……相較於這座巍巍學術聖殿，其他的大學就好像是公共住宅。」難怪海恩利希會亟欲簽署同意書讓他轉學。「我不僅允許，並且願意讓我的兒子卡爾．馬克思於下學期進入柏林大學繼續就讀法學的課程……。」

想要讓這位剛愎任性的年輕人開始專心學習而不要分心的願望很快就落空了：卡爾．馬克思陷入了愛河。

埃德加．馮．威斯特伐倫（Edgar von Westphalen）是馬克思在特利爾學生時代的朋友，兩人到了成年以後都還保持聯絡，他愛好文藝，也有革命的傾向。這段友誼的持續其實與埃德加無關，而是攸關他的姊姊喬安娜．貝塔．茱莉．燕妮．馮．威斯特伐倫（Johanna Berta Julie Jenny von Westphalen），也就是一般所稱的燕妮，她後來成爲馬克思夫人。

她是一個適合結婚的對象。多年以後，馬克思回故鄉，充滿柔情地寫信給燕妮：「每天都有不同的人向我詢問『特利爾最美麗的姑娘』以及『舞會皇后』。如果一個男人的妻子就像『魅力四射的公主』，受到整個城鎮的傾慕，這男人眞是愉快極了。」的確，芳齡二十二歲、普魯士統治階級的公主——也是路德維希·馮·威斯特伐倫男爵（Ludwig von Westphalen）的千金——居然愛上一個小她四歲的猶太資產階級小伙子，而不是某個穿著軍服、擁有地產的貴族；然而燕妮是個聰明而思想自由的女性，無法抗拒馬克思在知識上的炫耀。燕妮原本已經訂有婚約，未婚夫是個年輕少尉，但她離棄了他，於一八三六年的夏天與馬克思訂婚。馬克思太自豪了，忍不住向父母吹噓，然而燕妮的父母卻被隱瞞了將近一年之久。

乍看之下，長期隱瞞的理由相當明顯。威斯特伐倫男爵是普魯士省政府的資深官員（譯註❸），父親曾是七年戰爭參謀總部的首腦人物，而母親安·魏斯哈特（Anne Wishart）是蘇格蘭裔，系出阿爾蓋伯爵（Earls of Argyll）。這樣一位家世顯赫的人物大概不會希望自己的女兒嫁給一個無名的拉比世家的後代。

然而，再仔細推敲的話，這份隱瞞就比較難解了。因爲威斯特伐倫男爵不愛擺紳士架子，也不是一個保守份子。他曾締結傳統上層階級的婚姻，生了四個孩子——其中一子斐迪南（Ferdinand）後來當上普魯士國家內務大臣，極爲跋扈。路德維希男爵夫人莉莎特·維特海姆（Lisette Veltheim）死於一八〇七年，男爵再娶出身中產階級的加洛琳娜·霍依柏（Caroline Heubel），也就是燕妮和埃德加的母親。男爵自此無須再裝氣派，或斤斤計較自身

譯註❸：一八〇九年至一八一三年，路德維希擔任易北省薩爾茨維傑縣（Salzwedel）的副縣長；一八一四年至一八一六年晉升為縣長。一八一六年則高昇為特利爾的樞密顧問官。

的社會地位，他總算可以更以本來面目示人——有教養、開明而溫和。身爲天主教城市裡的新教徒，他可能會覺得自己是個局外人；當然，他同情顛沛流離的人。在一份給柏林的官方報告中，他注意到特利爾下層階級的「貧窮愈演愈烈」，但他並沒有指出任何原因或解決之道。他是善意的自由派保守份子的完美典型，苦惱於窮人的匱乏，同時又享受生活的富裕。

他其實和海恩利希·馬克思頗爲相似。威斯特伐倫在一八一六年派駐特利爾不久，便結識了海恩利希，發現彼此之間有許多共同點，包括對於文學和啓蒙哲學的熱愛。他們都是君王論者和愛國者，這點無庸置疑，但兩人都主張——低聲而極其有禮——某種溫和改革，以節制普魯士濫用其絕對專制。路德維希·馮·威斯特伐倫也加入了文藝俱樂部，因此受到密切監視。

兩個人的妻子之間則毫無共同點。加洛琳娜·馮·威斯特伐倫生性活潑而慷慨，總是忙於籌畫讀詩會或音樂晚會；罕麗達·馬克思則心胸狹窄，不善辭令，不嫻於社交。對於馬克思家的孩子而言，威斯特伐倫位於新街（Neustrasse）上的房子是一座光明和生命的天堂。索菲亞·馬克思（Sophie Marx）和燕妮·馮·威斯特伐倫從童年時代即是閨中密友：燕妮在五歲第一次見到她未來的丈夫，這時他還只是個襁褓中的嬰兒。但是燕妮很快就臣服在這個有著深色眼珠的霸道小孩魔力下（「他是一個可怕的暴君」），並且永遠也逃脫不了了。

男爵亦然，他開始注意到這位早熟的友伴。馬克思與男爵之子埃德加不同，他對知識有一份飢渴，而且才思敏捷。在漫長的散步中，老男爵會對著年輕伙伴吟誦荷馬（Homer）及莎士比亞（Shakespeare）的長句。馬克思漸漸熟背莎士比亞——並能適時引用戲劇的類比和例句來使著作增色。「他對於莎士比亞有無限的尊崇：他鑽研他的作品，甚至對最微不足道的角色也能如數家珍，」馬克思的女婿保羅．拉法格（Paul Lafargue）回憶。「他們整個家族對這位偉大的英國劇作家極爲折服；他的三個女兒都熟稔莎士比亞的作品。一八四八年之後，他已經可以讀英文了，爲了加強自己的英文能力，他將所有莎士比亞新創的表達方式加以分類。」

馬克思後來還會在星期天帶著家人到漢普司特野地（Hampstead Heath）野餐，朗讀莎士比亞——還有但丁（Dante）和歌德（Goethe）的戲劇，重拾和威斯特伐倫一起度過的快樂時光。馬克思的女兒小燕妮在十二歲時，把馬克思的前任秘書威廉．畢柏（Whlhelm Pieper）和《無事自擾》（Much Ado About Nothing）這齣戲裡的班奈迪克（Benedick）做比較——然後她十一歲的妹妹勞拉（Laura）就說班奈迪克是個才子，但畢柏只是一個小丑，「而且還是一個廉價的小丑」。在流放倫敦的長年歲月裡，馬克思對於英國文化的涉獵僅止於偶爾外出去看看莎士比亞戲劇演員賽維尼（Salvini）和歐文（Irving）的表演。馬克思的孩子愛琳娜後來登上舞台，而另一個女兒小燕妮也想走這條路，這都不是偶然。如同保勞爾教授（S. S. Prawer）所述，馬克思家族裡的每一個成員都注定「終身活在對英國文學經典的悸動裡」。馬克思不論何時何地，都可以引經據典——爲了打垮政敵，爲了使枯燥的經濟學文章生色，爲了加強笑話的效果，或是爲了佐證一份強烈的情感。結婚十三年之後，在一封給妻子的情書裡，馬克思再次提及威斯特伐倫男爵對他永恆的影響：

妳就在我的面前，如生命般巨大，我將妳擁入我的臂彎裡，我從頭到腳親吻著妳，我在妳面前屈膝跪下並且大聲地說：「女郎，我愛妳。」我深愛著妳，這種愛情連奧賽羅（the Moor of Venice，譯註❹）也不曾體驗過……那些毀謗我的讒人、謾罵我的敵人當中，有誰曾想到要指責我，說我自願在二流的羅曼史劇情中扮演主角？而我真的就是如此。那些惡棍如果有一點小聰明的話，他們就應該一邊描述「生產與社會關係」，另一邊描述傾倒於妳裙下的我。然後在這幅諷刺畫下註明：「看看這幅圖畫，再看看那幅。」

燕妮不用想也知道，最後一句話出自《哈姆雷特》（Hamlet）。

然而，為什麼卡爾和燕妮不願意告知父母他們訂婚之事呢？也許卡爾認為他們年齡的差距會招致反對：娶一位年長的妻子在當時還很罕見，似乎足以成為忤逆自然律則的罪。或者他們擔心，儘管老威斯特伐倫的心地慷慨，還是會試圖勸阻心愛的女兒，不要將自己的命運交託在一個才華洋溢卻捉摸不定的不妥協主義者身上。與馬克思共度一生絕不會沈

譯註❹：莎翁名劇《奧賽羅》描述西元一五七〇年，威尼斯貴族之女黛特摩娜，與軍事天才摩爾人奧賽羅陷入熱戀，兩人不惜公然忤逆傳統，為了愛情而私奔的故事。馬克思的小名也叫「摩爾人」（見本書第二章），因此一語雙關。

悶，但日子卻難保穩定或富有。

除了燕妮．馮．威斯特伐倫之外，馬克思年輕時代最珍貴的熱情，則獻給了一位辭世的哲學家——黑格爾（G.W.F. Hegel）。這份熱情的歷程如同許多愛情故事：在羞赧的矜持後，伴隨著令人陶醉的擁抱。而當瘋狂的愛退去之後，便將所愛拋棄。不過，黑格爾哲學帶領他一探成人世界的奧祕，對此他仍心存感謝。在他駁斥黑格爾主義多年以後，馬克思仍以深情的口吻提起這位帶他走出無知的人物。

「將近三十年以前，當黑格爾辯證法還很流行時，我就曾批判黑格爾辯證法的神祕部分，」馬克思在一八七三年寫道。「但正當我寫《資本論》第一卷時，那些在今日德國文化界高談闊論的人，那些暴躁、傲慢、平庸的模仿者，已經時興將黑格爾當作一條『死狗』，就像萊辛（譯註❺）時代膽大包天的摩西．孟德爾頌（Moses Mendelssohn）對待斯賓諾莎（Spinoza）那樣。因此，我要公開承認，我是這位大思想家的學生，並且在關於價值理論的一章中，有些地方我甚至賣弄起黑格爾特有表達方式。辯證法在黑格爾手中神秘化了，但這絕不妨礙他是第一個全面有意識地敘述辯證法一般運動形式的人。」對馬克思而言，要他如此恭維一個自己不同意的人算是非常難得：通常那些與他有所衝突的人，日後都難免被指責爲卑劣人士或蠢驢一隻。海涅（Heinrich Heine）則是例外，因爲馬克思相信應該原諒偉大詩人的缺點；而他似乎以類似的態度來對待偉大卻有瑕疵的哲學家。不過，

譯註❺：萊辛（Gotthold Ephraim Lessing, 1729-1781），德國批評家及劇作家。

面對那些三流之士時，像是蹩腳的詩人、裝模作樣的傻子，及自命不凡的愚人，馬克思的批評則毫不留情。

馬克思後來坦承，他還是有受惠於黑格爾之處。黑格爾以激進的方法論得出了保守的結論。馬克思則是保留辯證法的架構，但去除神秘化的成分，如同一個人買了一座不再具神聖意義的禮拜堂，並將之轉換為可居住的世俗住所一樣。

什麼是辯證法？道理很簡單，隨便一個拿著磁鐵的學童都能證明——或任何婚友社也能作證——就是「異性相吸」。女性和男性結合，產生新生命。

辯證法對於人類心智發揮了類似的功能。一個澄明的觀念，和它的「反」（antithesis）之間經過一番激烈搏鬥之後，從中創造出「合」（synthesis），這又成為新的「正」（thesis）。負負可以得正——但是，一旦這個「正」誕生以後，它就成為另一個「負」，必須接受同樣周密的審查。馬克思涉入黑格爾思想的過程本身就是辯證式的，這過程產生了一個無名的嬰孩，之後演變成歷史唯物論（historical materialism）。

這個說法太簡化，不過黑格爾許多著作都高深莫測，所以簡化乃是必要。馬克思在十八歲進入柏林大學不久後，在一系列題名為《論黑格爾》（On Hegel）的短詩中嘲諷了黑格爾的晦澀及模稜兩可：

我的教誨都混成一團迷糊仗，

由是，人人皆可挑選他想要思考的東西；

至少，他永遠不會被嚴格的規則束縛。
從洪水中溢出，從高崖上墜落，
詩人創造的心愛話語和思想亦如是；
他瞭解自己的思想，自由創造自己的感受。
由是，人人都可為自己汲取豐盛的智慧美酒；
現在你們全都明瞭了，因為我已對你們說了滿紙荒唐言！

馬克思將這首詩納入一本札記當中，該詩集題名為「獻給親愛的父親，慶祝他的大壽之日，並作為一份永恆之愛的微小紀念」。老馬克思應該很慶幸自己的兒子沒有感染到黑格爾崇拜的傳染病，這股風潮幾乎吹到當時日耳曼每一個團體當中。海恩利希寄往柏林的一封信裡，警告卡爾要避免黑格爾主義者的影響──「這些新的敗德者扭曲自己的言語，直到連自己也聽不見；他們將氾濫的言論稱為天才之作，正因為其空無一物。」

像馬克思這種擁有無限好奇心和爭辯性格的人，不可能一直拒絕黑格爾的誘惑。黑格爾從一八一八年開始擔任柏林大學哲學系教授，直到一八三一年辭世為止。五年後，馬克思在柏林大學註冊，而黑格爾學說的繼承者也還在爭奪他的遺產。年輕時黑格爾曾經是法國大革命理想主義的支持者，但就像許多激進份子一樣，他過了中年之後就成安逸而親和的人了（激進份子向來如此，古今皆然）。他相信一個真正成熟的人應該承認「他所看的世界具有客觀的必然性與合理性」。這裏所謂的世界──普魯士國家──就是他所說的「神聖精神或觀念」（Geist）完全而終極的展現。這樣一來，哲學家就沒什麼好討論的了。任何對於現狀的質疑都徒勞無益。

黑格爾這個說法自然使他受到普魯士當局的歡迎，他們用黑格爾的論點來證明政府體制不但必然，而且不可更動。「凡存在即是合理」黑格爾如此寫道；既然國家的存在無疑是眞實的，在它存在的意義下，它便是理性而無可指責。那些擁護他早期顚覆性著作的人——所謂的青年黑格爾學派——卻寧願引用這句格言的下聯：「凡合理即是存在」一個由審查制度和秘密警察支撐出來的絕對君主制顯然並不合理，因此也不眞實，只要有人敢去碰它的話，它是一個隨時會消失的幽靈。

身爲柏林法學院的學生，馬克思得天獨厚。他的法理學老師薩維尼（Friedrich Karl Von Savigny）是一位削瘦而嚴謹的反動份子，他不是黑格爾主義者，卻同意國家法律和政府的發展是一個有機的過程，反映了人民的性格和傳統。挑戰普魯士的絕對專制便是挑戰自然：就像有人會想矯正一棵橡樹，或是要求不再下雨一樣。採取對立觀點的代表人物則是身材圓胖，個性開朗的甘斯（Eduard Gans）教授，他是激進的黑格爾主義者，認爲制度應該服膺於理性的批判，而非神秘的崇拜。

在柏林的第一年，馬克思努力想克服哲學的誘惑：畢竟他是來學法律的。而且，他不是已經揚棄邪惡的黑格爾及其全盤的著作了嗎？寫抒情詩可分散他對黑格爾的注意力，但是卻只製造出「零散而不完整的情感表達，一點也不自然，每件事都是胡言亂語，充滿實然和應然之間的矛盾，沒有富於詩意的思想，只是修辭的思考……。」葉慈（W. B. Yeats）

說過，從與別人的爭吵中，我們製造華麗的辭藻；從與自己的爭吵中，我們寫出詩。他接著便著手撰寫法哲學——「一份大約三百頁的著作」——卻依舊碰到實然和應然之間的斷裂：「我本來要稱之爲『法的形上學』（metaphysics of law）的東西，也就是基本的原理、內省和概念的定義，與所有的實際法律和法律的各種實際形式脫節。」更糟的是，先前他已不能成功銜接理論和實際之間的隔閡，現在又發現自己無法協調法律的形式和法律的內容。他的錯誤——他將之歸咎於薩維尼——「在於我相信內容和形式可以而且必須彼此分開，所以我得到的並非真正的形式，而是像一張有抽屜的桌子，我一直往抽屜內拋沙（譯按：意指形式與內容不合，也指徒勞無功）。」

他的努力並非白費。「在這段研究的過程中，」他透露，「我養成了對所有讀過之書做摘錄的習慣」——他一直保持這個習慣。他在這段時期開出的書單，顯示知識探險的廣袤：誰會在撰寫法哲學的時候，同時又想到溫克曼（Johann Joachin Winckelmanns）的《藝術史》（History of Art）值得仔細研究呢？他翻譯了塔西佗斯（Tacitus）的《日耳曼誌》（Germania）及奧維德（Ovid）的《哀歌》（Tristia），並「自己根據文法來學習英文和義大利文」。在下一個學期裡，他大肆閱讀大量的民事訴訟法和教會法的書籍，並翻譯亞里斯多德的《修辭學》（Rhetoric），讀培根（Francis Bacon）的著作，同時「花了許多時間在研究萊馬魯斯（Reimarus），我愉快地閱讀他談論動物藝術本能的著作。」

這些無疑都是很好的腦力鍛鍊，但卻無法挽救他的作品。他頹然放棄三百頁的手稿計畫，再次轉向繆司的舞蹈和薩蒂爾（Satyrs，譯註❻）的音樂。他草草撰寫一部短篇幽默小說《蠍子和費里克斯》（Scorpion and Felix），充滿無聊的奇特言行和揶揄，很明顯是受到史特恩（Sterne）《特利斯屈蘭．善弟》（Tristram Shandy）的故事所影響。這部作品有一段值得引述：

每當偉人出現之處……必有侏儒；每當天才現身，必有死守傳統的俗人；而每當海面上有風暴——就預示了都市的泥濘。只要前者一離開，後者就爬上桌子，不雅而傲慢地伸出他們的長腿。

對這個世界而言，前者太偉大，所以他們被拋棄在外。但後者則穩穩地打下根基，在世上滋長繁茂。事實顯示，香檳在嚐過之後留下揮之不去的厭惡感，凱撒這英雄在身後留下了小丑屋大維，而拿破崙大帝則留下了資產階級的國王路易．菲利普（Louis Philippe）……。

這段有趣的妙語和十五年後《路易．波拿巴的霧月十八日》的開場之間頗爲相似：

黑格爾曾說過，一切偉大的世界歷史事件和人物，都出現兩次。他忘記補充一點：第一次是偉大的悲劇，第二次則變成了可悲的鬧劇。科西迪耶爾（Caussidiere）代替丹東

譯註❻：希臘神話中半人半仙的神，長有尾巴、山羊的腿和角。

（Danton），路易．伯朗（Louis Blanc）代替羅伯斯比爾（Robersppierre），一八四八年到一八五一年的山岳黨（Montagne）代替了一七九三年到一七九五年的山岳黨。率領少數親信的倫敦宮廷長官（路易．波拿巴）取代了矮小的肉身之軀（拿破崙）與他的將軍們！在霧月十八日事件的再版中，也可以舊事重演！

《蠍子和費里克斯》除了影射之外，並沒有什麼吸引人之處；《奧藍尼姆》（Oulanem）更少，這只是一部過份雕琢、又無法擺脫歌德陰影的詩劇。經過這些嘗試之後，馬克思終於接受他的文學雄心已消的事實。「突然間，彷彿受到魔杖的一擊——啊，這一擊最初多麼痛苦——我看到遙遠、眞正的詩之王國，像是遠方的仙宮，對照之下，我一切的創作都不值一提。」這個發現令他夜夜無眠，苦惱無窮。「幕已降下，神聖中的至聖已毀滅，此時需要新的神明。」他的健康幾近崩潰，醫生命令他到鄉下去長期調養身子。他住進施特拉勞（Stralau）小村子的一間房子裡，這個村子位於柏林外施普累河（River Spree）的河畔。

至此，他似乎有些前後不一。他仍舊努力避開黑格爾的誘惑（「我並不喜歡這稀奇古怪的格調」），等他撰寫了一篇二十四頁關於宗教、自然和歷史的對談時——卻發現「我最後的命題成了黑格爾體系的開端」，他已經繳械投降了。「有幾天，我煩得完全無法思考問題；我瘋狂地繞著花園奔跑，旁邊就是髒污的施普累河，據說河水還能『洗心烹茶』。」（引自海涅《歌曲集》、《北海》第一組詩，「和平」）我甚至和房東一起去打獵，接著又跑到柏林去，想要擁抱在街上遇見的每一個人。」有趣的是，當黑格爾丟棄理想並擁抱「成熟」

的時候，他也經歷了某種類似的神經衰弱。黑格爾及馬克思兩人都長期研究異化（alienation）的問題——即人類和自身及社會的疏離，這並不是一樁巧合。在十九世紀，「異化」的另一層意義，是精神錯亂或瘋狂的同義詞：因此，心理疾病學家（或「瘋病醫師」）也被稱爲alienlists。

馬克思經過漫長的散步和規律的飲食和生活作息，恢復了體力，他也開始埋首研究起黑格爾。一位大學的友人介紹他加入一群青年黑格爾學派組成的博士俱樂部（Doctor's club），他們固定在柏林的希伯咖啡館（Hippel cafe）聚會，一同度過嘈雜、酗酒及爭辯的夜晚。他們的成員包括神學講師鮑威爾（Bruno Bauer），以及激進的哲學家盧格（Arnold Ruge），這兩人後來都成爲馬克思知識研究上的合作者，幾年後，也變成不共戴天的仇人。

在一八三七年十一月十日的晚上，馬克思寫了一封長信給父親，說到自己的轉變，以及引導他走向這項轉折的知識歷程。「生活裡有一些時刻，」他如此開頭，「就像邊境的哨站一般，標示過去某段時期的終了，同時又明確指出新的方向。在這轉折的關鍵，我們感到必須以思想之鷹眼觀照過去和現在，以認清自己眞實的處境。確實，世界歷史本身也是如此地回顧過去，並進行清點……。」

這不是謙辭，十九歲的馬克思已試著扮演支配命運的角色，且發現自己勝任愉快。現在他展開下個階段的生活，他想要爲自己經歷過的人生建造一座紀念碑——「還有什麼安置紀念碑的處所，比父母的心更爲神聖？父母的心是最仁慈的審判官、最富同情心的朋友，是慈愛的太陽，其溫暖的熱力直達我們奮鬥的最深處！」

華麗的奉承沒有用。當海恩利希閱讀此信，知悉兒子的知識冒險之旅的來龍去脈，他既不同情也無仁慈，只有漸升的恐懼。家裡出了一個黑格爾主義者已經夠丟臉了；更糟的是，他居然把原本應該拿來專心攻讀法律學位，並謀得一份好職業的時間浪費在哲學研究上。難道他沒有考慮長期受苦的父母嗎？難道他對於賦予他過人天賦的上帝毫無義務嗎？他對於未婚妻的責任又何在呢？「這個女孩做了多大的犧牲？她有卓越的美德和社會地位，卻放棄自己優渥的地位和光明的前程，換來不確定的晦暗未來，把命運和一位比自己年輕的男人結合在一起。」就算卡爾毫不顧慮焦躁的母親和生病的父親，至少他一定覺得必須替迷人的燕妮擔保一個幸福燦爛的未來；然而，靠著終日坐在煙霧瀰漫的房間裡，研究動物的藝術本能，要達到這一點確實很難。

上帝的悲歎啊!!!混亂無章，在知識的各部門裡陳腐地遊走，在陰鬱的油燈底下陳腐地冥思默想，只敢在學者的寬袍底下撒野，還蓬著一頭亂髮，不敢乾了一杯啤酒之後放浪形骸；蔑視所有的禮儀，退出了社會……難道就是在這裡，在這無意義且毫無實用地博學的工作室裡，果實將會成熟，並且使你和你的所愛復甦嗎？穫物能被儲藏，並用來實現你神聖的義務嗎!?

這刻薄的譴責——也是對於馬克思畢生工作方式的精采描繪——是海恩利希在一八三七年十二月寄給馬克思，當時海恩利希已經因肺結核而病危。這口氣聽起來就像是一個垂死老人最後的絕望咆哮，他將所有希望寄託於下一代——卻眼見這些希望崩潰成一堆廢紙。海恩利希對於卡爾的揮霍極爲不滿，只能每天服用醫師開的大量藥丸來自持。他甚少回信給父母；也從不過問父母的健康；他一年內要花掉他們將近七百塔勒的費用，「然而有錢人還花不到五百塔勒。」他在追求抽象思考和「製造怪物」的過程中，身心變得虛弱；學校放假時他從不回家，也忽略兄弟姊妹的存在。即使是先前讓他無限讚歎的燕妮，現在也成了另一個刺激來源：「你在波昂的那些狂野行爲難以終止，你舊有的罪過難以消除——這些問題確實又重演了——讓我們驚慌的是，愛的痛苦開始蔓延……你還這麼年輕，卻已經跟自己的家庭疏遠……。」確實是如此；父親囉唆的抱怨仍舊無法使他們一家人團聚。在一八三八年復活節假期時，卡爾的父母親曾經請求他回特利爾一趟；他卻拒絕了。

事實是，馬克思已經將家庭拋諸腦後。海恩利希於一八三七年三月捎來一封信，要馬克思撰寫歌詠英雄的頌詩，從中可以看出他們之間的疏離：「這首頌詩應該敘述普魯士的榮耀，並且安排一部份篇幅來歌頌君王制的英明……如果用愛國主義和德意志的精神來寫，加上豐沛的感情，這首頌詩一定會讓你贏得名聲，流傳百世。」老馬克思眞覺得兒子會想寫詩來榮耀德意志和它的君王制嗎？也許不是。「我唯一的目的，是建議你，」他黯然地讓步。「你已經超越我了；在這方面，你比我高明，所以我必須讓你自己來決定。」

海恩利希在一八三八年五月十日辭世，享年五十七歲。卡爾並沒有參加葬禮。他解釋說，從柏林回來的路程太遙遠，他還有更重要的事情得去做。

2 小野豬

在柏林大學的三年裡，馬克思很少上課，而且到處欠債。父親的去世意味著定期津貼的終止，同時也解除了父親要他學習法律的壓力。「如果你從事一份實際的工作，就太愚蠢了，」鮑爾勸告他，「現在，理論就是最強的實踐，而且我們絕對無法預測，理論化爲實踐的潛力有多大。」青年黑格爾學派的任務，就是要滲透進學院，將他們的理論豎立爲新的標準知識。馬克思開始著手他的博士論文，以取得講師資格。他的研究主題爲《德謨克里特與伊壁鳩魯的自然哲學之差別》（The Difference Between the Democritean and Epicurean Naturephilosophy，譯註❶）。

譯註❶：作者原著中是寫「哲學」（Philosophy），但經考證馬克思論文德文版題目為naturephilosophy，故譯「自然哲學」。

他選了個最壞的時機，因爲黑格爾左派弟子此時正面對嶄新而全面的肅清。法學院最後一位黑格爾主義者甘斯（Eduard Gans），於一八三九年意外辭世，遺缺由嚴厲的反動份子史達爾（Julius Stahl）接任。不久之後，鮑爾也被神學系驅逐出門，被迫在波昂大學裡避難。一八三六年左右，鮑爾曾熱情地宣稱，宗教應該超然於哲學批判之上；現在他改變立場，孤傲地鼓吹自己的無神論。他要馬克思儘快完成博士論文，然後跟他一起到波昂大學奮鬥。另一位年輕的激進份子預言，「如果馬克思、鮑爾和費爾巴哈三人合辦一本神學—哲學評論的話，上帝會差派衆天使緊緊護守著祂，並陷入自憐當中，因爲這三個人保證會把祂從天堂裡拖出來。」幸好普魯士高層裡有上帝的朋友。腓特烈．威廉四世（Friedrich Wilhelm IV）於一八四〇年即位之後，政府迫害異議份子尤烈，所有出版物都必須通過嚴格的審查，學術自由（譯註❷）已蕩然無存。

待在不友善的柏林大學裡，馬克思不想再去學校。白天他坐在屋子裡閱讀、寫作和抽煙：晚上和一群同類在博士俱樂部裡討論和狂飲，他們幾乎每天見面，以維持士氣高昂。他對於伊壁鳩魯和德謨克里特的研究看似無害，他卻知道若把論文提交給柏林大學的教授，絕不可能過關——尤其是論文將由謝林（F. W. von Shelling）仔細審查。謝林是一位老

譯註❷：學院自由，又稱大學的自由。原指教皇或帝王頒給大學的裁決權，後來轉指大學在政治和宗教上享有思想、教學和學習的自由不受干涉。

練的反黑格爾主義者，於一八四一年新王親自任命下進入大學任教，以拔除黑格爾的壞影響。馬克思的比較研究表面看似枯燥，但這本論文確實是一個大膽而具創意的研究。他指出神學必須服膺於哲學卓越的智慧之下，而懷疑論將會戰勝教條。他在首頁的主張就像是一個挑戰：

只要還有一滴血注入征服世界且絕對自由的哲學心臟裡，哲學將持續像伊壁鳩魯那樣，對敵手叫道：「摧毀群眾的神像不叫褻瀆神明，將群眾的想法歸諸神明才是真褻瀆。」哲學揭露了這一切。普羅米修士（Prometheus，譯註❸）的宣言──「簡而言之，我憎恨眾神」──正是哲學自身的宣言，也是她反對天地諸神的口號。這些神祉不承認人類意識最高的神聖性，不應有任何神靈與人的自我意識並列。

他加了一篇簡短的附錄，嘲笑自己的老師喪失了自由派信念。馬克思往後在辯論文章中養成了好鬥成性的風格，這篇附錄也不例外。他引用謝林超過四十年以前寫的文章──「向優秀的人類宣布精神自由的時期已經到來了，我們不再容忍有人對於喪失枷鎖感到悲戚」──他問，「如果在一七九五年，這樣的時機就已經到來了，那麼到了一八四一年又該

譯註❸：普羅米修士，希臘神話中的一個狄坦神，從天庭盜火給人類，被天神宙斯綑綁於懸崖上，讓老鷹啄食他的肝臟，以示懲罰。

怎麼說呢？」

謝林並沒有機會回答。馬克思將他的論文寄給耶拿大學（Jena），該學校擁有不經審核辯論、不拖延時間，就頒發學位的名聲。他必須附上波昂大學的離校證明（記載著他因酗酒和手槍所惹的麻煩），以及柏林大學皇家政府全權委員會的意見書，他們認爲「從紀律的標準來看，沒有任何特別需要留意的缺點」，除了「有幾次成爲債務訴訟的對象」。耶拿的哲學系主任巴哈曼（Carl Friedrich Bachmann）裁決，這些小瑕疵可以被忽略，因爲這本關於德謨克里特和伊壁鳩魯的論文「顯示出他的才智，敏銳度和博學，因此我認爲，該候選人的研究卓越而有價值。」一八四一年四月十五日，就在他提交論文給耶拿大學九天之後，卡爾．馬克思取得了博士學位。

馬克思博士現在已經準備揚帆出發了。然而，次年他漫無目標地往返於波昂、特利爾和科隆（Cologne）之間，顯然不知接下來要做什麼。他的論文乃是獻給「親愛的父執輩友人，路德維希．馮．威斯特伐倫……作爲一份子女之愛的表徵」，他幾次造訪特利爾，都刻意忽略仍然健在的雙親，把心力放在病中的男爵（他於一八四二年三月去世）以及耐心的燕妮。儘管他長期不在身邊，她對她的「小野豬」的摯愛依舊濃郁。「我的心是如此盈溢，如此被愛所充滿，我熱切思慕著你，我無盡的愛，」她寫道。「我可以嫁給你，這是確定的，不是嗎？」當然，當然，他會同意，但是時候未到。必須等他找到一份優渥的工作之後才能舉行婚禮，因爲他可憐的母親已經終止對他的補助，並且扣押住海恩利希．馬克思留給他的遺產。

一八四一年七月，馬克思前往波昂與鮑爾會合，這兩個不務正業的人過了一個喧鬧的夏天，嚇壞了當地的資產階級——爛醉如泥，在教堂裡大笑，騎著驢奔馳過街，還寫匿名的諷刺文章〈對無神論者黑格爾，以及反基督者的最後審判〉。乍看之下，這像是來自宗教界的抨擊，由虔誠而保守的基督徒執筆，企圖證明黑格爾確實是一名革命的無神論者；但其中的深意和作者的眞實身份，很快就揭露了。一家支持黑格爾的報紙故意評論說，連農夫（註：Bauer，即鮑爾，是個雙關語）都知道其中眞正的意思。鮑爾被逐出大學，而馬克思進入學院任教的最後機會也落空了。

「幾天後我必須前往科隆，」馬克思於一八四二年三月告訴一位激進的黑格爾學派哲學家盧格，「因爲接近那群波昂的教授眞是難受。誰會想要老是和這些臭老九聊天呢？他們做研究只是爲了找出這世界的新死角！」一個月後，他又有新的想法：「我已經放棄在科隆定居的計畫了，因爲這裡的生活太嘈雜，而且朋友太多不利於哲學的進步……因此，波昂仍是我要定居的地方；畢竟，如果沒人留在這裡惹這些聖人生氣，那就可惜了。」

但是科隆的誘惑難以抗拒，因爲他所抱怨的「嘈雜」，聽來特別像是博士俱樂部在希伯咖啡聚會傳出的回音——主要的差別在於酒的品質不同。「知悉你很快樂，我是多麼欣喜啊，」燕妮在一八四一年八月寫信給馬克思，「你在科隆喝著香檳，黑格爾俱樂部也在那裡，這是你所夢想的……。」比起柏林人偏好的麥酒，香檳似乎是更適切的潤滑劑：科隆是萊茵省內最富裕也是最大的城市，萊茵省則是整個普魯士境內政治和工業上最先進的省，當地的銀行家和商人已開始鼓吹更適合現代經濟的政府形式，而不是絕對君權和官僚制度這台老舊的機器：在其中他們辛勤工作，卻同時被壓制。如同馬克思往後提了無數次，生產方式決定了社會的本質；現今工業資本主義已建立，科隆酒吧裡的談論都認爲必須建立民主、出版自由與統一的德國。可以預料的是，這個城市就像一塊磁鐵一樣，吸引異端的思想家和不羈的異議份子，他們提供知識的財富，和大亨們交換著財富的知識。這個聚合促成了《萊茵報》（Rheinische Zeitung）的誕生，這是一份自由派的報紙，一八四一年秋天由一群有錢的製造廠主和金融家所創立（包括科隆商會的會長），以挑戰乏味而保守的《科隆日報》（Kölnische Zeitung，譯註❹）。

事後觀之，馬克思勢必會替該報寫文章，並且很快成爲其中的靈魂人物。馬克思主義常被諷刺爲一種「歷史必然性」的學說，但是他很清楚個人的命運並非注定——話說回來，他也的確低估了意外和巧合在形塑生命時的重要性。如果鮑爾沒有被逐出學院呢？如果馬克思在大學裡找到了一份閒差事，而無須因爲找不到更好的差事，被迫在報章上發揮他無窮盡的才智，又會如何？

機會也許部分決定了他的命運；但是，機會是他自己求來的。這次，他又來到了另一個生命邊境的驛站，門外標示著無人開拓的處女地。他已利用黑格爾達成了階段性的目標，而既然離開了柏林，馬克思的思想遂從唯心論轉到唯物論，從抽象轉爲實際。「既然

譯註❹：《科隆日報》主要的讀者是當地的天主教徒中保衛「教皇至上論」者，該日報批評普魯士政府，在萊茵地區的影響力龐大。

每個眞正的哲學都是時代的知識精華，」他在一八四二年寫道，「有朝一日，哲學將不僅透過內在的內容，並且透過外在的形式與眞實世界接觸和互動，這個時代必須降臨。」他開始輕視日耳曼自由主義者模糊不清的論點，「他們以爲，把自由高高置於想像閃爍的天空，而不是現實堅固的地上，才是光彩、榮耀自由的方法。」正因爲出了這批輕飄飄的夢想家，德意志的自由才一直停留在感情用事的幻想。當然，他的新方向需要另一番嘔心瀝血的苦讀，但對於這樣一位不滿足的自修者，其中並沒有障礙可言。

一八四二年二月，他在報紙上發表第一篇文章，這是當他去特利爾探望病重的威斯特伐倫男爵時所寫，他將文章寄到德勒斯登（Dresden）給盧格，以發表在新的青年黑格爾學派刊物《德意志年鑑》（Deutsche Jährbucher）上。這是篇出色的評論，批判腓特烈．威廉四世國王新推行的審查制度——光榮得很，也諷刺得很，審查制度很快就查禁了這篇文章。《德意志年鑑》本身在幾個月後也被聯邦國會查禁了。

馬克思不滿「薩克森的新聞檢查制度突然又活躍起來」，於是寄望在科隆能有較佳的運氣，在那兒他的諸位好友已經就任於《萊茵報》。魯滕堡（Adolf Rutenberg）這位編輯是博士俱樂部裡好飲酒的一位同志（也是鮑爾的連襟），他經常喝得醉醺醺，發行報紙的重任遂大部分落在赫斯（Moses Hess）身上，他是一位有錢的社會主義青年。赫斯後來成爲馬克思的勁敵，但此時他對於好鬥的年輕人還是相當推崇。他寫信給友人奧爾巴哈（Berthold Auerbach）說：

我們的領域相同，但他卻像是個奇葩，帶給我極深刻的印象。簡而言之，你打算去見的人，是當代最卓越的哲學家——或說是唯一的天才。當他公開現身時，無論是文字上或是講壇上，他會吸引所有日耳曼人的眼光……。馬克思博士（我偶像的名字）年紀尚輕——最多只有二十四歲。他給予中世紀的宗教和政治致命的一擊；他把最深沈的哲學莊嚴和最銳利的機智結合在一起。想像一下，當盧騷（Rousseau）、伏爾泰（Voltaire）、霍爾巴哈（Holbach）、萊辛、海涅和黑格爾融為一爐的時候——我可不是說隨意地混雜在一起——那就是馬克思博士。

每個此時見過馬克思的人，都有同樣的印象。柏林博士俱樂部及科隆圈子裡的人都比他年長八到十歲，但大部分的人都視他爲前輩。當恩格斯抵達柏林服兵役時，馬克思已於數月前離開，然而他發現這位年輕的萊茵人已經成爲傳奇了。恩格斯在一八四二年寫下一首詩，生動地描述了這位未來的合夥人——他甚至還沒有見過他——這完全是根據其他同伴對於馬克思的追憶而寫下來：

誰能再以激昂的言行急速竄起？
除了特利爾黝黑的小伙子，這個顯眼的怪人。
他沒有蹦跳也沒有飛躍，卻能大步前進，
大聲吼叫。好像抓住高處寬闊的天幕就要將之扯下他張開臂膀，觸及穹蒼。
他揮動凶猛的拳頭，狂亂地咆哮。
彷彿上萬的惡魔擒住了他的頭髮。

他長得確實黝黑（因此他終身的小名叫做「摩爾人」，譯註❺），深黑色的頭髮更加強了這個效果。這些毛髮似乎到處從他臉頰，手臂，耳朵和鼻子的毛細孔裡長出來。

顯眼之處反而容易忽略。極少撰寫馬克思的作家注意過，馬克思是個多毛的男人，就像以掃（Esau，譯按：聖經人物，以撒的兒子，爲了一碗湯而將長子的繼承權轉讓給弟弟雅各）一樣。然而，每個認識馬克思的人回憶起他，卻一再提起他那濃密而多毛的形象產生令人敬畏有加的效果。梅文桑（Gustav Mevissen）是一位科隆商人，於一八四二年投資《萊茵報》，他曾說：「從特利爾來的卡爾．馬克思是一位很有力量的二十四歲青年，濃密的毛髮從他的臉頰，手臂，鼻子和耳朵裡冒出。他盛氣凌人，激昂而熱情，充滿無比的自信……。」在巴黎認識馬克思的詩人海爾維格（George Herwegh）也說：「濃厚的黑髮覆蓋在他的前額。他極適合扮演至高學者的角色。」安尼年柯夫（Pavel Annenkov）在一八四六年與馬克思相遇：「他的外表最爲醒目。深黑色的頭髮及多毛的手令人驚訝……他看來就是個讓人不得不尊敬的人。」萊斯納（Friedrich Lessner）則說：「他的眉毛很高，形狀優

譯註❺：摩爾人是柏柏爾人（Berber）與阿拉伯人的回教後裔，居於非洲西北部，膚色黝黑。

美，他的頭髮濃密而漆黑……馬克思是一位天生的人民領導者。」舒爾茨（Carl Shurz）說：「這毛髮有點濃密的男人額頭寬闊，頭髮和鬍鬚漆黑，眼睛黝黑明亮，馬上就能吸引衆人的注目。他樂於享有博學之名……」李卜克內西（Wilhelm Liebknecht）在一八九六年憶起半個世紀前初遇馬克思時，必須忍受他「那有如獅子般濃黑鬃毛的面目所發出的凝視，」仍令他爲之顫抖。

這不修邊幅的外表其實經過刻意設計。馬克思和恩格斯都瞭解蓬亂多毛的力量，一八五二年，他們在譏諷詩人暨評論家金克爾（Gottfried Kinkel）時寫道：

倫敦提供受尊崇的人物一個新穎而複雜的舞台，可以贏得更多的喝采。他毫不遲疑：他必須成為這一季新的當紅人物。為了達到這個目的，他克制自己不去參加任何政治活動，退回自己的房子裡隱居起來，只為了蓄他的鬍子，沒有這個的話，先知便無法成功。

也許爲了同樣的理由，馬克思在大學時留了一臉鬚髯。一位在倫敦的普魯士密探於一八五二年向他的長官報告，認爲他蓄意「從來不刮鬍子」。

恩格斯亦然，他似乎在年少輕狂之時，心中即已形成一個蓄鬍的政治理論。「上星期天我們有一個小鬍子之夜，」十九歲的恩格斯於一八四〇年十月寫信給他的妹妹，「我發出一份文件給所有能夠留小鬍子的年輕人，告訴他們該是嚇唬那些俗人的時候了。最好的辦法就是大家都留小鬍子。有勇氣拒斥俗人並且能留鬍子的人要連署。我很快就召集了二十五個人，然後在十月二十五日那一天，也就是鬍子留了一個月之後，大家將狂歡慶祝；這一天將永遠成爲我們共同的小鬍子狂歡日。」這一群鬍鬚哲學家在不來梅（Bremen）鎮公所地下室舉行派對，最後在叛逆的乾杯聲中吟唱：

俗人嫌鬍鬚是個麻煩累贅
於是他們勤刮臉，乾淨得不惹塵灰
我們不是俗人，所以我們
任鬍子自由自在，蔓延成堆

恩格斯的鬍子後來也長滿了臉頰和下巴，他纖細的小鬍子比起馬克思的大鬍子還是小巫見大巫。馬克思熟悉的形象出現在無數的海報、革命的旗幟、英雄雕塑——還有高門公墓裡著名的頭像上——假如沒有這一層鬈曲的光環，偶像的效果肯定會大爲失色。

馬克思並不是偉大的演說家——他的發音很輕，沙啞的萊茵口音經常讓人誤解——但僅僅以怒髮衝冠的小野豬形象現身，就足以激勵士氣和威懾眾人了。博士俱樂部的常客、歷史學家科本（Karl Friedrich Koppen）曾說，每次與馬克思相處，就成了無能自主的人。當馬克思這位令人懼怕的朋友於一八四一年離開柏林不久後，「現在我再度恢復主見，」他寫道，「我的觀念創造出我自己，早期所有的想法則來自遠方，也就是蘇程街（Schuzenstrasse，馬克思住在那兒）。現在我可以再次眞正工作了，我很高興能行走在一群傻子當中，而不覺得自己是其中的一份子……。」科本讀完一篇鮑爾所寫，論基督教政治的文章之後，寫信告訴馬克思：「我審查這篇文章背後的觀念，追尋其出處，發現它也是出自蘇程街。所以你看，你是一個觀念的終極倉庫，一個完整的工廠，或者說（以柏林的俚語來講）你有一個勤學者的腦袋。」

當馬克思開始爲《萊茵報》工作之後，同事們注意到，他永無止息的知識衝動，在另一面也表現爲心不在焉的有趣模樣。海因岑（Karl Heinzen）喜歡看馬克思坐在酒館裡，前面放著一杯咖啡，瞇著眼看報紙，「突然跑到另一張桌子，拿剛剛沒拿到的報紙來看；或是跑到檢查處去抗議文章被刪減，文章沒帶走，卻在口袋裡塞了其它的報紙，甚至一條手帕，就匆忙離開了。」

對那些性格外放的人而言，馬克思的另一項魅力，在於他對飲酒作樂和大吵大鬧的喜好。海因岑描述一個晚上，在幾瓶黃湯下肚之後，他必須送馬克思回家：

當我進門後，他大聲地摔門，把鑰匙藏起來，滑稽地揶揄我是他的囚犯。他要我隨他進入書房，我一進來便坐在沙發上，倒要看看這個不可思議的怪胎究竟在變什麼把戲。他馬上忘記我的存在，跨坐上一張椅子，頭往前傾斜靠著椅背，開始以強烈的唱腔半悲傷半嘲諷地說，「可憐的中尉啊，可憐的中尉！可憐的中尉啊，可憐的中尉！」哀歌中的主角是一位普魯士中尉，馬克思藉著傳授黑格爾哲學，將他「腐化」了……。

惋惜了中尉一陣子之後，他起身，突然發現我在房間內。他走向我，讓我明瞭我在他的魔掌底下，然後淘氣地用拳頭攻擊我並威脅我，其中並無眞正惡意。我求他不要這樣，因爲我不想以牙還牙。他依舊不罷休，我嚴重警告，要給他好看。然而我的警告還是沒用，我只好把他推倒在房間的角落。他站起來之後，我罵他無聊，並且要他把前門打開。現在輪到他佔上風了。「回家吧，強壯的男人，」他嘲笑著，附上一記最滑稽的傻笑。他就好像在朗誦浮士德（Faust）的台詞一樣，「有人被關在裡面了……，」至少感覺蠻像的。然而，他模仿墨菲斯托菲里斯（Mephistopheles，浮士德故事中的魔鬼）就拙劣得極其可笑。最後，我警告他，如果再不把門打開，我會自己破門而出，到時候他就要自負損失了。他卻以嘲諷的冷笑回應我，我只好下樓，撞開了前門鎖，跑到街上對他大吼，要他把門關上，免得小偷闖入。他瞠目結舌地看著我逃離魔掌，身體彎出窗外，用他的小眼睛瞪著我看，活像個頑皮的小妖精。

後續發展完全可以預料：幾年以後，馬克思譴責海因岑是個粗魯的笨蛋（「肥胖，誇大，吹噓和自以爲是」），他反過來批評馬克思是「不值得信任的自私鬼」。恩格斯後來也加入了批判的行列，把海因岑稱爲「本世紀最愚蠢的人」，威脅要賞他一記耳光；海因岑則回應說，他不受這些「膚淺的半調子」的威脅。他們就這樣吵個沒完沒了。甚至到了一八六〇年，海因岑已經移民美國，對馬克思依舊懷恨在心——他在一篇文章裡形容馬克思，是貓和大猩猩的混合體、詭辯家、沒什麼了不起的辯證論者，撒謊家和陰謀者。他的臉色骯髒蠟黃，頭髮烏黑蓬亂，小眼睛裡透顯出一付散發「邪惡之火」的靈魂，獅子鼻，下唇異常寬厚，讓人一眼就印象深刻。他的頭使人聯想到一切事物，除了尊貴和理想之外；他的身軀總是披著一件不乾不淨的亞麻長袍。

馬克思常被指爲知識惡霸，尤其是那些領教過他謾罵功力的人。一八四七年，他發表一篇攻擊海因岑的文章，長達三十頁。他對於自己言詞上的攻擊才華，顯然沾沾自喜。如一位朋友所讚嘆，馬克思的風格（style）就好像以前羅馬人手中握的鐵筆（Stylus）一樣——這是一種筆心尖銳的鐵筆，拿來寫字，也拿來戳刺。「『風格』（The style）是把短劍，用來直搗要害。」海因岑卻認爲，馬克思的風格不是短劍，是一字排開的巨砲陣——其中有邏輯、辯證法、博學多聞——用來消滅任何與他意見相左的人。馬克思想要「用大砲來打破窗戶玻璃」，他如是說。然而，惡霸的指控不足採信，馬克思不是那種專挑不敢回嘴之人下手的懦夫：從他選擇的攻擊對象中，我們看到不計後果的勇氣；這也說明，爲何馬克思的大半生歲月，都在流放或政治隔離的狀態中度過。

證據何在？我們只消去看馬克思爲《萊茵報》寫的第一篇文章，發表於一八四二年五月。在此文當中，他對萊茵省議會關於出版自由的辯論，做出尖刻的詮釋。他批評普魯士專制主義及其諂媚者的高壓而不寬容的態度，這算是相當勇敢，但並不稀奇。稀奇的是，他對軟弱的自由派反對者的批評，更加猛烈。「神啊，救救我，讓我脫離這些朋友！」他在文章中絕望呼喊。出版自由的敵人雖由病態的情感驅使，至少，他們的謬論中還投注了感情和信仰；然而，「整體來說，議會裡那些出版自由的擁護者，與他們擁護的對象之間，不發生眞正關係。他們從來不能體會，出版自由是一種生死攸關的需求。對他們而言，出版自由是頭腦的事情，毋須用心參與。」他引用歌德的話——歌德曾說，除非一個畫家曾深深愛某個眞實女人，在這個女人身上發現了美麗，他才能成功地捕捉女性美的典型——於是馬克思也說，出版自由也有其美麗，除非我們愛它的美，我們才會捍衛它。然而，即使出版自由受到桎梏，議會中所謂的自由派似乎仍過著十足安逸的生活。

馬克思與政府和反對派兩者都反目成仇之後，他很快將矛頭轉向同僚。一位投入《萊茵報》的成功科隆律師格奧格（Jung Georg），認爲馬克思是一位「革命的惡魔」。當馬克思於一八四二年十月接任主編時，年輕激進的同事都對他寄予厚望，但他們不久就大感失望。馬克思的編輯政策清楚表達在一封給敵對的《奧格斯堡匯報》（Augsburger Allgemeine Zeitung）的公開信中，該報抨擊《萊因報》亂搞共產主義。在公開信中，馬克思這樣說：

《萊茵報》甚至不承認共產主義以其目前的形式，具有理論的現實性，更遑論期待在現實中實現它，或認為有此可能……當我們批評勒魯（Leroux）、孔西德朗（Considerant）的文章，尤其是普魯東（Proudhon）銳利機智的作品時，絕不能被思想表面的炫光所惑，只能透過長期而深入的研究，才提出看法。

無疑地，馬克思對於審查制度——以及報紙的股東、布爾喬亞資本家，都有一視同仁的洞察力，而且他始終表裡如一。馬克思不喜歡同事的德性，比方醉醺醺的魯滕堡（他還在編輯室，主要是改改標點符號），還有赫斯。那些在柏林的任性青年黑格爾學派，其怪誕舉措更令馬克思惱怒，他們現在自稱為「自由人」（The Free），因為他們恣意批判任何事物——國家、教會、家庭，並把鼓吹炫耀的放縱恣肆視為一種政治責任。馬克思覺得這群人無聊透了，是膚淺的自吹自擂者。「這個時代需要認真、負責、沈著審慎的人，來達成高尚的目標。我們要大聲而堅決地駁斥一切暴戾與辱罵，」他如此告訴讀者。

當然，這裡有一點偽善的意味：如同在科隆的酒肉朋友所證言，他才沒有一直保持認眞而審愼。這樣的人狀似莊嚴地反對奇言炫行，實在有點奇怪，他自己在幾個月之前，才騎著驢喧鬧地穿越波昂的街頭呢。不過，馬克思就任主編之後，倒是極為專心致志：他已無法接受年輕人的胡鬧行徑。其中讓馬克思厭惡最久的人物，要算梅恩（Eduard Meyen），他是放蕩不羈的柏林黨派頭目，其文章「滿紙胡言亂語，充斥著世界革命之類的空洞概念。」魯滕堡在任職期間的軟弱、無判斷力作風，使梅恩及其黨羽將《萊茵報》視為他們的私人遊樂場。但新的主編上任之後，就清楚地表態，絕不會再讓這幫人口沫橫飛的贅言浸濕了報紙。「我認為在副刊的戲劇評論中，偷渡共產主義和社會主義，也就是偷渡新的世界觀，既不恰當、也不道德，」馬克思寫道，「如果一定要討論共產主義，我要求另一種全然不同、更深入的討論。」

馬克思自己討論共產主義的能力有限，因為他對此一無所知。在學院的生涯中，他已研讀了所有可能用得著的哲學、神學和法律，但對於政治學和經濟學，他仍是個生手。「身為《萊茵報》的主編，」多年後他坦承，「當我必須參與討論所謂的物質利益時，第一次感到難堪。」

他對新領域的探索，首度呈現在一篇對新通過的私人林木盜竊法的長篇評論。傳統上，農人可以撿拾掉落的枯材當作燃料，但是現在連撿起一根嫩枝都可能招致牢獄之災。更離譜的是，偷竊者必須賠償林場主人，但木頭的價值由主人評定。這個法定的竊盜罪迫使馬克思首次思考階級、私有財產和國家的問題；也讓他發揮雄辯的天分，以子之矛來推翻這個愚不可及的主張。議會裡一個自鳴正義的蠢蛋如此議論：「正因爲偷竊林木不算盜竊，這種事才如此頻繁發生。」馬克思運用典型的歸謬法（reductio ad absurdum，譯註❻）來破解這套說辭：「以此類推，議員大人應該得出這樣的結論：打耳光不算殺人，所以打耳光如此頻繁。議會即當命令：打耳光就是殺人。」

也許這還不算是共產主義，但馬克思的嘻笑怒罵，足夠讓普魯士的官員頭疼——尤其該報紙的發行量和信譽正迅速成長。「不要以爲我們住在萊茵河畔，就身處政治的理想國，」馬克思寫信給盧格，他的《德意志年鑑》遭到德勒斯敦有關單位的重擊。「你需要最堅定、最百折不撓的意志力，才能維持像《萊茵報》這類報紙的編務。」一八四二年，當地主要的新聞審查官是多列夏爾（Laurenz Dolleschall），一個昏昧的警官，曾禁止刊登但丁《神曲》（Divine Comedy）的廣告，理由是「神聖事物不宜成爲喜劇的主題」。每個晚上收件之後，他就刪除任何他看不懂的文章（大部分都看不懂）；編輯必須花費好幾小時說服

譯註❻：反論證法，即藉著說明某一個命題的結論為荒謬或矛盾，以證明該命題為錯誤的一種論證法。

他，這些文章都是無害的——排字工人則在一旁等著，直到深夜。馬克思喜歡模仿多列夏爾放任一些文章過關，被上司責罵時的痛苦哀嚎：「我的生計要泡湯了！」我們幾乎同情起這份倒楣的職務，因爲終日必須跟馬克思討價還價的審查官實在太不幸了，他們無不大嘆警官難爲。一位左翼的記者布洛斯（Wilhelm Blos）描述了多列夏爾必須忍受的事情：

一晚，審查官和他的夫人，以及年屆適婚的女兒受邀參加省長舉辦的大型宴會。赴宴之前他必須先完成新聞審查的工作。然而，就在這晚，印刷校樣卻沒有按時送來。審查官等了又等，他不能把自己份內之事棄之不顧，但他又必須出席省長的晚宴——當然，這可是他那年屆適婚的女兒的大好機會。已經快十點了，審查官等得氣急敗壞，只好先把妻女送到省長的家，然後急派僕人去報社取件。僕人回報，報社已經關門了。倉皇失措的審查官坐上馬車趕往馬克思偏遠的住所，此時已經快十一點了。

門鈴響了很久之後，馬克思從三樓的窗口探出頭來。

「稿子！」審查官大叫。

「沒有！」馬克思吼了回去。

「可是……」

「我們明天不出刊了！」

馬克思砰地一聲將窗戶摔上。審查官遭此戲弄，憤怒之餘想說的話都卡在喉嚨裡。從此以後，他的態度就變得有禮多了。

但他的上司可沒那麼好打發。舉辦晚宴的省長名叫夏培爾（von Schaper），在十一月時抱怨，報紙的走向「越來越胡搞」，並要求解僱魯滕堡（這其實是天大的誤會）。既然魯滕堡是貪杯之人，這也不算是很大的犧牲。馬克思寫了一封卑躬屈膝的信要省長閣下放心，《萊茵報》只希望能夠呼應「現在全德意志人民對國王如日中天的權位之祝福」。如同梅林多年後的評論，這封信展現了「圓滑的謹慎，在作者畢生中再也看不到其他類似的例子。」

這封信未能安撫長官先生。十二月中旬，他建議柏林的審查部門應該要起訴這份報紙——以及林木盜竊法這篇文章的匿名作者——因為該報「魯莽而無禮地批評目前的政府制度」。一八四三年一月二十一日，一位騎馬從柏林來的信差，捎來撤銷《萊茵報》發行許可的命令，從三月底即生效。萊茵省各地的忠誠讀者——從科隆、杜塞爾多夫（Dusseldorf）、亞琛（Aachen）到馬克思的故鄉特利爾——都向政府請願暫緩查封令，但是徒勞無功。另一位審查官也受命前來，防範最後幾個禮拜可能的滋事。「我們的報紙必須被送到警察局去，讓他們嗅一遍才行，」馬克思向一位友人抱怨說，「只要警察的鼻子嗅出任何一點非基督教、非普魯士的味道，我們的報紙就不准發行。」

查禁令沒有解釋原因，馬克思只能私下臆測。難道有關當局對於報紙快速竄升的知名度感到惶恐？還是他在捍衛其他審查制度的受害者時太不客氣了，像是盧格的《德意志年鑑》？他猜想，最可能的導火線，是查封令頒佈前一個禮拜發表的一篇長篇評論，批評當局漠視摩塞爾河流域葡萄農的悲慘經濟處境，他們無法和德國其他邦廉價傾銷入普魯士的免稅酒競爭。

馬克思不知道，其實背後有更強的勢力主使——如果他知道了，必定很自豪。普魯士國王其實是應沙皇尼古拉一世（Nicholas I）的要求而查禁報紙，沙皇是他最親近也最重要的同盟，而《萊茵報》在一月四日發表的評論，透露著反沙皇的毀謗意味。這篇文章刊出四天後的一場冬宮舞會，駐聖彼得堡的普魯士大使被沙皇訓了一頓，因為德國報紙的自由作風「太可惡」了。大使發了一封緊急電報到柏林，說俄國人搞不懂，「在國王麾下任職的審查官到底在幹什麼，竟然讓這種文章過關。」事情就是這樣。

「今天真是時來運轉，」在馬克思卸下編輯職務的當天，負責《萊茵報》的審查官寫下這樣的句子，「我滿意極了。」馬克思其實也深感愉快。「在那種氣氛下，我快要窒息了，」他向盧格透露。「即使為了自由而不得不做那些卑賤的事，感覺仍是糟透了。我總是在應付小麻煩，而不是與強權搏鬥。我厭倦了偽善，愚蠢和專斷，也厭倦了打躬作揖、口角衝突、推託搪塞，以及在文字上吹毛求疵。最後，政府還給了我自由。」

他在日耳曼已沒有未來可言。不過，既然他所關心的人和機構都不存在了——他的父親、威斯特伐倫男爵、《德意志年鑑》和《萊茵報》——所以，馬克思也沒有可留戀之處。重要的是，他在二十四歲盛年，已經文采煥發，足以讓歐洲的皇室擔驚受怕。當盧格決定離開日耳曼，創辦一份流亡雜誌《德法年鑑》（Deutsche-Französische Jahrbücher）時，馬克思欣然同意加入。但有一個條件：「我已經訂婚了，因此我不能、不應、也不會撇下未婚妻離開日耳曼。」

與燕妮訂下婚約七年之後，即使臉皮厚如馬克思，也開始有罪惡感了。「爲了我，」他在一八四三年三月承認，「我的未婚妻經歷了最激烈的對抗，幾乎毀了她的健康。一方面，她必須對付娘家虔誠的貴族親戚，那些人不分『天國的主』和『柏林的主』，都是頂禮膜拜的對象；另一邊則須應付我的家庭，裡頭藏著教士與其他的敵人。幾年下來，未婚妻和我經歷了無數不必要且耗盡心力的衝突，比年齡長我們三倍的伴侶還要多。」但是長期婚約帶來的試煉和折磨不能歸咎別人。當馬克思在柏林狂歡作樂，或是在科隆惹麻煩的時候，燕妮待在特利爾的家裡，懷疑他明天是否還會愛她。有時她的書信透露這些焦慮——卻被馬克思曲解爲意志不堅。「你竟然懷疑我的愛與忠貞，眞讓我震驚，」她在一八三九年時埋怨，「喔，卡爾，你多麼不瞭解我，多麼不明白我的處境，你根本不知道我爲何悲傷……。但願你能稍微感同身受女孩子的心境，尤其像我這樣特殊的女子。」

她嘗試向馬克思解釋，女孩子的感受確實不同。女子的被動有如夏娃的原罪，她們只能等待、盼望、受苦和忍耐。「一個女子除了愛、她的自我和她的人之外，還能再給男人什麼？這些就如同她整個人一樣，是不可分割而永恆的。正常情況下，女子也必須在男人的愛當中，找到完全的滿足，她必須在愛裡忘懷一切。」然而，當悲傷的預感像憤怒的蜜蜂一樣，在她腦海中嗡嗡作響時，她如何能忘懷一切？「喔，親愛的，親愛的甜心，現在你也涉入政治了，」她在一八四一年八月寫信給馬克思，當時他正和鮑爾在波昂遊蕩。「那眞是最危險的事情了。親愛的小卡爾，請永遠不要忘記，你的愛人在家鄉正期盼著，受苦著，完全依賴著你的命運。」

事實上，他的政治激情是她最不擔心的：那當然有危險，但也英勇得令人心醉神往。她對他扮演「黑色小野豬」和「邪惡的壞蛋」一樣嚮往。燕妮不再覺得幸福，是因爲她害怕苦惱成眞：「如果你熱烈的愛終止了。」她的憂慮事出有因。馬克思在柏林唸書時，對著名的浪漫詩人貝蒂娜．馮．亞寧（Bettina von Arnim）十分著迷——她的年紀足以當他的母親——有一次，馬克思甚至帶她回特利爾，見自己年輕的未婚妻。燕妮的好友貝蒂．盧卡斯（Betty Lucas）見證了這可憐的遭遇：

> 一晚，我沒有敲門就匆匆走進燕妮的房間，昏暗中看到一個瘦小的身影蹲坐在沙發上，她的雙腳縮起，手臂環抱膝蓋，看來像是一捆東西，而不是一個人。當別人介紹這位悄悄從沙發上走下來的人，就是貝蒂娜．馮．亞寧時，我難掩失望之情，即使在十年後的今天，這感覺仍能清楚領會……。她有名的嘴巴中吐出來唯一的話，就是抱怨太熱。等到馬克思進了房間之後，她以一種斷然的口氣，要求他陪她到萊茵法倫斯坦（Rheingrafenstein），當時已經快九點了，而且到那裡要花上一個小時。馬克思黯然地看了他的未婚妻一眼，便跟著這位名女人走了。

沒受過高等教育的女孩，如何跟如此迷人的女性競爭呢？馬克思的知識能力威脅著燕妮。在金碧輝煌的宴會廳裡，跟庸俗貴族交談的燕妮，表現機靈、活潑、相當有自信。然而，當愛人現身眼前，那漆黑、深邃的眼睛直射出來的目光，足以令她啞口無言：「我緊張得說不出一句話，血液在血管中凝結，靈魂也跟著顫抖。」

燕妮是浪漫時代誕生的人。就像同時代許多惶惑不安的靈魂一樣，她也反覆讀了雪萊（Percy Bysshe Shelley，譯註❼）的《打碎枷鎖的普羅米修斯》（Prometheus Unbound），普氏因爲褻瀆神靈，啓蒙人類而被綁在巨岩上。（馬克思也在博士論文裡宣稱，普羅米修斯是哲學名人堂中最卓越的聖者和殉道者。《萊茵報》被查禁後，一則諷刺漫畫將馬克思化身爲普羅米修斯，被綁在印刷廠中，一隻普魯士的鷹正啄食他的肝。）燕妮無法跟上馬克思性急的闊步，只好開始幻想有一天他會蹣跚步行：

> 親愛的，從你上一封信以來，恐懼便折磨著我，我害怕因為我的緣故，你捲入爭執和決鬥裡。我日夜看著你受傷、流血、生病，但是，卡爾，坦白對你說，這樣的念頭不一定使我不快樂：因為我生動地想像你失去了右手，因為這樣，我感到歡天喜地，感到幸福。我的甜心，你知道，這樣一來我對你而言就是不可或缺了，你總是會留我在你身邊，並且愛我。我也想像，今後我就可以幫你寫下那些珍貴而絕妙的想法，真正對你有幫助。

她承認，這種幻想有點「古怪」，然而事實上，這是再普通不過的浪漫小說主題——黑

註❼：譯註：雪萊（1792-1822），著名的英國浪漫派詩人，妻子M.W. Shelley亦是名小說家，《科學怪人》的作者。

暗、危險的英雄在贏得女人芳心之前，必須先成爲殘廢或是喪失男子氣概。幾年之後，布朗蒂（Charlotte Bronte）在《簡愛》（Jane Eyre）的結局裡，也有類似的安排。

燕妮的盼望多少實現了。在四十年的婚姻裡，馬克思經常「流血和生病」；此外，他的筆跡難以辨識，有賴燕妮替他謄抄那些珍貴而絕妙的想法。然而，一旦進入現實生活，夢中編織的狂喜就煙消雲散了。

一半是普羅米修斯，另一半是羅契斯特先生（Mr Rochester，譯按：《簡愛》的男主角）：如果心愛的未婚妻都這麼看他，她的那些傳統親戚的態度如何，也就可想而知。嫁給一個猶太人已經夠讓人咋舌了；何況燕妮還是嫁給一個沒有工作、沒有錢的猶太人，惡名昭彰，這簡直令人忍無可忍。燕妮同父異母的哥哥斐迪南，在父親辭世後成爲家族的家長，更是竭盡所能反對他們結合。他公開表示馬克思是個無用之人，會讓整個威斯特伐倫家族蒙羞。爲了逃離不斷的閒話與威脅，燕妮和支持她的母親離開了特利爾，來到五十哩之外的克羅茨納赫（Kreuznach）溫泉勝地。一八四三年六月十九日上午十點，二十五歲的哲學博士，「沒有特定職業」的馬克思先生，就是在這裡娶了二十九歲的燕妮．馮．威斯特伐倫。前來的賓客只有燕妮愚蠢的弟弟埃德加，母親，以及一些當地的朋友。馬克思家族則無人參加。新娘身穿一襲綠色的絲質禮服，頭戴粉紅色的玫瑰花環。燕妮的母親送了一組首飾，以及帶有阿爾蓋家族印記的銀製餐具，這是馮．威斯特伐倫家族的蘇格蘭祖先留下來的。男爵夫人也給了他們一大箱的現金，想幫助他們度過新婚的前幾個月，但不幸的是，這對新婚夫婦帶著這箱現金到萊茵河度蜜月，用這些錢救濟途中遇到的窮困朋友。

這些錢不到一個星期就花光了。

在婚禮的前幾天，燕妮堅持要馬克思簽一份不尋常的合約，以保證這對夫妻有「合法的財產共有權」——除了「各自應給付的債務、繼承或婚前的債務以外」。一般人都認爲，這份合約意在安撫燕妮的母親，因爲她太清楚馬克思在金錢的表現。果然，馬克思在婚後的漫長歲月中，很少不債務纏身；然而這份合約卻從來沒有履行過。接下來的幾年裡，阿爾蓋家族的餐具較常出現在當舖老闆的手裡，而不是廚房的碗櫃上。

一八四三年，婚後的夏日，新婚的馬克思夫婦住在燕妮母親位於溫泉勝地的房子裡，幾乎身無分文，等待盧格的消息——告知新刊物何時何地發行。這是一段美好的田園小插曲。傍晚卡爾和燕妮漫步河邊，傾聽夜鶯從遠岸林間傳來的歌聲。白天，這位《德法年鑑》尚未就任的編輯，會躲進工作室裡發狂似地閱讀和寫作。

馬克思很喜歡在紙上寫下想法，靈感來時就記在紙上，一張在克羅茨納赫的筆記本裡殘留的紙頁，生動地記錄了整個過程：

筆記。在路易十八的時期，憲法來自於國王（憲章由國王施行）；在路易．菲利普的時期，國王來自於憲法（王權是任命的）。一般說來，我們可以發現，當主語轉成述語，述語轉成主語，決定者轉成被決定者時，這往往是最立即的革命。不只革命的一方如此。國王立法（舊的君主制），法立國王（新的君主制）。

一旦馬克思開始玩弄他最愛的矛盾對立，他就很難停下來了。不就是這個簡單的文法倒置讓舊的君主制革新？這不也解釋了德國哲學的錯誤所在？比方說，黑格爾認爲「國家的理念」是主語，市民社會是述語，然而歷史證明情況剛好相反。只要把黑格爾的學說顚倒過來，所有的錯誤都糾正了：宗教沒有創造人類，是人類創造了宗教；憲法沒有創造人民，是人民創造了憲法。上下顚倒過來之後，一切都合理了。

這項發現應該歸功於德國哲學家費爾巴哈，一八四三年三月，他發表了《哲學改造題綱》（Introductory Theses to the Reform of Philosophy），「存在是主語，思維是述語，」他宣稱。「思維從存在裡產生，而不是思維產生存在。」馬克思進一步把這個邏輯從抽象的哲學延伸到眞實世界——尤其是政治、國家與市民社會。費爾巴哈曾是黑格爾的學生，但他已遠離了良師的唯心論來到唯物論（他最有名的格言至今在辭典裡還可找到，「人吃什麼，就是什麼」（Man is what he eats））；然而，這是一個學究式、相當理性的唯物論，與他所處的時代或環境的社會、經濟條件無關。馬克思對於新聞的涉獵讓他深信，激進的哲學家不應住在高塔之中，就像古希臘的隱士一樣；他們應該要回到地面，投入現世和現時當中。

當馬克思得知《德法年鑑》確定可以出版之後，費爾巴哈是他首批想要邀稿的作者之一。一八四三年十月三日，就在他準備前往巴黎與盧格會合之前，他寫信建議費爾巴哈撰寫批評謝林的文章。謝林不但是普魯士的宮廷哲學家，也是他在柏林大學的老敵手。「整個日耳曼警方都任他支配，這是我擔任《萊茵報》主編時的親身體驗。新聞檢查制度讓任何反對神聖謝林的文章都無法過關……。但是，試想謝林被丟到巴黎，面對法國的文藝界！……我確信您會以最適合的方式替我們寫稿。」為了進一步慫恿他，馬克思隨信添加一筆厚顏無恥的附註：「內人雖不認識您，但她向您致意。您不知在女性當中有多少您的崇拜者。」

費爾巴哈不受誘惑。他回信說，依他所見，理論在臻於完美之前，就被拿去實際運用，實在是操之過急。馬克思則相信，理論與實踐兩者不可分離——而且必須如此。實踐促成理論完美，而當今哲學家最迫切的實踐，就是「無情地批判所有存在的事物」。對黑格爾的批判來自費爾巴哈的啓迪，現在費爾巴哈已達成階段性任務，該是輪到他被批判的時候了——馬克思於一八四五年春天，撰寫《關於費爾巴哈的題綱》（These on Feuerbach），以最簡潔的方式總結了隱居者和行動者之間的差異：「哲學家只是用不同的方式解釋世界，問題在於改變世界」。

馬克思對費爾巴哈一直心存謝意，不像大部分被他斥罵或輕蔑的思想家。「我很榮幸有機會向您表達我的景仰，以及——如果你允許我這麼說，我的敬愛之意，」他在一八四四年寫信給費爾巴哈，「我不知您是否出自刻意，但您已經奠立了社會主義的哲學基礎……。人與人之間的聯合，是根基在彼此的眞實差異上，人類的概念從抽象的天上降落在眞實的地上，這就是社會的概念！」

馬克思停留在克羅茨納赫的最後幾個禮拜，寫了兩篇重要的論文，發表在《德法年鑑》上。第一篇是〈論猶太人問題〉（On the Jewish Question），這篇文章通常只在馬克思的傳記中才會順帶提一下，卻給敵人留下攻擊他的最好武器。

馬克思是個自我憎恨的猶太人嗎？他從不否認自己的猶太血統，但也不刻意提起——不像他的女兒愛琳娜，在倫敦東區的工人集會裡，驕傲地宣稱自己是個「猶太女人」。在他後來與恩格斯的通信中，馬克思以殘酷的興奮之情，將各種反猶太的侮辱字眼加諸敵人身上：日耳曼社會主義者拉薩爾（Ferdinand Lassalle）是個常被攻擊的對象，他被描述成小猶太，狡詐的以法蓮（譯按：聖經中創世紀第四十一章五十二節，約瑟的次子），以及猶太黑人。「現在我弄清楚了——看他的頭形和頭髮生長方式就知道——他是當年伴隨摩西出埃及的黑人之後裔，要不然就是他的母親或曾祖母曾經跟黑人上床雜交，」馬克思寫於一八六二年，津津有味地探討拉薩爾的家世問題，「他一方面有猶太人與德國人的混合，另一方面骨子裡又流著黑人的血液，這必然融合爲一個奇妙的怪胎。這傢伙固執得也像個黑鬼。」

〈論猶太人問題〉的某些段落，如果抽離文章脈絡來看，也散發出惡臭——偏偏它們經常被如此解讀。

猶太教的世俗基礎是什麼？實際需要，自私自利。

猶太人的世俗偶像是什麼？做生意。

他們的世俗上帝是什麼？金錢……。

因此，我們在猶太教裡看到普遍、當代的反社會成分，經過漫長的歷史演進——它的毒果實被猶太人殷勤滋養著——在目前已達到高峰，接下來將無可避免地瓦解。

歸根結底，猶太人的解放，就是人類從猶太教裡獲得解放。

某些批評者將這些段落視爲《我的奮鬥》（Mein Kampf，譯按：希特勒所著，一九二四年寫於獄中，宣揚國家社會主義的理論和計畫，後來分別於一九二五年和一九二七年出版上下冊。）的先聲，他們忽略了最關鍵的一點：除了不雅的辭彙和粗俗的成見之外，這篇文章其實是爲了捍衛猶太人而寫。馬克思的用意在反駁鮑爾的論點，鮑氏認爲猶太人除非受洗爲基督徒，否則不能獲得完全的公民權和自由。鮑爾是個招搖的無神論者，即便如此——或許正因如此——他反而認爲基督教比猶太教代表更先進的文明階段，因此也更接近得救的歡騰時刻；當所有宗教都無可避免地走向瓦解，這歡騰的時刻就會來臨。

這種支持官方偏見的錯亂理由，使鮑爾與普魯士最反動的呆子結爲同盟。馬克思對此施予一貫冷酷無情的抨擊。不錯，馬克思似乎也接受世俗對猶太人的嘲諷，說他們是借錢成性的高利貸者——但幾乎每個人都這樣相信。（德文裡 Judentum（猶太）這個字的同義詞就是『商業』。）更應注意的是，馬克思並沒有怪罪或指責他們：如果猶太人不准參與政治，他們發揮被許可的賺錢能力，會很奇怪嗎？金錢和宗教都使人和自身疏離，因此，「歸根結底，猶太人的解放，就是人類從猶太教裡獲得解放」。

請注意，馬克思說從猶太教裡解放，而不是從猶太人裡解放。人類最終必須從所有宗教的專制中解放，基督教也不例外。然而，如果在解放的途中，將猶太人的地位貶於其他市民之下的話，那就太荒謬、殘酷了。一八四三年三月，馬克思寫信給在科隆的盧格，信裡印證了他爲猶太人爭取平權的承諾：「當地猶太社群的領袖邀約我會面，請求我在省議會裡替他們請願，我也欣然同意。無論我多麼不喜歡猶太人的信仰，對我而言，鮑爾的觀點還是太抽象了。該做的事情是，盡可能在基督教國家裡製造裂縫，並且摻入越多的理性成分越好。」這個想法在另一篇論文〈黑格爾法哲學批判導言〉（Toward a Critique of Hegel's philosophy of Right: An Introduction）中實現，馬克思動筆於蜜月剛結束的一八四三年夏天。幾個月後，他在巴黎將這篇論文完成，並於一八四四年春天發表。

論文的題目可能只有作者才內行，但這篇文章本身卻相當有名，跟〈論猶太人問題〉文義曖昧的名聲有得比。許多沒有讀過馬克思著作一個字的人，還是懂得引用他的名句「宗教是人民的鴉片」。這是他最有影響力的比喻之一——可能是受到一八三九年到一八四二年中英鴉片戰爭的啓發。但那些鸚鵡學舌般重複這個句子的人，眞瞭解它的涵義嗎？在蘇聯，那些自以爲是的詮釋者濫用這句名言，以合理化對老信徒的迫害。正因爲這票人的扭曲，這句子經常被認爲是說：宗教是邪惡統治者散佈的毒品，藉此讓群衆處於愚鈍、虛妄的消極狀態。

馬克思的論點則更精緻，且帶著一份同情。他堅持「批判宗教是一切批判的前提」，但他瞭解那份渴望宗教的精神衝動。窮人和不幸者對此生雖不再抱持希望，他們儘可以期盼下一世美好的生活來自我安慰。如果國家不聆聽他們的哀號和請求，爲何不能訴諸一個擔保所有禱告都被聆聽的更強權威呢？宗教合理化壓迫——同時也是逃離壓迫的避難所。「宗教的苦難既是現實苦難的呈現，又是對現實苦難的抗議。宗教是被壓迫生靈的嘆息，是無情世界的感情，是精神荒漠中的靈魂。宗教是人民的鴉片。」

多麼雄辯滔滔啊。然而，他的語言天份有時淪落到只是爲了變文字戲法——不客氣說，根本是賣弄。他對馬丁路德（Martin Luther）和日耳曼宗教改革的評論如下：

> 路德摧毀了對宗教權威的信仰，卻又恢復了信仰宗教的權威。他把僧侶變成了俗人，卻又把俗人變成了僧侶。他把人從外在宗教解脫出來，卻又把宗教變成了人的內在世界。他把肉體從鎖鍊中解放出來，卻又給人的心靈套上了鎖鍊。

關於法國和日耳曼的差異性：

> 在法國，想要有所成就，普通資質便已足夠；在日耳曼，除非你棄絕一切，否則你永遠不成大器。在法國，部分解放是普遍解放的基礎；在日耳曼，普遍解放卻是任何部分解放的必要條件。

讀了幾段燦爛煙火般的奪目文句之後，我們懷疑，這種炫耀已成了目的本身，而非手段。

如果我們期待馬克思不要如此賣弄文字，那就錯了。他的罪孽就是他的美德，呈現一顆耽溺在矛盾與倒置、對比與交叉排列當中的心靈。有時，辯證的狂熱只產生空洞的辭藻，但更常引出驚人的原創洞見。在馬克思眼中，沒有任何事是理所當然，每件事都會被頭腳倒置一番——包括社會本身。如何讓強者從座椅上翻落，並抬高弱者呢？他在對黑格爾的批判中，首次提出答案：要有「一個被徹底束縛的階級，一個市民社會中的階級，卻不成為市民社會的階級；一個預告所有階級都將解消的階級……這個社會解體成為一個特殊的階級，就是無產階級。」最後這一句話，就像乾涸大地上的一聲春雷。至於日耳曼或法國都還沒有眞正的無產階級，就甭管了：暴風雨已經來臨。

未來幾年當中，馬克思的階級鬥爭理論得到更進一步的琢磨和雕飾——最值得紀念的是《共產黨宣言》——但是理論的輪廓此時已十分清楚了：「所有的階級剛開始與上一層階級進行鬥爭，它就捲入了下一層階級的鬥爭。所以，當諸侯同國王鬥爭，官僚同貴族鬥爭，資產階級同所有上一層階級鬥爭的時候，無產階級已經開始反對資產階級了。」解放者的角色從一個階級過渡到另一個階級，直到最終完成普遍的解放。在法國，資產階級已經推翻了貴族與教士，而下一波的變動似乎迫在眉睫。即使在遲鈍老邁的普魯士，中世紀政權也不可能無限延續。馬克思在離開日耳曼，前往巴黎的前夕，嘲諷條頓民族的效率——「日耳曼人以做事徹底聞名，除非是徹底的革命，否則日耳曼革命搞不起來。」他覺得，此時的巴黎是唯一能創造歷史的地方。「當一切內在的條件成熟，日耳曼復活的日子就會由高盧雄雞的高鳴來宣佈。」

3 吃草的國王

「走吧，前往巴黎，前往這古老的哲學最高學府和新世界的中心！」馬克思於一八四三年九月寫信給盧格。「無論我們的事業能否開創，月底之前我一定到巴黎，因爲日耳曼的氛圍只會讓人變成農奴，在這裡我看不到一點自由活動的空間。」一七八九年與一八三〇年的革命使法國首都成爲各方好漢自然匯聚的場所。這個城市充滿了謀略家和詩人、小冊子的作者、宗派、沙龍（salons）和秘密會社——「巴黎是歐洲歷史的神經中樞，間歇傳出電流震撼全世界。」所有當代最有名的政治思想家全是法國人：崇尚神秘主義的基督教社會主義者勒魯（Pierre Leroux），烏托邦共產主義者孔西德朗和卡貝（Etienne Cabet），自由主義演說家暨詩人拉馬丁（Alphonse de Lamartine）。更重要的是，這裡有普魯東（Pierre Joseph Proudhon）這位鼓吹自由的無政府主義者。一八四〇年他以《什麼是財產？》（What is Property?）一書迅速成名——他開章就直接回答了這個問題：「財產就是竊盜行爲」。日後，所有這些政治上的鬥牛士最終都被馬克思銳利的犄角刺傷，拋擲到空中——尤其是普魯束，他的代表作《貧困的哲學》（The Philosophy of Poverty）激起馬克思尖銳的回擊，寫出《哲學的貧困》（The Poverty of Philosophy）。然而，馬克思此刻還很樂意傾聽和學習。

夜晚的咖啡館有音樂，空氣裡瀰漫革命的氣息。路易．菲利普這個「資產階級國王」的權位搖搖欲墜，另一場革命似乎迫在眉睫。「無數人想要謀殺王朝獨裁的君主，由此可見，資產階級國王在人民當中已喪失威信，」盧格回信說。「有一天我看見他從香榭麗舍大道奔馳而過，深藏在馬車裡，前後左右都是騎兵。令我驚訝的是，那些侍衛都扣上了扳機準備射擊，表情認眞嚴肅，不像平常滑稽可笑的模樣。他就這樣不安地經過了！」《德法年鑑》鐵三角盧格、馬克思及詩人海爾維格於一八四三年秋天抵達巴黎。盧格帶著妻子，一群孩子以及一大條牛腿，從德勒斯登搭乘一輛「大型公共馬車」前來。他受到傅利葉（Charles Fourier）的啓發，建議三人應該組成「社會共同組合會」（plananstery）或是公社，女人則輪流採購，煮飯和縫紉。「海爾維格夫人立刻洞察情勢，」她的兒子馬塞爾（Marcel）多年後回憶，「盧格夫人這位和善又秀氣的薩克森女人，如何能跟聰明又有野心、知識還超出一大截的馬克思夫人共處呢？我的母親新婚不久，又是當中最年輕的，又怎麼會對這種生活方式感興趣呢？」海爾維格夫婦喜愛奢華，也有本錢奢華，因爲她父親是有錢的銀行家。他們婉拒了盧格的邀請，但卡爾和燕妮（此時已有四個月身孕）決定姑且一試。他們搬進盧格位於凡諾路（Rue Vanneau）二十三號的公寓，就在《年鑑》辦公室的隔壁。

此一充滿男性沙文色彩的共產主義實驗持續了兩個禮拜，馬克思夫婦就逃了出來，搬到街尾自己另住。盧格是個一絲不苟、節制禁慾的居家男子，無法忍受同伴凌亂而衝動的習性。他抱怨，馬克思「從來沒有好好完成一件事，每次都半途而廢，然後又滿懷新鮮感地鑽進浩瀚的書海裡……他工作積勞成疾，可以三天、四天不上床睡覺……。」盧格既震驚於這種「瘋狂的工作方式」，對馬克思的休閒娛樂更感到受辱。「他的妻子送他一條價值一百法郎的鞭子當做生日禮物，」幾個月後盧格寫道，「但這可憐的惡魔既不會騎馬也沒有馬。他看見的每一樣東西他都想要『擁有』——馬車、稱頭的衣服、花園、展覽會上陳列的新家具，他可能還想要月亮。」這是一份不可思議的購物單：馬克思對奢侈品或虛矯擺設並不感興趣。如果他眞想要這些東西，那一定是爲了燕妮，她喜歡這些。初到巴黎的頭幾個月，是燕妮婚姻生活中首次、也是唯一一次能夠盡情揮霍的時光，因爲《萊茵報》的前股東從科隆捐獻了一千塔勒，馬克思因此加薪。此外，他要讓燕妮在操煩、受縛於母職之前享受最後的狂歡。一八四四年五月一日，他們的女兒燕妮誕生了——也就是大家熟知的「小燕妮」（Jennychen）——她的黑眼睛和毛茸茸的黑髮肖似馬克思。

這對初嚐爲人父母滋味的夫妻雖然寵愛孩子，卻極不稱職。六月初，他們終於決定讓燕妮母女回到特利爾的威斯特伐倫夫人家，待上幾個月。「可憐的小娃娃在長途跋涉之後難過極了，而且還生了病，」燕妮在六月二十一日寫信給卡爾，「她不止便秘，而且根本就是餵食過多。我們把肥豬叫來（羅伯．謝萊歐，家庭醫生），他說一定要請奶媽，因爲不吃母奶不容易康復……我們好不容易救活了她，現在她已脫離險境了。」她仍無法完全消除長久以來的不祥預感。「我親愛的心肝，我極擔憂我們的未來……如果你做得到，就讓我安心吧。我們已討論太多次有關穩定收入的事了。」穩定的收入乃生活所必需，卻總是和卡爾·馬克思絕緣。

他在巴黎的工作看來似乎頗有經濟保障，但結果證明比上一次的編輯工作還要短暫。《德法年鑑》只發行了一期，馬克思和盧格之間就此決裂了——而且雜誌內容也沒有如刊名所承諾那般跨越國界。法國盛產作家，卻沒有人願意爲這本刊物寫稿。爲了填補空白，馬克思將自己關於猶太人問題和黑格爾的論文也納入，加上他和盧格過去一、兩年的通信整理後刊登。雜誌中唯一非日耳曼裔的聲音，是流亡的俄國無政府共產主義者巴枯寧（Michael Bakunin）。「馬克思比我進步多了，」他回憶，「他比我年輕，卻已經是無神論者、通曉的唯物論者和有意識的社會主義者……我熱切希望與他對話，只要他的話不是出自錙銖必較的怨恨，總是那麼富啓發性、充滿機智。不過，唉！他說狠話的次數也太多了些。我們之間從未坦誠相見——我們的氣質不相近。他說我是感情用事的理想主義者，他說對了；我說他是浮誇、背信忘義、又狡詐的人，我也沒說錯。」

空前絕後的《德法年鑑》雖有許多明顯的缺點，卻紮紮實實有一位享譽國際的才子共襄盛舉——浪漫詩人海涅（Heinrich Heine）。馬克思從小便崇拜此人，抵達巴黎不久後，兩人更結爲莫逆。海涅是個臉皮薄、脆弱無比的傢伙，常爲了微不足道的批評而痛哭一場；馬克思則剛好相反，是極爲粗心的無情批判者。然而這一次，馬克思卻收斂起打倒偶像的習性，禮遇這位文學界的眞正奇葩。海涅成爲馬克思夫婦在凡諾路住所的常客，在那兒，他大聲朗誦創作中的詩作，並徵詢這位年輕編輯的意見。有一回他造訪，發現卡爾及燕妮爲了小燕妮幾乎發狂；她忽然發作嚴重痙攣，生命交關——至少馬克思夫婦這麼認爲。海涅立刻接手，判斷「應該替孩子洗個澡」。根據馬克思家庭的傳說，小女孩因此得救。

海涅不是共產主義者，至少不是馬克思心中的那種共產主義。他說過一則寓言：巴比倫王自比上帝，卻悲慘地從自大的雲端跌落，像畜生一般爬行，並且吃地上的草：「這故事出自偉大、精采的聖經但以理書（Book of Daniel）。我推薦好友盧格一讀，從中可獲致不少啓發；我也推薦給比盧格更固執的馬克思，還有費爾巴哈、道默（Daumer）、鮑爾、亨格斯坦堡（Hengstenburg，譯註❶），以及其他一大群自命爲上帝的無神論者。」他懷著恐懼想像無產階級勝利的情景；害怕在這新世界裡，藝術和美學將無容身之地。「這些日耳曼共產主義的秘密領導人都是偉大的邏輯家，其中最強的那一位來自黑格爾學派，」海涅寫於一八五四年，暗指馬克思。「日耳曼境內唯一有活力的人，就是這些革命的博士以及他們堅毅不悔的弟子，日耳曼的未來屬於他們。我爲此感到惶恐。」在一八五六年海涅辭世不久前，他寫下最後的遺囑，其中他懇求上帝，如果曾寫下任何「不道德」的文字，請祂寬恕。但馬克思打算忽略這份最後回歸虔信的遺囑——如果換做別人，一定惹來馬克思最殘酷的挖苦。如愛琳娜．馬克思所說，「他愛詩人海涅，也愛他的作品。他以最寬容的心情看待海涅在政治上的弱點。他解釋，詩人是古怪的動物，必須讓他們自行其事。我們不可用常人、甚至偉人的標準去評價詩人。」

譯註❶：柏林大學教授，新教的正統派者。他攻擊黑格爾把基督教變成氾神論，必導致無神論的主張。亨氏企圖把舊約裡的上帝奉為基督教的上帝，鮑爾對此論點嚴厲批評。

或許《德法年鑑》是個財務災難，但它在行家圈中卻享有極高聲譽，不僅是因爲海涅撰寫諷刺巴伐利亞國王路德維希（Ludwig）的頌詩而已。數百份送往日耳曼的刊物被警方沒收，普魯士政府警告其內容涉及煽惑嚴重的叛亂罪。一道命令指示，假如馬克思，盧格和海涅三人企圖潛逃回國，應即刻逮捕。在奧國，梅特涅宣告，任何藏有這份「令人厭惡、作嘔刊物」的書商將受「極嚴厲處分」。

盧格驚駭莫名，停止刊物發行，並拒絕支付馬克思應得的薪資，陷他於困境而不顧。有些歷史學家宣稱，「若非其他方面的個人差異，特別是基本原則的差異，在這兩人之間已醞釀了一段時間，」他們的爭執絕非不可挽回。所謂「最基本原則的差異」其實是兩人對同事海爾維格的性生活之荒謬爭吵。當時海氏已背叛了新婚妻子，和作曲家李斯特（Liszt）的前任情婦、也是科西瑪．華格納（Cosima Wagner）的母親，達古夫人（Comtesse Marie d'Agoult）有染。「海爾維格的生活及懶散令我感到憤怒，」盧格寫信給母親，「好幾次我稱他爲無賴，並說一個男人結婚之後，言行應該知所節制。馬克思聽了一言不發，極有禮地起身離去。次日早晨他寫信給我，說海爾維格是個有遠大前途的天才。我叫他無賴，令他義憤填膺。他還說我對於婚姻的看法很庸俗，沒人性。從此以後我們再也沒碰面了。」

馬克思經常以嚴厲的禁慾姿態斥責別人淫亂放蕩的行爲，令人聯想起中世紀的義大利僧侶薩佛那羅拉（Savonarola，譯按：十五世紀義大利僧侶，宗教、政治和社會的改革家）——或許他只爲證明共產主義不等同於公有性愛——但他總是饒富興味地看待朋友感情上的越軌，也許還有些羨慕。燕妮當然憂心忡忡。「靈魂是堅毅的，但肉體卻是軟弱的，」一八四四年八月，馬克思孤身一人在巴黎已有兩個月，她從特利爾寫信來。「背叛的眞實威脅，首都的誘惑和魅力——這些事對我影響最爲深鉅，」她其實毋須擔憂。在巴黎的誘惑和魅力當中，女伯爵裙擺沙沙作響的聲音現在還比不上政治叫囂聲的誘惑。一八四四年夏天，馬克思受僱替《前進報！》（Vorwart!）撰寫文章，這份宣揚共產主義的雙週刊由作曲家麥亞白爾（Meyerbeer，譯註❷）贊助，現任編輯爲貝爾奈司（Ludwig Bernays），此人曾在《德法年鑑》與馬克思共事。

《前進報》是歐洲唯一用德文發表而未被查禁的激進刊物，自然成爲流亡詩人和論戰家的避難所。這都是些老面孔了，包括海涅、海爾維格、巴枯寧和盧格。他們每週一次在木朗路（Rue des Moulins）和伯弟新路（Rue Neuve des Petits）街角的一樓辦公室聚會，召開編輯會議，由貝爾奈斯和發行人海恩利希·伯恩斯坦（Heinrich Bornstein）主持。根據伯恩斯坦的回憶：

有人坐在床上或皮箱上，其他人站著或是走來走去。每個人都抽煙抽得凶，激烈而亢奮地辯論著。我們不能打開窗子，因為街上的群眾會立即圍過來，察看這劇烈的喧鬧從何

譯註❷：梅亞白爾（Giacomo Meyerbeer, 1791-1864），作曲家、鋼琴家，也是法國歌劇派的著名代表，當時是普魯士皇家音樂總指揮。

而來，所以房間裡很快就煙霧瀰漫，新到者根本無法辨認任何人。最後，連我們自己也認不出彼此。

這種情況反倒是好的：否則盧格和馬克思都在場的話，「劇烈喧鬧」最後可能會演變成互相毆打。

這兩個死對頭轉而到公開刊物裡繼續結下樑子。一八四四年七月，盧格以「一位普魯士人」署名在《前進報》裡寫了一篇長文，探討普魯士國王無情鎮壓西里西亞（Silesian）織工的政治意義，這些工人搗毀了威脅他們生計的機器。他認爲織工暴動的影響微不足道，因爲日耳曼缺乏必要的「政治意識」，無法將孤立的反叛行動轉變爲廣泛全面的革命。

馬克思的回應發表於十天後，他主張滋長革命的養分不是「政治意識」，而是階級意識，而西里西亞織工擁有充分的階級意識。盧格（或「所謂的普魯士人」，馬克思如此稱呼）認爲一個沒有政治靈魂的社會革命是不可能的，馬克思斥之爲「胡言亂語」。他認爲，既然革命瓦解了舊社會，也推翻了舊權勢，所以所有革命都同時是社會性、也是政治性的。即使革命只在一個工廠廠區內發生，如西里西亞織工的例子，它依舊能搖撼整個國家，因爲「革命代表了人對非人生活的抗議」。他太樂觀了。這場暴動唯一持續的影響，是讓海涅寫出他最有名的詩之一，〈西里西亞織工之歌〉（The Song of Silesian Weavers），這首詩發表在同期的《前進報》裡。

「日耳曼無產階級是歐洲無產階級的理論家，英國無產階級是經濟學家，法國無產階級則是政治家，」馬克思在回應盧格的文章裡寫道。恩格斯後來表示，馬克思主義就是這三種血統的混合。二十六歲的馬克思已經精通日耳曼哲學和法國社會主義；現在他開始自修經濟學。一八四四年夏季，他有系統地研究英國政治經濟學的大量文獻——亞當斯密（Adam Smith）、李嘉圖（David Ricardo）、彌爾（James Mill）——並邊讀邊做註記。這些大約五萬字的筆記直到一九三〇年代才被發現，當時蘇聯學者梁贊諾夫（David Ryazanov）以《經濟學—哲學手稿》爲題出版。也就是現在一般人所熟知的巴黎手稿。

馬克思的作品常被貶抑爲「粗俗的教條」，但這通常是那些沒讀過馬克思著作的人所做的批評。應該強迫這些臨時抱佛腳的批評者——其中也包括現任英國首相布萊爾（Tony Blair）——去唸一唸巴黎手稿，這對消除偏見頗爲有用。手稿展現了一顆永無止息地探究、精緻且不教條的心靈。

第一手稿以簡明的宣稱開始：「工資由資本家和工人之間激烈的鬥爭決定。勝利必屬於資本家，資本家沒有工人比工人沒有資本家撐得更久。」由此前提，所有推論隨之而來。工人已成了另一種尋求買主的商品，這不是賣方市場。無論如何，工人總是輸家。如果社會財富減少，工人受苦最多。如果社會蒸蒸日上呢？「這是對工人唯一有利的狀態。此時資本家之間相互競爭，對工人的需求超過了供給。但是……」

確實要加上「但是」。資本不外是勞動的累積，因此「唯有當工人的勞動成果越來越多從手中被剝奪了，工人自己的勞動越來越做爲別人的財產同他相對立，而他生存和活動的工具越來越集中在資本家手中時，」一國的資本和收入才會增長——就像一隻聰明的雞（假設有這種生物存在），在最多產的黃金歲月下了無數的蛋，卻眼睜睜看著這些熱呼呼的蛋被人奪走，此時牠最能體會自身的無助。

此外，在欣欣向榮的社會裡，資本愈形集中，競爭日益慘烈。「大資本家吃掉小資本家，一部份先前的資本家就淪爲工人階級，由於工人階級的數目增加，工資進一步下降，同時更加依賴少數大資本家。另一方面，資本家人數減少，他們不再爲了爭奪工人而競爭。而工人人數增加，彼此之間的競爭越來越可觀、反常而暴力。」

因此，馬克思下結論，即使在最有利的經濟環境中，工人仍免不了「過度工作和早死，淪爲機器，淪爲資本家的奴隸。」分工使工人更形依賴，因爲他不僅與人競爭，也與機器競爭。「既然工人被貶爲機器，所以機器就能作爲競爭者與他對抗。」最後，資本的累積增加工業生產的數量，導致生產過剩，結果要不就是大批工人失業，要不就是將他們的工資降到極其可憐的程度。馬克思以殘酷的諷刺結尾，「這就是對工人最有利的社會狀態，以及財富增長狀態所產生的後果。但長期而言，這種增長狀態終有達到極限的一天，屆時工人的處境又是什麼情況？」極其悲慘，你不會感到訝異的。

這勝算無奈歸于資本。大工業家可以坐在工廠的產品上等著賣出好價格，而工人的唯一產品——他的血汗——在每分每秒的當下賣不出去就立即喪失了價值。勞動一天沒有賣出，就像昨天早上的報紙一樣毫無價值，而且再也不能恢復。「勞動就是生命，如果生命無法每天用來交換食物，它就會受苦，而且迅速凋零。」勞動不像其他商品，它無法囤積，也不能儲存——至少勞動者自己無法這麼做。雇主比較幸運，因爲資本是不會過期的

「儲備勞動」（stored-up labour）。

唯一對抗資本主義的方法就是競爭。競爭使工資提高、產品價格降低。但正因如此，大資本家會想盡辦法來阻斷或妨礙競爭。就像古老的封建領主要壟斷土地一樣——這造成對土地的需求幾乎無窮，但供給卻相當有限——新的工業家也尋求對生產的壟斷。因此，亞當斯密以爲，地主或資本家的利益等同於社會的利益，他的觀點太愚蠢。「在私有制的法則下，個人在社會中的利益，與社會在個人身上的利益恰成反比；就像放高利貸者在揮霍無度之人身上的利益，與揮霍無度者自身的利益毫不相干。」

馬克思十分尊敬亞當斯密和李嘉圖，但帶著批判的態度。就像對待黑格爾一樣，馬克思用他們的語言和邏輯來揭示這些人的理論弱點。最顯著的弱點是：「政治經濟學從私有制的事實出發，卻沒有解釋它。」古典經濟學家將私有財產視爲人類原始的狀態，更像神學在解釋人世間惡的存在時，扯到人類首次不服從上帝旨意偷嘗禁果，因而將死亡帶入了塵世。

但私有制絕非固定不變，它已經改變了。多虧了工業革命，權力已經從封建地主轉到公司老闆身上：貨幣的貴族取代了土地的貴族。「我們拒絕加入浪漫主義，爲這種事多愁善感地淌淚，」馬克思嚴厲批評。封建地主是無用的蠢蛋，沒有嘗試從自己的財產中獲取最大的利益，只是一味沈溺在尊貴而超脫凡塵的「浪漫光榮」裡。破除這種仁慈假象完全是一件好事，而且「地產的根本——即卑劣的自私自利——應該以最諷刺的形式揭露之」。資本主義雖將龐大的地產貶爲商品，剝除了浪漫田園的那套神秘主義渲染，至少在意圖上毫無遮掩。中世紀格言「每塊土地皆有主」（nulle terre sans seigneur）轉換成更粗俗、卻也更誠實的說法：「錢不認主人」（L'argent n'a pas de maître）。

在這種專制之下，幾乎所有人和所有事都被「客體化」（objectified）了。工人將他的生命奉獻於生產他無法擁有、也不能支配的對象。他的勞動因此變成分離的、外在的存在，「外在於他，獨立自存，與他不相容，成爲一種自主的力量與他對立；他灌注於對象內的生命變成敵對、異化的生命」。沒有任何一位馬克思主義學者或評論家注意到這段話和瑪麗・雪萊（Mary Shelely）的《科學怪人》（Frankenstein）之間明顯的雷同：故事中的怪物轉而對付自己的創造者。（既然馬克思對普羅米修斯的神話如此著迷，我們也應該注意這部小說的副標題是「現代普羅米修斯」（A Modern Prometheus）。）一八六三年十二月，馬克思受苦於疔瘡在身上到處蔓延，他將其中一顆特別難受的大疔描述爲「我背上的第二個科學怪人」。「它讓我靈機一動，想起這是個短篇小說的好題材，」馬克思在信中告訴恩格斯，「從前面看，這個人享用波多酒、法國波爾多紅酒、濃烈的黑啤酒和大塊大塊的肉，以此犒賞內在的那個人。從前面看，這是個縱酒作樂的傢伙。但是繞到背後呢，在此人背上是另一個外在的人，一個該死的疔瘡。如果魔鬼和某人訂下契約，答應在這種情況下饗以美食，那麼讓魔鬼自己長疔瘡吧！」馬克思把膿包的煩惱告訴了八歲女兒愛琳娜。「可這不也是你自己的肉嗎！」她說。

馬克思從孩子在襁褓之時便跟他們絮聒自我異化（self-alienation）的概念，主要透過他發明的一些娛樂孩子的童話故事。「他說了許多奇妙的故事，其中最奇妙、最好玩的就是

『漢斯．洛克』（Hans Rokle）」，愛琳娜根據回憶寫下：

這個故事持續了好幾個月；是一系列的故事……漢斯．洛克是一個像霍夫曼（Hoffman）一樣的魔術師，經營一家玩具店，總是很「缺錢」。他的店裡到處都是好東西——木頭男人和女人、巨人和侏儒、國王和皇后、工匠和師傅、動物和鳥類，跟諾亞方舟上的動物一樣多；還有桌子和椅子、馬車、各種式樣和尺寸的盒子。雖然漢斯是魔術師，他卻總是不能滿足魔鬼和屠夫的胃口，所以必須一直把玩具賣給魔鬼——他可十分不情願。其中發生了許多次奇妙的探險，最後總是以回到漢斯．洛克的店裡作為結局。

童話故事裡的情節總是輕鬆簡單。但工人若不訴諸魔法，又怎能恢復自己的勞動成果呢？對黑格爾來說，異化只是簡單的生活事實，一道介於觀念成果和創造過程、慾念和實現之間的陰影。一旦觀念變成一個客體——無論是一台機器或一本書——它就被「外化」（externalized），從生產者手中脫離。異化是所有勞動無可避免的結果。

對馬克思而言，異化勞動（alienated labour）並不是人類意識永恆而不可避免的問題，而是特定經濟和社會組織形式下的產物。比方說，母親並不是在懷胎受孕的那一刻就自動與孩子分離，儘管分娩無疑是黑格爾「外化」理論的一個例子。但是如果每當孩子呱呱落地，就被某個現代希律王（Herod，譯注❸）給奪走的話，母親確實會覺得非常異化。這多少就是工人每天的命運，總是無法保存他們所生產的東西。難怪他們覺得自己不像個人。

「結果是，」馬克思以他慣用的弔詭方式陳述觀察心得，「人（工人）只有在運用自己的動物機能——吃、喝、性，至多還有居住、裝飾的時候，才覺得自己是自由活動——而在運用人的機能時，卻覺得自己不過是動物。」

出路在哪裡呢？早在一八四四年撰寫巴黎手稿之前，馬克思已經具備十分驚人的才能，能準確抓住社會結構的缺失——哪裡濕氣加重、木頭腐朽，哪裡的樑柱無法承擔負荷——並且解釋為何必須趕快摧毀房子。但他作為一位診斷者和摧毀者的技巧，還沒有一套屬於他自己的偉大建築藍圖與之相配合。「私有財產的揚棄……是人類感覺和特性的徹底解放，」他寫道，「唯有透過人類本質的客觀開展所呈現的豐富性，人的主觀感受的豐富性——一對音感敏銳的耳朵，一雙洞悉美之形式的眼睛，總而言之，那些能獲致人的滿足的五官感受——才能培養或創造出來。」只有共產主義才能解決人和自然、人和人之間的衝突。「它是歷史之謎的解答，」他誇大地宣稱，「而且有此自覺。」

也許如此；但是這解答到底是什麼？馬克思無法精鍊他口中其實相當模糊的人道主義，寧願反面解釋它不是什麼。在普魯東小資產階級的陳腔濫調裡找不到歷史之謎的解答（「他關於家庭、婚姻之愛以及此類瑣事的說教」）；或是在傅利葉和巴貝夫（Babeuf）這類

譯註❸：希律王，公元前三十七年至公元四年統治猶太全國。聖經記載，希律王攝政時耶穌誕生在猶太的伯利恆，有幾位博士來到耶路撒冷，面告希律王關於基督誕生之事。希律王心生不安，差人將伯利恆城裡兩歲以下的男嬰全數殺盡。

平等主義者的白日夢裡，也無法廢除私有財產制度——他們只是被「忌妒和想要拉平一切差異的慾望」所驅使——這些人只會重新分配私有財產。他們想像的「快樂谷」（Happy Valley）就是「勞動者的共同體與工資平等。工資由共同資本支付，亦即共同體本身成了普遍的資本家。」在此想像中，物質佔有仍是存在的目的，唯一的差別是所有人——包含前資本家在內——都被歸入「工人」的範疇。女性呢？既然婚姻本身就是排他性私有財產的一種形式，粗俗的共產主義者應當認為「婦女將從婚姻轉向普遍的賣淫」——因此變成一種公產。馬克思驚恐地從這種「野蠻的」觀念中退身出來。

我們可以了解，為什麼他和盧格夫婦無法成功過著共產生活。馬克思嘲笑資產階級的道德和行為，他自己骨子裡卻是個百分百的資產階級大男人。當喝酒或是與男性朋友通信時，他喜歡黃色笑話或刺激挑逗的緋聞。然而，當有女性同胞出現時，他會展現任何維多利亞式的家長都會欣賞的騎士風範。「儘管馬克思的個性不拘而浮躁，當他扮演父親和丈夫的角色時，卻是最紳士和最溫和的男人，」一位警察密探於一八五〇年代訝異地發現這一點。日耳曼社會主義者李卜克內西常跟馬克思去酒吧，發現他過分拘禮的模樣很動人，甚至很有喜感。「在討論政治和經濟的時候，他不會拐彎抹角，經常口出穢言；但是在小孩和女人面前，他的語氣變得如此溫和而精緻，甚至連英國家庭女教師都無可挑剔。如果話題轉向某些敏感的主題時，馬克思就會扭捏不安，像個十六歲的閨女一樣害羞。」

一八四四年八月產後的燕妮還在特里爾，馬克思則獨自在凡諾路的公寓裡埋首狂寫他的經濟學筆記。此時二十三歲的恩格斯從英國前往日耳曼的路程中行經巴黎。兩人之前見過一面——恩格斯於一八四二年十一月六日拜訪《萊茵報》辦公室——但那是一次冷淡而不復記憶的相遇：因爲鮑爾（Edgar Bauer）事先警告恩格斯，這位性情急躁的年輕編輯「咆哮起來像有千萬惡魔從後面抓住他的頭髮」，因此恩格斯的談吐應對小心翼翼；馬克思對恩格斯同樣不信任。他猜想，恩格斯既然住在柏林，搞不好他是鮑爾兄弟「自由黑格爾學派」那群笨蛋的小跟班。恩格斯不久便從柏林搬到曼徹斯特，澄清了這個疑慮，並獲准替《萊茵報》撰寫幾篇文章。不過，眞正引起馬克思注意的是兩篇發表於《德法年鑑》的論文——一篇評論卡萊爾（Thomas Carlyle）的《過往和現在》（Past and Present），另一篇則是長篇的〈政治經濟學批判大綱〉（Critique of Political Economy），馬克思視之爲天才的作品。我們知道原因何在：馬克思已明瞭抽象的唯心論只是在說大話，眞正驅動歷史的力量是經濟力和社會力；但他對資本主義的實際狀況卻一無所知。馬克思太沈浸在與日耳曼哲學家的辯證搏鬥中，因此沒有留意到英國的情況——這是全世界第一個工業化的國家，也是無產階級的誕生地。恩格斯則深諳蘭開郡（Lancashire）的紡織業，這點優勢正好用來啓蒙馬克思。

一八四四年八月他們再度會面之前，馬克思的態度已從不信任轉爲帶著尊敬的好奇。兩人在攝政咖啡館（Café de la Régence）——以前伏爾泰和狄德羅（Diderot）常出沒的咖啡店——碰面暖身幾次之後，馬克思邀請恩格斯回到凡諾路的公寓內繼續談話。在十天之中他們消耗了無數燈油和紅酒，最後誓言彼此友誼長存。

奇怪的是，兩人都不曾記載這段史詩般的對話。恩格斯只在四十多年後的一本書序言中提到一句：「當我在一八四四年夏天於巴黎拜訪馬克思時，我們對於所有理論領域的意見都徹底相同，合作即從彼時開始。」就是這樣：從這一段簡潔的敘述中，我們一點也不必懷疑，恩格斯中途作客巴黎的經歷，足以被稱之為「震撼世界的十日」。

恩格斯的祖先住在弗柏塔（Wuppertal）已經超過兩百年了，他們以務農為生——後來轉向獲利更高的紡織業。他的父親也叫做弗里德里希・恩格斯，拓展家族事業，並多角化經營，與厄曼（Ermen）兄弟兩人合夥在曼徹斯特（一八三七年）、巴門（Barmen）及恩格斯柯臣（Engelskirchen）（一八四一年）等地開設紡織分工廠。

小恩格斯出生於一八二〇年十一月二十八日。家族虔誠而勤勉，嚴守教規，唯有恩格斯的母親愛麗斯（Elise）以開朗的性格稍稍緩和了這份嚴肅。她的幽默感很強，「即使到了老年，有時仍會開懷大笑到眼淚從臉頰上滑落」。父親的個性嚴厲多了，他牢牢看管長子，嚴防他誤入歧途。「弗里德里希上週的成績平平，」他在一八三五年八月二十七日寫信給愛麗斯，「如妳所知，他的言行舉止改善很多；然而，儘管過去已經受過那麼多嚴厲的懲罰，他似乎仍學不會乖乖聽話，就算是出自害怕懲罰也好。我今天又被他惹毛了，我在他的抽屜裡居然找到一本租書店借來的淫穢書刊，一本十三世紀的羅曼史小說。願上帝保護這孩子的心，這前程似錦的孩子總是令我操煩。」上帝顯然沒有幫老父親留神看管兒子：年輕的恩格斯不久將心思轉到更危險的「淫穢書刊」上頭。

他參與了家族企業，確實也算遵循了父親的期盼——儘管沒有強烈熱忱。一八三七年秋季，學校校長在最後一學期的成績單批註，年輕的弗里德里希「相信自己傾向」從事商業

「作爲外在的志業」。就內在而言，他已醞釀其他計畫。但他需要一份收入，在「厄曼-恩格斯」公司工作是個有用的閒差事，既擔保經濟來源，又有大量的空閒。

他先開始在巴門實習，老恩格斯把他安插在雷寶德（Heinrich Leupold）所經營的出口貿易公司擔任無薪的辦事員。「他眞是一個好人，你無法想像的大好人，」恩格斯如此描述他的老闆。一八三八年九月一日，恩格斯寫信給老同學弗里德里希和威廉葛瑞伯（Friedrich and Wilhelm Graeber），他抱歉無法將信寫得長一些，「因爲老闆就在旁邊」。但是根據以下一段信的內容顯示，雷寶德一點也不嚴苛：

> 請原諒我把信寫得這麼糟，我已經灌了三瓶啤酒，振作，我不能再多寫了，因為必須趕緊將信送到郵局。現在已經三點半了，四點以前信必須寄出去。老天，該死該死，你看得出來我喝了一點酒吧……真慘哪！老頭兒，也就是我的老闆剛出門了，我的腦筋一片混亂，不知道自己在寫什麼。怎麼腦袋裡有各式各樣的雜音。

確實會有各式各樣的雜音。當他從閒得不能再閒的職務中翹班時，或是在午餐後帶著醉意寫信，或是在雪茄煙霧迷濛中躺在吊床上望著天花板發呆時，或是騎在馬背上懶散地繞著巴門郊區晃蕩之際，恩格斯都在傾聽腦袋中的那些怪聲。他譜了一首合唱曲——其中很多是抄襲舊旋律——也嘗試寫詩。其中一首詩〈貝都因人〉（The Bedouin）於一八三八年九月發表於《不來梅談話報》（Bremisches Conversationsblatt）。這是他首次發表作品，也是第一次體認到資產階級編輯的自我審查心態。

如恩格斯所述，這首詩以哀嘆貝都因人作爲開場——「沙漠之子，自豪而自由」——現在貝都因人已喪失了那份自豪與自由，只能以經營展覽會場取悅遊客而已。詩的結尾以戰鬥的聲調呼喚騷動：

再次回家吧，異鄉旅客！
你的沙漠之袍並不屬於
我們巴黎式樣的外衣和袍服，
你的歌曲也不屬於我們的文學！

他後來解釋，詩的創意發想是要「對照貝都因人，即使淪落至現今的處境，與讀者仍十分不同。」但詩刊登出來時，這一段卻刪掉了，編輯未經作者許可擅自添加了一段新結尾：

他們聽命於金錢的使喚，
不再是大自然的原始呼喚。
他們的雙眼盲目，他們沈默不語，
唯有一人獨自唱著哀歌。

就這樣，憤怒的催促成了無力的憂鬱，成了悲傷的聳聳肩。恩格斯當然感到不悅：他以素樸的方式察覺，社會乃由經濟強制力所塑造，但編輯卻不讓他點名或譴責罪魁禍首。「這件事讓我明白，」在這場不愉快的處女作發表之後他說，「吟詩作對無法讓我成就任何事。」

他的文學品味逐漸趨向政治和散文。他買了一本小冊子《關於雅克布．葛林的免職》（Jacob Grimm uber seiner Entlassung），描述七位哥丁根大學（Gottingen University）教授因爲抗議漢諾威（Hanover）的新王恩斯特．奧古斯都（Ernst August）而遭學校解聘。「這是一部絕佳的著作，行文磅礴，氣勢罕見。」他研讀超過七本以上關於「科隆事件」（Cologne affair）的書——內容講述一八三七年科隆大主教拒絕聽命於普魯士國王的事蹟。「我在這兒讀了許多東西，見識各種表達方式——這是很好的訓練，尤其是文學方面——在我們這裡是絕不可能出版的，都是些自由思想……眞是太棒了。」在一封寫給葛瑞伯的信裡，由於酒精的催化，他大著膽子稱恩斯特．奧古斯都爲「漢威諾的老公羊」。

當時最顯著的「進步」言論來自「青年德意志派」（Young Germany）的作家群，即海涅的弟子們。海涅倡導自由言論、婦女解放、終結宗教專制，以及廢除世襲貴族。「誰會反對這些事呢？」恩格斯半嘲諷地問。他厭煩這些人的簡單、模糊的自由主義，但當時也沒有更嚴謹或更具分析力的思想，恩格斯沒有其他選擇。「我這可憐的傢伙現在該做什麼？繼續一個人苦讀嗎？想都別想。向皇家效忠嗎？這樣我就是魔鬼了！」在沒有更好的選擇下，他自己也成了「青年德意志派」的一份子。「晚上我無法入睡，因爲都在思考本世紀的思想。當我去郵局看到普魯士的盾形勳章，腦海中想著自由的精神。每當我讀報，我尋找增進自由的痕跡。這些都成爲我作詩的題材，以譏笑帶著僧侶斗蓬和穿著貴族衣服的蒙昧主義者。」

回到巴門的家裡，雙親對於他的民主狂熱毫無所知：他盡力隱瞞他們，瞞了好多年。甚至到了中年，當他和馬克思歡喜地等待資本主義的危機來臨時仍是如此。每當老恩格斯光臨曼徹斯特時，恩格斯總會展現最佳的一面，扮演值得託付家產的忠誠繼承人角色——就像與赤郡（Cheshire）狩獵隊同行時，他也能裝得像個保守的當地商人，不被人看穿。他的共產主義、無神論和性開放的作風，都屬於另一面的生活。

但知悉內情的人明白，恩格斯對於父母以及他們生活環境的眞正看法，早在一八三九年三月的一篇文章中就揭露了。當時恩格斯替一份青年德意志派的報紙《德意志電訊》（Telegraph für Deutschland）寫文章，才氣煥發地攻擊了沾沾自喜、傲慢無禮的巴門和愛北斐特（Elberfeld）市民。他對於雙親的看法大抵如此。這位十八歲的作者以假名「弗里德里希．歐斯瓦德」（Friedrich Oswald）發表——這是必要的防範，因爲這篇文章可說是忤逆犯上。恩格斯報導，在愛北斐特「陰暗街道上」，所有啤酒屋於週末夜晚都爆滿了，人潮擁擠到街上：

酒店晚上十一點鐘關門，此時醉漢才成群結隊地從酒店湧出來，其中大部份掉到路旁水溝裡才清醒過來……這種現象背後的原因很明顯。工廠的勞動條件要負大部份責任。工人在低矮的房子裡工作，吸進的煤煙和灰塵多於氧氣——大部分工人從六歲起就是這樣——這種勞動條件注定剝奪工人生命中所有的力量和歡樂。擁有織布機的織工從早到晚駝著背坐在織機前工作，炎熱的火爐烤著脊背。這些人若不求助神秘主義，也會被酒精毀了。

恩格斯在文章中提及神秘主義顯示，此時他已將宗教視爲剝削和僞善的幫兇：「事實證明，最虔信的工廠廠主，對待工人最壞；他們用盡辦法降低工人工資，還藉口說是減少他們買醉的機會；但在選舉傳道者時，他們也是最先賄賂工人的人。」他甚至稱部份人是假慈悲的僞善者，然而他避免提及自己的父親。

〈從愛北斐特的來信〉（Letter from Elberfeld）引起了憤怒。「哈，哈，哈！」他寫信給弗里德里希．葛瑞伯，少數得知謎底的人之一。「你知道在《電訊》裡的那篇文章是誰寫的嗎？作者就是此信的執筆人，不過我建議你最好守口如瓶，不然我的麻煩可就大了。」

一八四一年春天，恩格斯離開巴門到柏林服兵役，加入皇家砲兵隊。他選擇柏林這青年黑格爾學派的首府絕非偶然：表面上他的軍服望之儼然，贏人尊敬，讓父母再次安心；但私底下他利用僅有的餘暇埋首激進神學和報章雜誌。一八四二年他被派到「恩格斯——厄曼」公司在曼徹斯特的分部服務時，他又重施故技：表面上像個忠誠繼承人該有的樣子，訓練自己肩負起家族企業；私底下，他把握機會研究資本主義對人造成的後果。曼徹斯特是反穀物法聯盟（Anti-Corn Law League）的發源地，也是一八四二年大罷工的中心，這裡到處都是憲章派（Chartists）、歐文主義者，以及各式各樣的工業煽動者。於此他可以發現資本主義這頭野獸的本質。白天，在棉花交易所裡，他是安靜、勤奮的青年經理；幾個小時後他轉換身份，深入蘭開郡無產階級的蠻荒地探險，蒐集事實和初步印象，準備動筆寫他的早期巨著《英國工人階級的狀況》（The Condition of the Working Class in England, 1845）。在新情人——一位叫瑪麗·伯恩（Mary Burns）的紅髮愛爾蘭女工——的陪伴下，他走訪了許多貧民區，親眼目睹的景象與他同階級的人極少看過。他曾描繪位於曼徹斯特牛津路西南邊的「小愛爾蘭」區的情景：

> 一大堆的殘渣、垃圾和令人作嘔的污穢到處積在停滯的池水中；這些東西散發惡臭，污染了空氣，工廠煙囪更加薰黑了天空。一群衣衫襤褸的婦孺聚集於此，就像在污水坑與垃圾堆旁繁殖的畜生一樣骯髒。總之，整塊貧民窟都充滿了令人厭惡與反胃的景象，恐怕世上也少有他處能比得上。這些族群住在頹敗的小屋裡，窗戶破損，用油布修補，房門裂開，門側柱也腐朽不堪。或是住在陰濕的地下室，污穢與惡臭瀰漫，彷彿上蒼為了某個目的讓這群人困住在如此糟糕的氣氛裡，他們真是到達人性的最低階段了。這就是此區的外觀給旁觀者的印象。每一層欄柵後面的房子最多只有兩個房間、一個閣樓，或許還有地下室，平均卻有二十人居住其中。當旁觀者聽聞此事時，他們還能有其他感想嗎？

恩格斯很有技巧地將第一手觀察和國會委員會、衛生單位及國會議事錄的資訊交織在一起（畢竟他從事紡織業），因而讓這本書力道萬鈞、又具有深度。英國政府對於改善工人的命運沒有絲毫貢獻，卻蒐羅了大量關於工業生活悲慘處境的資料，對此關切的人隨時可以從圖書館塵封的書架上取得。新聞報導提供了更多的細節，尤其是罪犯開庭的新聞。恩格斯在「一八四四年一月十五日，星期一」的報導中發現：

> 兩個男孩子被帶到治安官面前，罪狀是：他們餓得難受，偷了一家小店裡半生不熟的小牛蹄，並且立刻狼吞虎嚥吃下去。治安官覺得有必要進一步調查，從警察那兒得到下列的資料：這兩個孩子的母親是一位退伍士兵（後來當了警察）的寡婦，丈夫死後家境便陷入艱苦……當警察到達時，發現她和六個孩子在後面一間小屋裡擠成一堆，除了兩把沒有座墊的舊藤椅、一張斷了兩條腿的小桌子、一個缺口的茶杯和一個小小的碟子之外，就什麼家具也沒有了。爐裡沒有一絲火星，在角落裡有一堆破布，這堆破布少得用一條女人的圍裙包起來就可以拿走了，但卻是全家的床鋪。

恩格斯訝異地發現，英國的資產階級單位居然提供了這麼多自陷於罪的證據。他引用了中產階級的《曼徹斯特衛報》（Manchester Guardian）裡報導的許多可怕的疾病和飢餓案例，並得意地說：「我很高興對手能提供證據。」我們只要翻開《資本論》第一卷，其中馬克思對政府報告書以及右派雜誌《經濟學人》（The Economist）的引用，便能了解他確實受惠於這種技巧。

馬克思和恩格斯彼此是完美的互補。恩格斯沒有讀大學，比不上馬克思博學，但他對於資本主義的運作有豐富的第一手知識。兩人「在所有理論領域的意見都徹底相同」，他們個別的習性和作風卻截然不同。我們幾乎可以說，兩人的性格就是「正」和「反」的化身。馬克思寫作時字跡潦草，到處刪改修正，彷彿是他埋首苦思的證據；恩格斯的字跡簡潔、優雅、像商業文書。馬克思是個矮胖黝黑、受苦於自我憎惡的猶太人；恩格斯則高大英俊，散發亞利安人的帥氣。馬克思與混亂及貧窮為伍；恩格斯卻是有效率的工作者，除了擁有家族事業的全職工作外，還撰寫數量驚人的書籍、信簡和新聞報導——還經常幫馬克思捉刀寫文章。但恩格斯總有辦法抽出餘暇，享受資產階級舒適而高級的生活：馬房裡有馬匹，地窖裡有無數美酒，臥室裡有情人。當馬克思長年躲避債主，努力養家活口，幾乎陷入絕境時，沒孩子的恩格斯卻能享受有價值的單身漢的無慮自由。

儘管兩人的優勢如此懸殊，恩格斯知道自己不會是主導的一方。從一開始他就處處禮讓馬克思，把支持和贊助這位貧窮的天才視為歷史任務，既無怨無悔，也沒有嫉妒可言——甚至也沒有得到太多的感謝。一八八一年，距離他們首次會面將近四十年後他寫道，「我不明白為什麼有人會嫉妒天才；這是一種非常特殊的天賦，沒有這種才華的我們打從一開始就知道自己與之無緣。如果要嫉妒這類的事情，這個人的心胸一定狹窄得可怕。」對恩格斯而言，馬克思的友誼和他著作登峰造極的勝利，已是最好的報酬。

他們彼此之間沒有秘密，百無禁忌：如果馬克思在那話兒上發現一個大疔的話，他會毫不遲疑地對恩格斯細細描述。兩人大量的通信混雜了歷史和閒聊、政治經濟學和年輕學生喜愛的淫語穢言，高等的理想和私下的親近關係。隨便舉個例子，一八五三年三月二十三日，馬克思寫信給恩格斯，內容討論了英國對土耳其大幅增加的輸出量，狄斯雷利（Disraeil）在保守黨內的權位，下議院通過加拿大教會預備金法案（Canadian Clergy Reserves Bill），英國警察對難民的騷擾，日耳曼共產主義者在紐約的活動，出版社企圖詐騙馬克思，以及匈牙利的情勢——還有傳說中尤吉妮女王（Empress Eugenie）的脹氣問題：「這位天使似乎爲了最鄙俗的事情在受苦著。她很喜歡放屁，甚至在社交場合都無法控制。最初她以騎馬來治療。但自從波拿巴不讓她這麼做之後，她只好『任其自由』了。這只不過是一個小小噪音，一個輕微的響聲，一個幾乎虛無的東西。但是大家都知道，法國人的嗅覺是非常靈敏的。」

就像是無祖國的世界主義者一樣，他們甚至演化出自己的私人用語，一種不知所云的盎格魯—法文—拉丁—德文綜合語。在這本書裡對他們書信的引用都已經翻譯過了，讓讀者無須苦惱於馬克思密碼的解讀，但有一個短句的句法完全無法理解：「Diese excessive technicality of ancient law zeigt Jurisprudenz as father of the same bird；als d. religiosten Formalitaten z. B .Auguris etc .od. d.. Hokus Pokus des medicine man der savages。」恩格斯很容易便能理解馬克思的胡言亂語；更令人印象深刻的是，他還看得懂馬克思的筆跡，如同燕妮一樣。然而除了這兩個人之外，很少有人讀了不抓狂的。馬克思過世後，日耳曼社會民主黨想要整理這位偉人未付梓的文章，恩格斯還替他們上了很久的古字學課程。

恩格斯就像馬克思母親的替身一樣——給他零用錢，操心他的健康，不斷提醒他不要忘了作研究。在一八四四年十月，兩人現存最早的通信中，他已經催促馬克思完成經濟學——哲學手稿：「你要趕緊把你蒐集的資料發表出來；我發誓，現在正是時候！」一八四五年一月二十日的信裡他再度提到：「嘗試著完成你的政治經濟學著作吧，即使你還感到有許多不滿意之處，這也沒有什麼關係，人心已經成熟，打鐵要趁熱……因此你一定要在四月前寫完你的書，像我這樣做，為自己訂一個期限，期限內一定要完成，並確定它能馬上付梓。」

希望很渺茫，恩格斯錯估了馬克思，把他引入歧途。恩格斯建議兩人可以合寫一本抨擊鮑爾及其伙伴的冊子，題名為《對批判的批判所做的批判》（Critique of Critical Criticism），這就犯了大錯。他強調全冊不要超過四十頁，因為「我日益覺得所有理論性的劣作都是冗長而乏味的，而且每當看到那些一定要跟『人』的主題扯上關係的字眼，或是那些一定要反抗神學或抽象的言論，我就覺得火大……。」

還在凡諾路住所的時候，恩格斯已經一口氣把他的二十頁寫完了，之後便返回萊茵省家鄉。幾個月後，當他聽見這本冊子已經膨脹到三百多頁，而且重新命名為《神聖家族》（The Holy Family）時，他「不是普通的驚訝」。「如果你把我的名字放在封面上，那會顯得很奇怪，」他指出，「因為實際上我毫無貢獻。」但這不是他想要除名的唯一因素。「《批判的批判》還未出現！」他在一八四五年二月寫信告訴馬克思，「新標題《神聖家族》可能會讓我虔誠的家庭感到憤怒，當然，你對此毫無所知。」無疑地，憤怒家人就是指專制固執的父親，他已經開始擔心兒子的基督徒靈魂了。「如果我收到一封信，在我拆開之前早已有人將它從頭到尾聞過一遍，」他抱怨。「如果不說一些上帝羔羊之類該死的話，我既不能吃喝睡覺，也不能放一個屁。」一日，恩格斯於凌晨兩點搖搖晃晃地回家，一進門父親便問他是否被拘留了。才不是呢，恩格斯擔保：他只是跟赫斯在談論共產主義而已。「赫斯！」他的父親暴跳如雷。「老天！你怎麼會跟這種人在一起！」

他並不知道眞相。「現在我老子只要找出這本《批判的批判》，他就會把我攆出家門。最重要的是，他長期不滿這些人一事無成，他們想要以可怕的妄想批評或責難自己，你甚至無法讓他們學會最普通的公義原則。」

《神聖家族，對批判的批判所做的批判：駁布魯諾．鮑爾及其伙伴》於一八四五年春天在法蘭克福出版了。馬克思在二十多年後重讀這本書時「很驚喜地發現我們沒有必要對這本著作感到慚愧，不過其中對費爾巴哈的崇拜現在看來最可笑。」幾乎無人和他所見略同。在馬克思開始寫這本長篇的嘲諷著作之前，鮑爾兄弟——標題中指稱的神聖家族——已經脫離好鬥的無神論和共產主義，變成小丑一般，就像一九三〇年代的達達主義或未來主義。他們只需要或只配得到一記耳光，而不是一場全面的砲轟。誰會用散彈短槍來射殺一隻蒼蠅呢？

馬克思的獵槍射殺到其他不值得注意的獵物。他花費很多篇章痛斥尤金．蘇（Eugene Sue）這位大衆言情小說作者，這個倒楣鬼唯一冒犯之處，是因爲布魯諾．鮑爾曾在《文學總匯報》（Allgemeine Literatur-Zeitung）裡稱讚過他。馬克思的批評確實有道理，但懲罰手段和罪行本身卻離譜地不成比例：試想，就像當代的史坦納（George Steiner）教授在其經典巨著中批評《麥迪遜之橋》（The Bridges of Madison County）一樣。甚至連恩格斯也承認馬克思是在浪費力氣。「太長了，」他寫道。「我們對《文學總匯報》的不屑，和爲它寫下的批評份量（二十二印張，三百五十二頁）形成了強烈的對比。此外，大部分的人都看不懂你對空想和抽象存有的批評，或是根本引不起一般讀者的興趣。不然的話這本書是寫得很精湛……。」

或者，就像圓融的副牧師在接過主教遞來的發臭雞蛋時會說，「喔，主啊，它有些部分還是極好的！」

4 閣樓上的老鼠

如果馬克思懂得自我節制，只嘲笑那些模稜兩可的黑格爾主義者和二流的小說家，他也許平安無事。但他管不住自己，逮住機會就要揶揄更大、也更危險的野獸。一八四四年夏天，逃過謀殺之劫的普魯士王腓特烈·威廉四世，即將出國度假。在啟程之前，他發出一封簡短訊息，感謝忠誠的子民：「吾須公開向眾人致上誠摯的謝意，否則無法踏離腳下的國土，即使再短暫也不行。以吾及皇后之名，我們的心因此感動。」馬克思覺得這句話十分可笑——在《前進報》裡大加嘲諷。他寫道，國王的句法似乎暗示，皇室的心是因皇室之名而感動：

假如某人閱讀過後驚訝之餘，再仔細思考，就可發現「我們的心因此感動」其中的連接詞「因此」不是指涉國王和皇后之名，而是更遠一點的謝意……。皇室在一句話內同時銜接三個概念，造成了語意上的混淆：一、國王要離開祖國了；二、他只是暫時離開；三、他覺得有必要向人民致謝。他以過於壓縮的句法表達這些概念，讓人以為國王要表達謝意，只因為他即將離國他去……。

如果馬克思以爲，他能犯下這不敬之罪還不受處分的話，他可忘了，歐洲的君王彼此之間制們聲氣相通。一八四五年一月七日，普魯士使者洪寶德（Alexander von Humboldt）前往巴黎，覲見法國國王路易・菲利普。他當場呈上兩件物事——一是珍貴瓷器，另一即是威廉四世國王的抗議信，內中提及《前進報》令人憤怒之汙辱及毀謗。菲利普國王同意，巴黎確實住了太多日耳曼哲學家：兩週之後雜誌遭查封，內政部長基佐（François Guizot）命令馬克思離開法國。

現在去哪裡呢？放眼望遍全歐洲，目前仍願意提供流亡者庇護之人，只剩下比利時國王利奧波德一世（Leopold I）。即便如此，他也要求簽署一份保證行爲良好的承諾書。（「爲了獲得在比利時的居住許可，我以誠信發誓，不在比利時出版任何談論當代政治的作品。〔簽名〕卡爾・馬克思博士」）燕妮在巴黎多待了幾天，以拍賣家具和衣物；馬克思則隨同一位《前進報》的年輕記者伯格（Heinrich Buger）一起離開巴黎，伯格也跟著離開的理由是「不滿懲罰施加於我的好友及最值得信賴的導師」。雙人馬車轆轆駛過皮喀特（Picardy），旅途中，伯格唱起了德文飲酒歌，想提振良師的精神，卻是徒勞無功。

但一夜好眠更能恢復精力。次日清晨，馬克思已經等不及要有所作爲了，他催促伯格儘快吃完早餐，因為「我們今天得趕著去見弗瑞里葛拉特（Freiligrath）」。弗瑞里葛拉特曾是威廉四世的宮廷詩人，因出版忤逆犯上的《信仰告解》（Confession of Faith）一書遭通緝，他於幾個星期前方才因躲避拘捕而逃至比利時。此人以前是《萊茵報》常諷刺的對象，一投於反普魯士的陣營之下便獲赦免。其他新抵達比利時的激進流亡者還包括赫斯、海因岑、瑞士的激進份子賽勒（Sebastian Seiler），前砲兵軍官魏德麥爾（Joseph Weydemeyer），一群波蘭的社會主義者，還有對馬克思最重要的人——恩格斯。他無須慫恿便逃離巴門令人窒息的禮儀規矩，跟隨馬克思一起過著放逐的日子。燕妮的弟弟埃德加·馮·威斯特伐倫，這個可愛但無法克制衝動的初生之犢也加入了行列。

在馬克思和妻女會合之前，他已經回復舊日的習慣——閱讀、寫作、飲酒及策劃圖謀。「我們玩瘋了，」魏德麥爾回憶，長長的早晨消磨在咖啡廳裡，晚上則花更多時間玩牌，喝得微醺長談。有一次，甚至連家產都拿出來墊用：在離開巴黎前兩天，馬克思以一本尚在構思階段的政治經濟學著作，向達姆城（Darmstadt）的出版商拿了一千五百法朗的預付款，恩格斯也墊了募款得來的一千法郎作為共同資金，這募款大部分是來自日耳曼的支持者。恩格斯還從自己的著作《英國工人階級的狀況》周轉來一些錢，因此「至少，不讓那幫狗東西用卑劣手段使你陷入經濟困境而洋洋得意」。但他又以先見之明說，「我擔心，你在比利時終究還是會被騷擾，所以你不得不離開，前往英國。」

燕妮又懷孕了，她忍痛捨棄了巴黎的商店和沙龍，遷就貧乏無味的布魯塞爾，此刻正努力隱藏心中失望。但燕妮的母親則十分擔心這次家庭大變動，特地派了女僕德穆特

（Helen Demuth）前來，她此後就永遠待在馬克思家了。二十五歲的德穆特操持馬克思的家務，助其渡過無數的危機和世事滄桑。她是一位嬌小而優雅的農家女——圓臉，藍眼睛，即使身處不幸也總是乾乾淨淨、打扮合宜。她做家事的效率極高，而且從不疲憊。一位曾在童年時期造訪馬克思家庭的英國女士，直到一九二二年依然記得海倫精湛的廚藝：「她的果醬糕點是甜美而永恆的回憶，餘味留存至今。」但不要只把她當成一個溫順而勤於工作的人：她以母老虎般的凶猛保衛新主人，任何不受主人歡迎的客人，都會遭到她的嚴厲斥責。

頭幾個月，馬克思和家人住在旅館或友人多餘的房間裡。然而當他們找到一間落腳處——在城市東邊亞里安斯路（Rue D'Alliance）五號的小房子——燕妮卻馬上和女兒、女傭前往威斯特伐倫男爵夫人在日耳曼的住所度假了，留下馬克思獨自安頓新家。「這間小屋足夠我們居住了，」燕妮從特利爾寫信來說，爲了迎接新生兒，應該空出一個房間。但「等我在樓上把重要事情辦完之後（指分娩這件事，譯按），我會再搬下樓。屆時，你就可以睡在現在讀書的地方，在這寬敞的客廳裡紮營——不會有任何問題的。孩子在樓下的哭鬧聲將完全隔絕，你不會受到任何干擾。等孩子們都睡了，我就上樓與你會合……唉，這就是我們這個貧窮家庭在布魯塞爾的殖民地啊！」九月二十六日，就在燕妮從特利爾回來後的第四個晚上，她替這塊殖民地又增添了一口——二女兒勞拉。

馬克思已答應比利時當局，不再爲文評論當代政治，但他卻認爲自己有權參與政治，並從事經濟史的研究。因此，他召喚恩格斯前來，此時恩格斯已是不可或缺的副手了。一八四五年夏天，兩人在倫敦待了六個星期，一方面利用曼徹斯特和倫敦藏書豐富的圖書館，另一方面則與憲章派的首領會面，他們發起了全世界第一個工人階級運動。返回布魯塞爾之後，恩格斯在馬克思家隔壁租了一間房子，準備組織布魯塞爾的社會主義者，把一盤散沙變成一支可相抗衡的政治力量。

然而，馬克思的著作首先出了一點小問題。先前他爲了研究著述，特地前往英國，接著又埋首於布魯塞爾市立圖書館裡，這些舉措一定提振了出版商卡爾・雷斯克（Karl Leske）的信心，他期待《經濟學與政治學批判》（Critique of Economics and Politics）這本書能在夏末之前發行。但馬克思只寫完該書的目錄，便棄之不顧。「我覺得有件事更重要，」他解釋給雷斯克聽，「在我正面闡述我的理論的同時，發表一部反對迄今所有的日耳曼哲學與日耳曼社會主義之論戰作品。因爲我的經濟理論與整個日耳曼學術界完全對立，讀者必須有所準備，才能明瞭我所採取的觀點……如果您覺得有必要，我可以拿出許多從日耳曼和法國寄來的信，證明廣大的讀者正急切地等待這本著作問世。」

其實並非如此。他的「論戰作品」《德意志意識型態》（German Ideology），一直要等到一九三二年才找到出版者。唯一需要此書的人是馬克思自己，現在青年黑格爾學派正在嘲笑他，說他不用腦筋、毫無批判地接受了費爾巴哈的學說。馬克思被激怒了：費爾巴哈揭開了黑格爾的神秘面紗確實是眞相顯露的輝煌時刻，就像濟慈（Keats）乍見查普曼（Chapman）翻譯荷馬史詩的感受一樣。但馬克思早就說過了，費爾巴哈的批判只是以新迷思代替舊迷思。費爾巴哈曾將黑格爾的理論頭腳倒置一番，現在他自己應該接受同等待遇

——以馬克思的話來說，接受「理論的清算」（settlement of accounts）。

一八四五年春天，他開始著手條列他的哲學綱要，這就是現在所知的《關於費爾巴哈的題綱》（Theses on Feuerbach）。「先前所有的唯物主義（包括費爾巴哈的唯物主義）主要缺點是，對於事物、現實、感性，只從客體（object）或直觀（contemplation）的形式去理解，而不是當作人的感性活動、當作實踐去理解。」費爾巴哈已經揭露了宗教的世俗基礎，但他卻將世俗領域本身又轉入抽象的雲霄。「人的思維是否具有客觀的眞理性，」馬克思宣稱，「不是一個理論的問題，而是一個實踐的問題……所有社會生活在本質上都是實踐的……哲學家只是用不同的方式解釋世界；而問題在於改變世界。」沒有實踐的理論只是學者的自慰罷了——自得其樂，但終究是貧乏而毫無結果。僅管如此，馬克思和恩格斯卻在一八四五年至四六年的冬天撰寫《德意志意識型態》期間，積極展開理論建構的工作。

本書開章便是語不驚人死不休的斷言：「至今爲止，人總是自我認識不清，對於自己是誰或應當是誰，形成了種種虛假觀念。」接著他說了一個頗爲煽動的寓言，又是馬克思愛用的伎倆：

一位好漢某天突發奇想，人們之所以溺死，是因為他們被關於重力的思想給迷住了。如果他們從腦袋中拋掉這個觀念，比方説，宣稱它是宗教迷信，他們就能避免任何溺死的危險。他一生都在跟重力的幻想鬥爭，統計數字提供了越來越多有關這種幻想有害的明證。這個好漢就是現代日耳曼革命哲學家的典型。

這些思想家是溫順的綿羊，卻幻想自己是狼。他們無趣的咩咩聲「僅僅以哲學的形式，模仿日耳曼中產階級的觀念」。

費爾巴哈自己就是其中一隻羊，其世界觀「一方面限於純然的直觀，另一方面限於純然的感性」。因此他忽略了，即使最簡單的自然物體，其實都是歷史環境的產物。例如「櫻桃樹，如幾乎所有的果樹一般，是最近幾世紀才透過貿易移植到我們的生活區域內，這是大家都熟知的事實。因此只有在明確的時空下，透過明確的社會行動，櫻桃樹才能成為『感性的確定性』。」對費爾巴哈而言，櫻桃樹就是樹，是自然界思賜的禮物之一。

奇怪的是，這本書的目的雖在清算費爾巴哈，但這部分卻只佔了短短幾章而已。馬克思對付鮑爾——他戲稱為「聖布魯諾」——也是匆匆帶過。但他卻以三百頁難以卒讀的篇幅抨擊施蒂納（Max Stirner）的愚蠢行徑。此人是青年黑格爾學派的無政府主義者，認為英雄般的自我主義和耽溺放縱，能將個人從想像的壓抑中解放出來。施蒂納存在主義式的信條有其應得的懲罰，但對他刺以簡潔的一劍就夠了，比馬克思冗長的挖苦有效率得多——諷刺的是，馬克思活脫是施蒂納所宣揚的自我放縱之一例。

撇開此書冗長的篇幅不論，《德意志意識型態》是二十七歲的馬克思多年哲學和政治學的探險之後，呈現的知識總驗收。他和恩格斯在接二連三迅速揚棄了上帝、黑格爾及費爾巴哈之後，現在準備提出自己的實踐性理論或理論性實踐的綱要——即歷史唯物論。「我們依據的前提，」這兩人宣稱，「既非憑空想像，亦非教條，而是眞實的前提。只有依據此項前提，抽象思維才能發揮作用。這些前提是現實的個人，他們的活動和物質生活的條件……因此可由純粹經驗的方法來驗證。」費爾巴哈曾說，你吃什麼就是什麼樣的人；馬克思和恩格斯卻認爲，你生產什麼，還有你如何生產，你就是什麼樣的人。「一個民族內的分工，首先是工商業勞動和農業勞動的分離，從而引起城鄉分離和城鄉利益的對立。分工的進一步發展導致商業勞動和工業勞動的分離……」等等。分工的多樣化反映了所有制的發展——從原始部落的所有制，到古代公社的所有制以及國家所有制，然後到封建或身分等級的所有制，並進展到資產階級的所有制。「社會結構和國家持續從特定的個人生命過程中演化出來……不是意識決定生活，而是生活決定意識。」沒有蒸氣引擎或紡織機的話，奴隸制不可能被廢除，就像農業不進展的話，農奴不可能被廢除一樣。一般說來，「當人們無法獲得足量的飲食、住屋及衣服時，他們就不可能被解放。」

解放的感覺是什麼呢？馬克思和恩格斯的新唯物論否定了唯心論，但他們自己對於天堂的憧憬，也成了一首浪漫的田園詩歌——以馬克思對鄉下人生活的鄙夷來看（他經常以「鄉下蠢蛋」稱呼之），這眞是奇怪的諷刺。馬、恩兩人提醒，在現今的分工下，每個人都被困在某個專門的活動領域裡：

> 他是一個獵人、漁夫、牧人，或是一個批判的批判者，只要他不想失去謀生手段，他就始終應該是這樣的人。而在共產主義社會裡，任何人都沒有特定的活動範圍，每個人都

可以在任何部門內發展，社會調節著整個生產，因而使我有可能隨自己的心願今天做這件事，明天做那件事，上午打獵，下午捕魚，傍晚放羊。當我心血來潮，還可從事批判；而不必成為一個獵人、漁夫、牧羊人或批判者。

也許有人會覺得這是一個更耗體力的涅槃境界。恩格斯當然喜歡打獵和評論，但他眞的嚮往飯後還去牧羊嗎？

此一馬派天堂，在批判施蒂納的冗長章節裡，有更迷人的描述。施氏認爲，勞動分工只適用於稍加訓練、即能上手的工作——比如說烘焙或犁田。他斷言，沒有人能替拉斐爾完成作品。這個例子就舉錯了：馬克思和恩格斯很快糾正他，拉斐爾有一群助手和弟子幫他完成壁畫。此外，共產主義不認爲每個人都應該或能夠完成拉斐爾的作品，但每一位具有拉斐爾潛能的人都應當自由發展，不受阻礙。

施蒂納以爲，拉斐爾的繪畫跟羅馬當時的分工無關。如果施蒂納把拉斐爾同達文西、提善（Titian）比較一下，他就會發現，拉斐爾的藝術作品相當依賴當時羅馬的繁榮昌盛，而羅馬又籠罩在佛羅倫斯的影響之下。至於達文西的作品則在佛羅倫斯的環境氛圍中成形。後來的提善誕生於威尼斯完全不同的發展脈絡中。和其他所有的藝術家一樣，拉斐爾也受到在他之前的藝術技術成就、社會組織、當地的分工所制約……在共產主義社會裡，沒有單純的畫家，只有把繪畫當作多種活動中之一的人們。

或許會有像打獵、釣魚和牧羊的活動吧。但誰去洗廁所或劈煤炭之類的問題，既沒人提出，也沒人解答。當一個聰明伶俐的日耳曼人試圖以「共產主義下誰擦鞋子」的問題問倒馬克思時，他乖戾地回答：「就是你。」一位友人也曾說，她無法想像生活在平等主義下的馬克思會是什麼樣子。「我也不能想像，」他同意，「這些日子會來臨的，但在那之前我們已經駕鶴歸西。」

《德意志意識型態》在二十世紀才出版，此後許多人誇稱，本書是馬克思主義歷史觀的「全面性闡明」。馬克思自己倒是以更實際的態度面對這本書的限制。「既然我們主要的目的——自我澄清——已經達到了，」他寫道，「我們也就情願把手稿交給老鼠的牙齒去批判。」存留的手稿破破爛爛的邊緣好像眞的被嚙齒動物咬過，也許牠們正具有冥頑不化的黑格爾主義傾向。

馬、恩兩人滿足了澄清理論的需求之後，即刻將注意力轉移到實踐——他們要「說服全歐洲無產階級，尤其是日耳曼無產階級，認同我們的信念」。但哪裡去找日耳曼無產階級呢？當然是在巴黎、倫敦和布魯塞爾。

一八三四年在巴黎成立的「流亡者同盟」（League of Outlaws），是最早的日耳曼共產主義者流亡組織。它的成員大部份是中產階級知識份子——恩格斯稱他們是「頭腦最昏沉的一群人」——這夥人在歷史中很快就沉睡不起了。一八三六年，神秘的「正義者同盟」（League of the Just）從中分離而出，成員爲一群有活力、自我教育的工匠，他們在無數歡樂的夜晚裡策劃暴動與密謀。然而，他們的政治主張卻稀鬆平常，不過是一種曖昧模糊的平等主義，源自於十八世紀烏托邦主義者巴貝夫（Gracchus Babeuf）。許多同盟的領導者在參與一八三九年五月巴黎失敗的暴動後，紛紛逃往倫敦，在那裡另立了一個名號響亮的「日耳曼工人教育協會」（German Workers' Educational Association）作爲秘密組織的前線。其中最重要的人物有：沙培爾（Karl Schapper），他是一位魁武的排字工及兼差的伐木工，於一八三三年法蘭克福警局的暴動中一舉成名；包爾（Heinrich Bauer）是個個頭矮小、機智的補鞋匠，來自法蘭克尼亞（Franconia）；還有科隆的鐘錶匠莫爾（Joseph Moll），身材中等卻極爲武勇。恩格斯記載，「不知多少次，沙培爾與他兩人成功地擋住大樓入口，不讓數百名蜂擁而上的反對者闖入！」（莫爾直到死前都是英雄，他於一八四九年巴登（Baden）起義中壯烈犧牲。）

一八四三年恩格斯造訪倫敦時，他才認識這三巨頭。這是他初次遇見工人階級革命份子，對一位敏感的資產階級青年來說，他們身爲「眞實人」（real man）的意義，其份量遠超過意識型態上的狹窄和天眞。此外，他們確實有效率，不僅改造「正義者同盟」，使其成爲倫敦一支愈來愈不容忽視的力量，同時也在瑞士、日耳曼和法國建立了支持者的網絡。只要在工人組織爲法律所禁的地方，他們的「會所」就僞裝成合唱團或健身俱樂部。

這群共謀者仍將巴黎視爲革命的發祥地，他們卻不再對法國哲學抱持古老的敬畏或尊崇了。同盟現在有了自己的理論家，一位有執照的裁縫匠魏特林（Wilhelm Weitling）。一八三八年，同盟出版了他的《人類之本然與應然》（Mankind As It Is and As It Ought To Be）。

魏特林是洗衣婦的私生子，他的言行舉止就像是虔敬而痛苦的殉難先知。中世紀雲遊四海的千年至福論傳道者，或是英國內戰興起的共產主義千禧年教派，都可能跟他意氣相投；而他與十九世紀革命的思想家或煽動者之間則毫無契合之處。他自製的信念混合了啓示錄和基督的山上寶訓，其中甜得令人生厭的主日學說教，已經被火與硫磺調過味了（譯按：《聖經》啓示錄十五章十節提到人將在火與硫磺當中受苦，也用作比喻成天譴、地獄般的苦難）。當他沒有出言警告世人大決戰（Armageddon，譯按：《聖經》中所說的世界末日善惡決戰的戰場）即將來臨時，他就會愉悅而喋喋不休地述說重返伊甸園的故事，重返一個沒有憎恨與嫉妒的桃花源（Arcadia，譯按：是古希臘山區，人情淳樸，生活愉快，常比喻爲世外桃源）。其舉止之突兀，就好像啓示錄裡記載的四騎士之一，突然下馬去擊殺一隻路過的貓。

僅管如此，不能小覷他傳播福音的力量。「他在我們的圈子裡，享有至高無上的尊崇，」另一位日耳曼共產主義裁縫匠萊斯納寫道。「他是追隨者的偶像。」由於他在歐洲到處流浪，其弟子形成了一個令人印象深刻的國際團隊。在一八三九年法國暴動挫敗之後，他逃往瑞士，在日內瓦及蘇黎世建立正義者同盟的分會，此舉終於使瑞士官方注意到他。警方突襲他的住所，找到更嚴重的罪證——一本自傳手稿《悲慘罪人的福音》（The Gospel of a Poor Sinner），書內他自比耶穌基督，同樣身爲赤貧的流浪者，也同樣因膽敢對抗不公而被釘上十字架。此一厚顏之類比，替他賺得六個月瀆神罪的牢獄之災，並被遣送回日耳曼——他很快又被逮捕，這次是因爲逃避兵役，拒絕履行國民義務。在他於一八四四年抵達倫敦之前，這位三十六歲的裁縫匠已經是一個傳奇人物，他以宗教復興的宣傳辭令，吸引了一大群流亡日耳曼社會主義者以及英國憲章派人士。他最得意的招牌動作，是拉起一條優雅的褲管（身爲裁縫師，魏特林總是穿著剪裁合身的西裝），展現牢裡的鐵鍊和腳銬所留下的傷痕。

很難想像還有誰會比這位空泛的烏托邦夢想者，更引不起馬克思的興趣。魏特林的政治計畫總結於他所著的《和諧與自由的保證》（Guarantees of Harmony and Freedom）前言裡：「我們希望像天空的鳥兒一樣自由；我們希望像牠們一樣飛舞，在歡樂的遨翔和甜美的和諧裡無憂無慮。」魏特林認爲最佳的離地升空之道，就是召集四萬名入獄的竊盜和搶匪起義——這些人出於對私有財產的懷恨，一定會把權勢者從座位上扯下來，迎接和平與歡樂的新時代。「犯罪是現行社會秩序的產物，」他寫道，「在共產主義下，他們不再是罪犯。」魏特林的地上天國裡會供應每個人同樣的衣服（當然由他所設計），想要有與衆不同穿著的人就必須自己加班獲得。飲食在公共餐廳進行，但管理餐具的規則還不明確。（「這群裁縫匠眞是不可思議，」恩格斯邂逅了幾名魏特林的跟隨者之後，如此說道，「他們最近眞的很認眞在討論刀叉的問題。」）人到了五十歲，便從生產線上退下，並分派到退休區裡。

我們幾乎可以聽見，馬克思對這種廢話嗤之以鼻的聲音，但他卻猶豫著是否公開批評他。在一八四四年時，他以誇大的愛國口氣宣稱「日耳曼無產階級是歐洲無產階級的理論家」，但事實上，在一八四〇年代中葉之前，他幾乎不認識什麼日耳曼工人。（恩格斯在一八四五年三月時提醒他，「我們不知道無產階級到底在做什麼，而且眞的很難知道。」）因此，當馬克思第一次遇見這麼一位來自祖國的道地工人階級思想家，他以誇大的讚賞來獎勵這個傢伙。「資產階級當中——包括它的哲學家和博學作家——誰像魏特林撰寫《和諧與自由的保證》那樣，寫過一本關於資產階級解放，尤其是政治解放的書呢？」馬克思這樣想像，「光是把日耳曼政治作家的儒弱平庸，拿來和這位強悍聰明的日耳曼工人作家新秀做比較已經夠了；光是把這雙工人階級中的特大號童鞋拿來和日耳曼資產階級萎縮而損壞的政治鞋子比較，也就夠了。我們可以預言日耳曼的灰姑娘來日一定會有運動家的體格⋯⋯⋯。」

行腳四處的灰姑娘並沒有眞的去參加舞會，也沒有穿上玻璃鞋或跑鞋。當魏特林於一八四五年抵達倫敦時，沙培爾、包威爾及莫爾熱烈迎接他，但他們很快便覺得他的觀念實在是太古怪了。他們不願支持魏特林的天才計畫，令他極度受挫——這些計畫包括創造一種新的普遍語言、發明一台製造女人草帽的機器——更挫折的是，他們還不願意選他作爲協會的主席。一八四六年他離開此地，前往布魯塞爾試試機運。

「如果我告訴你，我們在這兒過什麼樣的生活，你對共產主義者的印象一定完全改觀，」魏德麥爾在二月時寫信給未婚妻，「爲了徹底瘋狂一下，馬克思、魏特林、馬克思的連襟和我整夜都在玩樂。魏特林先覺得累了，馬克思和我則在沙發上睡了幾個小時，隔天又和他的妻子及妻子的弟弟晃了一天。我們早晨先到酒吧去，接著便搭火車前往附近一個小城維勒渥德（Villeworde），在那裡用午餐，然後以最愉快的心情搭乘最後一班火車回來。」請注意，早退的魏特林錯過了這場午後的娛樂：他的神聖光環使他很難相處，尤其是面對資產階級的知識份子。如同恩格斯寫道，「現在他是偉人、先知，在國際間奔波，口袋裡已準備好實踐地上天國的綱領，妄想每一個人都想偷走它。」

當海涅與魏特林會面時，他被對方的態度所激怒：「這傢伙與我談話時相當魯莽無禮。我就站在他面前，他沒有脫下帽子，還是坐在那裡，用右手把右膝托在下巴底下，然後一直用左手搓著抬起的腳踝」。他玩著「拉褲管秀傷痕」的老把戲，但是海涅還是不爲所動。「我承認當魏特林裁縫匠向我提及鐵鍊的事情時，我嚇了一跳。但是我呢，在曼斯特（Munster）曾以燃燒的雙唇激動地親吻來登（Leyden）的裁縫匠約翰的遺體——他戴過的鐵鍊、虐待他的鉗腳，至今保存在曼斯特的市政廳內——我曾向這位死去的裁縫匠致以崇高的敬意，如今面對這位還活著的裁縫匠魏特林，我卻感到無比嫌惡，儘管兩人都是相同信念的使徒和殉難者。」

馬克思和恩格斯都有類似的反感，尤其當他喜歡以「我親愛的年輕人」來稱呼他們時。不過，看在他的無產階級身分，以及長年遭受的迫害，兩人也只好盡力掩飾嫌惡之情。一八四六年初，馬、恩兩人在布魯塞爾成立「共產主義通訊委員會」（Communist Correspondence Committee），他們邀魏特林成爲創始會員。該組織的宗旨在於維持與「正義者同盟」及其他西歐兄弟團體之間「持續的信件往來」。既然此一委員會是許多共產主義黨派的始祖，我們值得將十八位創始會員的名字列出來：馬克思、恩格斯、燕妮・馬克思、埃德加・馮・威斯特伐倫、弗瑞里葛拉特、魏德麥爾、赫斯、克利格（Hermann Kriege）、魏特林、德朗克（Ernst Dronke）、海爾伯格（Louis Heilberg）、魏特（Georg Weerth）、賽勒、日果（Philippe Gigot）、威廉・沃爾弗（Wilhelm Wolff）、斐迪南・沃爾弗（Ferdinand

Wolff）、瓦勞（Karl Wallau）和伯恩（Stephan Born）。這個小組織藉著整肅任何一位偏離正統的可疑份子來樹立權威，與它在二十世紀的大多數後繼者如出一轍。無可避免地，魏特林成了首位祭品。

羞辱老魏的儀式發生在一八四六年三月三十日傍晚的一個會議中。六名會員出席，加上一名外來旁觀者安尼年柯夫。他是年輕的俄國「美學觀光客」（aesthetical tourist），拿著馬克思巴黎老友的介紹信，最近才出現在布魯塞爾。安尼年柯夫不是社會主義者，但他卻被主人的性格所吸引：

> 馬克思是一位充滿精力、意志和堅決信念的人。他的外表最為引人注目。他有一頭黑髮和多毛的雙手，衣服的鈕釦都扣錯了。但不管他在你面前看起來如何，或做了什麼事，他的樣子就是讓人不得不肅然起敬……他的話總是果斷的命令句，不容許任何歧見，而話語中穿透每一個字的痛苦音調，讓這種不容懷疑的印象更加強烈。這音調表明他堅決相信，他有責任主導人心，為群眾制訂法律。站在我面前的這個人，是民主獨裁者（democratic dictator）的化身。

反之，短小精幹的魏特林比較像是個從商的旅行者，而不是工人階級的英雄。

一陣介紹寒喧過後，大夥兒圍聚在馬克思客廳的小綠桌旁，商討革命策略。高大挺拔而尊貴的恩格斯認爲，大家有必要先對一個共同信條凝聚共識，以方便那些沒有時間和機會研究理論的工人階級遵循。但他話還沒來得及說完，馬克思已經搶著挑戰了。「魏特林，你告訴我們，」他打斷談話，隔著桌子注視他，「你鼓吹的信條在日耳曼引起大騷動：你如何合理化你的活動？未來又要以什麼作爲它的基礎？」

原本以爲只是自由漫談的魏特林，被這突如其來的挑戰嚇了一跳。他展開一段冗長而雜亂的獨白，解釋他不是要創造新的經濟理論，而是採納「最適合的理論」，還不時停下來重複同樣的話，或糾正自己的說辭。馬克思打斷他，給予致命一擊。他說，煽動工人卻又不提供科學觀念或建設性的學說，「就像徒勞、虛僞的傳教把戲，表面上儼然是一位啓發人心的先知，其實不過是一隻張開的屁眼。」

魏特林蒼白的臉漲紅了。他以顫抖的聲音抗議，對於像他這樣以公義與團結之名召集數百名同志在一面旗幟之下的人，怎能受如此不堪的待遇。他回憶起自己收到的無數感謝函，對此稍感安慰；並認爲自己「謙虛、點滴的基礎工作，比起那些遠離受難、痛苦人民的批評與搖椅中安祥的學說分析，或許對共同理想更有所助益。」老魏打出這張無產階級王牌，超出馬克思忍受的極限，他從椅子上跳起來，拳頭重重捶著桌子，連桌燈都爲之搖晃作響。他咆哮：「無知對人無益！」會議在喧囂裡中斷。「馬克思在房間內來回踱步，極其憤怒，」安尼年柯夫如此記載，「我匆忙與他及其他人道別，趕回家去，驚訝於我看到和聽到的一切。」了解馬克思的人不會訝異：終其一生，他都致力於打倒共產主義運動中的僞神和裝模作樣的救世主。他不僅覺得有此必要，並且樂在其中。

不可思議的是，魏特林於幾個星期之後仍舊持續拜訪馬克思，而且在五月還出席另一場審判表演。這一次因缺席而受譴責的被告是西發里亞（Westphalian）的學生克利格，他最近移民到紐約編輯一份德文報紙。在五月十一日的會議中，下列提案全數通過，只有魏特林投反對票：

一、《人民論壇報》（Volks-Tribun）編輯克利格所宣傳的路線不是共產主義。

二、克利格在宣傳上的幼稚誇大，嚴重損害共產主義政黨在歐洲及美洲的聲譽，因為克利格算是日耳曼共產主義在紐約的代表。

三、克利格以「共產主義」之名，在紐約所鼓吹之荒誕的感傷主義，如果為工人接受，將會嚴重損害士氣。

爲了讓指控更有力，馬克思和恩格斯發出一份〈反克利格的通告〉（Circular Against Kriege），嘲笑他的《人民論壇報》提倡哭哭啼啼的多愁善感，將女人形容成「人類熱火之眼」、「愛的眞正女祭司」以及「摯愛的姊妹」，其神聖職責就是帶領男人進入「至福的國度」。克利格曾在社論中問道：「如果女人少了可以付出眞愛的男子，沒有可以奉獻顫抖靈魂的對象，女人還成什麼樣子？」馬克思和恩格斯說，這種愛情的口水氾濫「把共產主義描繪成充滿愛、與自私對立；並將一個具世界歷史意義的革命運動歸結爲幾個字：愛——恨，共產主義—自私自利……我們讓克利格自己反省一下，這種病態的愛之囈語將使男女兩性都衰弱無力，將使『處女』罹患群體歇斯底里和貧血。」

原先十八名成員現在剩下十六名，不久又變成十五個——赫斯在可能被除名之前先自行辭退了。隨著馬克思「民主獨裁者」的名聲日益高漲，越來越難找到新的通訊者。五月，送走了魏特林和克利格之後，馬克思邀請普魯東加入組織。「我們一致認爲，在法國不可能找到比您更合適的通信人了。您知道，英國人和日耳曼人比您自己的同胞更看重您……請儘早答覆，並請相信我對您最眞摯的友誼，卡爾・馬克思敬上。」這尊敬和友好的表示，以及委員會將從事文明之「觀念交流」的保證，最後通通被馬克思潦草的附記給毀了：「又：我希望您提防一下巴黎的格律恩先生（Grun）。他無非是一個文學騙子，假充博學，販賣現代思想企圖從中取利。他以傲慢和狂妄的詞藻來掩蓋自己的無知，但空話連篇使他自己成了笑柄……在他論「法國社會主義者」的書裡，竟妄稱自己是普魯東的老師……您要留心這個寄生蟲。」

唉！普魯東實際上很喜歡格律恩，他是以評論「眞正的社會主義」（True Socialism）出名的政論家。普魯東認爲這個警告不僅判斷錯誤，而且令人生厭。「格律恩正在流亡中，身無分文，要供養妻子和兩個孩子，光靠寫作維生。除了現代思想之外，你能期待他以什麼別的東西維生？……我在他身上只見到不幸和急迫的要務，我諒解這個人。」對普魯東而言，馬克思有仇必報的性格，比起格律恩無害的虛榮還要令人擔憂。他在回信中說道，「如果你願意的話，我們可以共同討論社會的規律。」

但看在上帝的份上，我們在打倒所有先驗的教條之後，不要妄想以另一個教條去欺騙人民……你認爲所有的意見應該公開，我誠心贊同。讓我們做一場高尙而誠懇的辯論，讓我們表現有教養、有遠見的寬容，爲世界樹立好榜樣。正因爲我們都站在運動的頂端，讓我們不要成爲不寬容的新領袖……讓我們即使用完最後一個論證，也絕不以爲一個問題已經窮盡。如果有必要，讓我們以雄辯和反諷重新開始。在這樣的條件下，我很願意加入你們的組織。否則——免談！

馬克思不會放過這個高傲的傢伙——普魯東在信尾也已預期到了：「我親愛的哲學家，這就是此刻我的立場；當然，除非我錯了，而您的鞭笞來到，屆時我將以雅量來面對：……」。幾個月之後鞭笞就來了。普魯東發表兩卷《貧困的哲學》，馬克思以一篇一百頁的攻擊文《哲學的貧困》回敬，於一八四七年六月在巴黎和布魯塞爾同時發表。該文嘲笑這位法國導師深不見底的無知。他在序言當中寫道：

普魯東先生不幸在歐洲特別不被人瞭解。在法國，他有權做一個拙劣的經濟學家，因為他以卓越的日耳曼哲學家著稱。在日耳曼，他有權做一個拙劣的哲學家，因為他以最傑出的法國經濟學家著稱。我們是日耳曼人同時又是經濟學家，我們要反對此一雙重錯誤。讀者將會明白，我們在做這份吃力不討好的工作時，常常不得不放下對普魯東先生的批判，而去批判日耳曼的哲學，同時對政治經濟學提出某些觀察。

對普魯東的人身攻擊本身就夠有趣了，然而卻是這些經濟學與哲學的「觀察」賦予本書持久的價值。《德意志意識型態》已經置諸閣樓，任老鼠啃咬；《哲學的貧困》是馬克思首次發表關於歷史的唯物論觀念。馬克思認爲，諸如「勞動分工」等經濟學的範疇，只是實際生產條件的理論或暫時的表達罷了。但是普魯東「卻像眞的哲學家一樣把事情頭腳顚倒」，認爲這些實際條件不過是永恆經濟法則的體現而已，由此他認爲，勞動分工是生活永恆而無可避免的事實。馬克思在一段著名的章節中推翻了這個顚倒的邏輯：

普魯東這位經濟學者非常明白，人類在一定的生產關係裡製造布、亞麻和絲料。但他不瞭解的是，這些社會關係正如同亞麻布、亞麻纖維一樣，是由人製造出來。社會關係被生產力緊緊束縛著，當人們獲得新的生產力時，就改變他們的生產方式；生產方式改變了，謀生方法改變了，他們也就改變了一切社會關係。手工磨坊帶來一個有封建領主的社會，蒸氣磨坊則帶來工業資本家的社會。

在馬克思毫不寬容的眼裡，普魯東的社會主義可疑得很，像是勉強對現狀做了妥協。普魯東警告，工人不應該組織起來爭取更高的薪資，因爲物價一上漲，他們仍需付出代價。革命暴動也會一無所獲。事實上，普魯東除了模模糊糊提到「天命」之外，很難說他到底提倡什麼。

馬克思質問，懦弱的順從究竟能得到什麼？在《哲學的貧困》最後一頁裡，他沸騰的憤慨爆發了：

資產階級和無產階級間的對抗，是一個階級反對另一個階級的鬥爭。此一鬥爭一旦達到臨界點，就會成為全面的革命。一個立基於階級對立之上的社會，最後走向殘酷的衝突，以肉體對肉體的衝撞作為最終結局，這用得著奇怪嗎？

千萬別說社會運動排斥政治運動，從來沒有哪一個政治運動不同時又是社會運動。

只有當階級和階級對抗已經消失，社會演進才不再是政治革命。在此之前，在每一次社會全盤改造的前夜，社會科學的結論總是：「不是戰鬥，就是死亡；不是血戰，就是毀滅，沒有其他選擇。」（喬治・桑）

普魯東沒有對《哲學的貧困》公開回擊，不過他幾乎在這本書裡的每一頁，都寫下憤怒的眉批——「荒謬」、「撒謊」、「無聊」、「剽竊」、「毀謗」，以及「馬克思其實在嫉妒」。他在自己的一本筆記封面扉頁，還把馬克思描述成「社會主義的絛蟲」。

共產主義通訊委員會必須另找法國代表。恩格斯遂於一八四六年八月前往巴黎訪查。「我們的事業將會在此大大興旺起來，」恩格斯與正義者同盟當地的領導者艾韋貝克（August Hermann Ezerbeck）交談後如此說。「魏特林派殘留的一小群裁縫匠已經快被淘汰了……另一方面，據說櫥櫃工和製革工已成爲主要勢力。」艾韋貝克選了其中四、五個較可信賴的人加入通訊網絡。（很難動搖人們心中的一項假設：所有革命家都必須是工匠。

當月巴黎的《經濟學家日報》（Journal des Economists）報導，馬克思是一位嗜好「抽象思維」的「鞋匠」。）

幾個星期過後，恩格斯參加了幾次同盟會議，似乎已不再雀躍。艾韋貝克友善而好意，但也不過是個討厭的糟老頭，專門在什麼是「眞正價值」（true value）上鑽牛角尖，以及講授古日耳曼的詞源學。更糟的是，他和他的成員都將普魯東和格律恩的言論視爲金科玉律。「到現在我還必須站出來反對這種荒謬的廢話，眞是倒楣透了。但是要有耐心，我絕不會丟開這些人不管，直到我把格律恩逐出去，並使他們發昏的頭腦清醒過來爲止。」

他在十月中策劃了一個妙計，在同盟裡發起一場贊成或反對共產主義的辯論，強迫這些巴黎工匠選邊站：究竟他們是堂堂正正的共產主義者，還是模模糊糊地服膺「爲了人類幸福」的教條，像格律恩及其門徒那樣？恩格斯警告，如果他們敢投反對〔共產主義〕票的話，他與「他們之間的關係就算完了」，也不再參加任何會議。「我用了一點耐性和恐怖手段，」他對馬克思說，「結果大獲全勝，大多數人都支持我。」格律恩的大弟子木匠艾塞曼（Eisermann），被恩格斯破城槌般的言語嚇到了，自此再也不曾露臉。

這番爭論很快引起法國警政首長德樂賽（Gabriel Delessert）的注意。當恩格斯得知，他和艾韋貝克可能被驅逐出境時，他決定離同盟遠一些，直到風波平靜。「我很感謝德樂賽先生，讓我有機緣結識一些浪漫女郎，讓我消遙享樂，飄飄欲仙。」他頑皮地直承不諱，「因爲這或許是我最後幾天待在巴黎了，我可想把每一個白天與黑夜都充分利用。」滿足了漁色癖好之後，他前往薩塞勒（Sarcelle），在貝爾奈司的家度過一個星期。貝氏曾是馬克思《前進報》的編輯。但恩格斯發現這個環境惡臭無比：「臭氣就像五千條沒有晾過的鴨絨褥子加上——吃了奧地利素菜所放出的無數臭屁。」他還寫了一本關於西班牙舞蹈家蒙特滋（Lola Montez）的嘲諷小冊子，提名爲〈用骯髒笑話來繁殖〉（pullulating with smutty jokes）。蘿拉對於巴伐利亞國王路德維希的影響力是馬克思和恩格斯的笑柄。沒有任何出版商願意發行此書，久而久之這份手稿也告佚失。

從這一切短暫插曲可以推知，恩格斯缺乏知識上的激勵。「如果你能排除萬難，請於四月時來此一趟，」他在三月初懇求馬克思。

我直到四月七日才搬家——還不知搬去哪裡——屆時我手邊有些錢，我們可以好好享受一番，去酒館瘋狂喝個夠……如果我有五千法郎收入，我就只埋頭工作，與女人廝混，直到粉身碎骨。如果沒有法國女人，生命就沒有存活的價值。但只要有浪漫女郎，世界極其美好！這並不妨礙我有時想談一些正經事，或來一點高尚文雅的享受。然而，這兩點對我所認識的一幫人來說，都辦不到。所以你必須來。

也許恩格斯被狂歡的慾念沖昏了頭。在他寫信給馬克思的三個月之前，燕妮才剛產下第一個兒子埃德加，他是兩歲大的小燕妮和一歲大勞拉的弟弟。馬克思是身體羸弱的妻子、三個小孩和一個女傭唯一的供養者，很難負擔得起前往巴黎與這個單身漢一同飲酒作樂的費用。他沒有工作，本質上也不適合被雇用，甚至無法負擔另一趟更重要的短程旅行：前往倫敦參加正義者同盟於六月召開的會議，討論與布魯塞爾通訊委員會合併的問題。

這其實不像是「合併」（merger），而像是「接管」（takeover）。馬克思拒絕加入倫敦佬的陣容——沙培爾、包威爾和莫爾——除非他們重新改組成「共產主義者同盟」（Communist League），拋棄從前正義者同盟的那套虛僞虔敬。現在倫敦佬願意符合他的要求了。普魯東、格律恩及魏特林因「對共產主義者的敵意」而被正式譴責，而馬克思極端鄙夷的舊同盟口號「四海之內皆兄弟」被替換成更具命令口吻之「全世界的無產階級，聯合起來！」

共產主義者同盟於倫敦成立兩個月之後，布魯賽爾的通訊委員會轉變成同盟的分支機構（或「共同體」），以馬克思爲主席。按照新規定，每個分支至少三名、至多十二名成員，每個人都必須「宣誓效忠，並奉行守密」，畢竟它仍是非法組織。不過，馬克思也按照倫敦佬的先例，組織一個比較開放、較不具政治性的「工人協會」（Workers' Association），舉行模仿國會的辯論，以及「唱歌、朗誦和戲劇等等之類的活動。」在前兩、三個禮拜就有超過一百名工人參加。「或許它微不足道，」馬克思寫信給海爾維格說，「但公共活動永遠讓人神清氣爽。」

六月於倫敦召開的大會中，馬克思的意志由沃爾弗（另一位來自布魯塞爾的共產主義者），以及恩格斯（同盟巴黎分會的代表）來執行。恩格斯捎來一份新「共產主義者同盟」原則的宣言草稿。文件沒有被正式接受，但仍送往歐洲其他支部，「以進行嚴肅、審慎的考量」。如總部發行的通告所解釋，「我們一方面避免走向建立大體系、像營房般整齊劃一的共產主義；另一方面，我們則避免淚眼汪汪、情緒化的感傷主義的虛空乏味（如魏特林之流的烏托邦主義者）……我們期盼中央當局採納你們諸多的增修意見，我們將再次熱情召喚你們一起參與討論。」沒有人比馬克思接到這份邀請更熱情澎湃了，他在一年之內，便將恩格斯剛萌芽的信條轉變爲史上最具影響力的書籍之一。

5 恐怖的妖魔

《共產黨宣言》或許是史上最廣爲閱讀的政治小冊子，但它也取了一個最引人誤解的標題：當時並不存在「共產黨」這麼個政黨，這篇文章原先也不是用來當作「宣言」，共產主義者同盟在一八四七年要的只是一份「信念宣誓」。而恩格斯於一八四七年六月所擬的一份初期草稿顯示，同盟成員偏好法國地下黨派採用的入會儀式：

問題一：你是共產主義者嗎？

回答：是的。

問題二：什麼是共產主義者的目標？

回答：我們要組織社會，使之達成如下理想：讓社會每一個成員都能徹底自由地培養、使用他們的能力和權力，卻不因此侵犯社會的基本條件。

問題三：你希望如何達成這個目標？

回答：揚棄私有制，以共產制取代。

這樣的問答題又持續了七頁，結束於第二十二道問題（「共產主義否定現存的宗教嗎？」），正確答案是：共產主義「讓所有的現存宗教成爲多餘，並取代它們」。以現代的觀點來看，這種費力的問答不禁令人聯想到皮東（Monty Python）的滑稽素描，其中馬克思出現在艾道（Eric Idle）所主持的電視益智問答節目中：

艾道：工業無產階級的發展，由什麼其他的發展所決定？

馬克思：工業資產階級的發展。

艾道：沒錯。卡爾，答得好！你已經快得到一套起居室家具了。現在，第二題。階級和階級之間的鬥爭是什麼樣的鬥爭？

卡爾：政治鬥爭。

艾道：好極了！最後一題，這套美麗的非唯物主義（non-materialistic）家具就快是你的囊中物了。卡爾，準備好了嗎？你真厲害。最後一題：誰贏得了一九四九年英國足球協會盃的冠軍？

卡爾：嗯……嗯，工人對生產工具的控制？城……城市無產階級的鬥爭？

艾道：不，是沃佛漢普敦漫遊者隊（Wolverhampton Wanderers），他們以三比一打敗了雷瑟斯特隊（Leicester）。

馬克思：噢，幹！

恩格斯這種幫會切口式的問答，比較適合老「流亡者同盟」或「正義者同盟」這類的秘密會社，但馬克思就是想要將「共產主義者同盟」從這種鬼鬼祟祟、秘密圖謀的傳統當中拯救出來。他質問：爲什麼革命者就應當隱藏自己的觀點和意圖？

恩格斯接受了這樣的看法，並承認「既然在這篇文章中應交代某種程度的歷史，那麼至今採用的文章形式就相當不合適。」恩格斯於布魯塞爾多待了一陣子，於十月返回巴黎。他忽然發現，赫斯已準備另一份「宣誓」草稿，散發濃厚的烏托邦主義氣息，幾乎不提無產階級。恩格斯在當地分支機構的會議上，逐字逐句嘲笑這份文件，「我連一半文章都還沒嘲笑完，那些小伙子就連忙宣稱他們已經夠了，」他得意地告訴人在布魯塞爾的馬克思。「我獲得全數人的委託起草一份新文件，沒有任何人反對。下星期五這份新文件將在區級會議中討論，並瞞著所有支部，將其送往倫敦。當然，沒有人會得知此事，否則我們的位子都不保，並將引起大糾紛。」

幾天之內，恩格斯便完成新版本，這次不像信條，反倒像是考試卷，裡頭有關於無產階級的起源和發展的冗長歷史敘述，以及「各種各樣的次要事物」。然而，這個新版本跟先前一樣，仍採用問答方式。（「共產主義是什麼？回答：共產主義是關於無產階級解放的條件的學說。什麼是無產階級？答：無產階級是專靠出賣自己的勞動來獲得維生資料的社會階級……。」）「如果要讓這份『信念宣示』多一些思想深度，」恩格斯於一八四七年十一月二十三日寫信給馬克思說，「我想我們最好還是放棄問答的形式，把這篇文章稱爲共產主義宣言。」五天以後，兩人在奧斯坦（Ostend）見面，前往倫敦參加共產主義者同盟的第二次大會。

大會地點在日耳曼工人教育協會的總部，位於蘇活區大風車街（Great Windmill Street）紅獅酒吧的樓上。大會連續進行了十天，辯論之激烈程度可想而知。但不用懷疑，一旦他們迫切需要提振精神時，還是偶而會突襲樓下的酒吧。關於當時情形的紀錄幾乎不曾保存，但馬克思在大會中主導一切的情景，數年後仍透過一位來自漢堡的裁縫匠萊斯納的回憶錄描述出來。萊斯納從一八四七年四月起就住在倫敦：

馬克思天生是人民的領導者。他的演說簡短、有說服力，邏輯令人佩服。他從來不說一句廢話；每個句子就是一個思想，每個思想都是他的論證當中的必要環節。他不是空想家，我越瞭解魏特林的共產主義和共產黨宣言之間的差別，我就越清楚地知道，馬克思就是社會主義思想的具體化身。

在十天的馬拉松結束前，馬克思和恩格斯已大獲全勝。在馬克思缺席的六月大會中，只宣告「同盟的目標在於傳播共產制的理論，並以最快的實踐方式，達成人類的解放。」第二次會議採行的原則更好戰、也更有活力：「同盟的目標在於推翻資產階級，由無產階級取得統治權，推翻根基於階級對立之上的舊資產階級社會，並建立一個沒有階級、沒有私有財產制的新社會。」出席代表一致同意這些基本原則，馬克思和恩格斯則負責盡快草擬一份簡要闡述此一新學說的宣言。

馬克思似乎並不急著動筆。他於十二月中旬回到布魯塞爾之後，替日耳曼工人教育協會開了一系列政治經濟學的課程，強調資本並非沒有生命的客體，而是一種「社會關係」。他在《德意志—布魯塞爾報》（Deutsche-Brusseler-Zeitung）寫了幾篇爲共產主義者辯護的文章，並以興奮之情期待即將在法國發生的革命。這段期間，他還做了一場關於自由貿易的長篇演講，在工人協會舉辦的新年聚會上，他提議大家舉杯恭祝比利時——「這個國家強烈表達了對自由憲政的愛護，這裡有言論自由、結社自由，人道主義種子在此發芽茁壯，讓全歐洲都爲之蒙利。」（他萬萬沒想到，幾個月之後，比利時當局限令他在二十四小時內離境，他以「從所未見的粗暴」和「反動的報復心態」等字眼譴責這個昔日稱讚的自由天堂。）從一月十七日至二十三日這段期間，他又爲成立「民主協會」（Democratic Association）的分部而造訪根特（Ghent）。

大部分作家都能認出馬克思的病徵：無止盡拖延、不停地找樂子、除了手邊的工作之外，什麼事都想去做。大部份出版商也會同情共產主義者同盟的倫敦領導人與日遽增的不耐吧。同盟在一八四八年一月二十四日寄了一份最後通牒到布魯塞爾：

> 中央委員會委託地方委員會與公民馬克思協商，如果他在近期大會中允諾要撰寫的「共產黨宣言」，沒有在今年二月一日之前送達倫敦的話，我們將會對他採取進一步措施。

如果公民馬克思沒有履行任務，中央委員會要求他立即送回他手邊的資料。

馬克思通常在交稿期限的催逼下，會處於能力的顛峰狀態，這份最後通牒似乎達到了效果。後世的每一個《宣言》版本，都以馬克思和恩格斯兩人之名發表——恩格斯的想法無疑有其影響力。但二月初送達倫敦的《宣言》最後版本，卻是由馬克思自己在燈下雪茄煙霧瀰漫的奧爾良街四十二號，奮筆狂書，獨力完成的。

齊克果（Kierkegaard）曾說過，生命必須一直往前走，其意義卻只能在事後才瞭解。這道理對一個時代來說也是如此：一個年代的眞實面貌，唯有在即將落幕時才會彰顯。如黑格爾在《法哲學》（Philosophy of Right）裡所述，米納瓦（Minerva，羅馬神話中司智慧、工藝、發明的女神）的貓頭鷹只在天色昏暗時展翅高飛。當一八四八年一月，馬克思撰寫《共產黨宣言》時，他想像自己能看到智慧的貓頭鷹正準備再度展翅飛翔：布爾喬亞資本主義短暫而燦爛的時代，已達成其過渡性的使命，很快便會葬身在自身的矛盾中。現代工業將迄今爲止孤立的個人聚集到磨坊和工廠裡，便創造讓無產階級結合、團結成優勢力量的條件。「因此，資產階級創造了自己的掘墓人，」他在《宣言》第一段的結尾中寫道，「資產階級的滅亡和無產階級的勝利，同樣是不可避免。」

或許馬克思自認是在預演喪禮演說，所以他對即將滅亡的仇敵不吝表現寬厚大方的風度。對那些從未讀過馬克思著作、只知他是殘忍妖魔、中產階級聞之喪膽的人，常常會驚訝地發現，馬克思竟然對資產階級使用了這麼多的讚美詞。其實，他從不低估敵人的成就：

資產階級在歷史上曾扮演最具革命性的力量。一旦資產階級取得勝利，它摧毀一切封建、宗法和田園牧歌般的關係。它無情地斬斷了把人束縛於他們的「天生領袖」的各種封建羈絆，使人與人之間除了赤裸裸的利害關係之外，除了冷酷無情的「現金交易」之外，別無所存。它把最激昂之神聖情感，如宗教虔敬、騎士精神、平凡人的多愁善感，統統浸泡在利己算計的冰水之中。它把人的尊嚴變成了交換價值；它以一種普遍的、無良心的貿易自由取代了無數不能廢除的特許自由。總之，它以公開的、無恥的、直接的、殘忍的剝削取代了掩蓋在宗教及政治幻想下的剝削……。

資產階級揭露了如下謊言：許多反動份子稱許中世紀所展現雄壯充沛之時代活力，其實不過是最懶惰散漫的表現。資產階級第一次證明，人的活動力能取得多大的成就。它創造的奇蹟遠勝過埃及金字塔、羅馬水道和哥德式教堂；它所從事的遠征探險，讓歷史上所有的民族遷徙和征戰都相形失色。

一位現代評論家認爲，《宣言》是對「資產階級成就的浪漫歌頌」。這項觀察多少有些道理：馬克思歌頌資本主義作爲一種暫時的現象，作爲眞實革命前的預告。但他以爲看到資產階級死亡前的掙扎，其實是出生的陣痛。他所錯誤詮釋的徵兆——嚎叫、揮舞鞭子的手和濺血的床單——在今日看來甚至比當時更爲明顯，但很少人會稱讚他注意到這些事。「資產階級藉著剝削世界市場，使每一個國家的生產和消費都具有世界性格，」他指出，「舊慾望被新慾望所取代，過去在一國之內的生產即能滿足之慾望，現在需要遙遠的異國風土來滿足。」任何人去超級市場的蔬果區走一遭，看那些高高堆起的芒果、酪梨、甜豌豆、不在產季內的草莓等等，都知道他的意思。

在進口舶來品的同時，資產階級不知不覺地將自己的產品、品味與習慣加諸他人身上：「總歸一句話，它以自己的形像創造世界。」要體認到這個事實的話，我們只需要看看北京就曉得了。這北京市中心現在看來竟與美國的中央大道頗爲相像，有麥當勞、肯德基、Haggen-Daz冰淇淋及必勝客披薩，還有大通銀行及花旗銀行的多家分行開設此處。

「在物質生產方面如此，在知識生產方面其理亦同，」《宣言》繼續論證下去，「個別國家的知識創造成了公共財產……資產階級藉由快速改進的生產工具，與極端便利的溝通工具，將所有國家，甚至包括其中最野蠻的國家，都捲入文明之中。」他也明白，科技變遷的速度會愈來愈瘋狂，成爲一場永恆的革命，我們買的任何電腦軟體，數年後全數淘汰、作廢。「資產階級的生存之道，就是不斷翻新生產工具，從而使生產關係，以及全部的社會關係不斷地發生革命性的變化……生產的不斷變革，一切社會關係無止盡的動盪，永遠的不安定與騷動，這就是資產階級不同於過去一切時代的地方。所有固定、快速僵固的社會關係，以及與之互相適應的古老，素被尊崇的偏見與看法，都被一掃而空；所有新形成的關係等不及固定下來就已經陳舊過時，所有堅實的東西都消融於空中……。」

一九九八年《共產黨宣言》一百五十週年慶之際，無數的學者及政治家對這位老頑童的愚蠢，表示幸災樂禍。一位英國知識份子史基德斯凱爵士（Lord Skidelsky）便冷嘲熱諷，馬克思預測革命會立即發生是「搞錯了」——因此沒必要再多看他的著作一眼。但在《宣言》出版幾天之後，革命就確實發生了，首先在巴黎，然後蔓延至整個歐陸。但撲滅革命之火的速度，跟爆發的速度一樣快，自此勝利的資產階級開展了冗長的統治。從這層意思來看，馬克思的樂觀放錯了地方。即便如此，他對全球市場的高瞻遠矚仍是令人稱奇。

馬克思怎能如此錯誤又如此正確呢？當他扮演先知時，馬克思的思維就像是六步之內要將對方一軍的棋士——卻沒注意到，對手可能更快反將一軍。如果對方犯錯，就證實馬克思的算計是正確的。而即使馬克思輸了，他還是可以爭論，如果棋局再多延長幾分鐘，他就能證明自己正確無誤。

這些棋士有精采的戰略，戰術卻脆弱不堪——馬克思也不例外。他下西洋棋總是所向披靡，但他欠缺耐心來面對棋盤上無窮的錯綜複雜。他的風格是喧鬧、愛爭辯、火爆脾氣。一八五〇年代早期，馬克思初抵倫敦，當時另一位日耳曼流亡者和他下棋，把他的國王逼到死角，結果他整個晚上狂怒不已。李卜克內西回憶，「一日，馬克思驕傲地宣布，他已經發明一招新棋步，讓所有人都成爲他的手下敗將。我們接受了挑戰。確實，他一一擊敗了我們。但漸漸地，我們在失敗中學得教訓，最後我成功地將了他一軍。當時天色已晚，他神情猙獰地要求我次日清晨至他家再戰。」

隔天早上十一點，李卜克內西依約出現在馬克思迪恩街的家門前，發現這位偉人徹夜不眠，研究如何修改他的「新棋步」，使之更臻完美。同樣情況再次發生：一開始新棋步奏效了，馬克思特地點了飲料和三明治慶祝。然後，戰況漸趨慘烈，陷入膠著：整個下午和晚上，兩個男人分踞棋盤兩邊，咬牙切齒地面對面，直到午夜，李卜克內西終於連續兩次贏了馬克思。馬克思準備再戰至凌晨，但他那意志堅強的女管家德穆特卻受夠了。她對著兩個雙眼發昏的棋士下達了命令：「現在，停戰！」

隔日清晨，李卜克內西在睡夢中被敲門聲吵醒。原來是德穆特捎來一個口信：「馬克思夫人懇求你不要在晚上跟卡爾下棋了——當他輸棋的時候，最是不可理喻。」

李卜克內西再也沒有跟馬克思下棋，但是他對馬克思棋藝的看法，或許也可運用在《宣言》之上——「他試圖以熱誠、猛攻和突襲來彌補技術上的不足。」國王、皇后、主教和騎士遲早都會被打倒，被挑戰者精純的決心擊潰。《共產黨宣言》就像他自豪的「新棋步」一樣，是他報復比他更優越、洋洋自得之勁敵的武器，同樣也是他歷經無數不眠之夜，鬱積了怒氣，絞盡腦汁熬煉出來的成果。因此，那些在今日同樣以洋洋得意之嘴臉詆毀他的人，其實搞錯了重點。

任何於一八四〇年代遺留下來的文章，都會有一些段落看來有點古怪或過時；甚至許多一、兩年前出版的政黨選舉宣言或社論亦無從避免。馬克思從未將《共產黨宣言》當成永恆的聖經，儘管歷代弟子有時確實是如此對待它。《宣言》的第一段提及梅特涅、基佐和俄國沙皇，就很能說明這點，這是一個自有壽命的產品，在特定時間內為特定目的而撰寫，並未考慮後世子孫如何看待。

《宣言》最令人驚訝之處，在於它還能引起當代人的共鳴。我最近在倫敦一家書店裡發現，書架上至少有九種英文版本出售。甚至連從來不假裝謙虛的馬克思恐怕也很難預料，他這本小冊子居然在千禧年之交，仍是暢銷書。

《共產黨宣言》開頭令人難忘的首句，擁有雷電般的威力。「一個恐怖的妖魔（hobgoblin）在歐洲隱伏出沒……」這是它於一八五〇年首度以英文版面世時的模樣。該書由《紅色共和黨人》（Red Republican）這份報紙發行，麥克法蘭（Helen Macfarlane）翻譯。麥克法蘭是一位女性主義的憲章派人士，與馬、恩都熟稔，兩人還是她的崇拜者。唉，不知如何，這個「恐怖的妖魔」從來不受人歡迎。現在大家熟知的版本是由山繆爾（Moor Samuel）翻譯，於一八八八年首度發行，自此重印了無數次：「一個幽靈（spectre）──共產主義的幽靈──在歐洲徘徊。舊歐洲的一切勢力，教皇和沙皇，梅特涅和基佐，法國的激進黨人和日耳曼的秘密警察，都爲了驅除這個幽靈而結成了神聖同盟。」

文章一開頭就砲聲隆隆，但砲彈幾乎還沒發射，就已過時。《宣言》最早的德文版大約在一八四八年二月二十四日發行，由倫敦的「日耳曼工人教育協會」排版（用一種他們買來的新哥德字體），年輕的萊斯納火速衝往利物浦街附近的印刷商付梓。「我們沉醉在亢奮中，」萊斯納回憶。但他還來不及清點成品──用漂亮黃紙妥善包紮──法國那邊已傳來革命爆發的消息，巴黎街頭到處是搏鬥和拒馬。一八四五年曾下令將馬克思驅逐出境的基佐，在二月二十三日被摘下總理頭銜；戴著發亮皇冠的路易・菲利普王也於次日退位了。另一位馬克思厭惡的人物，奧國首相梅特涅，在三週內被推翻。三月十八日暴動蔓延至柏林。

高盧的雄雞一啼，全歐洲立刻都醒了。「我們的世紀，民主世紀已經降臨了，」恩格斯帶著狂喜在《德意志—布魯塞爾報》上撰文。「杜樂麗宮（Tuleries，譯按：路易十三所建，於一六二四年竣工，一七九九年拿破崙一世也曾在此執政。）和皇宮（Palais Royal）燃燒的火焰就是無產階級的曙光。從現在開始，資產階級的統治到處在崩潰、支解。我們希望日耳曼也將如此。現在就是日耳曼從沈淪中提升的時刻，否則機會不再……」日耳曼（或說普魯士國王）則另有想法。他在比利時的密探懷著日益高漲的恐懼，監視著《德意志—布魯塞爾報》：

這份有害的報紙（根據警局的報告）必定對無知的群眾產生最腐敗的影響。「財富均分」這種誘惑人心的理論，被當成一種天生的權利，傳播到工廠工人和臨時工的圈子裡，他們被灌輸對統治者及國家其他成員的深刻仇恨。如果此類活動成功地毀壞宗教、蔑視法律，大幅感染底層民眾的思想，那麼祖國和文明的前途就危殆了。

早在一八四七年四月，普魯士大使就已要求比利時政府查禁這份煽動的刊物，因爲它「以野蠻、大不敬的叛亂行爲，攻擊吾皇陛下之政府。」比利時政府並未採取任何行動。但隨著「法蘭西共和」（French Republic）宣佈成立，比利時警方也開始驚惶了。一八四八年三月三日傍晚，馬克思接到比利時國王利奧波德一世的詔令，命令他在二十四小時內離境，並永不得入境。

巧的是，馬克思早已計畫要離開，巴黎才是革命的主戰場。《改革報》（La Reforme）的編輯弗絡康（Ferdinand Flocon）此時剛好送來一份邀請函，邀他前往法國；弗氏現在是法國臨時政府的成員。「弗絡康真是頭笨驢！」恩格斯在四個月之前才寫信罵他，這蠢材「看每件事的角度都像個四流銀行裡的三流辦事員」。如果弗絡康知悉馬克思和恩格斯對他的輕蔑，他倒沒有在信裡表露任何不滿：

我忠誠的好馬克思：

法蘭西共和國的土地，是所有愛好自由朋友的逃難、庇護之所。暴君驅逐了你，但自由的法國現在敞開雙臂歡迎你，也歡迎所有為神聖理想而戰、為普世博愛而戰的人民。

馬克思當天晚上就收拾行李。然而，在凌晨一點時，十名警察闖了進來，架著他前往鎮上的囚房。他和一位「鬼叫的瘋子」關在一起，此人整夜都想揍他的鼻子。官方羈押的理由是「護照不齊備」，即使馬克思拿出至少三份合法蓋章、沒有過期的護照，加上國王簽署的驅逐令給捕頭看，仍毫無用處。但警方的拘捕行動並不像表面看來那般恣意濫權。二月中旬時，馬克思的母親終於將老馬克思的六千法郎巨額遺產寄給了他。這筆橫財大部分立刻移作革命顛覆之用。根據最近一位馬克思傳記作者麥克里蘭（David MacLellan）的說法，「警方懷疑他（沒有證據）把這筆錢用來資助革命運動」。事實上證據充足得很——至少根據燕妮・馬克思自己的告白。「〔布魯塞爾〕的日耳曼工人決定武裝自己，」她承認，「所以採購了短劍、手槍等等。卡爾願意資助金錢，因爲他才剛領到遺產。政府認爲這就是共謀的證據和犯罪計畫：馬克思收到了錢，拿去買武器，因此他必須被除掉。」

燕妮的話中帶著委屈無辜，但她的告白很難自圓其說：如果當局能證明她丈夫的錢確實被用來買了「短劍、手槍等等」武器的話，馬克思的麻煩就大了。燕妮極度不安，匆忙前往一位左翼律師的住處，告知被捕消息，將三名稚子留給女管家海倫照顧。當她清晨返家時，門口站了一名警察，彬彬有禮地告訴她，如果她想要跟馬克思先生交談，他樂意護送前往。然而當他們一抵達警局，燕妮立即以「遊蕩」之名被捕——理由很明顯，她沒有隨身攜帶證件——然後被丟進陰暗的囚房裡，和一群「最低級的妓女」關在一起。

燕妮次日出庭，值日書記露出挖苦的驚訝表情說，警察怎麼沒有一同逮捕她的孩子？他們不是打算這樣做嗎？下午三點，她與卡爾兩人沒有被控告任何罪名，直接釋放，但只留給他們兩小時收拾細軟，帶著小孩搭火車前往巴黎。燕妮匆忙變賣一些傢什，把家傳銀器和上好衣料寄放在一位友善的書商那裡。馬克思一家人便在警方戒護之下，到達邊境，好像有意讓他們在臨別前，享受比利時政府的最後一份殷勤。

夫婦兩人在牢裡已度過疲憊不堪的一夜，白天再跋涉越過邊境，更是精疲力竭。車上不但沒座位，甚至連落腳之處也沒有，大部分空間都被比利時軍隊佔滿了。這群部隊正開拔南方，戍守邊界，預防革命暴動擴散到比利時來。列車進入法國的伐隆席安納（Valenciennne），旅客必須下火車改搭公車。因爲此地的盧德派（Luddite）馬車夫（譯按：

盧德分子是十九世紀初英國手工業工人中參加搗毀機器的人，強烈反對機械化或自動化）已趁亂拆除鐵軌，搗毀奪去他們生計的火車引擎。

馬克思在三月五日抵達巴黎，發現街道上滿是散落的碎玻璃和路磚。他像是要彌補趕不及參加的革命盛宴，立即就投入了鬥爭事業。次日，他知會倫敦的共產主義者同盟，執行總部已轉移到巴黎；三月九日，同盟無異議通過他的提案：所有成員都應該在外套上綁一條「如血般鮮紅的絲帶」。既然同盟仍是一個半秘密會社的組織，他遂在巴黎成立了「日耳曼工人俱樂部」（German Workers' Club），其委員會成員名單在《改革報》上宣布：「鞋匠，包威爾；櫥櫃工，赫曼；鐘錶匠，莫爾；印刷工，瓦勞；查爾斯．馬克思（Charles Marx，譯按：這是馬克思的假名）；沙培爾。」沙培爾是一個排字工人，但很難想像可以替馬克思冠上什麼樣的工匠頭銜，也許是「麻煩製造者」。

某些流亡同伴確實視他爲「麻煩製造者」——尤其是老同事海爾維格，以及前普魯士軍官伯恩斯泰德（Adalbert von Bornstedt）。他們想出一個瘋狂而浪漫的計畫：成立一支「日耳曼軍團」，耀武揚威地進入祖國，並解放她。事成之後，他們也將入侵俄羅斯。「喔，只要一天就好，挑戰吧！」這是海爾維格召喚人心的口號。法國臨時政府欣於見到這群愛妄想的外國人返回，提供每一名志願軍免費宿舍和五十生丁的日薪。

馬克思指責海爾維格和伯恩斯泰德「言行舉止活像個惡棍」，斥責他們的計畫是自大狂妄的冒進，注定以恥辱收場。他說得沒錯：海爾維格的雜牌軍總數不到一千，於四月一日愚人節當天進軍日耳曼，才一跨越邊境便被擊潰。

馬克思聲明，日耳曼不需要由一群揮舞著二手刺刀的詩人和教授組成軍團，打一場革命戰爭；日耳曼革命需要不斷的煽動與宣傳。當恩格斯於三月二十一日至巴黎與他會合，他們立刻寫了一份題爲「共產黨在日耳曼的要求」之傳單，立即被柏林、特利爾及杜塞爾多夫（Dusseldorf）的民主報紙轉載。一位現代評論家認爲，這十七點要求是寫來「嚇唬資產階級」，其實完全不是：因爲日耳曼尚無眞正名符其實的無產階級，馬克思明瞭，革命事業的第一階段必是資產階級革命。依他的標準看來，這些「要求」已經算太客氣了。先前馬克思在《共產黨宣言》中有十點主張，現在他只將其中四點列入——累進稅制、免費教育、運輸業收歸國有，以及創立國家銀行。爲了突顯他的用意，馬克思又附帶說明，國家銀行將用紙幣代替銅板，降低使用一般交換工具的成本，也讓金、銀能流通至國外貿易的用途上。「爲了讓保守資產階級的利益與革命的目標連繫在一起，」他寫道，「此種措施有其必要。」

還有更顯著的讓步。《共產黨宣言》主張「廢除所有的繼承權」（這並不妨礙馬克思去接收一筆六千法郎的遺產）；「要求」中卻只建議，接受遺產的數額應該「有限制」。《宣言》裡主張所有土地國有化，「要求」中這一點只限於「各邦君主的領地及其他封建地產」。他甚至嘗試以提供國家抵押借款、免費法律諮商、終止什一稅及一切封建義務等優惠，來吸引農民和小佃農——但私底下他其實頗嫌棄這群人。其實這十七點要求中，許多已被親資本主義的政府所接受——包括成年人的普選權、國會議員有給職，以及將日耳曼轉換成「單一、完整之共和政體」——由此可知，「共產黨在日耳曼的要求」這份文件有多麼溫和。

對馬克思的目標而言，能夠吸引農民及小資產階級固然不錯，但當務之急仍是喚起日耳曼群眾的意識。三月底到四月初，共產者主義者同盟在巴黎的支持者開始前往日耳曼，大部分返回家鄉，展開教育和組織工作。沙培爾回到拿索（Nassau），威廉・沃爾弗前往布瑞斯勞（Breslau）。「同盟已經解散；它不存在於任何一地，卻又是無所不在。」一名革命的排字工人伯恩寫道，他選擇在柏林落腳。（伯恩的眞實姓名是西蒙・布特米西 Simon Buttermilch，butter是奶油，milch是牛奶，聽起來相當可口，他後來拋棄共產主義，在瑞士擔任老師。）

一如往常，馬克思選擇報紙爲武器。「科隆將會發行一份新日報，」他宣布，「該報的名稱爲《新萊茵報》（Neue Rheinische Zeitung），由卡爾・馬克思先生擔任主編。」選擇萊茵省的首府科隆做爲新據點，有許多好理由。從前他擔任《萊茵報》主編時，已對這個城市十分熟悉；他和一些舊股東之間的關係依舊良好，並期待他們能支持他的新冒險事業。或許更重要的理由是，法國佔領年代留下的遺產——拿破崙法典（Code Napoleon）在當地仍有效力，允許某種程度的新聞自由。

馬克思夫婦在恩格斯與德朗克的陪同下，於一八四八年四月的第一個星期離開巴黎。二十六歲的德朗克是日耳曼激進份子，光榮資歷包括出版一本小說、蹲過牢房以及勇敢逃獄。他們在美因斯（Mainz）稍作停留後便分道揚鑣：恩格斯前往弗柏塔（Wuppertal），希望能遊說父親及友人贊助新報紙；德朗克去科布倫士（Koblenz）找叔叔；燕妮及孩子們回特利爾，想在母親那兒待上幾個星期，直到馬克思獲允居留爲止。

馬克思一抵達科隆，就乖乖到警局，請求恢復自一八四五年被褫奪的普魯士公民身份。他宣稱想和家人定居此處，撰寫「一部關於經濟學的書」，不提他想辦一份通俗報紙的計畫。無論如何，當局還是駁回了他的申請。因此，假如馬克思惹了太多麻煩，有可能被驅逐出境。

恩格斯也是不斷碰壁。「想請這裡的人出資，眞他媽的希望渺茫，」四月二十五日他從巴門寄信來。「事實上，這兒的激進資產階級根本將我們視爲未來的主要敵人，不願意把武器交到我們的手裡，以免這些武器很快掉頭對向他們自己。」難怪他們會這麼想，因爲這正是馬克思的本意。「從我的老頭那裡什麼也弄不到，」恩格斯繼續寫，「他寧願讓我們吃一千顆散彈槍子彈，也不會送我們一千塔勒。」最後，馬克思不得不挪用自己剩下的遺產，以確保報紙在一八四八年六月一日發行。原本創刊號的日期應該是七月一日，但「反動份子再度顯出倨傲、蠻橫的態度，」讓他相信不能再浪費時間了。（「如果在頭幾天，我們無法提供豐富多樣的新聞與報導，」馬克思在創刊號裡寫道，「請讀者暫且忍耐，我們廣泛的聯繫管道有足夠能力做到。未來幾天，我們將能滿足一切要求。」）

編輯群由前「共產主義者同盟」的成員所掌握，包括革命詩人魏特、德朗克，以及記者斐迪南・沃爾弗及威廉・沃爾弗。（爲了避免混淆，這兩位沒有親屬關係的沃爾弗先生，綽號分別是「紅狼」（Red Wolf）及「天狼」（Lupus）。）但正如恩格斯坦承，這份報紙其實「完全由馬克思獨裁」。伯恩在幾個月之後曾造訪報社辦公室，根據他的說法，即使是這位暴君最忠誠的臣子，有時也對他雜亂無章的獨裁作風感到難以忍受。「最激烈的抱怨來自恩格斯，『他根本不是當記者的料，』恩格斯說，『永遠也學不會。別人只需數小時即處理完畢的一則頭條新聞，他花費一整天沉思，好似其中涉及了深沉的哲學問題。他修改、潤飾，再修改。由於他從不妥協，所以報紙永遠不能準時出刊。』恩格斯偶而說出心中之惱怒，對他來說也是一種眞實的解放吧。」馬克思無疑是愛拖稿的人，但伯恩或許也太誇張了些。《新萊茵報》每日發行，而且常有厚重的副刊，以容納所有放不進主要版面的新聞和專題報導；在特殊情況下，也發行午後快報。如果像伯恩所說，主編這麼會拖延的話，報紙根本不可能送印。

《新萊茵報》和日耳曼其他「民主」報紙之間的分野，在於該報偏愛闡述冗長、曲折的理論。馬克思相信，藉著仔細推演事實，導出想要的結論，他的成就遠勝過在學院內苦思共和制意義的自由主義份子。他也密切追蹤報導英國憲章派的活動，以及稍後的法國雅各賓黨人（Jacobins），盼能提醒讀者，在資產階級和無產階級之間，必然存在對立——但他不敢將此一對立說得更清楚。（他抵達科隆後的第一件事，就是訂了三份英文報紙，《泰晤士報》（The Times）、《電訊報》（Telegraph）和《經濟學人》。）

許多人稱馬克思於一八四八年到一八四九年，在日耳曼度過的這十二個月爲「瘋狂的一年」。在這段時期，馬克思確實大部分時間都處於盛怒狀態——尤其氣自己，因爲他試圖結合兩種全然不相容的動機。任何研讀《共產黨宣言》的人，都很容易看出其中的矛盾：馬克思一方面認爲，只要資產階級的行動「帶有革命性格」時，共產黨人就應鼓勵無產階級去支持他的敵人；另一方面，馬克思又灌輸工人「要以最大可能，認清資產階級與無產階級之間的敵對關係。」至於中產階級呢？——既無法和它們共存，也少不了它們。

這時日耳曼的資產階級自由派份子——其中包括馬克思的幾位股東——寄希望於兩個三月暴動後成立的民主機構：位於法蘭克福的「日耳曼國民議會」（German National Assembly），以及位於柏林的「普魯士議會」（Prussian Assembly）。如果一位主編想要安撫焦慮的中產階級讀者，向他們保證其企圖絕對無害，他應該廣納善言，給予這兩個草創議會一點善意而寬容的觀察期，至少一、兩個月吧。但馬克思終究忍耐不住：在發刊號裡，就有一篇對法蘭克福議會尖酸刻薄又無情的報導，由恩格斯操刀。

「由全體日耳曼人民選舉出來的制憲國民議會已經兩個星期了，」他報導說，「國民議會的第一個行動，應該是大聲而公開地宣布日耳曼人民的主權；第二個行動，應該是在人民主權的基礎上，草擬一部日耳曼憲法。」然而，這些「被選出來的市儈」——大部分是律師及教師——卻在「新的修正案、岔題討論……冗長的演說和無止盡的混亂裡，」浪費時間，每當一項決議似乎快要通過時，代表們就延遲議案，然後休會吃晚餐去了。好幾名資助《新萊茵報》的商人立即撤資。「這篇報導嚇走了一半股東，」恩格斯坦言。馬克思既與溫和派鬧翻了，接著又挑釁城裡最受歡迎的社會主義者哥查克（Andreas Gottschalk），他不僅是新成立的「科隆工人聯合會」（Cologne Workers' Association）主席，也是當地共產主義者同盟分部的領導人。

兩人之間激烈的敵對態勢很難解釋，也沒什麼道理——也許跟嫉妒有關吧。馬克思厭惡任何不能主宰的制度或組織；而哥查克因長年行醫濟貧而廣受愛戴，比起這位暴躁主編擁有更多的信徒。《新萊茵報》每日發行量爲五千份，以當時標準，算是相當龐大；但哥查克的「科隆工人聯合會」在成立數週之內，就有八千名會員。

馬克思譴責哥查克搞左翼小圈圈，藉著建立純然工人階級的遊說團體，破壞資產階級和無產階級的「聯合陣線」——更糟的是，他還提倡抵制柏林和法蘭克福議會的選舉。但馬克思自己允許譏誚國民議會的報導見報，說那兒聚集了一群浪費時間的騙徒；種種矛盾讓人覺得，馬克思的批評並無道理。更奇怪的是，他不滿哥查克願意接受一種有限的立憲君主制（constitutional monarchy），而非徹底的共和制。但馬克思自己在六月七日的社論裡宣稱「我們不作無謂空想，我們不會要求在革命一開始，就宣布成立統一、不可分割的德意志共和國。」

可憐的老哥查克，發現自己遭譴責的原因既是膽怯不前、又是衝過了頭。難怪馬克思大張旗鼓地來到科隆的幾個星期之後，他就退出共產主義者同盟了。甚至當哥查克及其友人安內克（Friedrich Anneke）於七月初被捕，並控以煽動暴亂罪時，《新萊茵報》似乎出奇地冷漠。「我們目前欠缺明確之逮捕資訊以及過程中使用之方式，因此暫不予置評，」馬克思於七月四日的簡短社論中寫道，「工人要小心，不要讓自己受到煽動，去製造混亂。」翌日報紙刊登更詳細報導，焦點集中在警察對安內克的處置方式：它指控國家檢察官黑克爾先生（Herr Hecker）在警方抵達後半小時才到安內克家裡，讓警察有時間痛毆嫌犯，並威脅他懷孕的妻子。「黑克爾先生回答，他沒有下令對嫌犯動粗，」馬克思嘲諷他，「好像黑克爾先生可以下令動粗似的！」然而，對於不幸的哥查克，卻幾乎未提及隻字片語。

哥查克在牢裡蹲了五個月等候審判。對馬克思持懷疑態度的人可能認爲，他的對手自舞台上消失，馬克思未必難過。因爲這是一個大好機會，讓他施展政治權威，並整合內爭不休的各個派系。但馬克思從來就不是天生的仲裁者。當科隆的民主派於一八四八年八月集會時，一位來自波昂的學生舒爾茲（Carl Schurz）觀察到他的表現：

他當時應不超過三十歲，卻已是先進社會主義學派公認的領袖……我從來沒有見過一個人的言行如此挑釁和不寬容。任何與他相左的意見，他連稍微考慮一下的機會也不給。任何牴觸他的人，他投以卑劣之輕蔑；任何他不喜歡的言論，他要不就是奚落別人深不可測的無知，要不就是汙辱、毀謗別人的動機。我最清楚記得，當他發「資產階級」這個字的音時，帶著那麼尖銳的不屑之意；而他斥責每一個膽敢反對他之人，稱之為「資產階級」——亦即在精神和道德上最沈淪的可憎例子……。很顯然，他不僅沒有得到任何擁護者，而且還嚇跑了許多原本想跟隨他的人。

必須說明的是，這是舒爾茲在事隔五十多年以後所寫，當時他已經移民美國，成爲相當受人尊敬的政治家，並出任美國參議員和內政部長。然而，這番話聽來仍相當眞實。既然馬克思連最親密的同志都難以文雅相待，我們無法想像，他如何整合已經四分五裂的聯盟，其中有自由派份子、左翼人士，也有農民和無產階級。在馬克思的演說和社論裡，他堅稱日耳曼必須有一個「包括最不同背景出身人士」所組成的民主政府，而不是由一群如他這般聰明的共產黨人專政。但他發表上述觀點時的激烈態度——當面辱罵和嘲弄任何敢反對的人——卻顯示，這個人根本不識多元主義（pluralism）爲何物。

普魯士當局絕不會被馬克思故作善意改革者的姿態所愚弄。早在四月，科隆警局巡官胡納穆德（Hunermund）就警告上司，要小心這位「政治上不可靠的馬克思博士」。因此，當《新萊茵報》刊登一篇安內克被捕事件的尖刻報導之後，他們逮著了機會。馬克思於七月七日被傳喚到預審推事面前，罪名是「《新萊茵報》」「侮辱或誹謗檢察長」，警察則徹底搜查他的辦公室，尋找任何能指認冒犯文章之匿名作者的蛛絲馬跡。兩個星期後他再度被傳喚。八月份，同事德朗克和恩格斯被傳喚出庭作證。九月六日《新萊茵報》刊出一則令人擔憂的新進展：「昨天，本報編輯恩格斯再度因馬克思及其同伴之案件，被傳喚至法庭前，但這次恩格斯成了共同被告，並非以證人身分出庭。」

法院對「馬克思及其同伴」的騷擾，並沒有達到威脅或噤聲的目的；他們反而更肆無忌憚了。八月中旬，恩格斯在科隆的民主派會議上表示，「萊茵省的典型特色就是憎恨普魯士官員和徹頭徹尾的普魯士主義；但願這種態度維持下去。」如他所熟知，普魯士官員一點也不在乎有人扯後腿。尤其是軍隊，似乎已完全失控，樂於抵制幾個月前才剛成立的「行動政府」。八月，位於柏林的普魯士議會要求開除任何不接受新憲政體制的軍官，但國防部長置之不理。到了九月八日，議會由左派和中間派代表提案，通過不信任投票，推翻了政府。

馬克思當時剛從維也納募款回來，人正好在柏林，「當政府垮台的消息傳來，聚集群衆爆發了難以形容的歡呼，」他告訴恩格斯，此刻由他代理報務。「數千人加入遊行隊伍，在不斷歡呼聲中穿越了歌劇院廣場。此處從未出現這等歡欣沸騰的場面。」

這是一場得不償失的勝利。馬克思感染了群衆歡騰的情緒，極爲樂觀地假定，此後將出現中間偏左的政府。但他只要稍假思索便知，普魯士國王絕不能容忍此種公然侮辱。果然，馬克思尚未返回科隆，反革命行動便已展開。普魯士國王違逆柏林人民代表的意願，開始組織一個由反動官僚和軍官所組成的新內閣。「君權和議會互相對峙，」馬克思於九月二十五日寫道，「最後可能由武力解決。誰的勇氣較強及堅持到底，誰就能獲勝。」

當然，這是個英勇的妄想：在國家巨大的嚇阻武力面前，勇氣算不了什麼。九月二十五日天剛破曉，科隆警方逮捕數名甫成立的「公共安全委員會」（Committee of Public Safety）領導人，包括沙培爾及貝克（Hermann Beker）；他們也捉拿恩格斯，但被他溜掉了。中午時分，馬克思於舊市場對大批聚集群衆演說，告誡工人不要在街頭構築防禦工事，以回應一連串「政府的挑撥」，現在還不到街頭戰鬥的時機。

但什麼才是成熟的時機？時機往往在人以爲它成熟之前，就已腐爛了。九月二十五日，科隆發布戒嚴，軍方指揮官立即查禁《新萊茵報》。馬克思發出一張傳單給訂戶，解釋「筆桿不得不服從槍桿」，但保證報紙很快就會以「擴大的篇幅」再度面世。

這一估計太樂觀了。數名記者已入獄，股東也不願再資助一份徘徊生死邊緣的報紙，尤其是馬克思最不可或缺的同伴恩格斯，一聽到警方拘捕他的消息便逃之夭夭。他先在巴門短暫停留，將消息告知驚惶的父母，隨後逃往流亡者的聖殿比利時。敵對報紙《科隆日報》一向愛國和守法，刊登了他的拘捕令：

姓名：費德里希・恩格斯；職業：商人；出生及居住地：巴門；宗教：新教；年齡：二十七歲；身高：五呎八吋；髮色和眉毛：深棕色；前額：正常；眼睛：灰色；口鼻：勻稱；牙齒：良好健全；鬍鬚：栗色；下巴及臉部：橢圓形；氣色：健康；身材：修長。

這可是一份對革命生活風格的極好廣告。這位氣色紅潤、五官端正的仁兄，在德朗克的陪同下，於十月五日抵達布魯賽爾。然而，兩位亡命者才剛進旅館坐下來準備吃晚餐，就被警方的搜捕隊以「遊蕩」罪拖到小卡門（Petits-Carmes）監獄裡，這套伎倆也曾有效對付燕妮・馬克思。兩個小時後，恩格斯和德朗克被關入一輛馬車，護送到火車站，搭乘下一班前往巴黎的火車。

戒嚴令解除後，《新萊茵報》於十月十二日復刊，馬克思立刻寫了一篇憤慨的社論，批評比利時政府以「野蠻手段」對付他的朋友。「從這件事可以清楚看出，比利時政府越來越認清自己的地位了，」他如此評論：

比利時人民逐漸成為所有鄰邦的警察，一旦有人稱讚他們安靜而恭順的行為，就會高興萬分。然而，這位比利時好警察卻顯得荒謬可笑。甚至平常正經八百的《泰晤士報》也開玩笑地點出，比利時有討好人的慾望。最近比利時關閉了所有〔工人〕俱樂部；《泰晤士報》建議，比利時乾脆舉國變成一個大俱樂部，奉上「不要冒險」作為座右銘。不消說，比利時官方媒體以其一貫的痴呆反應，重刊了這篇奉承文章，並感到雀躍欣喜。

當革命在維也納爆發，柏林也發生街頭戰鬥時，拯救日耳曼初期民主的奮戰達到了高潮。十月二十二日，馬克思剛被選爲科隆工人聯合會主席，這位隸屬聯合會的報社主編就因爲中傷黑克爾先生，被判刑一個月。亟欲復仇的檢察官在小勝仇敵之後，受到了鼓勵，引用更多新法條來對付馬克思，宣稱他的演說觸犯「嚴重叛國罪」。更荒謬的是，他也針對《新萊茵報》裡一篇署名「黑克爾」的文章進行誹謗訴訟，其實這明白是一篇告別同胞之講詞，由另一位共和主義者黑克爾所作，此人即將前往美國展開新生活。然而，這位科隆宗教審判官宣稱，讀者會分不清哪位是哪位，誤以爲代表他本人的意見。馬克思質問，檢察官眞的以爲「以本報這麼具有惡作劇之創意的報紙，會在自己的宣告上署名『黑克爾』，讓讀者誤以爲，國家檢察官黑克爾即將移民美國，宣揚日耳曼共和，表態支持虔誠之革命願望嗎？」國家檢察官黑克爾也許也不這麼認爲：但那又是另一個騷擾和追殺普魯士政府之敵的機會。

恩格斯並沒有迅速回到祖國，爲種種震撼人心之事件收場——其中一半是悲劇，一半是鬧劇——他完全將之拋諸腦後。在巴黎休息幾天之後，他獨自一人走在法國鄉間蜿蜒的道路，模模糊糊地往瑞士方向邁進，展開一場奇特的漫遊之旅，一路上走過許多宜人的小徑。「離開法國並不容易，」他承認。在科隆的同志或許正爲生命和自由奮鬥，但他卻不急著加入，難不成他已喪失了勇氣？

在這長達一個月的漂泊中，恩格斯未曾發表的日記甚少提及危機四起的日耳曼，而是寫滿了一個新鮮旅人瞠目結舌的驚奇。「不論就財富、物產豐盛多樣、影響普及各方面，歐洲有哪一個國家能和法國相比？」他感情洋溢地說，「何等的美酒啊！如此地多樣！從波爾多（Bordeaux）到勃艮地（Burgundy），從勃艮地到聖喬治（St.George），律內勒（Lunel）和南部的馮提翁（Frontignan），再從這些地方到冒泡的香檳區！」他總是帶著幾分微醺的醉意——尤其他及時趕到歐克斯賽爾（Auxerre），慶祝了新一年勃艮地葡萄的豐收。「一八四八年葡萄空前豐收，所有葡萄酒的桶子都用光了，仍是不夠。更令人興奮的是，今年品質比一八四六年好，甚至比一八三四年更好！」

不只是美酒醉人而已：「我所到之處都遇見最歡樂的朋友、最甜美的葡萄與最漂亮的女孩。」經過專門而徹底的研究之後，他總結，勃艮地的女人「乾淨清潔，梳妝柔順，纖細苗條」，尤勝於塞納河及羅亞爾河（Loire）谷地之間「土氣」而「頭髮蓬亂」的女人。「因此人們會相信，我花了更多時間躺在草地上，吃著葡萄，啜飲著美酒，同時與葡萄酒商及姑娘談天說笑，而不是健行至山岡。」

我們可以瞭解，爲什麼這段旅行爲期甚長——而且最後他抵達瑞士已經身無分文。他懇求父親及馬克思幫忙，但兩人都無回音；他又寫了一封信到科隆，焦慮地懷疑，這位主編是否因他擅自離職，已和他斷絕關係了。「親愛的恩格斯，」馬克思回信了，「我很驚訝你至今還沒收到半毛錢。我（不是派報部）幾百年前就已經寄給你六十一塔勒了……我能棄你於不顧嗎？那怕只是一會兒，都是你的幻想。你永遠是我最知心的朋友，正如我希望是你最知心的朋友一樣。卡爾．馬克思。」他還加了一句鬥志高昂的附註：「你的老頭是個混蛋，我們應該寫一封粗魯至極的信罵他。」但他很快又想到，這不是一個有效的募款技巧。「我們現在已經沒錢了。我擬了一個萬無一失的計畫，可以從你老頭身上榨出點銀子，」深思熟慮之後，他於十一月二十九日如此寫，「寫一封討錢的信給我（盡可能寫得嚴重些），詳述你過去的顛沛流離，要寫得讓我能夠把信轉交給你的母親。這樣老頭就會害怕了。」我們可能還記得，邦特（Bill Bunter）設法從父親那兒取得郵政匯票時，也運用引起母親同情的類似手法，結果他和馬克思及恩格斯一樣不成功。

還不到聖誕節，恩格斯就已厭倦了「罪惡生活」和「在國外混日子」。他從伯恩（Berne）寫來的信裡，替自己怠忽職守找到一個好笑的新藉口：「如果有充分證據讓我相信，我不會馬上面臨審前羈押的危險，那我立刻動身回來。他們可能把我審判一萬次（我無所謂）；但在審前羈押中禁止抽煙，這一點我卻不能忍受。」

恩格斯再次確定不需爲了革命犧牲雪茄後，於一月返回了日耳曼——卻發現革命全都結束了。腓特烈．威廉二世的私生子，反動的布蘭登堡伯爵（Count Brandenburg）建立新政府，國王解散了議會。「資產階級沒有費力動一根手指，他們只袖手旁觀，讓人民爲他們而戰，」馬克思在《新萊茵報》抱怨，承認自己想要聯合工人和中產階級的觀點只是一個空想。普魯士革命之瓦解證明，日耳曼境內的資產階級革命根本不可能；現在除了共和黨的暴動之外，沒有什麼可滿足人心。然而若少了來自國外的鼓舞，尤其是法國，日耳曼工人就無法採取行動。馬克思在反省前一年失敗的教訓之後，一八四九年一月一日，他發表了一篇新修正的革命備忘錄：

打倒法國資產階級，爭取法國工人階級的勝利，爭取整個工人階級的解放，此即歐洲解放之先聲。

但英國這個國家，把許多民族變成自己的工人，將世界納入自己廣袤的勢力範圍……英國，好似海邊堅硬的礁石，革命巨浪遇之即碎裂，這是一個讓新社會胎死腹中的國家。

每一場法國社會的翻覆，最後都注定被英國中產階級的工商實力所阻，「唯有世界大戰才能摧毀舊英國；唯有世界大戰才能創造機會，讓憲章派這個有組織的英國工人政黨成功起義，對抗強大的壓迫者。」馬克思為這場週而復始的競賽——一世紀後，被稱之為「骨牌理論」——導出無可避免、啓示錄式的結論：「一八四九年年曆上這樣寫：法國工人階級革命起義，世界大戰。」

然後呢？一八四八年，無論在何處、何時，只要工人把將頭探出防禦工事，下場都極為淒慘——在法國、普魯士、奧國都一樣，特別在英國，群眾示威在肯寧頓（Kennington）和倫敦南區爆發，卻標示了憲章派對英國政府威脅的終結。但馬克思能玩弄矛盾和悖理，在每一場災難中辨認潛在的勝利，看出每一朵烏雲背後的銀色襯裡，甚至在最陰森黑夜中埋伏的曙光。反革命成功了又怎麼樣？反而刺激工人進行下一波更有效的突擊。他深信古老的「以退爲進」（reculer pour mieux sauter）戰術。

結果，一八四九年不過是一八四八年黯淡的後記而已。在發表新年「革命備忘錄」一個月之後，馬克思和恩格斯因被控侮辱國家檢察官，站在法庭前受審，此案件如今已廣爲傳誦。馬克思在被告席發表長達一小時的自我辯護，聰明才智畢露，顯示當年他拒絕繼承父業，法律界喪失了一位天才。他把拿破崙法典中有關刑法的第二二二條到三六七條拆解到只剩下一把灰塵。他賣弄學問似地向陪審解釋，侮辱性評論和誹謗之間有重要差異；他主張，國家檢察官不只要證明侮辱成立，也要證明侮辱人的意圖存在，因爲第三六七條法規規定，新聞記者得公開「事實」，即使造成人身冒犯。根據他對第二二二條法令的詮釋（該條明禁侮辱官員），馬克思指出，拿破崙法典跟普魯士法不同，其中並無「冒犯君主」罪，既然普魯士國王不是官員，他就無法援引第二二二條法令。「爲什麼我能侮辱國王，卻不能侮辱檢察長呢？」

馬克思專業而沉靜地做了許多辯護，完全不帶平日的雄辯技巧或花俏潤飾，在結束前，他最後懇請陪審發揮政治良心：

> 我寧可去研究重大歷史事件，分析歷史的進程，也不願意跟當地的要人、警察和檢察官打交道。儘管這些紳士覺得自己很偉大，但在現代的巨大鬥爭中他們卻算不了什麼，根

本算不了什麼。如果我們決定和這樣的敵手交鋒，我自認，這對我們而言是一種真正的犧牲。但首先，報紙有義務站出來，為週遭的受壓迫者仗義執言……。報紙的當前要務就是，顛覆現存政治事務的一切基礎。

他語畢坐下，法庭擁擠的聽眾報以如雷掌聲：馬克思和恩格斯被無罪開釋。但他們卻無暇慶祝，次日，二月八日，馬克思連同兩位來自民主派萊茵區委會（Rhenish District Committee of Democrats）的同事又回到被告席，這一次是被控「煽惑暴動」。

事件起源於一八四八年十一月的暴動。當時普魯士國民議會已作成決議，以拒絕納稅作爲對政府的抗議——結果，議員在軍隊槍口脅迫下，離開了議場。馬克思的委員會於一八四八年十一月十八日發出一份宣告呼籲：「各地應採取一切手段」反對強制徵稅，人民應組織義勇軍，以「抗擊敵人」。既然這無疑是「煽惑暴動」，馬克思在庭上亦已承認，唯一待解決的問題只有：「在國民議會已決議拒絕納稅的基礎之上，被告是否有權以此種方式呼籲群眾抵抗國家權力，並組織一支武裝力量對抗之。」陪審團經過簡短討論，全體無異議裁定，馬克思的行爲完全符合憲法。日耳曼流亡者在英國發行的自由派週刊《德意志倫敦報》（Deutsche Londoner Zeitung）這樣描述：「在最近的政治審判案中，政府屢屢栽在陪審團手上。」但政府還有別招。一位不幸與恩格斯同名同姓的上校，官拜科隆衛戍部隊副指揮官，曾知會萊茵省長官，「既然陪審團已將他無罪開釋，馬克思變得愈來愈膽大妄爲。我覺得現在正是將他驅逐出境的大好時機，我們確實毋須再容忍一位用惡毒舌頭誹謗一切事物的外國人，尤其是自家害蟲對這一套也很在行。他能混在我們當中，只因為我們尚隱忍未發。」

就在恩格斯上校等候回音之際，隸屬於他的步兵團第八連兩位士官自行採取恐嚇行動，調查一篇匿名文章。三月二日下午，兩人出現在馬克思住處，要求告知誰最近在《新萊茵報》上寫了一篇軍隊貪污的文章，嚴重汙辱「整個步兵團第八連」（譯註❶）。主編指出，這篇文章其實只是一則廣告，因此他毋須負責。身穿軍服的訪客嚓嚓地弄響軍刀，警告若不說出作者，「就會有壞事發生。」馬克思讓他們注意，從他居家服口袋裡伸出的手槍槍柄，兩人才迅速離開。

「紀律一定鬆弛到了相當嚴重的程度，」馬克思寫信給恩格斯上校，「如果一個連隊能派使者到市民家中，像土匪一樣，試圖用暴力脅迫取得口供，那麼所有法律和秩序都將喪失意義……先生，我必須懇求你對此事進行調查，並對這種奇特的蠻橫行為給我一個交代。否則，我將被迫訴諸輿論，那就難看了。」馬克思的筆比士官的軍刀有效多了，這位不幸的副指揮官向他保證，這些人已受到斥責，並感謝《新萊茵報》沒有報導這件意外。馬克思在勝利中表現雅量，告訴上校說，報紙「考量目前人心騷動的情況，因而選擇沉默，此等考量是多麼偉大。」

譯註❶：指刊登在一八四九年二月二十八日《新萊茵報》第二三三號副刊上一篇沒有署名的簡訊，指責以反動觀點著稱的第十六步兵團第八連上尉馮・烏騰霍芬濫用公家燃料，並用公家燃料做投機買賣。

這理由可能是眞的。哥查克醫師（現在出獄了）等左派份子指責馬克思缺乏鬥志，但報紙的言論確實已夠具煽動性了——包括無禮地嘲笑由國王及其新任貴族內政大臣馮・蒙特菲爾男爵（Baron von Manteuffel）所主導的「官僚—封建—軍隊專制政府」。「政府正公然準備政變，企圖完成反革命，」他在三月十二日預言，「因此，人民完全有理由預備暴動。」但他確實也附帶說，人民不該被誘入這「笨拙的陷阱」——因爲他認爲很快會有更好的時機出現。五月八日，德勒斯敦和巴拉汀領地（the Palatinate）發生暴動和游擊戰，《新萊茵報》報導了令人雀躍的消息，「革命越來越近了」。

「許多人都覺得奇怪，」恩格斯多年後寫道，「我們在普魯士最重要的要塞內，面對八千名駐守部隊與哨亭，居然還能若無其事地進行我們的採訪編務。但算算編輯室內有八支步槍和刺刀，兩百五十個未使用的炸藥包，加上紅色雅各賓黨排字工人的火藥紙，軍方認爲我們的房子才是要塞，絕非突襲就能攻下。」事實上，普魯士軍方不費一槍一彈，這要塞就投降了。五月十六日，普魯士當局起訴一半編輯，命令另外一半非普魯士裔的編輯離境，其中包括馬克思。他們已無計可施了。終刊號用代表反叛的鮮紅油墨印刷，編輯群聲明「不論走到哪裡，他們的最後一句話總是：工人階級，解放！」馬克思和他的同事在樂隊悠揚的樂聲中，抓緊他們的武器和公事包離開了樓房，紅色旗幟正在屋頂驕傲地飄揚。

馬克思清空一切物品後——包括他私人擁有的印刷機，以及家裡搬來的家具——他打算償還所有債務，但身上一個子兒也沒有。燕妮的家傳銀器被送進位於法蘭克福的當鋪，她和孩子們則再次返回特利爾的娘家。馬克思和恩格斯前往法蘭克福，打算說服國民議會裡的左翼代表，支持來自日耳曼西南的革命軍，他們仍在爲巴登和巴拉汀領地的「臨時政府」奮戰。沒有人願意聽他們的話，因此隔日兩人又前往巴登，力勸革命軍應該不請自來，行軍至法蘭克福。他們的建議再次被漠視，但這次他們愉快地邂逅了老同仁魏立希（Willich），他現在負責一支游擊隊。恩格斯一輩子熱愛軍事策略，無法抗拒穿上軍服、上場作戰的大好機會。他加入志願軍行列，很快便成爲魏立希的首席參謀，一同指揮軍事行動和作戰。接下來的幾個星期內，他打了四場小規模戰役——每一場都吃敗仗。他告訴燕妮・馬克思說，他在戰場上的最重要發現是：「人們對於衝鋒陷陣所需的勇氣其實是過分吹噓，那不過是一個人所能具備的最平凡特質。流彈飛越耳際的聲音簡直稀鬆平常。」他很少看到有人懦弱，倒是目睹一大堆「有勇無謀」的笨蛋。

馬克思既沒有意願、也沒有體能去打仗，明白他留在日耳曼已無用武之地。六月初，他啓程前往巴黎，用假護照旅行，並在法國人面前介紹自己是巴拉汀領地的革命政府派來的官方使節。然而，在他抵達巴黎之前，巴黎已被保皇黨控制，霍亂正在流行。「即便如此，」他於六月七日歡欣地寫信給恩格斯說，「今日巴黎這座革命大火山正面臨壯麗、雄偉的爆發，沒有比它更迫在眉睫的了……我和革命黨派的所有人交往，幾天之後，就會有各種各樣的革命報刊隨我操弄。」

幾天之後，所有革命報刊都不存在了。六月十三日，法國國會的山岳黨（Montagnard）號召群衆示威，政府軍隊鎮壓街頭的抗議群衆，並逮捕帶頭者。就這樣，自一八四八年以來的革命結束了：高盧雄雞啼叫並昂首闊步之後，脖子已被扭斷。

懷著第四胎的燕妮，於七月初至巴黎與丈夫會合。「如果我太太不是處在這種不太妙的狀況，我很願意在經濟許可時馬上離開巴黎，」他寫信告訴恩格斯。但已由不得他了，獲勝的反動派正忙著在剛恢復平靜的首都裡找出革命份子，並將之驅逐出境。七月十九日晴朗的早晨，一位警官走上馬克思位於麗勒街（Rue de Lille）四十五號的住所門階，給了他一份官方命令，將他驅趕到布列塔尼亞省（Brittany）的摩賓漢縣。唯一令他驚喜的是，這一次沒有那麼快被驅逐出境：警察似乎花了好幾星期才確定他的身分，或許是因爲他決定謹愼從事，用「漢寶茲先生」（Monsieur Ramboz）之名租賃房子的緣故。

他打算懇求內政大臣延緩這注定的命運。八月十六日，這位巴黎長官告知，命令已被確認，但允許燕妮再多停留一個月。馬克思將摩賓漢縣描述成「布列塔尼亞的沼澤地」；馬克思一家人的健康都不好，這塊瘧疾肆虐的濕地無疑會殺了他們全家。他告訴恩格斯，「無須說，我不會同意這種變相的謀殺，所以我要離開法國。」日耳曼和比利時都禁止他入境，瑞士則拒絕他的護照申請——而他也不想住在這些國家所設的「老鼠籠」內。因此他轉向漂泊革命者的最後避難所。一八四九年八月二十七日，當蒸氣船布隆尼亞市（Bloulogne）號駛入多佛港（Dover）時，船長按法令規定，向內政部報告「目前搭乘本船之所有外國乘客」——「包括一位希臘演員、一位法國紳士、一位波蘭教授、一位叫查爾斯·馬克思的人，他的職業是『博士』」。

「你必須立刻前往倫敦，」馬克思寫信給恩格斯，他正在洛桑（Lasanne）藉酒色從軍事操練中恢復過來。「這件事絕對重要，你不能留在瑞士。在倫敦我們將有事可做。」

6 斑龍

馬克思最後的避難所是全世界最大、也最富有的都會。倫敦是第一個有百萬人口的城市，是一個持續膨脹卻永不漲破的大腫瘤。當記者梅修（Henry Mayhew）坐上熱氣球想要一窺倫敦的全貌時，他無法判斷「這個怪獸城市的起迄，因爲建築物不只往地平線的每一邊擴展開來，還一直延伸到更遠……遠方城鎮似乎與天際合一了。」普查資料顯示，一八四一年到一八五一年期間，三十萬新住民安頓於此，包括數百名難民。就像馬克思一樣，他們被倫敦作爲政治庇護聖地的名聲吸引，渡海前來。

然而，這座「奢華的超級城市」也是一隻陰暗而潮濕的怪獸，隱約出現於英國小說家狄更斯所著《淒涼的房子》（Bleak House）一書首章，寫於馬克思抵達三年後：

十一月無情的天氣。街頭泥濘，彷彿眾水剛退出地球表面。遇到一隻斑龍絕非妙事，約四十呎長上下，擺動如象般龐然之蜥蜴身軀，搖搖晃晃地爬上霍爾本山（Holborn Hill）。

煙霧從煙囪降下，形成一片黑色細雨，夾帶著片片油煙，像是成熟的雪片蓮那麼大——有人會想像，這是為死去的太陽披麻帶孝。

在倫敦社交區和皮卡迪利（Picadilly）奢華的沙龍之外，有一座四處雜亂延伸、連地圖都無記載的城鎮，到處是木板臨時搭建的陋屋，充斥貧民窟和血汗工坊、妓女戶與污黑工廠。「它就像宇宙的心臟，各式人潮以極度暴力湧入湧出，幾乎讓人神經脆弱。」卡萊爾（Thomas Carlyle）寫信對他的兄弟說，「啊，我們的父親在霧中觀看霍爾本！一片黑色蒸氣籠罩，多像流動的墨水；馬車、貨車、牛羊，以及洶湧人潮發出低沉的轟隆聲、尖銳的叫喊聲、各式如雷的嘈雜聲，好似全世界都發狂了。」疾病是司空見慣之事——因爲下水道污水就排入提供飲水的泰晤士河。在馬克思抵達倫敦前一個月，這城市正經歷週期性的霍亂流行病，《泰晤士報》在它的民意版發表了以下這封求救信：

先生，但願我們能懇求和哀求您的保護和力量。先生，我們好似住在野地。倫敦其餘地區的人都不知道我們的事，有錢人和有頭有臉的人都不關心。我們住在污穢和髒亂裡。我們沒有垃圾桶，沒有排水管，沒有水栓，全區都沒有下水道或陰溝。下水道公司、希臘街、蘇活廣場的所有大人物、富人和有權勢者絲毫不聆聽我們的抱怨。溝渠口的惡臭令人作嘔。所有人都在受苦，無數人得病，倘若霍亂降臨，但願我主垂憐拯救。

在某些區域，有三分之一的嬰兒小未滿周歲便夭折了。

維多利亞時期的倫敦集美妙與醜怪於一身，在在震驚許多外國訪客，但馬克思卻視而不見。他擁有報導者和社會分析者的長才，對周遭環境卻經常不以爲意：不像狄更斯那樣投入塵世，帶回生動的第一手觀察資料；馬克思寧可仰賴報紙或皇家委員會的訊息。他對於新同胞的品味和習慣——他們的穿著、遊戲、流行歌曲等等——也完全不感興趣。只有一次，一八五〇年七月他在攝政街（Regent Street）的櫥窗裡看到一個電力發動的火車引擎模型，他變得「興奮激動得不得了」，但亢奮的原因並非新鮮刺激感，而是其中的經濟意涵。「問題解決了——結果無從預測，」他告訴旁邊看得目瞪口呆的人，解釋說正如蒸汽大王在上個世紀轉變了世界，現在電流火花將釋放另一場新革命。「經濟革命之後，政治必將跟進，因爲後者只是前者的表現。」那些旁觀群衆看來不太可能會仔細思考這隻特洛依鐵馬身上的政治後果，但對馬克思來說，這才是最要緊的事。假如他在霍爾本山丘的泥濘裡遇到狄更斯的斑龍的話，他才不會多看一眼。

工作是唯一讓他忘卻悲慘困境的方法。他沒有停下來安頓自己，立刻著手替共產主義者同盟尋找新的總部，就在「日耳曼工人教育社」（German Workers' Education Society）倫敦辦公室裡，該社是許多流亡革命政治團體之一。九月上旬，他入選爲某個「日耳曼難民救援委員會」（Committee to Aid German Refugees）委員。「我現在情況眞的很糟，」他在一八四九年$E月五日寫信給弗瑞里葛拉特，當時他抵達英國大約一個多禮拜。「我的妻子臨近產期，她必須在十五號離開巴黎，我不知道去那裡弄到必要的錢，使她動身並在這裡安頓下來。另一方面，我在這兒看到創辦一份新月刊的大好良機……」

很少有其他難民像馬克思夫婦一樣，急迫需要援助。燕妮在九月十七日抵達倫敦，又病又累，還拖著「三個可憐的受苦孩子」。小燕妮誕生於法國，勞拉和埃德加在比利時，他們的第二個兒子還是保持在流浪中誕生的紀錄，於一八四九年十一月五日在爆竹劈啪聲中來到世上，當時倫敦人正舉行福克斯（Guido〔Guy〕Fawkes）之夜，慶祝此人在一六〇五年沒有成功炸掉議會。馬克思為了對這位謀叛者表示敬意，男孩的教名就叫做海恩利希・吉多（Heinrich Guido），乳名「佛克西」（Fawkesy）。（後來轉為德文「小狐狸」（Foxchen））

馬克思對於取綽號和假名有一份可愛的熱情。當然有時出於政治需要：因此，他在巴黎暫時隱蔽時，想到「漢寶茲先生」這好笑的化名。即使人在自由倫敦，無須再隱姓埋名，他還是三不五時會在信裡署名「A・威廉」，以蒙蔽警察安插在郵局裡分類信件的線民。不過，他隨性替家人與朋友取的綽號大部分是純粹異想天開。恩格斯這位紙上談兵的軍官，被他封為「將軍」；女管家海倫・德穆特被喚做「萊菁」（Lenchen），或有時叫「尼母」（Nym）；小燕妮蠻喜歡「去，去，中國皇帝」的渾號，只是討厭前面總是附帶「去、去」兩聲；勞拉則變成「卡卡嘟」（Kakadou）和「哈特通透」（Hottentot）。馬克思的渾號叫「摩爾」，他鼓勵孩子們叫他「老尼克」（Old Nick）和「查理」（Charley）。令人混淆的是，他看不起某人最明顯的徵兆，就是用他們的正式教名：因此，馬克思在《流亡名人錄》（Great Men of the Exile）裡的反面主角詩人金克爾（Kinkel），就老是被他稱為「歌德菲特」

（Gottfried）。

「你知道我的妻子給世界增添了一位公民嗎？」馬克思在佛克西出生不久後，寫信給在法蘭克福的魏德麥爾。他快活的語氣掩飾了對未來的恐懼預感：他拿什麼來養活四個孩子和生病的妻子？就像米寇伯先生（Mr.Micawber，譯按：米寇伯是狄更斯小說《塊肉餘生記》（David Copperfield）的人物，是個異想天開的樂天派，不論處於多艱難的困境，總是往好處想）一樣（樂天派），他說服自己一定會出現轉機。十月份，他搬進位於卻爾西區（Chelsea）安德森街的一棟房子，（當時和現在一樣，是最時髦且最昂貴的區域之一），月租六英鎊，遠超過他的負荷。

一個在異鄉身無分文、陷入絕境的流亡者，似乎會求助所有能聯繫的朋友，但馬克思卻不然。他唯一需要的伙伴就是恩格斯——此人忠誠如昔，於十一月十二日搬到倫敦，準備與墮落者和奸逆作戰。六天後，在一場日耳曼工人教育社的會議上，馬克思更改「難民救援委員會」名稱，以免跟另一個敵方團體混淆。此團體由一群矯飾的「自由派」所組成，包括史都佛（Gustave von Struve）、海因岑以及馬克思的新任家庭醫師包爾（Louis Bauer）。馬克思以極正式、嚴肅的口吻告訴包爾醫師，「以我們所屬兩個團體的敵對關係來看，同時以你們對此地難民委員會的直接攻擊，也就是對我朋友和同事的攻擊來看，我們應斷絕所有的社會關係⋯⋯。昨天晚上，我覺得在妻子面前不適合表達我對這衝突的看法。您在醫療上的幫助，我向您表達最高敬意，也請您將帳單寄給我。」然而當帳單出現時，馬克思卻指控醫生企圖詐欺，並拒絕付款。

恩格斯在聖誕節前夕，跟另一位日耳曼同志說：「大體來講，這裡情況進展的相當不錯。史都佛和海因岑結合一夥人，對付我們和工人教育社，但都失敗了。他們糾集一些被我們攆出而心懷怨恨的庸才，組成一個入會嚴格的俱樂部，海因岑在裡面散布他對共產主義惡毒學說的不滿。」當《泰晤士報》將海因岑描繪成「日耳曼社會民主黨的光輝火炬」之際，恩格斯寫了一封措辭嚴厲的反駁信，交由一份憲章派報紙《北方之星》（Northern Star）發表：「海因岑先生不但不是該黨光輝的火炬，而且正好相反，他自一八四二年起，即持續不懈地反對與社會主義和共產主義有關的一切事物，卻從未成功。」這就像昔日在巴黎或布魯塞爾的翻版——在陰謀對付、算舊帳和爭奪主導權之間旋轉輪迴。在蘇活區大風車街的工人教育社聚會所內，馬克思立即接掌對新來者的調查工作，並制訂規則。

一八五〇來到倫敦的李卜克內西，曾生動描述馬克思建立權威的恐嚇手段。他抵達不久後，協會舉辦一場野餐會，他被「馬克思爸爸」拉到一旁，開始詳細檢查他的頭蓋骨。馬克思找不出任何異常之處，隔天便邀請他到大風車街的「私人接待處」做更仔細的檢查：

我不知道私人接待處是什麼，我有預感「主要的」檢查已迫近了，但我仍自信地跟隨馬克思。馬克思表現得像昨日一樣地同情、和善，使人心生信任之感。他拉著我的手帶我到私人接待處，也就是主人（或女主人？）的起居室。恩格斯已經拿著一杯用白鑞器皿盛著的深褐色啤酒在等了，立刻用愉快的笑語迎接我……一張大桃木桌、閃亮的白鑞杯、冒泡的黑啤酒、一份附帶裝飾的上等英國牛排、一根邀你吞雲吐霧的陶製煙斗——這確實舒適，令人生動地聯想「伯茲」（Boz，譯按：狄更斯的筆名）的英國插畫。但這一切只是為了做一項檢查。

檢查者已做完功課。馬克思引述李氏於一八四八年在日耳曼報紙上寫的文章，譴責他庸俗、現實，和帶有「南德人的多愁善感和懵懂不清」。經過老半天求饒之後，這位候選人終於被原諒了。但他的考驗還沒結束：同盟長駐的骨相學家芬達（Karl Pfaender）被召來，進一步檢查李氏的頭蓋骨輪廓。「好了，我的頭骨已正式被卡爾・芬達檢查過，沒有發現任何異常，足以阻擋我進入神聖中之至聖的共產主義者同盟。然而，檢查還沒結束……」只比李氏這等「年輕人」大五、六歲的馬克思，在詰問他們時，就好像大學教授在測驗一班遲鈍的大學生一樣，他運用驚人知識和難以置信的記憶力，作爲酷刑的工具。「他多麼喜歡將一位『小學生』拐進困境，再向這位不幸的人展示大學教育和學術文化的失敗。」

馬克思無疑是一位極愛炫耀、且有虐待傾向的知識惡棍。但他也是一位啓發人的老師，教導年輕流亡者西班牙文、希臘文、拉丁文、哲學和政治經濟學。「他教學時多麼有耐心，除此之外又多麼暴躁不耐煩！」從一八四九年十一月起，他講授一系列題名爲「什麼是資產階級財產？」的課程，大風車街樓上的房間座無虛席。「他陳述一個命題——越簡短越好——再用較長的時間證明，他極其小心，盡量不用工人聽不懂的詞彙，」李卜克內西回憶。「接著他要求聽衆發問。如果沒有問題，他便開始考工人。在他的教學技巧下，沒有任何理解瑕疵或誤解可以逃得過他……他也用黑板寫公式——其中有些公式我們在《資本論》開頭已很熟悉了。」

住在大風車街這群人的行程依舊繁忙。星期天開授關於政治、地理和天文學的課程，接著是「工人現況及其對資產階級的態度問題」。星期一和星期二大部分是關於共產主義的討論，不過一週其餘的時間包括歌唱練習、語言教學、繪畫甚至舞蹈課。星期六晚上則是「音樂、朗誦以及閱讀有趣的報導文章」。閒暇時，馬克思會散步到雷特邦廣場（Rathbone Place），牛津街再過去一點，那裡有一間法國移民開的沙龍，可以練習軍刀、長劍和鈍頭劍的劍術。根據李卜克內西的說法，馬克思的戳刺技術粗魯、但有效。「他試圖以攻擊來彌補技術上的缺陷。除非你很冷靜，否則他真會嚇到你。」

他如何使劍，就如何使用更有力的筆：不揮舞重劍時，他就準備對另一份報紙提筆出鞘，藉此戳刺那些庸俗市儈者。一八五〇年代初期，日耳曼報紙出現下列廣告：「由卡爾・馬克思主編的《新萊茵報政治經濟評論》（Neue Rheinische Zeitung. Politisch-okonomische Revue）將於一八五〇年一月發行……評論每月發行五張印刷紙，訂費每季二十四銀幣（groschen，日耳曼舊銀幣單位）。」業務經理由施拉姆（Conrad Schramm）出任，他是幾個月前來到倫敦的日耳曼革命者。

馬克思對這份刊物的野心宏大。「我確定月刊出了三期，也許兩期之後，世界革命的大火災就要來臨了，」他預測。然而，在此期間，刊物卻存在微小但惱人的財務問題。馬克思相信「只有在美國才能拿到錢」，遂決定派遣施拉姆進行一場橫越大西洋的募款之旅——

—後來他才漸漸明瞭，這樣的長途旅行本身可能花費更多。

這本熬了五期便停刊的新評論，其實一開始就有不祥預兆。創刊號因馬克思病倒而延期兩個禮拜；排字工人無法辨認他龍飛鳳舞的筆跡，又再度拖延；他不斷和出版商與發行商爭辯，懷疑他們跟審查單位勾結。奇蹟是，它還是出刊了。

《評論》裡有不少好東西——尤其是馬克思在長篇系列文章中，以滔滔辯才挑戰一般人認爲一八四八年法國革命已經失敗的想法。「在失敗中陷於毀滅的不是革命，而是前革命時期的傳統殘餘，即那些尚未發展到尖銳階級對立地步的社會關係的產物……。」成功可能是一場隱藏的災難：唯有藉不斷拒絕利誘、妥協，革命黨才能擺脫虛幻觀念和投機的領導人。「總歸一句話：革命之所以向前進展，並非由立即的悲喜劇式勝利而來，反而是因爲它催生了一個團結而堅強的反革命。」馬克思滿足地證明了這個悖論之後（「革命死了！——革命萬歲！」），他繼續討論路易．拿破崙於一八四八年十二月總統選舉中獲得戲劇性的勝利。爲何法國人會將壓倒性的票數投給這個荒唐的遊手好閒者？——這反映了「笨拙的狡猾，奸詐的天眞，矯揉造作的高尚，精心設計的迷信，一齣可悲的滑稽劇，一種荒謬絕頂、顚倒時代的現象，是世界歷史的一個玩笑，是難以了解的象形文字。」很簡單：小波拿巴的空泛特質，讓所有階級和各類人士得以按自己的圖像來重塑他。對農民而言，他是富人之敵；對於無產者而言，他象徵推翻資產階級的共和主義；對於大資產階級而言，他提供保皇黨復位的希望；對軍隊而言，他擁護戰爭。因此，全法國最平庸的人獲得最多方面的意義：「因爲他什麼也不是，所以他可以代表一切。」

《評論》的文章鋒利大膽，又才華洋溢，但《評論》卻沒有特意招徠訂戶。如同卡爾（E.H.Carr）指出，「整本期刊技巧地安插了對倫敦其他日耳曼流亡者的尖刻批判，而這群人幾乎就是刊物唯一的潛在讀者。」《評論》發行量很小，收入微不足道。一八五〇年五月，燕妮・馬克思寫信懇求在法蘭克福的魏德麥爾：「請您將任何收到或即將收到關於《評論》的錢盡快寄給我們，我們非常需要這筆錢。」但馬克思自己對這個投資了許多希望和力氣卻失敗了的計畫，倒是處之泰然。燕妮觀察到，他即使在「最恐怖的時刻」，也從來不失去幽默感和對未來的堅毅信念——一八五〇年有太多這樣的時刻。「請不要爲內人激動的信件而生氣，」他安慰魏德麥爾，「她正在餵嬰兒，而我們的處境又格外艱難，請原諒她喪失耐性。」

這封個簡短信件的概說明揭示了他們掙扎求生的恐怖眞相。一八五〇年五月，燕妮・馬克思在一封令人斷腸的長信裡描述了一幅景象，彷佛是出自狄更斯的小說：

我只要把一天的生活情況如實向您描述，您就會明白，過著類似生活的流亡者恐怕不多。這裡請奶媽的工錢非常昂貴，所以儘管我的胸和背痛得厲害，我還是決定自己給孩子餵奶。但這個可憐的小天使從我身上吸去了那麼多的焦慮和無言憂傷，以致於他總是體弱多病，日夜承受劇烈苦痛。自他出生以來，從未整晚安眠過——至多睡兩、三個小時。最近又患了劇烈抽搐，孩子終日在生死線上掙扎。由於這些病痛，他拼命吸奶，使我的乳房被吸得裂傷了——傷口沒有癒合；有時鮮血常流進他抖動的小嘴裡。有一天我抱著他坐著，突然間女房東闖進來。我們已付給她整個冬季的房租，約兩百五十多日耳曼塔勒，其餘的錢按合約不需付給她，而是付給早已查封她財產的地主。但現在她卻否認有這份合約，要求我們再付五英鎊欠款。然而，我們手頭上根本沒錢……於是來了兩名法警，將我僅剩的家當——床鋪、布料、衣服、任何東西，甚至包括我可憐小孩的搖籃，以及女孩們比較好的玩具都查封了，她們全都哭了出來。他們威脅，兩小時內要把全部家當拿走——那時忍受胸部疼痛的我，就只能和凍得發抖的孩子睡光溜溜的地板了。我們的朋友施拉姆趕忙到城裡去求救，他上了一輛馬車，馬匹受驚狂奔，他從車上跳下，摔得滿身是血，被人送回家來，那時我和發抖的可憐孩子們正在哭泣。

第二天我們必須離開這個房子，天氣冷溼而陰暗，我的丈夫出外尋找住所；但只要他一說我們有四個孩子，誰也不願收留我們。最後有一位朋友幫了我們的忙，替我們付清了房租，接著我很快賣掉所有的床，以償付藥房、麵包店、肉鋪及牛奶商的帳單，他們聽說我被查封財產時都嚇壞了，突然一起拿著帳單跑來向我要錢。我賣掉的床被搬出來，抬進一輛二輪手推車上——您知道又發生了什麼事？當時天色已晚，按英國法律禁止在此時搬運東西。於是房東領著警察來了，說裡面可能有他的東西，又說我們為了躲債想趁夜逃出國外。不到五分鐘，門前就聚集了不下兩三百個看熱鬧的人，全是些卻爾西區的賤民。床又被搬回去，只好等明天早晨天亮後，再交給買主。最後，我們賣掉所有家當，償清每一筆債務，帶著我的小心肝搬進現在住的日耳曼旅社裡的兩個小房間，位於列斯特廣場的列斯特街（Leicester Street）一號，我們在這裡以每星期五個半英鎊，得到人性待遇。

幾天之後，馬克思夫婦在一個猶太緞帶商人位於蘇活區迪恩街（Dean Street）六十四號的房子，找到暫時棲身之處，他們於此度過一個悲慘的夏天，飄盪在困苦邊緣。燕妮再度懷孕，而且一直生病。八月初狀況極度惡劣，她必須前往荷蘭懇求馬克思母舅菲力浦（Lion Philips）施予援手。菲力浦是一位富裕的荷蘭商人（以他爲名的公司迄今繁榮，販賣從電視機到時髦烤麵包機等各種電器。）她不該走這一遭：菲力浦對「影響其事業的革命相當厭惡」，只給了一個長輩的擁抱和一份小佛克西的禮物。燕妮提醒說，如果他不能幫忙，他們將不得不移民美國，菲力浦回說這是個好主意。「親愛的卡爾，恐怕我是毫無所獲了，只能帶著失望回去見你，死亡的恐懼撕裂並折磨我，」燕妮寫道。「喔，但願你知道我多麼想見到你和小孩們。我無法提起孩子，我的眼睛開始濕濡了……。」

許多流亡在倫敦的革命家都是工匠——排字工人、補鞋匠和鐘錶匠；其他人則靠教英文或德文賺點小錢。但馬克思生來就不適合任何固定工作。他確實考慮過移民，卻發現旅費「貴得要命」；如果他知道有獎助旅費的話，可能就搭下一班船走了。一如往常，恩格斯救了他們，他犧牲自己在倫敦報業的雄圖壯志，又回去任職於父親的「厄曼─恩格斯」紡織廠在曼徹斯特的分公司，他在那兒待了將近二十年。「外子和我們其他人都很想你，常常想見到你，」燕妮於一八五〇年十二月恩格斯離開不久後寫道，「然而，你離開這裡，走上一條成爲棉紡大王的路途，我又爲你感到高興。」

他不想成爲棉紡大王，只將這「卑微的商業」當作必須忍受的苦行。恩格斯的外表很快呈現一副蘭開郡商人的樣子——加入私人的俱樂部、酒窖擺滿香檳，和赤郡狩獵隊騎馬打獵——但他從未忘記，主要的目的是援助他那聰明卻貧困的朋友。他就像深入敵軍的秘密特務，將棉花貿易的重要機密以及對世界市場的專業觀察都寄給了馬克思——最重要的是，固定寄給他小面額的鈔票，那是從小額現金箱偷出來，或挪用公司的銀行帳戶而來。（爲了避免郵件被偷，他把錢拆半分成兩個信封郵寄。）他的父親或曼徹斯特的合夥人厄曼對此毫無所悉，由此可見公司的營運多麼懈怠。

不過，恩格斯還是小心翼翼，避免引起懷疑，即使有時必須讓馬克思一家人身無分文。「今天我寫信給你只是要告訴你，很遺憾我現在還無法寄出答應給你的兩英鎊，」他在十一月寫道。「厄曼要離開幾天，他沒有指定銀行代理人，因此我們無法匯出任何款項，只能湊合偶然收到的小額進帳。但現金箱裡也只剩下四英鎊左右，因此你明白，我必須再等一陣子。」幾個月後，恩格斯的父親造訪曼徹斯特的辦公室，恩格斯爭取了一筆每年兩百英鎊的「支出和娛樂津貼」。「有了這筆薪水之後，一切都會很好。如果在下一年度會計總結之前沒有任何意外，公司營運又順暢的話，他要支付的帳單就不同了——甚至今年我就會花超過兩百英鎊，」他報告說。「既然生意一向非常好，而且他現在的富裕程度是一八三七年的兩倍，我自然毋需太謹愼小心。」但老恩格斯很快就改變想法，他認爲兒子花費太多，降到一百五十英鎊就足夠了。這揮霍無度的兒子爲此「可笑的規定」而感到憤怒，但他的慷慨卻未減少。一八五三年時，他誇口說：「感謝老天，去年我吞了老頭在此地產業一半的利潤。」他甚至可以負擔兩間住所：一間鎭上時髦房子，供他與當地富豪和大人物娛樂，另一間則是「三人行」（menage a trois），供他與情人瑪麗．博恩及其姊妹莉斯（Lizzie）一起住。

一八五〇年六月十五日，就在恩格斯展開北方長途流浪之旅不久前，倫敦的《旁觀者》（Spectator）刊登了一封來自蘇活區迪恩街六十四號署名爲查理斯．馬克思和弗瑞德．恩格斯的來信。「先生，我們實在沒想到，在英國還有像我們過去短短一周以來榮幸見到的那麼多密探，」他們寫道，「我們住宅的附近，有模樣極其可疑的人緊密看守，他們冷靜地紀錄每一位進出住宅的人。不管我們走到哪兒，都有人跟蹤；我們無論坐公共馬車或進咖啡館，都至少有一位這種不認識的朋友隨侍在旁。」

《旁觀者》的讀者或許認爲應該這樣，尤其作者已驕傲地暴露自己流亡革命者的身份。然而，馬克思和恩格斯卻搶先訴諸英國人的虛榮心和日耳曼恐懼症。兩人透露，他們先前不論在哪一個避難所——法國也好、比利時和瑞士也好——都無從逃脫普魯士國王的惡勢力。「如果現在出於普魯士的干涉，我們不得不離開歐洲最後一個避難所，那麼普魯士將自認是世界上最強大的國家……。在此處境下，先生，我們相信最好的辦法就是將一切事實公諸於世。我們相信，英國是各黨和各國流亡者心目中最可靠的避難所，任何人想要破壞此一長久建立的聲譽，英國人都會關心。」

儘管馬克思在投書中語帶詼諧，他卻亟需確定，這些英國佬不會讓他失望。自從暗殺腓特烈．威廉四世未果以來，普魯士內政大臣便差派密探和故意煽動肇事的破壞份子到歐洲各首都——尤其是倫敦，特別是蘇活區的迪恩街，以加強他對「政治謀叛者」的打擊。這也難怪：內政大臣就是燕妮同父異母的反動哥哥斐迪南・馮・威斯特伐倫。七年前，他未能阻礙馬克思成爲家族的一份子，現在他下決心要報一箭之仇。

在《旁觀者》這封信裡，馬克思宣稱「就在腓特烈・威廉國王被暗殺兩個星期前，一些人來找我們，我們有充分理由相信，他們是普魯士政府或偏激保皇黨的爪牙。他們幾乎公開建議，要我們加入在柏林和其他地方組織謀殺國王的陰謀活動。不用說，這些人騙不了我們。」按照馬克思的解釋，這些人的目的在於說服英國政府，將「虛假陰謀活動的虛假領袖從英國驅逐出境」。這些身份不明的特務其中一人就是史蒂柏（Wilhelm Stieber），後來做到俾斯麥（Bismarck）的特務長，於一八五〇年春季喬裝成記者蘇密德・史蒂柏（Schmidt Stieber）來到倫敦。此人被指示要嚴密盯牢馬克思，在他潛入大風車街二十號共產主義者總部之後，發了一份緊急電報回去，證實了威斯特伐倫對於他窮兇惡極的妹婿之一切猜忌。「他們正式教導和討論謀殺君王的一切事項，」他報告說：

> 前天我參加一個由沃爾弗和馬克思主持的會議，我聽到一位報告者說「這個白痴（維多利亞女王）也逃不過命運，英國的鋼鐵製品最好，這裡的鐵斧尤其鋒利，斷頭臺正等著每一顆皇室的頭顱。」這群日耳曼人就在離白金漢宮幾百碼之遙，宣告謀殺英國女王的計畫……在會議結束前，馬克思告訴會眾，要他們保持完全低調與安靜，每一處都安排好他們的人馬了。重大時刻已迫近，手段萬無一失，沒有人能躲過殲滅歐洲皇族的劊子手。

一本馬克思稍早的傳記曾宣稱「這份報導相當可信」。事實上，它再荒謬不過——當時的英國政府也這麼認爲。普魯士內政大臣急送公文到倫敦，但巴麥尊爵士（Lord Palmerston）卻將它交付外交部檔案，至今尚存。據說他甚至沒有警告倫敦警廳。當奧國駐倫敦大使向內政部長葛瑞（George Gray）抱怨，馬克思和共產主義者同盟的黨羽正在討論弑君計畫時，部長以簡短、傲慢的自由民主論回敬他：「在我們的法令下，光是討論弑君並不足以構成拘捕叛亂者的理由，只要他們的目標不是英國女王，只要他們不具備一定的計畫。」謀殺維多利亞女王的確是馬克思所厭惡的無聊噱頭。馬克思瞧不起那些愛擺浮誇姿態的革命者，他們不願爲一場即將到來的經濟危機做乏味卻必要的準備工作，而經濟危機才會促成無產階級的勝利。確實，正因爲馬克思太堅持這一點，而毀了倫敦的共產主義者同盟。馬克思堅持要他們等待時機，某些失去耐性的成員因此惱怒不已。

這些不滿份子的領袖是魏立希，恩格斯在一八四九年巴登戰場的老指揮官。但自從他加入倫敦的日耳曼流亡圈之後，便成了一個徹頭徹尾惹人厭的人物。「他要來探望我，」燕妮・馬克思多年後寫道，「因爲他想追捕所有婚姻裡的害蟲，把他誘拐出來。」幾乎每一件跟魏立希有關的事——他的姿勢、打扮、花衣服，以及引人注目的噪音，都令馬克思光火。一八五〇年夏天，他公開譴責燕妮的丈夫是「反動份子」。馬克思從來不放過任何謾罵的機會，反擊說他是個「沒教養、有四次外遇的蠢驢」。九月一日，同盟中央委員會騷動的會議上，魏立希挑戰馬克思跟他決鬥。

魏立希是神槍手，可在二十步外射中靶心，馬克思不會笨到答應這項挑戰。但他心急的助手施拉姆卻立即接受了挑戰，和魏立希前往安特衛普（Antwerp）進行最後的決戰——因爲英國禁止決鬥。施拉姆畢生從來不曾開過槍，卡爾和燕妮擔心會發生最糟的事情，尤其他們聽說，魏立希找來巴特雷米（Emmanuel Barthelemy）擔任決鬥助手。巴特雷米眼神凶惡、孔武有力，十七歲時因殺警而被判刑，他的肩膀上還有一道不可抹滅的罪犯烙印。幾個星期前，他才逃離法國監獄來到倫敦，卻已傳說他曾揚言，馬克思及其朋黨是「叛徒」，應該除去。以他在雷特邦廣場的沙龍內所展現耍刀槍的本事，這不會是無謂的威脅。

膽大卻羸弱的施拉姆，面對像魏立希和巴特雷米這種精湛的專家時，還有什麼活命的希望呢？到了約定的日子，馬克思和燕妮愁雲慘霧地和李卜克內西坐在房間裡數算著分秒，等他們年輕同志的死訊傳來。次日晚上，巴特雷米親自上門，以陰森森的嗓音宣告「施拉姆的腦袋中了一槍！」他僵硬地鞠了個躬之後，一語不發便走了。

「當然，我們都認爲施拉姆已死而放棄了，」李卜克內西寫道。「次日，當我們正悲傷地談論他，忽然間門被打開了，走進一個頭顱包紮的人，開心地衝著這群悲痛的人笑，說他被一顆子彈擦過，害他震耳欲聾——當他恢復意識時，只有他和助手及醫師在海邊。」魏立希和巴特雷米以爲這槍傷夠致命，已搭乘下一班輪船回奧斯坦。

就這樣結束了馬克思以英國爲基地來經營共產主義者同盟的夢想。一八五〇年九月十五日的最後一場會議，他提議中央委員會應轉移到科隆，因爲倫敦的煽動者內鬥不休，無法再扮演領導角色。這是允當的觀察——但科隆的共產主義者同盟本身也問題重重。自從有人預謀暗殺腓特烈・威廉四世國王以來，普魯士政府已加強對反叛者的迫害。一八五一年夏天來臨之前，科隆中央委員會的十一名成員全部在牢裡等候叛亂罪審判。可憐的老馬克思，好不容易盼來一個擺脫同盟、稍事休息的機會，卻發現自己還是得勉強回到工作崗位，因爲現在他必須代表這些日耳曼「叛亂份子」，進行遊說和抗議的活動。這不僅僅是出自利他主義而已：令他震怒的是，檢察官指控，他就是那些嗜血計畫與陰謀政變背後主導的邪惡天才。他日夜工作，籌組抗辯委員會，募款，撰寫義憤的信寄到報社。「我們屋內已建立一個完善的辦公室，」燕妮對朋友說，「兩、三個人寫作，一些人跑腿，另一些人共同湊錢養活寫稿人，讓他們去證明，這老舊的官僚世界犯下最令人不齒的醜行。我三個活潑的孩子在他們中間唱歌和吹口哨，經常被他們的爸爸厲聲斥責，眞是嘈雜！」

十一位成員當中有七位入獄，共產主義者同盟完了。馬克思在許多年間不曾再參加其他組織。他對委員會、協會和同盟的疲憊可想而知，要求如此多，成就卻這般稀少，他退隱到大英博物館的閱覽室裡，從迪恩街走過去只要十分鐘，專注於一個充滿野心的任務，要創造出政治經濟學包羅萬象而系統性的解釋——這個歷史性的計畫最後成了《資本論》。

卡爾和燕妮在迪恩街六十四號度過悲慘的半年之後，一八五〇年底在距離一百碼的街上找到一處可久居之處，這是位於二十八號的頂樓兩間房。今日，這棟樓房是由懷特（Macro-Pierre White）廚師所經營的昂貴現代餐廳；前方掛了一塊藍色的小銘碑，由不復存在的大倫敦市議會（Greater London Council）所掛上，標示「卡爾・馬克思，一八一八年至一八八三年，曾於一八五一年至一八五六年居住於此」。這是唯一一件官方碑銘，紀念他流亡英國的三十四年歲月。這個國家對於自身和無產階級革命之父的關連，從來不知該驕傲還是恥辱；夠相稱的是，牌子上的日期還寫錯了。

恐怖年代（annus horribilis）接近尾聲，但還有一些殘忍之事等著打擊他。就在馬克思一家人搬進迪恩街二十八號的兩星期之前，他們的小火藥陰謀家海恩利希・吉多（佛克西）突然在一陣痙攣後過世了。「幾分鐘前他還有說有笑，」馬克思對恩格斯說，「你可想像這裡的情形。值此特殊時刻，你的缺席讓我們感到非常孤獨。」燕妮陷入了心神錯亂，「激動而精疲力竭」，而卡爾則以譴責同志背信的特殊方式，來發洩悲痛。這一次的箭靶，是往昔性急如火的施拉姆；幾個星期前，他才冒著生命危險保衛馬克思的名譽。

「十一月十九、二十日整整兩天，他都沒有在我們家露臉過，」馬克思發火了，「後來終於出現了一下子，說了一兩句蠢話之後立刻又消失了。他自願在出殯那天陪我們，卻在約定時間的前一、兩分鐘才到達，沒提任何關於喪禮之事，只告訴我妻子說，他必須趕著離開，以免耽誤他和兄弟的飯局。」施拉姆從此被列入黑名單。他的兄弟魯道夫・施拉姆（Rudolf Schramm）則早已在列，他曾在倫敦組織一場日耳曼人聚會，卻膽敢不邀請馬克思及恩格斯雙人組與會。

另一個被馬克思唾棄的人是前《新萊茵報》的特派員穆勒—泰勒林（Eduard von Muller-Tellering），他以「第一流吵架者」聞名。但當他槓上馬克思時，算是遇到了對手。就像其他互相廝殺的宿怨一樣，原始的戰爭導火線都可笑得微不足道。泰勒林臨時向恩格斯索取由日耳曼工人教育社舉辦的舞會入場券；恩格斯解釋說現在爲時已晚，卻忍不住指出，泰勒林根本沒有參加工人教育社的任何會議，甚至也沒有收藏會員卡——「前天一個情況類似的人才被趕出去」。得到了這個暗示之後，該社由魏立希主持的「榮譽法庭」便撤銷了泰勒林的會員資格，他以一連串的中傷攻擊馬克思—恩格斯黨派，或現在常說的「馬克思黨」（Marx Party）。

在這一點上，黨主席自己陷入了爭戰之中。「由於你昨天寫給工人教育社的那封信，我要挑戰你，如果你還有能力決鬥的話，」馬克思怒喝。「我會在另一個地方等著剝下你革命狂熱主義的僞善面具。在假面之後，你巧妙地想要隱藏小心眼的利益、嫉妒、不滿足的虛榮和報怨，因爲你覺得世界竟無法欣賞你這個天才——打從你無法通過考試那一天起，世界就不把你放在眼裡了。」而當初鼓勵泰勒林往報界發展，並且推薦他進入教育社的人，正是馬克思；現在將這個沒有價值的僕人掃地出門的也是馬克思。泰勒林在最後一次反擊之後寫了一本用語偏激的反猶太小冊子，之後就移民美國，從此下落不明。

馬克思沈溺在衝突之中，並隨時留心任何蛛絲馬跡——不管是不是有實據。泰勒林及魯道夫・施拉姆是「那些可憐的傢伙」；和日耳曼工人教育社死對頭的「民主協會」（Democratic Associaiton）領袖則是「江湖郎中和騙子」；另一批剛來的流亡者被說成「一群新來乍到的民主惡棍」。也許有人會問，如果這些可憐傢伙和惡棍如此微不足道，爲什麼馬克思不乾脆忽視他們的存在呢?而當一位名不見經傳的瑞士政客福格特（Karl Vogt）在報上詆毀他時，他眞的有必要撰寫一篇兩百頁的《福格特先生》（Herr Vogt）作爲反擊嗎？很多人跟馬克思一樣討厭虛榮自大的革命詩人金克爾，但沒有人覺得有必要用一百多頁密密麻麻的嘲諷來呈現金克爾的荒唐，以諷刺名稱《流亡名人錄》（The Great Men of the Exile）

出版。善意者總是建言，獅子不該浪費時間跟馬糞蟲搏鬥，然而馬克思每次都回答說，他的革命職責便是無情揭發那些妄想的江湖郎中：「我們的任務便是嚴厲的批評，針對我們的友人更甚於針對公開的敵人。」

此外，他樂於嘲諷。我們只需看《流亡名人錄》裡隨筆的人物描寫，就可得知他淩辱這些人的樂趣了。魯道夫・施拉姆：「一個暴戾、闊嘴且極端困惑的小侏儒，他的座右銘來自《拉摩的姪子》（Rameau's Nephew）：『我寧可當個厚顏無恥的饒舌者，也不要當個廢物。』」史都佛：「他皮革似的臉上隆起的眼睛帶著狡猾愚蠢的表情，稀疏的毛髮在他的禿頭上，加上一半斯拉夫人、一半卡爾慕克人（Kalmuck，卡爾慕克人住在高加索和中國新疆北部的蒙古族人）的特徵，讓人看第一眼就相信，他是個不尋常的人……」盧格：「不可以說這位高貴的人因其外表英俊而得到讚美；巴黎的熟人都喜歡把他那波美拉尼亞（Pomeranian）－斯拉夫的外貌稱爲『白鼬臉』……他在日耳曼革命裡的價值，就像街角張貼的公告一樣：此地可便溺。」

馬克思並非在浪擲精力，事實上，這些狂暴的怨恨似乎使他重振精神。他對曖昧的叛離者或笨蛋所爆發的火山怒氣，和啓發他揭穿資本主義及其矛盾的激烈熱情其實同出一轍。馬克思必須將自己保持在大發雷霆的盛怒狀態，才能寫出最好的文章——那些怒氣無論是針對糾纏他的無數家庭災難、悲慘的健康狀況，或是敢挑戰他優越智慧的弱智者。在撰寫《資本論》時，他發誓資產階級將有充分理由記得造成他如此痛苦和惡劣脾氣的膿包。福格特和金克爾之流人物的用途亦同，他們是屁股上潰瘍的膿包，不是腳踏車輪上的美麗蝴蝶。

他的生活條件可能經過專門設計，以免讓他落入滿足當中。兩個房間裡的家具都是斷的，無一不破爛或斷裂，每件東西上都有一公分厚的塵垢。可俯瞰迪恩街的前廳裡有一張蓋著油布的大桌子，上面擺著馬克思的手稿、書籍和報紙，還有孩子的玩具、妻子針線盒裡的破布碎片、幾個邊緣破裂的杯子、刀叉、燈、墨水罐、大玻璃杯、荷蘭的陶製大煙斗，以及厚厚一堆煙草灰。即使要找個地方坐都充滿危險。「這張椅子只有三條腿，孩子們在另一張椅子上辦家家酒——最後一張椅子剛好有四條腿，」一位訪客描述。「這是專門給客人坐的椅子，但小孩的烹飪還沒有移開；如果你坐下去，褲子就泡湯了。」

一位曾獲准進入這煙霧瀰漫的洞裡的普魯士密探，對馬克思混亂的習慣感到震驚：

他真是個流浪的知識份子。他很少清洗、修飾和換衣服，而且喜歡灌醉自己。他終日遊手好閒，但當他有大量工作要做時，他會以毫不疲倦的持續力焚膏繼晷，他不定時就寢和起床，常常整晚熬夜，然後在白天穿著整套衣服躺在沙發上睡到晚上，全世界來來去去都不會打擾到他。

馬克思不願上床似乎大有理由，因爲他全家——包括女傭海倫「萊菁」．德穆特——都必須睡在後面的一間小房裡。卡爾和燕妮究竟是怎麼騰出時間享受私密的魚水之歡，這依舊是個謎；有人猜測他們趁萊菁帶孩子出去散步時把握機會。燕妮多病，馬克思忙碌，所以居家秩序的維持全仰賴他們的僕人。「啊，但願你能明白我多麼思慕你和孩子們，」燕妮於一八五〇年前往荷蘭，從事徒勞無益的旅行時寫道。「我知道你和萊菁會照顧孩子。沒有萊菁，我在這裡就無法安心。」

萊菁確實履行了燕妮平常的義務——包括夫妻床笫之事。九個月之後，一八五一年六月二十三日，她生了一名男嬰。出生證明上寫著亨利・弗里德里克・德穆特（Hunry Frederick Demuth），後來人稱佛萊迪（Freddy），父親姓名和職業欄空白。這孩子很快被人收養，養父母可能是住在東倫敦的工人路易斯（Lewis）夫婦（證據是間接推測的：萊菁的兒子改名爲弗里德里克・路易・德穆特，終其一生住在哈克尼（Hackney）區，成爲東區許多家工廠老練的車床工人，也是「聯合技師聯盟」（Amalgamated Engineering Union）的忠實成員和「哈克尼勞工黨」（Hackney Labour Party）的創始成員。根據同事回憶，他是沉默寡言之人，從不提起家人，辭世於一九二九年一月二十八日。）

既然佛萊迪誕生於迪恩街二十八號後面的小房間裡——萊菁當時也藏不住便便大腹——這謎一般的受孕顯然瞞不過燕妮。她極度難過和憤怒，但也同意，如果走漏風聲，此事將成爲馬克思敵人的致命攻擊武器。於是，以共產主義運動更大利益之名，展開了一場掩飾，這是共產主義史上類似活動最早、也最成功的掩飾之一。許多傳聞指出，馬克思有一個私生子，但直到一九六二年，德國歷史學家布魯孟伯格（Werner Blumenberg）公布一份在阿姆斯特丹「社會史國際學院」（International Institute of Social History）龐大的馬克思主義檔案裡找到的一封信時，才出現關於佛萊迪眞實父親的公開資料。這封信是由海倫・德穆特的朋友，也是恩格斯的管家路易莎・弗瑞伯格（Louise Freyberger）於一八九八年九月所寫，記載她主人臨終前的告白：

我從將軍〔恩格斯〕那裡得知，佛萊迪・德穆特是馬克思的兒子。杜西（Tussy，馬克思最小的女兒愛琳娜）一直對我嘮叨，所以我只好要求老頭說清楚。將軍很訝異杜西這麼固執己見。他告訴我，如果有必要，我必須糾正那些關於他遺棄兒子的謠言。妳應該記得，我早在將軍死前，便已向你提及此事。

此外，佛萊迪・德穆特是卡爾・馬克思和海倫・德穆特之子這件事，在將軍死前數日對摩爾先生〔摩爾・山繆爾，《共產黨宣言》和《資本論》的譯者〕的談話中再度證實，摩爾後來去奧屏頓（Orpington）見杜西，告知她此事。杜西堅持將軍說謊，並說他自己過去一再承認他才是生父。摩爾從奧屏頓回來，再次私下詢問將軍。但老頭不改佛萊迪是馬克思兒子的說詞，並對摩爾說，「杜西想崇拜他的父親。」

星期天，也就是他去世前一天，將軍親自將此事寫下來給杜西，杜西驚慌失措跑出房外，她忘卻了對我的憎恨，伏在我的肩膀上痛苦地哭了起來。

將軍准許我們……唯有在人們指控他虧待佛萊迪時，才公開事實。他說，他不希望名譽受損，尤其如此做對任何人都已無好處。他挺身而出，成為馬克思的替身，消弭了他嚴重的家庭糾紛。除了我們、摩爾先生和馬克思的孩子之外（我想勞拉也知道，儘管她不一定確切地聽過），還知道馬克思有個兒子的人，只有萊斯納和芬達。佛萊迪的信被公開之後，萊斯納對我說，「佛萊迪當然是杜西的哥哥，我們都知道，只是我們不知道他究竟在哪裡長大。」

佛萊迪的相貌酷似馬克思，有一張真正猶太人的臉，濃密的黑髮，認為他跟將軍之間相貌神似的人，真是瞎了眼。我看過當時馬克思寫到曼徹斯特給將軍的信（當然，將軍那時還沒住進倫敦）；我相信將軍毀了這封信，正如他們來往的許多信件一樣。

這就是我對此事的所有瞭解。佛萊迪從來沒有從將軍或她母親身上，打聽出他真正的生父是誰……。

我再次讀妳寫給我有關此事的幾行文字。馬克思一直知道有可能會鬧離婚，因為他的妻子善妒得要命。他並不愛這孩子，而且如果他敢為他做任何事，這醜聞會弄得不可開交。

既然這封信是在一九六二年公諸於世，大部分馬克思主義學者已接受這份文件是卡爾不忠的眞憑實據。不過，還是有一、兩位多疑的人。愛琳娜·馬克思的傳記作者卡柏（Yvonne Kapp）認爲弗瑞柏格的信是「高度幻想」，它「在許多點上令人無法相信」；然而，她也承認「沒有合理懷疑可不信他〔佛萊迪〕是馬克思的兒子」。恩格斯的傳記作者卡佛（Terrell Carver）教授更進一步拒絕相信，馬克思或恩格斯會是佛萊迪·德穆特的父親，並將這封信貶爲一份僞造文書——「可能出於納粹所爲，目的在於詆毀社會主義」。他指出，阿姆斯特丹檔案的版本是打字機打出來的副本，出處未知，而且從來沒有找到原版

（如果存在的話）。

當然，這封文件的某些說詞違反了邏輯或常識。就以那封馬克思在嬰兒誕生時寄給恩格斯，而弗瑞柏格宣稱親眼見過的「信」來說，既然弗瑞柏格出生於一八六〇年，且直到一八九〇年才開始爲恩格斯工作，這意味恩格斯必須保留這封信好幾十年。爲什麼費神保留這封信多年之後，他又要摧毀這唯一能「糾正關於他遺棄兒子的謠言」之證據呢？

在心理層面上，顯然也有令人難以置信之處。當燕妮・馬克思發現僕人和丈夫偷偷燕好時——她當時還懷有身孕——她可能會把萊菁趕出家門，至少以冷淡不信任來對待她。然而，這兩個女人終其一生都是親密伴侶。「針對弗里德里克・德穆特的生活及其關係進行調查，找不出任何有關他生父的身份，甚至連所謂『恩格斯代替成爲生父』的說法，也沒有任何事實支持，」這是卡佛教授的結論。「現存書信及回憶錄確實找不到支持路易莎・弗瑞柏格說法的證據。」

這不盡然正確。馬克思和恩格斯的文件都已經遺囑執行人仔細過濾、整理，他們不希望出現任何使共產主義偉人難堪或名譽受損的文字，但某些重要的隻字片語仍留存。首先是一封愛琳娜於一八八二年五月十七日寫給姊姊勞拉的信，表示馬克思的女兒已接受恩格斯是父親的說詞：「佛萊迪各方面的表現都令人稱讚，恩格斯對他發怒雖不公平，但也可理解。我想，沒有人願意活生生、血淋淋地面對自己的過去。我總是帶著罪惡感和做錯事的態度面對佛萊迪。唉，那個人的生活！聽他談論自己，對我而言是悲慘與可恥。」十年後，愛琳娜在一八九二年七月二十六日回溯這個主題：「我或許太『多愁善感』了——但是我禁不住覺得，佛萊迪的整個人生都很不公平。當妳所見都如表面般公義，不是很好嗎？我們對他人說教，自己卻難得親身實踐。」根據先前那封信來看，她顯然在譏諷恩格斯。

馬克思和妻子都留下微小但有力的線索。燕妮寫於一八六五年的自傳式文章《多災多難生活的簡短素描》（A Short Sketch of an Eventul Life）裡透露一件令人好奇之事：「一八五一年夏初，發生一件我不願詳談的事件，此事平添我們和別人的煩惱。」所提及之事只能是佛萊迪的誕生。如果海倫・德穆特懷了別的情人的孩子，爲何會引起燕妮如此長久而涉及個人的悲傷呢？

更奇怪的是一封馬克思於一八五一年三月三十一日寫給恩格斯的信，當時海倫已經懷孕六個月。在一長串對於債務、債主和吝嗇母親的抱怨之後，馬克思附加寫道，「你會承認這是一樁棘手的事，我正深陷於小資產階級的混亂狀態……不過，在我最後給這事情一個悲喜劇的轉折之前，有一件額外祕密（mystere），我現在要用簡短的幾個字（en tres peu mots）向你揭示。然而，我剛剛被打攪，現在必須馬上去看護妻子。其餘的部分，你在其中也扮演一定角色，我們下封信再談。」兩天後的下一封信中，他改變主意了。「我沒有寫信告訴你關於秘密的事，因爲無論代價爲何，我一定要在四月底見你一面。我必須離開此地一個星期。」

這秘密若不是萊菁懷孕，會是什麼？馬克思改用法文委婉表達羞赧，無疑證明了這一點，因爲這是他談及婦科問題而感到尷尬時常用的語言。（燕妮懷孕期間，他告訴恩格斯，她現在處於不太妙的狀況（un etat trops interessant，譯按：此句中沒有pas字，但第五章也出現過這個句子，彼處全句是un etat par trops interessant，推斷par應是pas的筆誤，可能是馬克思隨性寫下的法文）。他爲何遲疑道出更多細節？在同一封信後段裡，得到了充分解釋：「唉，我的妻子生了女兒，不是兒子（garcon）。更糟的是，她的狀況非常壞。」到底「狀況很壞」的是馬克思夫人，還是她的新生女兒法蘭齊斯卡（Franziska）呢？也許兩人都是。我們從燕妮的回憶錄裡得知，她在一八五一年夏初很沮喪，而馬克思在三月三十一日的信裡證實了這一點：「內人於三月二十八日產下一女，分娩順利，現在卻病倒在床，病因乃家務事引起，並非生理原因。」八月初，兩位保母傳播迪恩街的曖昧消息，其他流亡者開始談論老馬克思的八卦。「我的處境非常悽慘，」他向友人魏德麥爾坦承。「如果事情再這樣持續下去，內人就要受苦了。她經常煩惱，加上日常生活最微不足道的掙扎，在在耗盡她的心力；其中又以我的對手之惡行爲最，他們從未如此想要徹底打擊我，藉由猜忌我的生活習性和散播關於我最難以啓齒的醜聞，來報一箭之仇。魏立希、沙培爾、盧格，以及其他無數的民主暴徒都以此爲己任。」決鬥者康拉德的兄弟魯道夫・施拉姆，曾對熟人耳語「無論革命結果爲何，馬克思都輸了。」

「當然，我將這一切污穢之事當笑話看，」馬克思寫道。「我不會讓它絲毫干預我的工作。但是如你所知，內人身體很差，而且從早到晚處在最不舒服的家庭窘境裡，她的神經系統已受損，而那些惡臭的民主暗溝每天散播到她耳中的愚蠢謠言，又使她無法恢復精神。在這方面，某些人攻擊戰術之拙劣，眞令人驚訝。」如果那些謠言不是指小佛萊迪謎一般的受孕，又會是什麼？值得注意，馬克思實際上並未否認那些「難以啓齒」之傳言，他只感嘆那些饒舌者的愚蠢戰術。

事情很難變得更糟，但更糟的事眞的發生了。一八五二年的復活節，也就是法蘭齊斯卡一歲生日不久後，她罹患嚴重支氣管炎。四月十四日馬克思寫了一封簡短的信給恩格斯：「親愛的弗里德里希，以簡短幾行字告訴你，我們的孩子在今天凌晨一點一刻過世了。」這封不帶感情的宣告，並未描繪馬克思家庭現在所籠罩的苦悶和絕望。回到燕妮的《多災多難生活的簡短素描》就不同了，「她嚴重受苦，當她死去，我們將沒有氣息的小身體放在後面的房間，走到前廳在地板上鋪床。三個存活的孩子躺在我們身旁，大家都爲小天使哭泣，她青黑色的屍體就在隔壁房裡。」一開始，馬克思家甚至請不起葬儀社，迪恩街的一位法國鄰居同情他們，借了兩英鎊。「我們用這筆錢來買棺材，我的孩子正安詳地睡在裡面。她出世時沒有搖籃，好長一段時間，她連最後安息之所都沒有。」

馬克思來到倫敦才兩年多，卻已遭受兩次喪親之痛。恩格斯判斷可能原因：「但願能找到某個方法，讓你和家人搬到較健康的區域和更寬敞的住所！」他在慰問信裡哀嘆。無論拮据是否殺了法蘭齊斯卡，但確實影響她的葬禮。前幾個星期，馬克思還期盼藉著美國同情者的捐助，能穩定財務；但就在喪禮舉行的早上，他收到定居紐約的魏德麥爾之來信，警告他那裡捐款的機會很渺茫。「你知道，魏德麥爾的信讓我們很不舒服，尤其對我妻子而言，」馬克思告訴恩格斯。「兩年以來，她眼睜睜看著我所有的事業一一失敗了。」

7 餓狼

一八五三年四月的某個早晨，一位麵包師傅出現在迪恩街二十八號，他揚言如果債單不付清，就不再送麵包。迎接他的是埃德加．馬克思（Edgar Marx）——一個雙頰豐腴的六歲小男孩，但是卻深諳世故，知道如何躲避債主。埃德加小時候身材瘦小，被暱稱爲「小蠅」（Musch），長大以後，因爲擅長戰術運用，改稱爲「小蠅上校」。

「馬克思先生家在嗎？」訪客問道。

「不，他不在樓上。」倫敦小男孩如此回答——然後搶走了三條土司，一溜煙就跑走了。

小蠅的父親十分感到驕傲，但他不可能用這麼簡單的方式就趕走所有的債主。在蘇活區（Soho）的時期，馬克思一家人終日提心吊膽：渾身髒兮兮的普魯士密探在外頭東張西望，記錄所有來往的過客，他們一點也不懂得躲藏。憤怒的肉販、麵包師傅、警官也經常敲門。

他寫給恩格斯的信是一連串貧困生活的寫照。「上個禮拜，我實在是『太高興』了。我沒有辦法出門，因爲大衣都典當了。信用破產，再也沒有吃到肉。我眞是受夠了，我還擔心有一天我會做出某種見不得人的蠢事。」（一八五三年二月二十七日）。「我太太生病，小燕妮也病了。萊菁有點發高燒。因爲沒有錢買藥，我以前不能、現在也無法找醫生。這十天以來，我只能用馬鈴薯與麵包來養活家人，但今天能否再找到存糧仍是問題……。我到底要如何脫離這種煉獄般的困境？」（一八五三年一月二十一日）。「過去十天之中，家裏一毛錢也沒有。」（一八五三年十月八日）。「目前家裏百分之二十五的收入流向當鋪，又因爲欠款之緣故，任何事都無法搞定……蘇活區如今霍亂正肆虐，在這個時候缺錢就更恐怖了——何況家中需求分秒不得稍歇——到處都有一大堆人翹辮子，在博德街上平均每戶死三人，『糧草』是對抗病魔最好的防禦。」（一八五四年九月十三日）。「我在樓上忙著寫信給你，我太太在樓下被一群餓狼糾纏，他們說『時機歹歹』，要她施捨一點，但她根本沒錢。」（一八五七年十二月八日）。「我剛接到那該死的收稅員第三次、也是最後一次的警告，如果我星期一付不出錢，他們下午就要查封財產。如果可能的話，寄來一些錢吧……。」（一八五七年十二月十八日）

這裏所謂的「一些錢」，累加成相當可觀的慷慨補助。即使在一八五一年，馬克思最貧困潦倒的年頭之一，他從恩格斯與其他支持者那裏至少得到一百五十英鎊。這筆金額可以讓一個中下階級家庭從容過活。那一年秋天，他被全世界最暢銷的《紐約每日論壇報》（New York Daily Tribune）任用爲歐洲特派員，他通常每週寫兩篇文章，一篇値兩英鎊。雖然他從《論壇報》賺得收入在一八五四年之後略為減少，但同時，他也為布來斯勞（Breslau）的《新奧德報》（Neue Oder-Zeitung）寫稿，一年有五十英鎊收入。簡言之，在一八五二年之後，他每年至少有兩百英鎊收入。迪恩街一年房租只有二十二英鎊。那麼，為何他總是一貧如洗？

如果馬克思眞如許多警方報告所述，過著放浪形骸、漫不經心的生活，那麼他的家庭絕不會悲慘至此。事實上，他屬於那種沒落的公卿貴族，拚命裝飾門面，不願意放棄資產階級的生活習慣。在整個一八五〇年代，他幾乎養不活自己的小孩，卻仍堅持雇用一年輕的德國語文學者畢柏（Wilhelm Pieper）充當祕書，僅管燕妮・馬克思樂意做這份工作。

燕妮將畢柏描述成一個「懶散的輕浮鬼」，同時兼具膚淺與固執的特點。畢柏做事毫無章法，舉止粗鄙，特愛吹牛，又酷好女色。一些至馬克思家作客的女性被他野蠻的政治演講嚇哭，要不就在他無恥的猥褻行徑前潸然淚下。他自視為「拜倫與萊布尼茲的綜合體」，更糟的是，他根本是無用的祕書。他主要謄寫與翻譯馬克思的報紙文章，但翻譯錯誤百出，恩格斯時常得重新來過。無論如何，一八五三年春季之後，馬克思已有自信可以用英文書寫。「我搞不懂你為何仍要用他」，恩格斯如此抱怨。那年夏天，畢柏在醫院躺了兩個禮拜，病床前的小牌子讓他十分丟臉，「威廉・畢柏，梅毒病人。」他保證日後行為檢點，但生活荒誕依舊，不久他又住進了醫院。

某天，一封畢柏的信送抵迪恩街，該信出自女人之手，信中要求會面。既然畢柏不認識此女，便將信遞給燕妮，而她一下就認出是以前的奶媽，「一位又肥又老的愛爾蘭邋遢女人」。卡爾與燕妮嘲笑他這位最新的仰慕者，但馬克思後來注意，「他眞的與老女人相會」。不到幾個禮拜，他向南倫敦一位蔬菜水果商的女兒表達無限愛意，馬克思形容這位女士是一根戴綠眼鏡的蠟燭——「她整個人看來是一片銅綠而非蔬菜綠，外加瘦骨如柴。」後來謎底揭曉，整個求愛事件的主要目的，是畢柏想接近女孩的父親，向他借二十英鎊。但結果就像其他的詭計一樣，以災難收場：蔬菜水果商不肯借半毛錢，沈醉在愛河的女兒則跑到迪恩街，提議立即私奔。

畢柏經常消失一段時間，不是在追求某位佳人，就是在開創事業，例如新聞記者、校對員、市政府辦事員、燈管推銷員、學校教師。但他的愛情與事業兩頭落空，經常拖著又濕又髒的衣服回到迪恩街，請求收容。馬克思在一八五四年七月抱怨：「哎呀！我又被畢柏纏上了。他看來像是頭餓得半死的豬，以難看的吃相吸奶。先前他與一位妓女同居了兩個禮拜，還叫她寶貝；兩個禮拜內，他花了二十英鎊，現在則是兩邊口袋空空。以現在這種天氣，這傢伙整天在家裏晃來晃去，從早到晚，再從晚到早，眞是無聊。他還妨礙我的工作。」公寓裏一切都是因陋就簡，因此畢柏必須與馬克思同床共枕。更糟的是，畢柏堅持爲他演奏華格納（Richard Wagner）的新作——「未來的音樂」，而馬克思對此討厭至極。

在一八五七年，畢柏宣稱他在博格諾（Bognor）的一間私立學校找到德文教師的工作。顯然，他希望馬克思會以更好的待遇要求他留下來。最後，他的伎倆被揭穿，燕妮毫不費力地取代他的位置。「事後證明，他口中的『不可取代』，只是他自己的幻想，」馬克思寫道，故意不提自己也曾受騙，「我太太可以從事祕書工作，也不會像那位可敬的青年惹那麼多麻煩……我再也不需要他了。」既然多次馬克思生病、畢柏在外宿娼時，她都證明自己有能力勝任，為何馬克思要這麼久才了解？多年來，他被這位不可靠的雜役所困擾，私底下馬克思稱他為頭腦不清楚的小丑與蠢蛋。「不學無術、好為人師、虛榮自大、好發議論，這些性格組合使他更難忍受。這種年青人在表面開朗的個性背後，隱藏著急躁、沈鬱與意志消沈。」

打從一開始，僱用畢柏就是沒有必要的鋪張浪費，卻一直持續下去。因為馬克思認為，像他這樣地位的人，沒有機要祕書是不體面的事。同樣地，經常的海灘假期、小孩的鋼琴課程、其他充當門面的昂貴花費都屬必要。再怎樣口袋空空，他仍拒絕接受所謂的「次無產階級生活」。對於其他流亡者是奢侈品的東西，在他看來則是「不可或缺的必需品」；但一些絕對必要的需求，例如付錢給雜貨店，則被當成額外的選擇。

在一八五四年六月一封寄給恩格斯的懇求信中，本末倒置的現象清楚可見。那時燕妮大病初癒，她的大夫佛洛因德醫生（Dr Freund）要求結清拖欠的醫藥費。「我陷入了困境，」馬克思說明他的每季帳目充滿了赤字，「我要付十二英鎊的房租，稿債未清也使總收入減少許多，其中光是醫生的帳單就佔了開銷的一大半」。這種感動人心的訴求在下一句中就被破壞無遺了，因為他提到燕妮、小孩、管家即將到愛德蒙頓（Edmonton）的別墅度兩個禮拜假期。之後「鄉村氣息會使她元氣恢復，他們才能經得起長途跋涉回到特利爾。」恩格斯一定想知道，馬克思這麼吝於付錢給醫生，他怎麼有辦法付得起旅費？他飽受煎熬的老債主們得知，燕妮為了這次旅行準備了一整櫃的新衣服，一定也想問這個問題。馬克思假裝不了解他們的不滿，宣稱日耳曼男爵的千金「回特利爾當然不能不得體」。

馬克思有幸娶到貴族的掌上明珠，他的驕傲十分可笑。他特別爲燕妮準備一張名片，上頭寫著「燕妮．馬克思夫人，威斯特伐倫男爵之女」，他經常拿出炫耀，希望能引起商人與托利黨人士的注意。「海洋對我太太很有助益，」他在某次燕妮的假期之後如此寫道，「在藍姆斯蓋特（Ramsgate），她認識了一些有教養、聰明的英國仕女。這幾年來，她只有卑賤之人相伴；她與這些身份相當的人士交往，感到愉悅。」燕妮鮮有此種機會。馬克思讓特利爾上流社會的公主過貧賤的生活，爲此他深感歉疚。貧賤夫妻百事哀，有一件十分丟臉之事，可看出他們淪落的程度。有一次，馬克思典當燕妮的傳家銀飾，卻被拘捕。警察的懷疑頗有道理：落魄的流亡者怎麼正當地持有貴族傳家之寶？馬克思在牢中過了一晚，燕妮費了很大工夫，才證明自己是如假包換的貴族。

馬克思儘管無法讓自己的太太衣著得體，符合「身份相當人士」的標準，他至少可以讓小孩過得好一點。女孩子出嫁當然要門當戶對，她們需要有晚禮服、上舞蹈課，以及其他所有花錢買得到的社會優勢，這樣才會有體面的人家上門求親；即便這些錢是向「某人」乞討而來，也捨得花費。恩格斯早就習慣當那位有求必應的「某人」，從未挑戰朋友的想法——打腫臉也要充胖子，舖張奢華會有回報。「我自己一點也不在乎住在懷特恰貝爾（Whitechapel），」馬克思宣稱，但這「對女孩子成長不好。」在少女時期，馬克思的女兒上「淑女課」，三個月就要花八英鎊。此外，她們還有法文、義大利文、繪畫、音樂的私人家教。「家中入不敷出，」他在一八六五年向恩格斯承認，那時他搬進了北倫敦的一幢華宅。「但這是讓小孩能在社會立足的唯一方法，她們的未來也才有保障……我相信你一定也會認為，即使從純粹商業角度來看，這也划得來。如果我們夫妻倆沒有小孩，或者我們生的不是女孩，無產階級的生活便可以接受。」

即便是恩格斯，也無法負擔讓這群荳蔻少女宜室宜家的龐大花費。他左思右忖，最後想起，馬克思唯一的希望就是向民間互助會（People's Provident Assurance Society）借款，「即使我絞盡腦汁，仍沒有辦法找到在英國籌錢的其他方法。我認為時候也到了，你應該向令堂求助……。」恩格斯說。找個工作是更顯而易見的方式，但恩格斯精打細算的腦中從未浮現這個想法。在其他場合，他會很快向流亡同胞建議這個法子，當作解決一切問題的萬靈丹。「我真希望我們在倫敦的少年能趕快找個固定工作，安頓下來，」他有一次向馬克思說，語中絲毫不帶諷刺意味，「因為他們快成為終日無所事事的放蕩子了。」

馬克思在倫敦一共住了三十四年，他只有兩次嘗試找個正當工作。一八五二年，他寫給那時身在美國的魏德麥爾。他在信中提到班揚上校（Colonel Bangya）曾告訴他「一種新發明的亮光漆」。班揚上校是馬克思新結交的死黨，一位神秘的匈牙利流亡人士，後來發現原來是專門替歐洲各皇室打聽消息的密探。馬克思希望魏德麥爾能到紐約的國際工業大展設攤，向顧客推銷新產品，「那時你就可以一舉發財，」理所當然，倫敦的合夥人也能享有豐厚利潤。「請立即回信，告知我一切所需費用，」馬克思建議。神奇的亮光漆後來音訊全無，其下場就像魏特林所發明的製帽器一樣。十年之後，他的負債更多。逼不得已，馬克思只好應徵一項鐵路事務員的工作，但由於字跡潦草被拒於門外。

馬克思寫道，如果沒有恩人慷慨解囊，「我很早就必得徒務『正業』。」雙引號表現出的不屑之情可見一斑。事實上，由於恩格斯鼎力相助，他可以將時間花費在大英博物館的閱覽室，重拾中斷許久的經濟學研究。在一八五二年共產主義者同盟解散之後，他就不用負擔政治工作，許多《論壇報》的工作也被他外包給恩格斯。「你一定要幫我，現在我正忙於政治經濟學，」他在一八五一年八月十四日懇求。「寫一些關於一八四八年之後日耳曼的文章，風格要機智，內容不拘。」〈日耳曼的革命與反革命〉（Revolution and Counterrevolution in Germany）是《論壇報》第一篇以馬克思署名的連載文章，由一八五一年十月至一八五二年十月，分十九次刊載——事實上全由恩格斯捉刀。一八五三年十二月一篇關於俄土戰爭進展的未署名社論，展現了驚人的軍事戰略之專業知識，紐約方面小道消息盛傳，作者是美國名將史考特將軍（General Winfield Scott）。編輯丹那（Charles Dana）寫信給燕妮．馬克思，特別引述這些傳聞，證明她先生的確是才華洋溢。他沒有料想到，作者又是那位「恩格斯將軍」，恩格斯曾在巴拉汀領地（Palatinate）的戰役中當過步兵。

「恩格斯工作眞的太繁重，」馬克思承認，「他是一部活百科全書，無論清醒或酒酣，無時無刻都能下筆如神，洋洋灑灑。」恩格斯雖然樂於承擔額外的工作，但棉織廠的工作十分耗神，不可能有求必應代勞每篇文章。馬克思也不希望如此，《論壇報》擁有廣大而具影響力的讀者群，光是週刊就賣出超過二十萬份。對於一位長久習於在倫敦酒吧樓上對少數聽衆高談闊論的人來說，《論壇報》的誘惑力著實是不可抗拒。有時，他將寫作大綱寄到曼徹斯特，恩格斯再加以完工。其他時候，例如報社需要關於戰爭或「東方問題」的文章，幕後捉刀者則要完全自己應付，因爲馬克思對此「毫無頭緒」。

僅管如此，在五百多篇投稿《論壇報》的文章中，馬克思仍至少寫了一半以上。他在疲倦時，有時忽略了新聞業的古老行規，沒有在一開始就吸引讀者的注意（「本週國會的辯論十分無趣」，這是一篇一八五三年文稿無可救藥的開場白）。但大部份的評論，尤其關於英國政治，則充滿典型的馬克思文采。舉例而言，他對於一八五二年選舉的描述：「傳統上，英國大選時期是狂歡作樂的酒神節慶，政治良心被廉價販賣，任人投機炒作，也是政客歡喜收穫的時期……。這一切就像是古羅馬的農神祭（saturnalia）。主人變成僕人，僕人變成主人。即使僕人只當主人一天，霸道將橫行天下。」他對塞泊伊軍（Sepoys）——英屬印度的土著士兵——叛變的描述更是高明：「人類歷史中的報應屢見不鮮。一個歷史報應的規則就是，其工具不是由受害者所創造，而是來自於加害者。最先打擊法國君主政體的勢力來自於貴族，而不是農民。印度的反叛並非始於群眾反抗，僅管他們被英國人虐待、污辱、剝削，反叛來自於英國人豢養與寵幸的塞泊伊軍。」

令人難過不解、但又毫不奇怪——他辛辣的新聞報導並沒有收錄成佳句字典。還有誰比他更能中傷巴麥尊爵士（Lord Palmerston）？「他不想要眞正的成功，只要成功的表象；若說他一事無成，他還眞的無所不爲；他不敢認眞介入，只敢管管閒事；他不敢與強敵競爭，偏偏找一個弱小對手……在他眼中，歷史運動不過是一場爲了巴麥尊子爵個人滿足所特地發明的遊戲。」接下來看這位不幸、侷促難安的羅素爵士（Lord John Russell）：「古有名訓：無人能增加自己的高度，他最能證明這一點。家世顯赫、結交權貴、因緣際會使他站立在高聳的平台之上，但他仍舊是小矮人——一個站立在金字塔上惡毒、扭曲的侏儒。」

如果他有充份空間與時間發揮的話，馬克思的描寫將會源源不絕，並成爲上世紀最尖銳的爭論記者。但他經常聽到良知在背後喋喋呼喚，「寫得太漂亮了，然而這不是戰爭。」早在一八五一年四月，馬克思就宣稱「我目前進度超前，五週內可以結束經濟學研究。之後我將在家裏完成政治經濟學，並在博物館進行另一學科的研究。」好幾個月以來，他從早上九點到下午七點坐在閱覽室。「馬克思過著完全退隱的生活，」威廉·畢柏如此報導，「他唯一的朋友是約翰·彌爾（John Stuart Mill）與洛伊德（原註：經濟學家山姆爾·強斯·洛伊德 Samuel Jones Loyd）。每當有人去拜訪他時，他都以經濟學的術語來招呼，而不用一般的寒暄方式。」

然而，他爲自己設定的艱困任務卻是無窮無盡，「我研究的題目太複雜了，無論再怎樣努力，都無法在六至八週內完成，」他在六月告訴魏德麥爾。「更甚者，現實問題經常打斷工作，以我們目前貧困的環境而言，這是無可避免。但儘管如此，儘管如此，工作終究接近完成。屆時，我一定要好好地休息一陣子。」

這段話顯示，馬克思缺乏自知之明。他很樂意「暫別」老朋友或政治社團，絲毫不以爲意；但他沒有能力放棄自己的工作——尤其是那本綜合統計資料、歷史、哲學的大作，用來揭露所有資本主義醜惡的祕密。他寫得愈多，研究得更深入，這本書就離完工愈遠：就像是《彌道馬區》（Middlemarch）一書中，考索本（Casaubon）有個沒完沒了的「所有神話之關鍵詞」，不斷有新的線索要探詢，煩瑣的題材要研究。（事實上，馬克思喜歡喬治．愛略特（George Eliot）的小說。他在一八六九年拜訪地質學家丹金斯（J. R. Dakyns）之後，寫信給女兒燕妮：「我們的朋友丹金斯有點像豪特（Felix Holt），沒有他那種做作，再加上一點知識。我當然忍不住要揶揄他一番，警告他不要會見愛略特夫人，以免被立即寫入另一部小說中。」）

「當務之急，」恩格斯在一八五一年十一月建議，「你要趕快以一本鉅著登上公衆舞台……。你離開德文書籍市場已經夠久了，要趕緊結束這段時期。」但此後四年，這項計劃又暫時擱置，現實問題又「經常干擾工作」——我們應當附帶一句，許多「干擾」其實是馬克思咎由自取。法國一八五一年十二月政變之後，他立即著作寫《路易．波拿巴的霧月十八日》，這是應老友魏德麥爾新創立的美國週刊《革命》（Revolution）之要求。大部頭著作也許超出他的能力，但是他文筆的犀利風采依舊。

唉，他的老毛病依舊不改。在一八五二年春天，馬克思浪擲數個月撰寫《流亡名人錄》（The Great Men of the Exile），這是針對流亡社會主義份子圈內「著名蠢蛋」與「民主惡棍」的冗長諷刺文。這群惡棍的頭目是金克爾，一位打油詩人，也曾是政治犯，在當時受到倫敦上流交際圈貴婦人的寵幸，包括布魯寧克男爵夫人（Baroness von Brueningk），她是在聖約翰森林（St. John Wood）一處沙龍的主人。六月一整個月，馬克思都在曼徹斯特與恩格斯一同修改文章，添加對金克爾與其他壞蛋的辱罵之詞。「修理這群惡棍的過程，」他寫道，「讓我們爆笑不已，連眼淚都流下來。」幸好，這份作品沒有公開發表，只是私底下的玩笑，不致壞了他的名聲。馬克思將手稿交給班揚上校，託他轉交一家日耳曼出版社，這叛徒立即轉賣給普魯士警察。它消失了整整一個世紀，任何讀過這本書的人，都會認爲損失不大。

但馬克思與這些惡棍的恩怨尚未完結。到了七月，傳聞金克爾在一趟美國的募款之旅中，告訴辛辛那提（Cincinnati）的聽衆，「馬克思與恩格斯不是革命份子，他們只不過是一對無賴，還曾被倫敦的工人趕出酒吧。」馬克思問他敢不敢否認曾說過這話：「我等你的回信，緘默將被視爲默認。」金克爾回信說，一八五〇年時，他曾被馬克思在《新萊茵報》攻訐，那時他還囚禁在日耳曼；既然如此，「我不想再理會你」。

如果你自認能證明，我曾不實地說過或寫過任何傷害你或恩格斯先生名譽的事，法律有規定的一般處理方式，任何自認被誹謗或侮辱的人都可循此途徑。我必須告訴你一點，我就是以這種方式來對待在私下或政治上都沒有任何接觸的人。除了法律的方式，我不想再與你有任何關係。

馬克思的挑戰被視若無睹，因此感到憤憤不平。（「任何有決鬥意味的要求都被他如此冷淡地拒絕。」）打誹謗官司不可能，因爲英國法庭無法審理發生在辛辛那提的辱罵。馬克思猜想，金克爾此後將拒收任何蓋有蘇活區郵戳的信簡，於是他設想了一套伎倆。他說服憲章派領導人強斯（Ernest Jones）寫一封寄給金克爾的信封（馬克思猜想自己的潦草字跡很容易辨認），然後要求威廉．沃爾弗在溫沙地區（Windsor）付郵。這封情書裏有一張點綴著勿忘我與玫瑰花束的彩色信紙，不用說也猜得到，上面寫滿馬克思對敵人的「甜蜜」謾罵。他透露自己掌握辛辛那提聽衆的宣誓證辭，怒喝「你的上封回信，逼我不得不出此下策，也提供另一項新而有力證明：金克爾不但無恥下流，更膽小如鼠。」

馬克思爲自己的兒戲沾沾自喜。「這玩笑最精彩的部分還沒開始，」他幸災樂禍地說，「等到《流亡名人錄》連載出刊，金克爾才會完全明白我的計畫。換言之，在此次猛轟他之前，我早已對他做直接人身攻擊爲樂，同時也讓其他流亡者知道，公理站在我這邊。爲此我需要從強斯那兒拿一些『白紙黑字』的東西。現在，談談正事……」

這些所謂的「正事」，仍是更惡質的內鬥，導因於延宕許久的科隆共產黨案件，終於在一八五二年十月開審。這場官司的主要犯罪證據，是一些倡議武力暴動的小冊子與報告文件，據稱是從倫敦共產主義者聯盟竊取而來。因此，馬克思花了整個夏天與秋天，蒐集證詞以說明這些文件屬於僞造。當官司結束之後，他認爲有必要寫一篇文章，以澄清在科隆法庭流傳的所謂「馬克思幫」謠言，並順便把槍口指向共產主義者同盟中的魏立希—沙培爾派。無可避免地，這篇文章很快地擴張成爲一本書《揭露科隆共產黨人案件》（Revelations Concerning the Communist Trial in Cologne），同樣無可避免地，奧古斯特．魏立希公然抨擊這本書。馬克思立即以另一本小冊子《高貴良知的騎士》（The Knight of the Noble Conscience）回敬，攻擊他以前戰友「目中無人」、「諂媚奉承」。事情變得沒完沒了……。

馬克思很少謹言愼行，但這一次他卻略過不提這位不高貴騎士的一筆糊塗帳。在一八五二年期間，魏立希被布魯寧克男爵夫人收容於北倫敦的住宅，根據馬克思向恩格斯所述，男爵夫人「喜歡同老傢伙打情罵俏，她對所有退伍軍人都如法泡製。有一天這位坐懷不亂的正人君子怒不可遏，動手毆打尊貴的夫人，在一片喝采聲中他被驅出家門。情斷義絕，連飯票也沒了！」魏立希在倫敦惡名昭彰，他隨後立即移民美國，並在內戰期間奮勇作戰。許多年後，馬克思也不得不承認，老傢伙至少沒有晚節不保。

許多人一定想知道，爲何馬克思將才能浪費在這些私人恩怨上？一種解釋是，因爲家裏太混亂了，沒有辦法從事費力的偉大事業。（「唯一可做之事，」他不禁自嘆，「就是製造一個狗窩。」）也許大學生時期從事決鬥所留下的刀痕從未完全癒合。有一次倫敦的德文報紙《你好》（How Do You Do）含沙射影地說，馬克思與其連襟——亦即執行鐵腕政策的普魯士內政部長菲迪南・馮・威斯特伐倫——秘密共謀，馬克思衝到報社辦公室，向編輯要求決鬥。那位編輯嚇壞了，立即刊登一篇道歉聲明。在一八五二年十月，他用同樣的手法對待布魯寧克男爵，因爲他指控馬克思傳播不實謠言，說男爵夫人是俄國密探。馬克思向男爵提議會面，以證明自己的清白，「如果我的解釋不足夠，我準備以紳士慣有的方式來滿足閣下。」這場爭執最後以形式上的書信往返和平收場。但一個月之後，他故態復萌，寄一封惡言相向的信給左翼歷史學者凡塞（Karl Eduard Vehse），他曾在德勒斯登傳播關於馬克思《流亡名人錄》「無禮」而又「冒味」的耳語。「如果這封信冒犯你，」他在好幾段咒罵文字之後總結，「你只需到倫敦來，你知道我的住處。我向你保證，我隨時可以解決這類事情慣有的方式讓你滿足。」

唯有普魯士官方會從共產黨人相互殺戮中得到滿足：馬克思對魏立希等人的言辭攻訐，比起祕密警察的笨拙破壞與誘陷，遠爲有效。馬克思知道親痛仇快的道理，但他認爲自己所攻擊的密謀份子是更危險的敵人，他們不斷散播立即革命的訊息，有可能誘使社會主義者太早起義，最後以災難收場。虛假的彌賽亞如果不被揭露，比眞正的君王更能吸引群衆。這些人身攻擊的小冊子、清晨的手槍決鬥，本質上是政治事務，不是受挫自尊與怒火的展現——這是他用來說服自己的說詞。他說，「我正在從事一場與僞自由派的決鬥，至死方休。」對付這群儒夫最致命的武器莫過於他的鉅著，他於其中鉅細靡遺地證明，如果革命份子不做經濟學家庭作業，他們不會成功。「民主笨蛋的靈感來自『虛無飄渺』，當然用不著努力充實自己，」他嗤之以鼻。「這群傢伙是天之驕子，又何必要埋首於經濟學與歷史的資料堆中？愛逞匹夫之勇的魏立希經常告訴我，事情就這麼簡單；眞正簡單的是那些頭腦不清楚的傢伙！」

馬克思的敵人一向認爲，他不喜歡魏立希與其他「流亡名人」只是出自於嫉妒。一八四八年革命失敗之後，許多戰敗的英雄群集倫敦，他們帶著戰爭勳章與浪漫魅力——例如義大利的馬志尼（Giuseppe Mazzini）、法國的白郎（Louis Blanc）、匈牙利的科蘇特（Lajos Kossuth）、德國的金克爾。交際圈女主人競獻殷勤，豪華宴會以他們爲名舉行，他們的肖像也託人繪製。金克爾從史潘道（Spandau）監獄冒險脫逃亡命英國的故事，被狄更斯在《話家常》（Household Words）一書中大加讚揚。他曾舉行一系列的戲劇與文學演講，入場卷每人高達一基尼金幣。馬克思曾評論，「他任何事都做得出來，大肆宣揚、自吹自擂、招搖撞騙、糾纏不休；但他卻獲益匪淺。金克爾愉悅地沈浸在自己的鏡影之中，他的名聲也顯現在全世界的水晶宮（Crystal Palace）之上。」馬克思雖然貧困無名，饑寒交迫，他從不曾嫉妒這群神氣活現的世界解放者。他經常引用但丁的名言：「走你的路，讓人們去說罷！」（Sequi il tuo corso, e lascia dir te genti）。他欣賞英國合作社運動創始者歐文（Robert Owen）之處，就在於每當他的理念受到歡迎，他立即說一些不合大衆胃口的話，讓自己再度不受歡迎。

「他厭惡舌燦蓮花的人，誰逞口舌之快好發議論，誰就倒楣了，」李卜克內西如此觀察。「他不斷告誡我們『小伙子』，邏輯思維與清楚表達乃絕對必要，也強迫我們學習……其他流亡者每日都在計劃世界革命，日日夜夜以鴉片般的格言『明天就開始』來麻痺自己；我們這一群『壞份子』、『土匪』、『敗類』將時間都花在大英博物館，進行自我教育，爲未來的戰鬥進行準備。」馬克思喜歡舉白郎的故事，他個頭小卻十分虛榮，好擺姿態卻常出醜。一天早上，他出現在迪恩街，萊菁請他於前廳稍等，馬克思在更衣。卡爾與燕妮從故意留下的門縫偷窺，他們必須咬緊嘴唇以免笑出聲：這位偉大的政治家兼歷史學家，前法國臨時政府官員，在角落旁的爛鏡子前昂首闊步，愉快地審視自己的身影，宛如三月發情的野兔活蹦亂跳。在一兩分鐘的娛樂之後，馬克思以咳嗽表示自己到了。這位浮誇的大官割捨攬鏡自憐之樂，「盡可能地立即擺出自然的姿態。」

除非工人能「精神上沈浸於」社會主義的理念，否則衆人掌聲不值一顧。工人需要教育，不是高談闊論；他們需要政治組織，不是裝模作樣。要從何處著手呢？英國不只是資本主義的搖籃，也是憲章派運動的誕生地。當馬克思的日耳曼流亡同胞在祕密結社與沙龍中互別苗頭時，本地人早就招募結集成一支龐大的無產階級抵抗軍。「英國工人是現代工業的長子，」馬克思宣稱，「對於工業所造成的社會革命，他們當然大力幫助，不落人後。」

「人民憲章擁護派」（Chartism）的名稱與由來，始於一八三八年五月的人民憲章，有六項基本要求：普遍的男子選舉權、祕密投票、國會年度集會、國會議員有給職、取消國會議員的財產限制、終結衰敗市鎮。雖然憲章派內部一直存在兩派激烈辯論：一派主張暴動，另一派則相信「道德力量」；但十年之間，該運動一直是挑戰體制的強力威脅。他們的機關報之一《北方之星》（Northern Star），一週發行量就超過三萬份，由於大部分販賣點都在酒吧或工廠，眞正的讀者群更爲廣大。憲章派與警方曾爆發幾場嚴重的衝突，尤其是在伯明罕與蒙毛斯郡（Monmouthshire）等地，之後若干領導者即被囚禁或流放。一八四二年，憲章派向議會提出請願——毫不意外地被拒絕——蒐集了三百三十一萬七千七百零二人的簽名，遊行隊伍也長達十公里。同年夏天，一場支持憲章運動的總罷工持續長達兩週，癱瘓了中部地區、北英格蘭與部分威爾斯地區。

一八四八年四年，歐洲的舊政權紛紛倒台，憲章派宣佈將在泰晤士河南岸的克寧頓廣場（Kennington Common）集會，遊行到國會。這項消息造成統治階級一陣驚慌，在滑鐵盧打勝仗的威靈頓公爵（Duke of Wellington）雖然退休了，仍被請出來阻止示威隊伍渡過河。

這是憲章派最後一場勝利。三年之後，群衆又聚集在市中心，但這一次卻是爲了在海德公園舉行的國際展覽。英國享有工業財富、充滿活力的中產階級與無所不在的警察，比歐陸的鄰國更能渡過革命風暴。僅管如此，某種沉潛、壓抑的激進主義仍四處可尋。馬休（Henry Mayhew）在一八五一年出版了《倫敦的工人與窮人》（London Labour and London Poor），他在書中提到，「工匠幾乎都是赤色的無產階級，想法偏激。」

馬克思對於憲章派領袖奧康瑙爾（Feargus O'Connor）沒有太多興趣，他是一位傑出的愛爾蘭煽動家，可惜後來逐漸痴呆。他對於奧康瑙爾手下兩名大將印象深刻，哈尼（George Julian Harney）與強斯。馬克思在一八四五年第一次訪問英國時，他們曾短暫會面。恩格斯曾爲哈尼主編的《北方之星》撰寫一系列關於德國的文章，隨後即邀請哈尼參加共產黨通訊組織。哈尼與強斯都參加一八四七年十一月舉行的第二屆共產主義者同盟大會，該次大會中，馬克思與恩格斯應邀撰寫其宣言。

日耳曼革命份子都自信滿滿、過分樂觀，哈尼警覺到這一點，並試圖踩煞車。「你預期我們可以讓憲章在今年通過，三年之內取消私有財產，這不可能實現，」他於一八四六年警告恩格斯。「整體英國人民雖不是奴役成性，但卻酷愛和平……。我們在法國、德國、義大利、西班牙所見之有組織暴動，不可能發生在本國。在這個國家，企圖組織人民、密謀革命無疑是白費功夫的笨計劃。」恩格斯忽略這些警訊。就在一八四八年四月的克寧頓廣場集會之後不久，他告訴自己的共產黨連襟布蘭克（Emil Blank），英國資產階級「將要大吃一驚，一旦憲章派開始有所動作。整個事情簡直易如反掌。幾個月之後，我的朋友哈尼……將坐上巴麥尊的位子。我賭兩便士，事實上任何數目我都敢打賭。」幾個月之後，幾乎是幾年之後，巴麥尊仍穩坐外交大臣的寶座。

到底那裏出錯了？在一八四九年元旦，馬克思在《新萊茵報》反省失敗的一八四八年革命，並且展望未來一年，「英國這個國家，把許多民族變成無產階級，將世界納入自己廣袤的勢力範圍，也早已支付歐洲王室復辟的代價。這個國家裡的階級矛盾達到最尖銳、最毫無保留的形式——英國，好似海邊堅硬的礁石，革命巨浪遇之即碎裂，這是一個讓新社會胎死腹中的國家。」世界市場由英國所支配，而英國由資產階級所支配，「只有當憲章派統領英國政府，社會革命才會從空想轉化爲現實。」

簡言之，世界革命的前景掌握於哈尼及其同夥——馬克思賦與他們沈重的責任，也是對其實力的熱情禮讚。現實發展與馬克思的預期相左，憲章派逐漸分裂爲數個派系與分支團體。一八四九年，哈尼在馬克思與恩格斯兩人的慫恿之下，與奧康瑙爾決裂，發行一系列短命但活躍的刊物——《民主評論》（Democratic Review）、《紅色共和派》（Red Republican）（在短命的六個月發行期之中，最偉大的成就在於刊行《共產黨宣言》的第一個英文版本）、《人民之友》（Friend of the People）。

哈尼有一點使馬克思與恩格斯吃不消，他宣揚所謂的「人類兄弟之愛」——馬克思十分厭惡這個詞，因爲他可不想當某些人的兄弟。溫和的哈尼廣納各股政治勢力，支持馬克思的「死對頭」，包括一些歐陸的民主派人士，如馬志尼、賴德律—洛蘭（Ledru-Rollin）、白郎、盧格、夏伯等人。當共產主義者同盟分裂之後，他仍試圖維繫各方的勢力。馬克思認爲他不是壞人，只不過容易受到影響——「也就是說，容易受到響亮名號的影響，只要站在名人身旁，他就很感動，覺得受到尊重。」在與恩格斯的私人信件中，馬克思暱稱這位沒有判斷力的啦啦隊長爲「加油公民」（Citizen Hphiphiphurah），有時則稱他爲「我們親愛的」——這是嘲笑他甜得發膩而又大獻殷勤的妻子瑪麗・哈尼。「我很憮倦哈尼的小手段，他總是想要討好那些堂堂正正的小人物，」他在一八五一年二月抱怨。

僅管如此，哈尼的意識形態大雜匯仍有其優點：它使馬克思再次嚐到盟友四散的滋味。「我十分欣慰，我倆再一次不受公眾注目，」他寫給恩格斯。「這十分符合我們的原則與態度。相互讓步以求合作、爲了面子諸事不求圓滿、那些笨蛋犯錯時，我們還要跟著一起在大庭廣眾下忍受嘲諷，這一切都結束了……我在此（倫敦）除了畢柏以外，誰也見不到，完全過著退隱的生活。」

恩格斯心有感感焉：

我最不能忍受哈尼的笨拙與愚蠢。但是幸好，目前這已不再重要了。至少我們終於有機會——數十年來的第一次機會——證明我們不需要知名度，也不要任何國家的政黨支持，我們的地位完全與那些可笑的爭論無關。從現在開始，我們只對自己負責，未來如果他們需要我們，那時我們就可以按照自己的意思來。至少，在那之前我們將度過一段安寧的日子……像我們這樣棄官位如蔽屣的人，怎麼可能加入「黨派」呢？我們對於名聲不屑一顧，即使開始出名了，我們還會手足無措，像我們這樣的人還需要什麼「黨派」呢？黨派不過是一群宣誓與我們站在一起的傻瓜，他們還認為我們與他們一模一樣。老實說，即使我們不再是那些無知痞子的「正確而適當的代言者」，損失並不會太大，我們已經被迫與他們共渡幾年的時光。

就像馬克思一樣，他們都憎惡希望他們加入的俱樂部，「嚴厲批判任何人」成爲他們處世的方針。「整群流亡者的閒言閒語又能奈你如何？」恩格斯問道，「你只需要以自己的政治經濟學回敬他們。」

馬克思與恩格斯對閒言閒語一貫的高傲鄙視態度，一點也不誠實。兩人其實對流亡圈的耳語求之若渴。在下半輩子，他們絕不放過任何可以交換小道消息的機會，他們以此自娛，有時也因此憤怒。當哈尼在一八五一年二月爲白郎準備一場宴會時，他們簡直是怒不可遏。馬克思在倫敦流亡人士裏僅剩的兩位盟友，施拉姆（Conrad Schramm）與畢柏，都被派去觀察——結果他們被指責爲間諜，硬生生地拖出會場，被兩百多名群衆痛毆一頓，其中許多人還隸屬哈尼不當命名的「兄弟民主派」（Fraternal Democrats）。史拉姆向一位管理人員藍多夫（Landolphe）求救，但他卻袖手旁觀。這時，馬克思告訴恩格斯，「除了『我們親愛的』之外，還有誰應當出面處理？但他沒有積極制止，只是結結巴巴地說認識他們，然後開始一長串解釋。」恩格斯建議，畢柏與施拉姆應該賞藍多夫一道耳光，以示復仇。馬克思的意見完全可以預料，認爲唯有決鬥才能提供必要滿足，「如果有人該被教訓一頓，那麼一定是那位只會加油的小蘇格蘭人，喬治·朱利安·哈尼，除了他以外沒有別人，他要好好練習射擊了。」

此後，對於馬克思與恩格斯而言，加油公民的唯一用途就是充當笑柄。雖然如此，他們仍與強斯保持友好，他沒有參加那場惡名昭彰的宴會。強斯的童年在德國度過，他看起來很「沒有英國味」——這是他們對英國公民最高的讚美。（在一八四六年時，恩格斯與哈尼仍處於友誼的蜜月期，哈尼被形容爲「像法國人，不像英國人」。）馬克思常投稿強斯的刊物《人民報》（People's Paper），在文章中，他仍讚揚憲章派對於擴大選舉權的堅持。「在導致法國一八四八年普選失敗的實驗之後，歐陸傾向於低估英國憲章運動的重要性與意義，」他在《新奧德報》如此寫道。「他們忽略了這個事實，法國的三分之二人口是農民，只有三分之一住在城鎮；而英國有超過三分之二的人住在城鎮，只有三分之一不到的人住在鄉村。因此，英國普選的結果必然與法國成反比，就如同城鎮與鄉村是兩種完全不同的狀態。」在法國，選舉權是一種政治訴求，幾乎「有教養」的人士都或多或少支持。在英國，它是一個社會問題，劃分兩股對立的勢力，一邊是資產階級與貴族，一邊是「人民」。英國要求選舉權的騷動經歷了「歷史性的發展」，才成爲群衆的口號；在法國，口號先出現，沒有經歷先前的變動。在此，我們再度看到馬克思對於其收容國的有趣曖昧態度。英國不像其農民浩繁的鄰邦，擁有廣大而精明的都市無產階級，因此較爲「先進」，準備迎接革命到來。但英國也具有充滿自信的資產階級，革命浪潮徒勞無益撲向紋風不動的岩石。有時他說服自己，英國的政治大變動不只不可避免，也即將到來；但另一些時候，他則氣不過英國居民愚蠢的保守性格，感到絕望。但還能要他怎麼辦？馬克思已是同一代思想家之中最能判別悖論與矛盾的人——而正由於這些矛盾，才註定了資本主義的滅亡。

「我們所處的十九世紀有一項偉大的事實，任何人都不能否認，」他在一八五六年四月指出，這是一場在倫敦舉行慶祝《人民報》四週年的晚會。「一方面，先前人類歷史聞所未聞的工業與科學之力量誕生；另一方面，頹敗的徵候也浮現，遠勝於羅馬帝國末期所記載的恐怖景像。在我們的年代中，凡事都孕藏了對立的一面。」機械具有縮短時間與增加人類勞動的作用，卻使人們挨餓與過度勞動。新財富反倒成爲匱乏的源頭。英國是全世界最富有與最現代的工業社會，也最先走入毀滅的成熟階段。「歷史是裁判，其執行者就是無產階級。」

即使聽衆是用過晚餐的英國雅各賓黨，再加上「當季特選佳餚」的效用，仍會對於這種充滿末世論色彩的論調感到不解。英國是全世界金融與工業的中心，有史以來最偉大的帝國軸心，資本主義的心臟，難道眞的這麼不堪一擊嗎？對於馬克思而言，悖論比實際上看來更明顯。這是一道「古老而有歷史根據的規律」，老舊社會力在瀕臨滅亡之前會凝聚所有力量，因此它們看似最強大嚇人之際，也最脆弱。「這就是英國寡頭的現狀。」

我們很好奇，他的聽衆中是否有人想起，馬克思在一八五〇年爲《新萊茵報》所寫關於法國內戰的文章，其語調遠爲謹慎。「最初的過程總是發生在英國；英國是資產階級世界的締造者，」他那時如此論證。但英國浸淫在資產階級的繁榮之中，「不可能發生眞正的革命……新的革命，只有在新危機之後才可能發生。」

自此之後，他就一直心焦地等待危機到來——解讀跡象，尋找徵兆。「如果未來六週之內沒有意外，本年度的棉花產量將突破三百萬綑，」恩格斯在一八五一年七月告知他。「如果市場在這樣巨大的棉花產量之下忽然崩潰，事情就有趣了。厄曼每次想到這一點就會尿褲子，這隻小樹蛙是很好用的晴雨計。」棉織產業崩潰也將終結對馬克思的經常性補助，那來自於厄曼與恩格斯公司的小現金箱。但若能消滅所有的小樹蛙，這確是值得付出的代價。馬克思一想到「貿易危機就要到來的美好遠景」，就不禁心中竊喜。到了九月，卻仍沒有出現任何危機跡象。相反地，澳洲南部維多利亞邦發現了金礦，開展了新市場，也導致新一波世界貿易與信用的擴張，這一切就像一八四八年的加州淘金熱。「只希望澳洲的黃金生意不要影響貿易危機，」恩格斯悻悻然說。他安慰自己，即使資本主義被南半球另一地的成功所拯救，至少他們的預測在某方面仍是正確。「在六個月內，蒸氣輪橫渡全世界的事業將要展開，我們所預測的太平洋優位性就要實現了，而且比我們料想的更早。」澳洲——「這個流放的殺人犯、竊盜、強暴犯、扒手之合眾國」——將要震驚全世界，展現一個毫不遮掩之惡棍國家所能達到的奇蹟，「他們會痛宰加州。」無論如何，對蘭開夏棉花的需求量仍在令人滿意地下降之中，「我們將要面臨令人心曠神怡的過度生產。」

一個月之後，這位潛入資本主義聖堂之內的特洛伊木馬，又捎來一封令人心曠神怡的快訊。「鋼鐵貿易完全癱瘓了，兩家位於新港（Newport）提供資金的主力銀行也破產了：⋯⋯。雖然不能完全確定，但有跡象顯示，明年春天歐陸市場的震盪將伴隨一場相當不錯的小危機，即使澳洲的表現也好不到哪裡。在加洲之後，發現黃金不再是新聞了，全世界都聽膩了⋯⋯。」一八五一年的聖誕節後兩天，馬克思寄一封賀年卡給詩人菲萊利格拉弗：

「恩格斯告訴我，城裏商人的看法現在也與我們一致，危機最晚在明年秋天就要爆發，目前只是被各種因素抑制住了（包括政治焦慮、去年高棉價的延續等）。從最近發生的事件看來，我比以往更相信，沒有貿易危機，就沒有眞正的革命。」羅素的輝格黨政權在一八五二年二月倒台，德比爵士（Lord Derby）領導的托利黨內閣建立，似乎使這個快樂的日子加速來臨。「在英國，我們的運動只能在托利黨執政下進展，」馬克思解釋。「輝格黨到處妥協，讓人想睡覺。然而其頭頂上，商業危機的巨浪已迫在眉睫，其早期跡象正在各處爆發。該來的就會來。」自由貿易與棉花價格下降，或許仍能支撐英國經濟直到秋天，到了那時才眞正有趣。

恩格斯倒不那麼肯定。雖然「根據所有規則」，危機應該在一八五二年底之前發生，但龐大印度市場與低廉的原料卻是一項重要變數。「我們很容易預測，當前景氣攀升的情況將持續特別長。無論如何，這至少會持續到明年春天。」事實果眞如此，馬克思也不是全然失望。他在一八五三年八月注意到一連串倒閉風潮，農產品的收採也不盡理想，「革命有可能比我們所想更快來臨，」他寫道，「屆時，革命份子被迫要提供麵包是最糟糕的事。」在此，他可被自己的爆炸性邏輯給炸傷了：如果革命有賴於經濟災難，當然它將繼承一個沒有麵包的世界。雖然如此，在未來的幾年中，他仍自信滿滿認爲危機隨時將到來。「從冬季農產狀態來看，我認爲危機即將降臨。」（一八五三年一月）。「當前的局勢……在我看來必然導致一場大地震。」（一八五三年三月）。「該來的就會來。一旦泡沫金融破滅，法國將成爲人間煉獄。」（一八五三年九月）

末期性的經濟危機並沒有發生，馬克思開始想像，其他火苗是否也能引發一場大火災。也是許是克里米亞戰爭？「我們不要忘了歐洲有一股第六勢力，」他在一八五四年二月於《紐約每日論壇報》寫道，「在特定時刻，這股勢力向所謂的五大『強』權耀武揚威，使他們每一個都戰慄不已。這股勢力就是革命……。只需一個訊號，這股第六勢力，同時也是歐洲最強大的勢力，將全副武裝，勇往直前，就如同米納瓦女神從奧林匹亞諸神的頭中蹦出來一樣。即將爆發的歐洲大戰將提供這個訊號……。」

結果事與願違。他顯然忘了自己以往的堅持，革命只有在經濟崩潰之後才有可能。馬克思遠眺地平線，尋求其他暴風雨的前兆。一八五五年六月二十四日，憲章派在海德公園舉行集會，抗議新的「星期日交易法」，該法禁止酒吧與報紙印刷在禮拜天進行。乘車經過羅藤街的紳士名媛慘遭示威者拳腳相向，有些人被迫棄車逃跑。「我們全程現場目睹，」馬克思在《新奧德報》寫道，「請不要認爲我們的說法太誇張，英國革命就從昨天的海德公園開始。」

一週之後，另一場抗議事件吸引了更龐大的群衆，馬克思也給《新奧德報》另一篇生動的文章。「埋伏的警察突然前衝，揮舞著從口袋拿出來的警棍，他們開始敲打民衆的頭部，到處血流如注，廣大群衆中隨處有人被拉出來（總共有一百零四人被捕），他們被拖到臨時的囚禁所。」但這幕場景的性質，不同於上週末即興演出的階級戰爭：

上星期日，群衆與作為個人的統治階級對立。這一次出現的是國家權力、法律、警棍。這一次的反抗意味著造反，而英國人需被煽動一段長時間才會從事造反。因此，在警方反示威的掃蕩過程中，群眾只限於對警車嘶叫、嘲笑、吹哨，或者是一些解救被捕者零星而無力的嘗試。大部分人採取消極反抗，漠然地原地不動。

「英國革命」在馬克思大膽宣稱的七天後，就如此消逝無蹤；都怪英國佬一遇見女王陛下的制度化權力時，便恭順成性、膽小怕事。這很像吉伯特與蘇利文（Gilbert and Sullivan）歌劇中的一個場景，殺人不眨眼的潘札斯（Penzance）海盜捉到一隊警察，海盜站在這群受害者前，揮舞利刃。「我們要求你們投降，」一位躺著的警官命令，「以維多利亞女皇之名！」海盜頭目不得不服從：「我們立即投降，謙恭卑順／因為即使惡貫滿盈，我們仍敬愛女皇。」

終其一輩子，馬克思對於英國無產階級的看法，擺盪於尊敬與蔑視之間。一八六二年一月，他以英國工人支持美國內戰的北方陣營為例，「這是一項嶄新而耀眼的證明，英國的人民群眾無懈可擊，而這正是英國偉大的祕密。」但是一八六六年七月的一場反政府示威中，示威者僅拆卸了海德公園的欄杆，他對於群眾的溫和感到失望。「英國人需要先接受革命教育，」他寫給恩格斯。「如果欄杆被拆下來用來攻擊或抵抗警察，只要二十名警員被打倒，軍隊就需『介入』而非只是在閱兵場走走罷了。那時就真正有趣了。可以確定一點，英國佬滿腦肥腸，頭殼似乎特別為警棍訂做，他們一天不與統治權力進行流血衝突，就做不成任何大事。」然而，他也承認，真正的對抗不太有可能，英國工人「奴役成性」、「溫順如羊」，「被資產階級感染」而體弱多衰，無藥可醫。

這種病症有許多微小但顯著的徵兆。歷史學家湯馬斯（Keith Thomas）指出，「喜好園藝，就如同養寵物、釣魚與其他嗜好……可以解釋爲何英國無產階級相對缺乏激進的政治衝力。」因此，分配公寓（allotment）在十九世紀頗受歡迎，而大規模的廉價住宅卻出奇地稀少，因爲那將「剝奪工人從事園藝的樂趣，這被視爲必需品之一。」每當有一個工人破壞海德公園的欄杆，就有十幾個工人更想要遛狗或是觀看花苗。

即使是馬克思最欣賞的憲章派領袖強斯，不久也顯示自己是個中產階級的半吊子，因爲他鼓吹憲章派與資產階級激進派合作。「強斯進行的交易眞令人作嘔，」恩格斯聽完一場他在曼徹斯特的演講後，如此寫道。「讓人不得不相信，作爲英國無產階級運動分支的傳統憲章派必需徹底垮台，使一種更可行的新形式能夠出現。」但這種新形式會是什麼？恩格斯預見了，準確得令人感嘆，「英國無產階級事實上變得更像資產階級，這是一個最具有資產階級性格的國家，其終極目標不外乎擁有資產階級式的貴族、資產階級式的無產階級以及資產階級。」這種情形眞的發生了：在今日的英國，紳士與工人都在泰斯科（Tesco）超市買食物，在週六晚上看彩券開獎。如果馬克思與恩格斯的鬼魂故地重遊，他們會注意到最奇特的顚倒混雜現象：一個資產階級式的王室，其年輕的王子戴著棒球帽，啃麥香堡，在歐洲迪士尼樂園度假。在以往的海德公園，憲章派向貴族挑戰，馬克思也曾認爲英國革命在此展開；其有史以來最盛大的集會發生在一九九七年九月六日——爲了參加戴安娜王妃的葬禮。

馬克思對於其收容國的蓋棺論定，出現於一八八三年去世前不久的一封信。他嘲笑「可憐的英國資產階級，自己承擔愈來愈多的『責任』以滿足其歷史任務，同時又怨聲載道，語多不滿。」他的結論是一陣怒吼：「該死的老英！」

強斯聯合中產階級自由派份子的舉動，被馬、恩兩人視爲變節，遭受最嚴厲的懲罰：他被稱爲一個「投機份子」。幾年之後，他們冠以拉薩爾同樣的頭銜，因爲他提議普魯士的工人與貴族應該通力合作，共同對付資產階級。雖然馬克思大力駁斥這些犬儒味十足的權宜之計，他本人卻也與一些怪人形成投機的夥伴關係。

這些怪人之首就是蘇格蘭貴族厄克特（David Urquhart），他曾擔任托利黨的國會議員。他唯一遺留後世的事蹟，就是將土耳其浴引進英國。「厄克特終其一生在追隨者的眼中，是長官、上級、先知，幾乎是『上帝的使者』，」一位弟子如此記載，「這就好像一位作夢夢到父親的小女兒……在奇特的夢境中，父親變成了基督，這一點也不奇怪。『媽媽，不就是同一人嗎？』，她問道。」至於不懷敬意的旁觀者，他是一隻不好相處的老海象，鬍子與領結都偏一邊，連意見也一樣偏頗。「我最常運用的才能就是讓某人恨我入骨，」厄克特自誇，「這樣才會解除冷漠，使他們動口。然後，你就能捉住他們的話柄，以其人之道還治其人之身。」許多維多利亞時期的名人可以證明，他的手腕著實高超，樹敵頗多。

一八〇五年，厄克特出生於蘇格蘭，在法國、瑞士、西班牙受教育。在他二十一年歲時，發現自己嚮往東方，在其仰慕者邊沁（Jeremy Bentham）的建議下，他參加希臘獨立戰爭，於襲奧（Scio）包圍戰中受重傷。他引起威廉五世的私人祕書泰勒勳爵（Sir Herbert

Taylor）注意，因此被派往康士坦丁堡從事祕密外交任務，在那裏他倒戈投靠敵人。「這傢伙以親希臘派的身份去希臘，與土耳其人打了三年戰爭，然後跑去土耳其，卻迷上這群土耳其人。」馬克思讀完了厄克特的《土耳其與其資源》（Turkey and Its Resources），寫於一八五三年：

> 他熱衷於伊斯蘭教的原則，「如果我不是個喀爾文教徒，我只能夠當伊斯蘭教徒。」土耳其人，尤其是在奧圖曼帝國最興盛的時期，是地球上最完美的民族，在各方面無與倫比。土耳其語是世界上最完美與最動聽的語言……如果歐洲人在土耳其被虐待，他罪有應得，因為土耳其人不討厭歐洲人的宗教或性格，只是對他的窄褲管有意見。強力推薦模仿土耳其的建築、禮儀等其他一切。作者本人許多次吃了土耳其人的虧，但後來了解他自己罪有應得……簡言之，只有土耳其人才是真正的君子，自由也只存在於土耳其。

厄克特的土耳其狂熱十分誇張，連康士坦丁堡的主人都感到驚訝。「土耳其官員十分信任厄克特，」根據《名人傳記字典》（Dictionary of National Biography）的說法，「他們與俄國大使交涉的所有情形幾乎立即就讓厄克特知悉。然而，外交大臣巴麥尊爵士感到苗頭不對……寫信給大使波森比爵士（Lord Ponsonby），要求立即將他調離康士坦丁堡，他已經構成歐洲和平的威脅。」確實如此。厄克特親土反俄的偏袒立場違背英國政策，他認為自己的政府被邪惡勢力所把持。簡言之，他認為巴麥尊爵士一定是俄國間諜。一回到英國，他發行數份報紙，成立網絡遍佈全國的「外交事務委員會」，以傳播這種大膽的陰謀論。在一八四七年進入國會之後，他多次連番炮轟，要求調查外交部，「目的在於彈劾可敬的巴麥尊子爵。」

厄克特本質上是浪漫的反動份子，卻試圖說服激進派，他們站在同一邊。他聲援弱勢工人，批評邪惡與傲慢的主人。雖然更具有革命性格的憲章派排斥他，視他爲托利黨的間諜，他反對巴麥尊爵士的民粹訴求只是爲了「轉移焦點」；但其他人則讚賞他，揭發「俄羅斯帝國擴張所造成本國勞資的傷害，俄國勢力全面坐大，將導致英國貿易的毀滅。」

這一切與馬克思厭惡、不信任帝制俄國的觀感一拍即合。最初，馬克思對於厄克特的指控「感到興奮，但不相信，」他以慣有的勤奮努力工作，翻閱過期的《漢撒德報》（Hansard）與外交《報告書》（Blue Books），以尋求證據。他的進展反映在他寫給思格斯信中的語調變化。在一八五三年春天，他嘲笑厄克特是「發瘋的國會議員，指控巴麥尊被俄國收買。」到了夏天，他的語氣變得尊敬多了：「厄克特在《宣傳者》（Advertiser）刊登了四封關於東方問題的信，僅管有些詭辯與強詞奪理，仍十分有意思。」在秋天尚未結束之前，馬克思改宗信仰「厄克特主義」——不是厄克特本人——的過程已經完成。「我得到了與偏執狂厄克特相同的結論，數十年來，巴麥尊爵士一直爲俄國所收買，」他在十一月二日寫道。「我很高興有機會，可以仔細研究二十年來的外交政策。我們一直忽略這個面向，應該好好了解我們打交道的對象。」

這些研究的第一批成果，即是一八五三年底於《紐約論壇報》的一系列文章，描述巴麥尊與俄國政府「暗通款曲」。厄克特可以想見十分高興，於一八五四年初安排一場與作者的會晤，並致上他辭典中的最高敬意：「這些文章讀來像出自土耳其人的手筆。」馬克思執拗地表示，他自己是個日耳曼革命份子。

「他眞是不折不扣的瘋子，」馬克思在這場奇特的會面後報導：

堅信自己終將成為英國首相。當所有人都倒了，英國將來到他跟前說：拯救我們吧，厄克特！然後，他就會表演英雄救美。他高談闊論又遭人駁斥時，經常陷入神經發作……。這傢伙最可笑的想法是：俄國統治全世界是因為擁有某種腦袋的人特多。要對付她，英國人都必須要有厄克特的腦袋。如果一般俗人不幸無法成為厄克特本人，至少也應該成為厄克特派份子，亦即信其所信，信仰他的「形上學」、「政治經濟學」等等。一定要在「東方」待一段時間，或至少吸收土耳其的「精神」等。

馬克思在《論壇報》關於巴麥尊的某些文章被集結成小冊子。但他驚愕地發現，該系列小冊中赫然也出現厄克特的爭論文章，他立即拒絕再度印行。「我不希望被視爲那位仁兄的追隨者之一，」他向拉薩爾解釋，「我與他只有一件共同之處，亦即對於巴麥尊的看法。除此之外，我反對他的所有作爲。」

許多人可能會推想，從此之後，這位瘋子的任何討好舉動都將被馬克思嚴拒在外，「滾出去，撒旦。」但馬克思的正直態度無法持續很久。一八五六年的夏天，他爲不耐的討債者逼迫，發現自己很難拒絕替厄克特的刊物《自由新聞》（Free Press）撰寫連載文章。「厄克特的手下眞是纏人，」他抱怨。「這是一份收入不菲的好差事。但我不知在政治上，是否應與那群傢伙有瓜葛。」這些文件符合煽動的要求，他宣稱在大英博物館的外交手稿中發現，「一連串從十八世紀回溯到彼得大帝時代的文件，揭露倫敦的內閣與聖彼得堡之間一直存在祕密共謀。」更令人緊張，俄國在此時期的目標不外乎征服全世界。「這就是彼得大帝與現代俄國的政策，無論這股惡勢力的名稱、主事者或性格有何改變。彼得大帝確實是現代俄國政策的創造者，他去除舊莫斯科公國手法的地域特色與枝微末節，純化成爲抽象的公式，擴充其目標，由推翻特定強權轉化成爲渴望無限的強權。」

英國與俄國共謀一百五十年的說法，有一個顯而易見的缺失：克里米亞戰爭。厄克特與馬克思自有一套說詞。這場戰爭只是一種高明的障眼法，隱藏巴麥尊與俄國齷齪的聯盟，英國以虛應了事的方式來打戰。對於鐵齒的陰謀論者，所有事都可以解釋，任何背離的事實只不過再一次肯定，攻擊對象的邪惡本性。

馬克思也許能自圓其說，但很少人相信他。他攻訐巴麥尊與俄國之作在一八九九年重新刊行，由他的女兒愛琳娜編成兩本小冊子，《十八世紀祕密外交史》（The Secret Diplomatic History of the Eighteenth Century）與《巴麥尊爵士傳》（The Story of Life of Lord Palmerston）——雖然其中更具挑釁性的若干說法被暗中刪除了。在整個二十世紀之中，這些小冊子絕版，也遭人遺忘。莫斯科的馬克思——列寧學院編錄詳盡的《全集》，也省略了這些作品，或許因爲蘇聯的編輯無法承認：俄國革命的精神導師實際上是個狂熱的仇俄份子。馬克思在西方的歌頌者也不願意注意這個事實：革命份子與反動份子之間有一段令人難堪的合作關係。一個最典型的例子就是路易斯（John Lewis）於一九六五年出版的《卡爾・馬克思的生平與學說》（The Life and Teaching of Karl Marx），有興趣的讀者可以自行尋找一些提到厄克特，或馬克思如何貢獻於他念茲在茲的聖戰——但他們找不到任何東西。

厄克特後來將注意力轉向其他同樣奇特的事業。他是一個虔誠但不正統的天主教徒，花了許多年時間請求教宗庇祿九世恢復教規法（Canon Law），同時也不斷提倡土耳其浴。（「你有沒有看到一份你寄給我的《衛報》（Guardians）中，厄克特成爲了嬰兒殺手？」，馬克思一八五八年寫給恩格斯。「這個笨蛋對自己十三個月大的嬰兒實行土耳其浴，無巧不巧，造成腦充血因此死亡。法醫持續調查這個案子三天，厄克特憑其三寸不爛之舌才逃過了謀殺罪」）。厄克特在赫特福郡黎克曼渥斯（Ricksmansworth, Hertfordshire）有間寓所，一個訪客曾將之形容爲「東方的宮殿，有土耳其浴室……富麗堂皇絲毫不遜於康士坦丁堡的任何一間。」馬克思如果能在這個華麗浴室洗上一澡，一定有益於他的膿包，但是就後世的考證看來，他無福享受。

8 馬背上的英雄

一八五五年一月十六日天未破曉，燕妮．馬克思產下另一名女嬰愛琳娜。父親並不興奮。「可惜，問題正在於『性別』，」他告訴恩格斯。「如果是男嬰，那麼就太好了。」他四年前宣佈法蘭齊斯卡的誕生，也同樣不帶喜悅。馬克思很容易讓人以爲他對女兒感情不深，這是錯誤的看法。他們的親筆書信與自傳片簡都證明，「摩爾」（Moor）是寵愛子女的父親，而她們也一樣敬重他。馬克思不像同一世代的人，他以理性的方式，把女兒當成大人來對待。他替愛琳娜與她姊姊朗讀所有荷馬與莎士比亞的作品，其他還包括《尼布龍根歌謠》（Niebelungen Lied）、《古特蘭》（Gudrun）、《唐吉訶德》、《天方夜譚》等。她在六歲生日那天，獲得生平的第一本小說《傻子彼德》（Peter Simple），後來又陸續收到馬雅特（Marryat）、庫伯（Cooper）、華特．史考特（Walter Scott）等人的著作全集。在維多利亞時期的中產階級家庭中，兒童不宜的禁忌話題如無神論、社會主義等，馬克思不只允許閱讀，甚至加以鼓勵。有一次全家外出，參加天主教教會舉行的彌撒，那時愛琳娜只有五歲，她對父親訴說「某種宗教上的疑慮不安」。父親於是「開誠佈公」，耐心地解釋那位被有錢人謀殺的木匠故事。「我們可以原諒基督教，」他告訴她，「因爲它教導我們要愛護小孩。」

因此，馬克思對自己新生兒「可惜」的性別感到悲傷，不能被當成他厭惡女性或缺乏父愛的證據。他只是對著社會經濟的事實發愁：因爲中產階級的女兒不能賺錢養活自己，愛琳娜將爲負債累累的家計添加新的經濟負擔。

然而無庸置疑，埃德加——淘氣圓臉的小蠅上校——最受寵愛。他是一個病懨懨的小伙子，虛弱的身子似乎無法支撐龐大的腦袋。雖然如此，他仍是歡樂笑料的來源。每當他的父母意志消沈，他總是會哼一些不知所云的歌曲——號稱是馬賽曲——配合極爲強烈的情感，浮躍在童稚的聲音上。小男孩五歲生日時，馬克思的祕書畢柏一時衝動，曾送他一個旅行袋作爲禮物，事後脅迫要取回來。「摩爾，我已經藏好了，」小蠅偷偷告訴他爸爸，「如果畢柏開口要，我會告訴他已經送給一個窮人了。」

馬克思喜愛這個機靈的小淘氣鬼，「一個比任何人更親近於我的朋友。」馬克思在一封於一八五五年三月三日給恩格斯信中，確認了這個優先順序。在信中，他也提到了家人一一罹患各種病症，快要使他們公寓變成鄉下醫院了：埃德加因爲胃熱病倒了；卡爾自己嚴重咳嗽躺在床上；燕妮有根手指發炎，十分痛苦；嬰兒愛琳娜十分脆弱，日益惡化。他提到埃德加的病，「這是最嚴重的。」這是很奇怪的判斷，因爲愛琳娜命在旦夕，而埃德加在幾天之內「很快地康復。」

但好景不常，埃德加的病情在三月底急遽惡化。醫生診斷是肺癆，警告無藥可醫。「我的心在淌血，腦中冒火，但我一定要保持鎮定，」馬克思寫道。「這小子即使病魔纏身，仍保有善良本性，維持獨立的自我。」四月六日清晨六點不到，埃德加死於父親的懷中，正好是耶穌受難日（Good Friday），也是基督教曆法最暗淡的一天，男孩的過世伴隨著教堂莊嚴的鐘聲。李卜克內西不久抵達迪恩街，他發現燕妮靜靜在遺體旁啜泣，勞拉與小燕妮則死命地抓著她的裙子，彷彿在躲避奪走她們手足性命的惡魔。馬克思幾乎失去理智，憤怒而暴力地拒斥任何安慰。

兩天之後，葬禮在陶頓罕路（Tottenham Court Road）上的懷特菲德教堂（Whitefield Tabernacle）舉行，這也是佛克西與法蘭齊斯卡的安息處。在前往墓園的馬車上，李卜克內西撫摸馬克思的額頭，笨拙地試圖提醒他，仍有許多人很愛他——他的太太、女兒與朋友們。「你又不能還我兒子來！」馬克思咆哮，他將臉龐埋在雙手裏。當棺木入土時，他向前移動，一時間其他送葬者以爲他會投身而下。李卜克內西伸出手臂，以防萬一。

馬克思幾乎無法回到迪恩街，家裏少了弄臣就消寂得難以忍受。「我已嚐盡人世苦楚，」他告訴恩格斯，「但現在我才知道什麼是眞正的不幸。我覺得自己崩潰了。」幾天之後，他「幸運」地劇烈頭痛，使他無力思考，不能聽也不能看。支撐他們度過難關的少數力量之一，就是恩格斯的友情。他邀請卡爾與燕妮來曼徹斯特過幾天，暫時告別蘇活區公寓該死的場景（幾年後，馬克思遷離該區有一段時間了，但他仍說，「只要我在蘇活廣場附近的地區，就感覺毛骨悚然。」）但他們一回到倫敦，埃德加生前遺物，如他的書籍、玩具，都使他們深陷哀傷之中。「培根說，眞正的大人物，與自然界和世界保持許多連繫，也有許多感興趣的事物，所以他們能輕易地度過喪親之痛，」他在三個月之後寫信給拉薩爾。「我不是那種大人物。親兒去世帶給我極大震撼，痛楚從未稍減，可憐的內人也完全崩潰了。」

從七月到九月，一位日耳曼流亡者衣曼德（Peter Imandt）因滯留蘇格蘭而暫時出借住所。馬克思全家搬到倫敦南郊的康柏威爾（Camberwell）。他們很高興能離開迪恩街，但搬家的眞正主因其實是爲了躲避再度上門的債主，尤其是怒氣沖沖的佛因德醫生，他威脅要對未清帳單採取法律訟訴。九月中，佛因德發現了他們的下落，馬克思不得不再度迅速脫逃——他宣稱，這是得自俄軍於車那亞（Chernaya）戰役遭法軍擊敗後，上週在塞巴斯托堡（Sebastopol）南方倉卒撤退的戰術啓發。「優勢軍力迫我撤守南方，但我並未堅壁清野，」他在一封康柏威爾的戰地快報中告知恩格斯。「事實上，我的碉堡仍安好無恙，我計劃在一週左右反攻。換言之，我被迫撤到曼徹斯特幾天，明早抵達。我那裏保持低調，不讓任何人知道我出現。」

恩格斯收信兩天之後，他寄給《紐約每日論壇報》一長篇關於「展望克里米亞戰爭」之文章，一如往常，以馬克思署名。在文章中，他認爲俄軍撤離塞巴斯托堡南部的舉措表面看似沒必要，其實內含深意。「在重重包圍下負隅頑抗，最終必導致士氣消沈。」他論說，「這意味處境艱困、缺乏休息、疫病叢生；這也意味在令人繃緊心弦的迫切危機背後，更有最終瓦解心防的潛伏慢性危險……士氣消沈終將佔領碉堡，這毫不稀奇；眞正奇的是，爲何不早點撤退。」旁人很難不聯想，恩格斯在進行戰術分析時，至少部分參照這位被包圍而疲倦的盟友。

一八五五年春天，也就是愛琳娜誕生與小蠅去世之間，有一件帶給馬克思無限快樂的家族消息。「昨天我們被告知一件非常快樂的事件，」他寫於三月八日，「內人的叔叔去世了，享年九十歲。」他對於亨利希・格奧哥・馮・威斯特伐倫（Heinrich Georg von Westphalen）沒有特別的成見，他是一位善良的律師與歷史學家。但這位老兄壽比南山，卻延誤了大筆財富的分配。在前幾年，這位屹立不搖的叔叔在馬克思家裏被稱爲「遺產阻礙者」。燕妮在年底收到約一百英鎊的遺產，在一八五六年夏天，她母親過世後，再得到另外的一百二十英鎊。這一次，馬克思則格外謹愼，不敢得意忘形，因爲燕妮特地趕回特利爾，在男爵夫人臨終前一直伴隨在側。「老夫人過世似乎影響她頗大，」他以絲毫不帶有訝異的語氣描述。

這兩筆意外之財終於使他能逃離蘇活區的「老窩」。他花了兩個星期在市區尋找環境較好的住所，最後決定住進肯地許鎭克萊夫特台街九號（Grafton Terrace, Kentish Town）的一處未裝潢的四層房屋，離漢普斯提德公園不遠（Hampstead Heath）。一年三十六英鎊的租金在倫敦北部算是便宜——其原因有可能如馬克思向恩格斯所解釋，漢普斯提德的這一邊「尙未完全開發」。事實上，不只是尙未完全而已，街道沒有鋪路，也沒有照明，鄰近地區是龐大而泥濘不堪的建築工地。在一八四〇年之前，這一帶一向是綠地，但鐵路經過後，倫敦外圍鄉村風貌丕變，快速發展爲中產階級通勤者的環狀市郊。那裏的建築風格就跟現今離市中心更遠郊區的「管理階層住宅」一樣，是各種奇怪想法的混亂組合——石材用隅石搭配冠石，拱窗與洛可可式陽台併置一處。

市政府住宅處將克萊夫特台街房屋歸類爲「第三等」，僅管如此，馬克思仍認爲「很不錯」。燕妮沈浸於遺忘許久的家居安逸之樂，她請海倫·德穆特同母異父的姊妹瑪利安·克洛伊茲（Marianne Greuz）來幫忙額外的家務。「相較於我們以往居住的狗窩，這間房子眞像皇宮，」她告訴一位朋友。「雖然整棟房子的裝潢不過花了四十英鎊（很多都是用二手貨），在我們舒適的客廳中，我仍覺得很氣派。」她從「叔叔的當舖」贖回了家傳的寶飾，在此之後，她享受在餐桌上鋪設錦緞餐巾的樂趣。當然也有私底下的慶祝，在搬進克萊夫特台街之後幾個星期，燕妮發現自己第七度懷孕。

三個小孩都很喜歡新的中產階級生活。小燕妮與勞拉那時分別是十二歲與十一歲，她們進入南漢斯普提德女子學校，在各項課程中名列前茅。愛琳娜才兩歲大，她的暱稱是小貓（Pussy）壓韻的杜西（Tussy），從小就一付女主人的派頭，她廣開大門歡迎其他小孩子來拜訪。好天氣時，她會坐在門階前用茶，才喝完一口就跑到街上玩遊戲。她的聲名遠播，大部分鄰居都叫馬克思一家人是「杜西的家人」。

後花園雖然只是一小片草地與碎石子，也成了製造歡樂的新鮮來源。愛琳娜最早的童年記憶，就是馬克思把她背再肩上，在花園內遊玩，他摘牽牛花放在她棕色的捲髮上。

摩爾是一匹公認的好馬。在我很小時——那時我還不記事，但聽其他人提及——兄姊會

「駕馭」摩爾到椅子旁讓他們「上馬」，而他得要拉椅子過來；但他們在我出生後即去世，造成父母的終生遺憾……。個人而言——也許因為我沒有同年齡的姊妹——我比較喜歡把摩爾當馬騎。坐在他的肩膀上，緊握著他的頭髮當馬鬃，那時他的頭髮仍是黑色，只有一點灰白，我們在小花園與家附近的空地——現在都蓋房子了——騎了許多趟。

星期日，馬克思一家人與來訪朋友散步到漢普斯提德公園野餐，這經常是他們一週以來最豐盛的一頓。萊菁的預算很有限，但她總是會設法變出一大片小牛肉，再加上從公園小販買來的麵包、乳酪、蝦子、玉黍螺，與幾大壺當地酒吧傑克史卓城堡（Jack Straw's Castle）的啤酒。用餐之後，小孩們在金雀花叢間玩捉迷藏，大人則打個小盹或看看報紙——但全家出遊經常發生一個場景，飽足一頓的爸爸逐漸陷入呆滯遲鈍的狀態，迅即又被尖叫嬉戲的小孩們拉回現實。有一天女孩們叫喊，「看誰能搖下來最多！」她們指著一棵結實累累的栗子樹，在接下來的一兩個小時之內，馬克思承受連續的轟炸，一直到樹的果實都掉光了。他的右手臂有一週多動彈不得。

有時，他們的出遊範圍更遠，來到高門（Highgate）之外的山丘綠地。他們對於「請勿踐踏」的牌子視若無睹，愉快地搜尋勿忘我與風信子的蹤跡。李卜克內西特有幾次一同參加，他驚訝地發現，陰濕的英國氣候居然也在春天百花怒放。「我們從芳香的斯佛戴爾（Asphodel）草地上驕傲地俯看世界，」他寫道，「龐然巨大的世俗城市就展現在我們的面前，籠罩在醜陋而神秘的煙塵裏。」在回家的路上，馬克思教導女孩翻譯德國民謠與黑人靈歌，或是朗讀一長段的莎士比亞或但丁。「我們那時眞以爲居住在魔術城堡之中，」燕妮．馬克思不禁嘆息。但不懂理財，魔術照樣變不出來。馬克思剛好也在這個時候開始向愛琳娜講漢斯．洛克勒（Hans Roeckle）的故事，他是一個走投無路魔術師，「總是無法履行對惡魔與肉販的義務，在十分不得已的情況下，他被迫一直賣玩具給惡魔。」燕妮的遺產都用來償還負債與裝潢新屋。一件件的新傢俱與珍貴舊布料逐漸又回到了當舖。

「金融市場愁雲慘霧，」恩格斯在搬進克萊夫特台街那一週寫道。「這一次將會出現前所未有的世界末日：整個歐洲工業破產，所有的市場堆滿存貨（再也沒有貨物運送到印度），有產階級處境困難，資產階級完全破產，戰爭即將爆發，許多人開始揮霍無度。我也相信，這一切描述都將在一八五七年爆發。當我聽到你又在添購傢俱，我就更加確信我的預測，並願意下注打賭。再會吧，代我向夫人與小孩問好……，」這是十分不合時宜的玩笑。馬克思一住進魔術城堡，他就驚覺他付不起房租。「現在，」他在一八五七年一月寫給恩格斯，「我的前景黯淡，債台高築。我將所有的現金用來購置房舍，卻落得坐困愁城，現在再也不能像以往在迪恩街縮衣節食。我眞是無從適從，比起五年前更茫然無助。我以爲已經嚐過最困苦的生活。Mais non！更糟的是，這還不是一個短暫的危機，我不知如何抽身而退。」

恩格斯大吃一驚：「我以爲情況一帆風順——你有喬遷之喜，事業也安頓了，現在一切卻顯得不確定……。」他保證每個月寄來五英鎊，外加急需時的額外匯款。「即使這將使我明年度負債增加，也不打緊。我只希望你能在兩週前將情況告訴我。」他帶有內疚地承認，自己剛用父親的聖誕節紅包買了一匹駿馬。「我感到很懊惱，我要養一匹馬，而你與你的家人在倫敦卻貧困度日。」

燕妮．馬克思所遭受的衝擊最大。她的丈夫可以躲入書房，用書與報紙堆成堅固的路障堡壘；女孩們結交新朋友，也要應付緊湊的課程。只有燕妮孤立無助，她懷念過去在西區鬧街散步，各種集會、俱樂部、酒吧，以及與同胞分享流亡悲苦的會晤。

我們的精緻房舍比起以往居住的地方，彷彿一座皇宮，交通卻十分不便。沒有平坦道路，到處都在施工，我們必須穿越成堆的垃圾才能到家。下雨天，黏濕的紅土附著在皮靴上，舉步維艱；夜裏，荒郊野外則是一片漆黑。與其在黑暗中對抗垃圾、廢土、石堆，我寧願晚上坐在溫室的爐火旁。在冬天我身體十分不適，被成堆的藥罐子所包圍……。

七月七日，新生兒死產，她連悲傷的力氣都沒有。她覺得，「日復一日……。」她唯一與克來夫頓台街九號以外的世界接觸之機會，不過是替卡爾謄寫兩週一次投稿《每日論壇報》的文章。那時，連這條生命線也被切斷了。馬克思發覺，報社愈來愈少用他的文章——當然，只有文章採用才有稿費——他決定罷工。「爛報社這樣對待人，我還得要欣然接受，眞是令人作噁，」他咆哮。他認爲自己是救濟所內的窮人，被迫壓碎骨頭來熬湯。

他要脅要改投效另一家報社，這個伎倆並未完全奏效。《論壇報》的編輯丹那說，以後他將一週付一篇文章的費用，無論是否刊登出來。「這其實是減少一半的薪水，」馬克思抱怨。「僅管如此，我也只能答應。」丹那提出另一個誘餌，他說自己正在編一本《新美國百科全書》，想知道馬克思是否願意寫一些關於偉大將領與戰史的條目。僅管這是最無聊的鬻文工作，馬克思卻也不拒絕一頁兩美元的稿費。

自命爲將軍的恩格斯樂意承擔這份工作，他說這將讓他晚上有事可以做。他立即著手寫第一批文章，阿本思堡、阿克提恩、副官、彈藥、軍隊、大炮等A開頭的條目。但那時他的腺炎發作，臥病在床。剩下的整個夏季，他事實上等於高掛免戰牌，在滑鐵盧的藍開夏度假地養病。這使得馬克思很難向丹那解釋爲何突然停止供稿。「我要如何告訴他？」他如喪考妣。「我無法稱病，因爲我繼續寄稿件給《論壇報》。這十分棘手。」他宣稱一堆手稿在郵寄過程中遺失了，拖了一陣時間。

此時，塞泊伊軍隊反抗英國在印度的統治，也增加他的麻煩，因爲《論壇報》自然向所屬專家要求一篇深入分析。幸運的是，馬克思從過去的小蠅身上學到一些打混摸魚的技巧。「關於德里事件，」他向恩格斯透露，「我看來，一旦雨季來臨，英國人應開始撤退。我目前爲了保衛你在《論壇報》的軍事記者職位，被迫上陣代打，只能全靠自己……有可能使自己出醜。若果眞如此，我可以用一些詭辯來脫逃。我當然儘求模稜兩可，隨便怎麼說都通。」到了九月，恩格斯身體恢復，可以繼續從事《百科全書》的工作，從他靜養的懷特島（Isle of Wight），出現了一系列的文章，關於戰役、砲陣、布露希特等等B開始的條目。十月間，他走訪澤西，同時也進展到下個字母，加農砲、克爾特戰役、騎兵等。

恩格斯這陣茂盛的創作力被一件最可想像的光榮新聞所中斷：國際金融風暴終於爆發

了。一開始是紐約銀行破產，危機擴散至澳洲、德國、法國、英國，彷彿急速蔓延的世界末日。恩格斯在九月中趕回曼徹斯特，目睹有趣的現象——價格直線下跌、每日都有公司宣佈破產、人心惶惶。「〔棉花〕交易的情形眞是令人愉悅，」他告訴馬克思，「這些傢伙對我突然表現興高采烈覺得不可思議，忿忿不平。」一個工廠主人賣掉所有的獵犬與馬，辭退傭人，將豪宅出租。「再過兩星期，眞正好戲就要登台。」

革命會立即產生嗎？他十分保留，在長期的繁榮景氣之後，工人變得很冷漠。這倒無妨，因爲未來的群衆領導人先要事前有所準備。恩格斯設想，他可以率領一支叛軍，在曼徹斯特與柏林街頭衝刺，粉碎資產階級任何抵抗。而馬克思則負責思想戰的部分，用奧妙的政治經濟學來啓發無產階級。「不戰即死，」恩格斯興奮地宣佈，「這將使我的軍事研究有實踐機會。我要立即運用普魯士、奧地利、巴伐利亞、法國軍隊的基本戰術與組織，此外，騎馬獵狐也是一項很好的訓練。」赤郡的獵人駕馭奔馳，他們一點也沒有想到，駿馬上迷人的恩格斯先生正準備成爲西北英格蘭的拿破崙。但恩格斯十分認眞，「畢竟，當我們回日耳曼之後，要給普魯士騎兵隊一個下馬威。那些先生們很難趕得上我，因爲我時常練習，每天都在進步……。直到現在，我才遇到在困難地區騎行的眞正問題，這是相當複雜的學問。」他相信，馬術是所有軍事勝利的「物質基礎」。爲何法國的小資產階級將路易・波拿巴當成爲英雄？「因爲他總是優雅地騎在馬上。」這對馬克思一定很難堪，因爲他不諳馬術，有一個星期日他在漢普斯提德公園騎驢，結果鬧出個笑話。

到了十二月底，恩格斯訓練有成，將一位病奄奄的棉織商人轉變成爲勇往直前的騎兵。「星期六，我去獵狐，一共七個小時，」他在新年前一天說，上氣不接下氣。「這種練習能使我保持好幾天的興奮狀態，這是我所知最偉大的身體享樂。在場上，只有兩位騎士勝過我，但他的裝備也比我好。這對我的健康很有好處。至少有二十個傢伙倒地不支，兩匹馬報廢，殺了一隻狐狸（那時我在場）……祝你全家人新年愉快，也預祝鬥爭的一八五八年。」

馬克思不全然相信騎馬衝刺有什麼大不了，他擔心當共同執筆者躍馬於樹籬與壕溝之間時，要如何從《百科全書》賺到錢。馬克思負債累累，餓狼再度威脅要吹倒他的房子。「我試著避免向你提到這件事，因為我最不想使你承受壓力，影響你的健康，」他溫柔地暗示。「然而，我有時認為，如果你能試著隔一兩天寫點東西，這可以避免你過度郊遊。」恩格斯斷然拒絕，他的腦中充滿「大戰鬥」的想像，要如何從事寫作的工作？馬克思察納雅言，因為他雖然一直強調討生活的重要，他也受到當時喧鬧氣氛的影響。如果他命中註定要成為革命的主要理論家，就該義不容辭。他以「一手純檸檬汁，另一手則是吞雲吐霧」的方式提神，每天伏案至凌晨四點，一八五七至五八年間的冬天都是如此。他忙著拼湊自己的經濟學研究，「至少我可以在末日洪荒爆發前，有個清楚的輪廓。」

末日洪荒一直沒有到來，雷聲大雨點小。但馬克思持續建造他的方舟，確信洪水遲早會產生。學童程度的算術不足以應付複雜的經濟公式，他立即複習代數課程。他解釋，「為了公眾的福祉，必須要徹底地研究一番。」他的確非常徹底，夜間筆記一共超過了八百頁草稿。這些稿件一直不見蹤跡，直到一九三九年，莫斯科的馬克思—恩格斯學院才將之公諸於世。到一九五三年，德文版以《政治經濟學批判大綱》（Grundrisse der Kritik der Politischen Oekonomie）爲題發行，才眞正廣泛流傳。第一個英文譯本直到一九七一年才出現。

這份文件通常被稱爲《大綱》，是斷簡殘篇所組成的鉅著，有時還前後不一致，馬克思本人則稱之爲大雜燴。它是《經濟學哲學手稿》（一八四四年）與《資本論》第一卷（一八六七年）之間失落的環節，至少駁斥了一個常見的誤解：青年馬克思與老年馬克思之間有某種「根本的斷裂」。酒越陳越香，但陳年老酒仍舊是酒。書中有一大段篇幅處理異化、辯證法、貨幣的意義，接續巴黎手稿所提到的問題，最主要的差異在於：現在他將哲學與經濟融合爲一；先前則是分開處理（用拉薩爾的話，他是「成爲經濟學家的黑格爾、成爲社會主義者的李嘉圖。」此外，勞動力與剩餘價值的分析也預告了在《資本論》中更完整闡述的理論。

在第一頁之中，他認爲物質生產──「在社會中進行生產的個人」──應被當成所有認眞探討經濟史的基礎。「被亞當斯密和李嘉圖當做出發點的單個的孤立的獵人和漁夫，應歸入十八世紀魯濱遜故事的毫無想像力之虛構。」人類是社會的動物，認爲「生產」始於孤立而獨立拓荒者的看法，「就像許多人不在一起生活和彼此交談而竟有語言發展一樣，不可思議。」這篇導論中的章節題目，如「生產與分配、交換、消費的一般關係」、「政治經濟學的方法」等等，給人的印象似乎是一篇結構嚴謹的著作。但馬克思從來不曾遵守計劃表，他的寫作經常迂迴曲折。在處理生產與社會一般發展的關係時，他突然間話鋒一轉，討論爲何文化作品有歷久不衰的吸引力。即使希臘文化的神話起源已全然陌生，爲何我們仍百般珍視巴德嫩神廟（Parthenon）與《奧德賽》（Odyssey）？

成為希臘人幻想的基礎、從而成為希臘神話的基礎的那種對自然的觀點和對社會關係的觀點，能夠同自動紡機、鐵道、機車和電報併存嗎？在羅伯茨公司面前，武爾坎（Vulcan）又在那裏？在避雷針前，丘彼特（Jupiter）又在那裏？……《伊利亞特》（Iliad）能夠同活字盤甚至印刷機併存嗎？隨著印刷機的出現，歌謠、傳説和繆斯豈不是必然要絕跡，因而史詩的必要條件豈不是要消失嗎？

當然不是如此，馬克思動筆前幾年，丁尼生（Alfred Tennyson）剛被指定爲桂冠詩人，他的〈尤里西斯〉（Ulysses）一詩成爲當時最受歡迎的作品。那麼，爲何古希臘美學不只是愉悅的泉源，也是許多維多利亞時期藝術家與作家所渴望的標準？

大哉問也，但馬克思簡短的答案並不能眞正解答。雖然成人不能再變回兒童，他寫道，「但兒童的天眞不使他感到愉快嗎？他自己不該努力在一個更高的階梯上把自己的眞實再現出來嗎？」同樣地，「爲什麼歷史上的人類童年時代，在它發展最完美的地方，不該作爲永不復返的階段而顯示出永久的魅力呢？」也許，他想到在漢普斯提德公園與女兒們玩的遊戲，三十九歲的身體看起來未老先衰，但在裏面躲藏了一個狂野呼叫、躍然欲出的青少年。有時，他看著小孩的嬉戲，他渴望也能翻筋斗、玩牛車，以忘卻一些不如意的事。

讓他最頭痛不已之事，就是他所謂的「經濟學狗屎」。早在一八四五年，他就宣稱自己的政治經濟學論文幾乎完成，在接下來的十三年間，他重覆這個謊言，並且加油添醋，使他的朋友期望不斷提高。他們認爲，從所花費的時間來看，這一定是個劃時代的鉅著，能夠摧毀資本主義華而不實的堂皇表面，高聳入雲的樓塔、富麗的宮殿、莊嚴的廟宇、甚至整個地球，都將於焉不存。倫敦與曼徹斯特之間的魚雁往返維持了這個表象，彷彿進展神速。「我已經完全毀滅了至今所提出的利潤理論，」他在一八五八年一月沾沾自喜地寫給恩格斯。事實上，他花許多時間在大英博物館，晚上辛勤伏案，其成果不過一堆搖搖欲墜的未出版筆記本，充滿散漫的潦草字跡。

在月底，拉薩爾關於赫拉克利圖斯（Heraclitus）哲學的新書送來，這是兩卷引人注目的大部頭作品，這使他更清楚意識到，自己沒有能力出版任何著作。拉薩爾自命爲日耳曼社會主義的領袖，如何挪出時間完成理論性的鉅著？馬克思貶視拉薩爾成就，以克服自己的良心不安，他向恩格斯保證，赫拉克利圖斯一書不過是「愚蠢的杜撰」。誠然，它展現了博學的廣度，但是「如果像拉薩爾先生一樣有錢又有時間，隨心所欲地要求波昂圖書館送書到家，當然很容易收集一大堆引言。看看這傢伙多麼自滿意得……連篇錯誤，還自以爲了不起。」

拉薩爾比馬克思小七歲，他們有許多共同之處，如都是日耳曼資產階級的猶太人，拜海涅與黑格爾爲宗師，偏好貴族婦女；兩人的命運卻截然不同。當他還是哲學系學生時，拉薩爾挺身爲哈兹菲爾德伯爵夫人（Countess von Hartzfeldt）辯護，打了一場著名的離婚官司，爲她爭取權益。她看來不太像是社會主義奮鬥事業要拯救的女主角，但對於這位野心勃勃的青年律師，她的苦難證明了上層階級的巧取豪奪：伯爵其實偷了太太的嫁妝，在當時的法律之下，她根本拿不回來。拉薩爾全力投入這場官司，他無視於法律的規定，用錢買通假證人，製造不實文件，訴訟十年之後，精疲力盡的丈夫才奉還贓物。拉薩爾所獲得的戰利品足以使他終生安頓；他在柏林購置一幢華宅，裝飾奢華而富有異國情調；他在歌劇院的包廂緊鄰國王，也同樣富麗堂皇。即使是慧眼識英雄的俾斯麥也對他致敬。

拉薩爾宣稱他代表工人，但一點也不令人訝異，有些工人深深懷疑他的動機；馬克思公然支持他，更使他們困惑。一八五六年春天，杜塞多夫的共產黨派遣一位名叫列維（Gustav Lewy）的代表前往倫敦，希望能說服馬克思與他斷絕往來。一整個星期，列維對主人不斷饗以拉薩爾招搖撞騙、投機取巧、陰謀奪權的故事。「他〔拉薩爾〕的自我期待與外界所見相差甚遠，」馬克思在會面之後立即寫信給恩格斯，「整件事使我和弗瑞里葛拉特（譯註❶）兩人印象深刻，我過去不知究竟多偏袒拉薩爾，忽略了工人的小道消息。我告訴列維，只聽你片面之言，還是不能做出任何結論。」

譯註❶：弗瑞里葛拉特（F. Freiligrath），普魯士王腓特烈・威廉四世的宮廷詩人，曾被馬克思在《萊茵報》痛批，但後來因出版《信仰告解》一書遭通緝，被馬克思接納為朋友。見第四章。

馬克思極少會對某人採取「懷疑而後觀察」的態度，但拉薩爾並非汎汎之輩。他的勇敢與熱誠讓馬克思在第一次見面時就印象深刻，那時在日耳曼四八年革命的時期。從此之後，他們的友誼就一直是透過書信往來，也沒有任何事改變以往的觀點。也許列維的警告有道理，拉薩爾是未來的暴君、危險的自大狂，爲了他個人的權力慾，他樂於踐踏工人而與普魯士的絕對專制結盟。即便如此，拉薩爾在信中也從未提及。他在聲名如日中天之時，仍忠於倫敦的貧窮老友，讚揚他的理念，鼓勵他從事著述，有時還寄一些捐款。難道要因爲工人們的傳言，就拒絕這樣一位慷慨的恩人嗎？馬克思對於列維與杜塞多夫共產黨員的唯一建議不過是，「他們應該密切注意這個人，但目前避免公開撕破臉。」

一八五八年春天，拉薩爾安排他與柏林出版商頓克（Franz Duncker）簽約（他老婆恰好是拉薩爾的情婦），現在馬克思有另一個避免「公開撕破臉」的理由。在與恩格斯私人信件裏，馬克思對於赫拉克利圖斯一書嗤之以鼻；但他寄給作者本人的信裡，評價卻完全不同：「我仔細閱讀了你的赫拉克利圖斯。你從斷簡殘篇中重建整個體系，我認爲十分傑出，你論文所展現的洞察力也同樣使我印象深刻……順帶一提，我不懂你如何在其他工作之餘，有時間鑽研希臘語文。」講了這些言不由衷的奉承話，他接下來描述自己大作的結構。

我目前從事的工作是經濟學範疇批判，或許可稱之為，資產階級經濟學體系的批判……整個分為六卷：一、資本論（包括幾章導論）。二、土地財產論。三、雇佣勞動論。四、國家論。五、國際貿易。六、世界市場。

馬克思希望能分批出版。第一卷論資本、競爭、信用，將在五月可以付梓；第二卷則是在幾個月之後，接下來才是其他的部分。

這一連串的時間表十分緊迫，而每次當他要被迫交貨時，他的身體就不行了。「我的膽病發作，這星期我無法思考、閱讀、寫作，任何事都做不來，」他在四月二日寫給恩格斯。「我的狀況很不理想，除非我康復，手指頭能再使勁，答應頓克的東西就無法進行。」一整個月他都無法工作。「我從未曾有如此劇烈的肝病發作，有一段時間我擔心可能是肝硬化……如果我坐下來，寫幾個小時，就得要在床上躺個幾天。」

這是常有的抱怨。「哎呀！我們都是習慣用這些藉口，來解釋沒有做完的工作，」恩格斯在許多年之後重讀了馬克思的舊信，如此評論。「每當他的身體狀況使他無法再從事工作，心中充滿了苦惱，但其實他也很高興，終於能找到為何工作沒有完成的藉口。」這等於是說，他的健康狀況破壞了工作，但也可以反過來說，將因與果顛倒過來。馬克思的確是久病纏身，但無疑地身心是交互影響。他自己也承認，「我的病總是源於心中。」

在一八五一年夏天，他開始為《紐約每日論壇報》寫專欄，就立即掛病號，要求恩格斯代打。一個月之後，魏德曼的《革命》向他邀稿，他將工作帶到床上。一八五七年夏天，他迫於貧窮接受了美國《百科全書》的工作，肝病也使他三週內無法行動。現在拉薩爾與頓克要他的經濟學手稿，任何了解馬克思的人都可以猜得出結果。舉例而言，燕妮就對突然爆發的膽病一點也不意外。在一八五八年四月，那時馬克思病到連信都無法寫，她告訴恩格斯，「他的病況惡化主要是由於心智操勞，現在跟出版商簽了約，不知道要如何完成，當然也就更加嚴重。」不久之後，他在曼徹斯特過了一個星期，恩格斯推薦最喜愛的病方——騎馬。「摩爾今天騎了兩個小時，」恩格斯在一封給燕妮的醫療報告中透露，「他的感覺不錯，開始喜歡上這檔事。」但當他回到克來夫頓台街的書桌，原來的焦慮又重新降臨。

馬克思的焦躁脾氣簡直無可救藥，他總是中途打斷去尋找更多的證據，或是在書房裏來回踱步，思索要如何改進自己的論證（一張置於門與窗戶之間的地毯因為太常踐踏而脫了線。像是草地上的足跡一樣清楚。）回到一八四六年八月，那時他的「經濟學狗屎」早就到期，應該要交給某家日耳曼出版社，他用這些理由來解釋為何延遲：「我的第一卷手稿早就完成而且閒置許久，如果不在內容與風格上進行修改，我不會讓它出版。不消說，持續生產作品的作家不能在六個月之後，一字不改地出版六個月以前的東西。」許多作家都有這種症候群，害怕自己建造的輪船在造船台上就傾倒了，忍不住要東補西補一番。在一八四六年夏天，他曾認為再花四個月就可以收工：「第一卷的修改版本將在十一月可以付梓。第二卷有較多的歷史內容，隨後就可以完成。」

過了十幾年，馬克思偉大的方舟仍擱在船塢。「現在，讓我告訴你，我的政治經濟學進行得如何，」他在一八五八年二月寫給拉薩爾。「事實上，幾個月以來，我都在處理最後的階段，但進度十分緩慢。只要我一開始著手處理經年累月的研究成果，新的面向就浮現出來，需要進一步思索。」只要有某筆資料沒有查，一篇文章沒有唸過——一向總是如此——他就不肯罷手。

當然，還要不斷與疫病、貧窮、家庭責任對抗，它們總是破壞馬克思的承諾。愛琳娜因百日咳而病倒了；燕妮「精神耗弱」；肉販、當舖店老闆、收帳員都要求付錢。馬克思苦中自嘲，「我不認爲曾有人在身無分文的情況下，寫過關於『貨幣』的東西。」他深陷於懊惱的泥濘裏，整個夏天都沒有動筆寫作。在九月底，他宣稱手稿可以在兩週內寄出去，但一個月後，他承認「幾週之後才能夠寄出。」每件事似乎都與他作對；曾經欣喜期待的世界經濟危機很快地成爲過眼雲煙，在這個事情之後，馬克思「悶悶不樂」，這導致了可預期的生理後果——「最可怕的牙痛與口腔潰爛」。

到了十一月中，也就是截稿期限六個月之後，柏林的出版社開始猜想這本書是否只是空中閣樓。馬克思厚著臉皮裝出英雄姿態，向拉薩爾解釋延遲的原因，「這只是意味著要努力給他〔頓克〕物超所值的東西。」怎麼說？

我所關心的問題在於形式。在我看來，我寫作的風格都受肝病的影響。我有雙重理由，不讓這份作品因為健康因素而受到破壞：

一、這是十五年研究的成果，也是我的精華歲月。

二、在書中，一種重要的社會關係觀點首次科學地闡述。因此，我得感謝黨，而不容許肝病所造成的沈重、呆板風格將之破壞……。

我會在四週內完成，現在才開始真正寫作……。

現在才開始！這對於拉薩爾與頓克一定是晴天霹靂，他們早在二月就被告知，文章已經在「最後階段」。雖然如此，如果作品誠如馬克思宣稱之博大精深，無疑值得等待。

聖誕節快到了，克來夫頓台街的家裏顯得比平常更糟糕。燕妮沒有時間為小孩準備慶祝活動，她如果不是跑當舖，或應付債主每天送來的討債信，就是忙於謄寫馬克思的手稿。「我內人所言不假，她說自己經歷了這麼多的苦難，革命只會使狀況更糟，使她如願以償地看到騙子慶祝勝利，」馬克思評論道，「女人都是如此。」

一月底，這本書可以送出去了，但他沒有半毛錢付郵資與保險。好不容易湊足了兩英鎊，恩格斯收到了一篇令人驚訝不已的告白：「手稿約有十二印張（一百九十二頁，分三次連載）——不要被嚇到了——雖然題目是「資本總論」（Capital in General），但連載內容完全沒有提到資本這個主題。」恩格斯可能懷疑某些地方出錯了，因為馬克思很不尋常地拒絕向他透露正在進行的工作。即使如此，吹噓了幾個年頭之後，這仍是使人很失望的成果。辛勤移山塡海的結果，只產生侏儒般的小老鼠。薄薄一冊之中，就有一半的篇幅只不過是批判整理其他經濟學家的理論。唯一後世有興趣的部分，是一篇充滿自傳味的序言，描述他如何得到「對市民社會的解剖學，應該到政治經濟學去尋求」之結論，是由於閱讀黑格爾與在《萊茵報》從事新聞工作。

我所得到、並一經得到就用於指導研究工作的總結果，可以簡要地表述如下：人們在自己生活的社會生產中發生一定的、必然的、不以他們的意志為轉移的關係，即同他們的物質生產力的一定發展階段相適合的生產關係。這些生產關係的總合構成社會的經濟結構，這是法律和政治的上層建築樹立其上的真實基礎，並對應一定的社會意識形式。物質生活的生產方式制約著整個社會生活、政治生活和精神生活的過程。不是人們的意識決定人們的存在，相反，是人們的社會存在決定人們的意識。

到了某些發展的階段，這些「物質關係」變得過分束縛，社會再也無法承受，革命時代就到來了，那時整個龐大的意識之「上層建築」，如法律、政治、宗教、美學等，都像冬天晴朗早晨的積雪一樣迅速溶解。先前每一種生產方式都曾經歷過革命，從亞細亞生產方式到封建生產方式，現代資產階級暴政的下場也確信將會如此。有一點不同的是：「資產階級生產關係是生產的社會過程中之最後一種對抗形式，這裏所說的對抗，不是指個人的對抗，而是指從個人的社會生活條件中生長出來的對抗；但是，在資產階級社會子宮內發展的生產力，同時又創造出解決這種對抗的物質條件。因此，人類社會的史前時期就以這種社會形態而告終。」

也許有人會說，「因此」之後的斷言太誇張。寥寥幾段文字足以產生一連串的爭論，馬克思主義的哲學家相互爭吵，到底什麼才是「底層與上層結構」，存疑者想要知道，爲何維多利亞時期的資本主義必然是最後一種對抗的生產方式，而後創造出共產主義的涅槃境地。難道資產階級社會不能轉變成爲另一種更尖銳也更精緻的版本，利用更精巧的折磨工具，更能說服人接受其霸權地位的正當性？

馬克思稱這份作品爲《政治經濟學批判》（A Contribution to the Critique of Political Economy），雖然它提供許多可以玩味思索之處，但是不能滿足他饑渴的仰慕者。出版日快到之際，他不斷誇大宣傳，宣稱這本書將會在所有文明世界被翻譯，並受到崇仰。他的身體比較了解：在一八五九年七月中，完工的版本到達倫敦，他「由於熱氣導致的霍亂而病倒，從早到晚都在嘔吐。」一點也不令人訝異，他朋友們終於收到了等待以久的「鉅著」，他們的反應都是錯愕。李卜克內西說，「從來沒有一本書讓他這麼失望。」

這本書沒有廣告，只有很少的評論文章；這枚預期在德文文壇引爆的原子彈，結果證明只是濕掉的爆竹。「我們原本暗中寄望於卡爾的書，結果完全化爲烏有。日耳曼那邊串通說好保持沈默。」燕妮在年底抱怨，「一兩篇可憐的藝文版文章打破了沈默，但是只提到了序言的部分，而忽略了整本書的內容。第二篇連載會使這群懶漢大吃一驚，不再昏睡……。」第二篇連載應該在第一篇之後幾個月出現，作者曾如此保證。他現在稍微調整時間表，設定一八五九年十二月爲「大限」，完成關於資本的文章，這部分先前在《批判》中奇特地消失了。了解馬克思工作習性的人都可以預測，他不太可能實現計劃。的確如此，在接下來的一年中，他的經濟學筆記在書桌上都沒有翻開過，因爲他忙於處理與福格特（Karl Vogt）之間誇張但毫無意義的私人恩怨，這位仁兄是波昂大學自然科學的教授。

這件荒謬插曲肇源於一位激進作家布林德（Karl Blind）一句脫口而出的話，他曾在一八五九年五月一場由厄克特派發動的反俄集會中，與馬克思同時登台。每當兩三位日耳曼社會主義者聚在一起，可以確定他們一定會交換一些惡意中傷其他流亡者的傳言，這一次布林德恰好提到福格特——他以前是法蘭克福議會的自由派成員，現在流亡於瑞士——暗中收受拿破崙三世的錢。

由於福格特最近寫過一篇支持波拿巴派的政治小冊子，馬克思認爲這件新聞很有趣，透露給記者比斯坎普（Elard Biskamp），後者就刊登在自己爲流亡倫敦難民所新創立的報紙《人民》（Das Volk）。同時，布林德寫了一張傳單重覆這項指控，後來重新刊印在一份體面的德文報紙《奧格斯堡匯報》（Augsburg Allgemeine Zeitung）之上。福格特誤以爲馬克思是作者，對報社提出誹謗控告；然而整樁鬧劇的幕後黑手布林德卻成了縮頭烏龜，拒絕作證，宣稱那張傳單與他無關。這個案子最後因技術問題不被受理，福格特仍宣稱自己在道德上獲勝，因爲被告無法提出證明（幾年之後，法國檔案室找到的文件證明，波拿巴特眞的暗中付給他費用。）

這件事原本可以完了，但福格特決定用一本小書《我對於總匯報的控訴》（Mein Prozess gegen die Allgemeine Zeitung）大肆慶祝自己的勝利，在書中他指責馬克思是革命騙子，向工人敲詐以討好貴族。馬克思也被指認爲某個「硫黃幫」的首領，專門勒索德國共產主義者，如果不付出遮口費就威脅要揭露他們。書裏有許多頁是支持指控的證明，其中包括一封特蕭（Gustav Techow）的信。他曾是巴登（Baden）戰役時的中尉，他描述一場在一八五○年抵達倫敦不久舉行的共產主義者同盟集會：

我們先喝紅葡萄酒，然後是波爾多紅酒，接下來是香檳。喝完紅酒之後，他〔馬克思〕就醉了。這正是我所期望，因為他會比平時更願意敞開心胸。我終於證實了許多原先僅止於猜想的假設。儘管馬克思喝了這麼多酒，他仍主導談話，直到最後一刻。

他給人的印象不只是難得博學，也有傑出人格。如果他的良心跟知識一樣出眾，愛心多於仇恨，我願意為他赴湯蹈火，就算他曾數次表現出完全看不起我的神情，後來更公開表達他的態度，也沒關係。在我們之中，他是第一個、也是唯一一個我認為有領導才能的人，他在處理重大事件時，絕不會迷失於枝微末節。

至於我們的目標，我感到遺憾，這位人士儘管有傑出的理智，但是靈魂一點也不高貴。我確信，最危險的私人野心吞噬了他所有的好處。他嘲笑那些模仿他的無產階級教義的傻子，就如同他也嘲笑魏立希之流的共產主義者或是資產階級一樣。他唯一尊敬的人是貴族，真正能知道自己身價的人。為了要將他們趕出政府，他需要一股力量，他只能在無產階級中找到，因此，他為無產階級量身訂做了一套思想體系。儘管他一再保證絕無個人野心，但或許正因為他拚命掩飾，我離開時帶著一股強烈印象，他努力的目標在於攫取個人權力。

恩格斯與其他夥伴雖有一些才能，在能力上遠遜於馬克思。但如果他們膽敢忘掉這一點，他就會像拿破崙一樣，不擇手段教訓他們。

某些現代的論者與福格特英雄所見略同，認爲這圖像「十分可信」，但這畢竟是笨拙的醜化。馬克思也許很寵愛妻子，以燕妮的貴族出身爲傲，卻沒有證據顯示他仰慕貴族階級。他確實對資產階級有較多的敬意，如他在《共產黨宣言》中，以抒情的方式歌頌資本主義進步的成就。而將恩格斯描述爲奉承的下屬，也相當可笑。儘管如此，對於馬克思盛氣凌人的刻劃卻有相當眞實性，造成很嚴重的傷害。

福格特的書在日耳曼旋即洛陽紙貴，卻很難在倫敦找到一本。好幾個星期裡，馬克思只能依賴小道消息，打聽書中的「下流行徑」與「荒謬誹謗」。「不消說，」他警告恩格斯，「我不讓太太知道這件骯髒的事情。」但她很快就知道了。在一八六〇年一月底，柏林的《民族報》（National-Zeitung）刊載兩篇以福格特的指控爲本的長篇文章，坐實了馬克思的疑慮：「他很明顯想要抹黑我，成爲一個無足輕重的資產階級流氓。」他著手準備控告報社。當他在一八六〇年二月十三日收到了那本書，他覺得「不過是狗屎連篇，毫無價值。」

保衛自己的名譽要花很多錢。他急忙發了十幾封信，邀請以前的老戰友爲他出庭作證——有些人自從一八四八年之後就沒有見過面。光是郵資就要好幾英鎊；延聘一位柏林律師韋伯（J. M. Weber）就要花十五塔勒（二點一英鎊），此外還要付錢給「混蛋齊默曼，」他是駐奧地利大使館的官員，爲律師韋伯從事文字工作。「你從這些事可知，」他告訴恩格斯，「我現在破產了。」他甚至向麵包師傅借了一英鎊——這是很諷刺的，因爲他要反駁敲詐工人的指控。

如果他不提私人誹謗訴訟，利用皇家普魯士檢察官的服務，那麼這樁柏林官司就不會花他半毛錢。但他懷疑顯赫的大官們「會為了保衛我的名聲，而特別展現出熱誠。」的確如此，馬克思卻不知道，他的律師也試圖循此途徑，但被告知這個案子不涉及公衆利益。他提出民事訴訟，同樣也被駁回（一八六〇年六月五日），法庭認為《民族報》的文章「沒有逾越合法批評的範圍，」而且也沒有「污辱的意圖。」（「就像土耳其人砍掉希臘人的頭，但沒有傷害他的意圖，」馬克思抱怨。）

就算這樣，他也要找其他可以報仇的方式。唯一令人驚訝的是，他沒有找福格特決鬥，也許到瑞士一趟的旅費使他望而卻步，或者他覺得自己老了。他躲在書房，構思一篇強力的反擊之作，他要回應原來的小冊子，而且在篇幅與攻訐火力方面絲毫不遜色。「一報還一報，報應是天經地義的事！」他愉快地哼著，以超過三百多頁篇幅發洩自己的嘲諷。一下子福格特是廉價的西塞羅，一下子他又是毫無生趣的法斯塔夫（Falstaff）。他是個丑角、自吹自擂的傢伙、手腳濕濕的酒館侍者、走狗。更甚者，他是一隻臭鼬，「唯一保衛自己的方式就是在危險的時刻放臭屁。」

任何曾教唆或協助福格特的人，也被以同樣方式對待。一家倫敦報紙重刊《民族報》的文章，也被倒了好幾桶熱騰騰、充滿糞便味的辱罵：

倫敦所有廁所都通過一些隱藏得很巧的管子把人體的穢物排到泰晤士河裏。同樣地，世界名城也通過一些鵝管筆把它所有的社會髒物都排到一個紙製的藏污納垢的大中心——

《每日電訊報》（Daily Telegraph）……在紙製的藏污納垢中心的大門上，用黑顏色寫著：「Hic quisquam faxit oletum!」（此處，隨意便溺！），或者像拜倫生動地翻譯，「行人，停下來小便！」

馬克思的興致一來，沒有任何事可以阻止他，鬧得越大鬧好。《電訊報》的編輯勒維（Joseph Moses Levy）被好幾頁笨拙而帶有反猶色彩文字所嘲弄，只因爲他將自己的姓從「勒爲」（Levi）改成「勒維」（Levy）。

勒維堅決要變成盎格魯撒克遜種族。因此，他每月至少攻擊迪斯累里（D'Israeli）先生的「非英國政策」一次，因為迪斯累里這位「亞洲之謎」不像《電訊報》，屬於盎格魯撒克遜種族。但是，當大自然之母已經用最清楚的方式，將他的種族起源寫在臉上時，他攻擊迪斯累里先生。A並把自己的名字由「I」寫成「Y」，又能掩飾什麼？那位從鼻岬給自己弄到一只出色鼻子的神祕陌生人斯洛肯爾吉（Slawkenbergius）的鼻子（見《特利斯屈蘭·善弟》），在斯特拉斯堡（Strasbourg）只不過作了一週談笑的資料，而勒維的鼻子卻成為倫敦足夠一年談笑的資料……的確，勒維鼻子之所以偉大，是因為它能夠在腐爛味中還覺得很爽快，在幾百里以外就嗅出來，並且吸引它。因此，勒維的鼻子就像是象鼻、天線、燈塔、電報一樣地為《每日電訊報》服務。

這是十分荒謬的，馬克思的祖先是猶太教士，而且也叫做「勒爲」（Levi），這個名字後來放棄了，只爲了同化進入普魯士社會。

日耳曼的出版社都不願意碰這本書，所以馬克思只好湊錢，自費在倫敦出版《福格特先生》（Herr Vogt）。拉薩爾與哈茲菲爾德伯爵夫人提供十二英鎊，另外的十二英鎊來自於酒商博克默（Sigismund Borkheim），他是四八年革命的老戰友，恩格斯也出了五英鎊。任何讀過這本書的人都有會這樣的感覺：贊助他的人如果能說服他不要在沒意義的東西上浪費時間，這才是眞正幫他。但很顯然，瘋狂也會傳染。恩格斯讚賞《福格特先生》是「你曾寫過最好的爭論性作品，」甚至超過《路易波拿巴的霧月十八日》；負責謄寫手稿的燕妮認爲它是「無限喜悅與快樂的泉源。」一如往常，馬克思希望造成轟動，成爲全德國茶餘飯後的唯一話題，即使不是全歐洲；但也一如往常，他失望了。《福格特先生》在一八六〇年十二月一日正式問世，與《政治經濟學批判》一樣沒有掌聲與讚揚。

他用以往的方式來安慰自己。「一個對我十分有助益的情況就是劇烈的牙痛，」他在出版那週寫信給恩格斯。「前天我拔了一顆牙。那個傢伙（他叫做加布烈）所做的事，就是先讓我疼痛不堪，再連根拔起，他還留下了一個裂口。所以我的整個臉頰都在腫痛，喉嚨也封了一大半。身體疼痛使我無法思考，因此也無法運用抽象能力，正如黑格爾所說，純粹的思考、純粹的存在或虛無都是同一件事。」

這種心靈上的麻醉比以前更需要；除了他對於《福格特先生》失敗的沮喪以外，他也提到擔憂太太的身體狀況，她在幾週前得了天花。卡爾與海倫忙著照顧病患，女孩們與李卜克內西一同出外一個月——她們有時回來，落寞地站在窗外，讓她至少有機會可以從病榻上看她們一眼。「可憐的孩子們很害怕，」馬克思告訴恩格斯。亞倫醫生（Dr Allen）說，如果燕妮以前沒有接種疫苗兩次，她可能就度不過難關。她在一封寫給路薏思．魏德曼（Louise Weydemeyer）的信中，也證實自己的情況很危險：

我的病況每個小時都更惡化，天花病的確很厲害。我真的很痛苦。我臉上嚴重灼痛，完全無法入睡，卡爾很擔心我會死，他以無比的溫柔照顧我。最後，我的外在能力都喪失了，但內在能力——我的意識——一直很清楚。我躺在打開的窗邊，讓十一月天的冷空氣吹向我。爐邊宛如地獄烈火，而我發熱的嘴唇卻感覺很冷。時常點幾滴紅酒，但我幾乎無法吞嚥，我的聽力變得很微弱，最後眼睛也閉上了，我不知道是否自己會一直躺在這個永恆的黑夜裏。

三個小孩在聖誕節前夕終於可以回家了，他們一看到親愛的母親就哭成一團。五個星期以前，她是一位保養良好的四十六歲婦人，頭上沒有一絲白髮，「在亭亭玉立的女兒旁看起來也不錯。」現在，她的臉由於疤痕而變形，臉色也發黑，呈現紫紅色。她覺得自己像犀牛或河馬，「屬於動物園而不是白人種。」在這時，她的先生身心俱疲，再度受到肝病的折磨；而且要如何支付昂貴的醫療費用也是個問題，特別是因爲他超過一個月無法工作。在這個充滿苦難的聖誕節中，唯一的樂趣是恩格斯的幾瓶紅酒禮物，燕妮認爲這是十分有效的藥。但是卡爾沒有福氣享用，醫生要他飲食節制，他只能喝檸檬汁與海狸香油。「我像約伯一樣受苦，」他抱怨，「雖然不像他一樣敬畏上帝。」

根據所有的空氣動力學法則，大黃蜂應該是無法飛行。但是馬克思具有相同抵抗地心引力的才能：正當他愁雲慘霧，看似要崩塌之際，一件日耳曼傳來的消息卻使他喜上雲霄。一八六一年一月十二日，普魯士新王威廉一世爲了慶祝加冕儀式，宣佈特赦政治流亡者，因此馬克思有希望重新取得喪失已久的公民資格。一週之後，拉薩爾提議馬克思與恩格斯返鄉，以《新萊茵報》的模式編一份新的「政黨機關報」。

雖然馬克思對於這份計劃沒有信心，他猜想「日耳曼的潮流仍不夠高漲，不足以負載我們的船，」他仍感受到誘惑——尤其是他得知哈茲菲爾德伯爵夫人將提供三十萬塔勒給報社。現在《紐約每日論壇報》因爲美國內戰的關係，或多或少遺棄了他，而他比以往更需要某種收入。至少，拉薩爾的提議使得現場偵察有了正當性。他用僞造的護照與向拉薩爾借來的錢旅行，在二月底動身前往德國——中途停留荷蘭的撒德波美爾（Zaltbommel），在那裏他向有錢的舅舅菲力浦拿走了一百六十英鎊，充當遺產的預先支付。依據罕麗達・馬克思的遺囑，一旦這位可怕的老人撒手西歸，這筆錢就屬於他的。

拉薩爾與伯爵夫人在馬克思拜訪柏林的一個月期間，盛大款待他——反而顯示他們一點也不了解他的性格——因爲反君王統治者最不想要被人以皇親貴族的方式招待。有一個晚上，他們帶他去看一齣喜劇，充滿普魯士的自誇自擂，這使他覺得很厭惡。接下來的晚上，他在歌劇廳被迫忍受三個小時的芭蕾舞（「十分乏味」），他正坐在緊鄰威廉國王不到幾碼遠的私人包廂。在一場以他爲名的晚宴中，許多柏林知名人士出席，馬克思緊挨在文學編輯愛辛（Ludmilla Assing）身旁（「是我這一輩子所見過最醜的人」），這女人在整頓飯中一直與他打情罵俏——「永遠是咧嘴微笑，總是說些詩詞美句，不斷試圖說一些特別的東西，表達虛假的熱誠，當她興奮過度時還會噴口水。」

受到拉薩爾熱情款待一個月的折磨之後，馬克思無聊得發慌。「我被當成某種名人，被迫與許多專業『人士』會面，男女都有，」他寫給詩人西伯（Carl Siebel），一位恩格斯的朋友，「眞是恐怖。」唯一使他延長煎熬的理由是，他仍在等待申請公民資格的結果，這份申請書還是拉薩爾親自送交給普魯士警察。答案在四月十月揭曉，馬克思於一八四五年已自願放棄普魯士臣民的權利，警察署長「只能視你爲外國人。」他不符合國王特赦的資格。

伯爵夫人請求他多停留幾天，仍有許多晚宴與娛樂。「這是爲了感謝我們對你展現的友誼，」她指責，「你在柏林的公事一結束，就想要立即離開？」但是他無法再多待一下，到處充滿著身穿軍服的男人與好學不倦的女流之輩，使他覺得十分不舒服。「如果我是自由之身，而且如果我不是受到你所謂的『政治良心』所苦，我絕對不會離開英國跑來日耳曼，也不會到普魯士，更不會到恐怖的柏林。」燕妮也激烈反對再一次舉家遷離。當馬克思不在時，她向恩格斯透露，「我自己對於祖國、『親愛的』、深愛的、可信賴的德國、詩人所謂悲傷的母親，只有一小點渴望——要想到女兒們！要她們離開珍貴的莎士比亞之國，就令她們害怕；她們變成骨子裏的英國人，緊緊地抓著英國的土壤不放。」再者，她也不希望自己親愛的人受到輕挑放蕩、華而不實的「哈茲菲爾德圈圈」影響。

馬克思本人倒是喜歡伯爵夫人——「非常傑出的夫人，不是普通的好學女士，有相當的知識，很活潑，對於革命運動十分感興趣，具有一種貴族的放任態度，比起一些專業的『聰明女人』虛飾學問好太多了。」——即使她會用濃妝艷抹以掩飾人老珠黃的事實。對於他而言，最主要反對在柏林工作的理由，是他自己不願意成為拉薩爾的同事或鄰居。超過十年的通信，他卻沒有察覺到這個人的虛榮心、好大喜功、逐漸顯露的自大狂，但一個月相處在同一個屋簷下，他了解為何杜塞多夫的共產黨員試圖警告要避開他。在他寫給恩格斯的信中，拉薩爾現在被稱為「拉薩爾斯」（Lazarus）、「依斯男爵」（Baron Izzy）或「猶太黑人」。最後一個渾號一開始只是突發奇想：拉薩爾的確很黑——馬克思也是如此，他的祖先卻沒有黑人。但馬克思一直開這個玩笑，以致於積非成是：「我現在全明白了——看他的頭形和頭髮生長方式就知道——他是當年伴隨摩西出埃及的黑人後裔，要不然就是他的母親或曾祖父曾經跟黑人上床雜交，」他寫道，「他一方面有猶太人與日耳曼人的混合，另一方面骨子裡又流著黑人的血液，這必然融合為一個奇妙的怪胎，這傢伙固執得也像個黑鬼。」正如同他評論《每日電訊報》編輯勒維先生神奇的鼻子一樣，我們只能猜測這在當時一定很有趣。

日耳曼之行也不是一無所得：在離開日耳曼之前，馬克思在特利爾與母親一同過了兩天，她為了犒賞難得一見的孝心，取消了好幾筆積欠許久的帳。他在四月二十九日回到倫敦，帶回從萊恩舅舅那得來的一百六十英鎊，以及許多撕毀的借據。到了六月中，他又向恩格斯揩油一頓。「我已經將帶回來的錢花完了，這個事實不會嚇到你，」他寫道，「因爲除了旅行途中的花費，近四個月以來沒有任何的收入，但是光學校與醫生就要用掉將近四十英鎊。」他很快就回到原來的搪塞敷衍與緊急措施的老套。每當房東來收取房租，燕妮就會兩手空空請他回去，她解釋卡爾因公外出——事實上他躲在樓上的書房。越來越多的家財被拿去當舖，包括孩子們的衣服，「一直到腳底的鞋子。」整個一八六一至六二年的冬天，小燕妮一直生病：馬克思從她十七歲的年紀推斷，她「已經夠懂事了，能體會我們處境的壓力與惡名，我想這就是她身體不適的原因之一。」恩格斯立即寄來他專門治療「虛弱體質」的補品——八瓶紅酒、四瓶萊茵白酒、兩瓶雪莉酒——這提振了她的精神，但是無助於她虛弱無力的身體。

在一八六二年夏天，馬克思家裏的氣氛變得更加消寂，而整個倫敦都在熱烈慶祝第二屆博覽大會，這是中期維多利亞時代驕傲與成就的盛大表演。「每天我內人都在說，她希望自己與小孩進墳墓後能安全些，我眞的不能怪她，畢竟在這種情況下所遭受的屈辱、折磨與紛亂眞的是難以描述，」他寫道。「我對於不幸的小孩們感到更難過，因爲這些事都發生在博覽會季節裏，當他們的朋友玩得興高采烈，而他們活在恐懼之中，深怕有人來拜訪他們，知道他們所處的混亂情況……，沒有人來看我，這一點我很高興。」

他話說得太快了。三週之後，出現在家門口的人正是「依斯男爵」拉薩爾本人，他來到倫敦參觀海德公園展覽的工業奇蹟。時機眞是十分不湊巧，但馬克思覺得自己有義務回報他前年在柏林受到的熱情款待——即使他並不樂在其中。所有能搬的家具都拿去當舖了，接下來的三個星期之內，拉薩爾扮演了地獄訪客的角色——像是饑渴許久的老饕縱情吃喝，還展現他無盡的才能與野心。他知道馬克思從《紐約每日論壇報》的收入已經枯竭，卻對主人家的悲慘處境完全視若無睹：他吹噓在股票投機市場損失了一百英鎊，彷彿視錢財如糞土；一天花費在計程車與雪茄上的錢就超過一英鎊，卻不提供一毛錢給他的主人；更甚者，他還厚顏無恥膽敢問卡爾與燕妮，是否介意將一位女兒交給哈茲菲爾德家裏當「伴侶」——也就是講得聽好一點的女僕人。

「這傢伙浪費我的時間，」馬克思在受折磨的第三個星期寫道，「這個笨蛋還更過分地以爲，既然我目前沒有任何『要務在身』，只是在進行『理論工作』，我可以與他一同耗時間！」全家人都要陪伴拉薩爾參觀倫敦的行程——到更遠的溫莎（Windsor）與維吉妮亞湖（Virginia Water）——還要聽他喋喋不休的自我誇大獨白。

在大英博物館看到羅塞塔石板（Rosetta Stone），他轉過身來問馬克思，「你認爲如何？我是否應該花六個月時間，使自己成爲著名的古埃及專家？」要不是馬克思不滿「這位暴發戶炫耀錢財」的方式，他也許還會覺得很有趣。「自從我一年前看過他之後，他已經發瘋了，」他告訴恩格斯。「無庸置疑地，他現在不只是最偉大的學者，最深刻的思想家，也是最傑出的科學家等等。除此之外，他也是唐璜（Don Juan）兼李希留（Richelieu）樞機主教。除了用假聲高音喋喋不休，他的語調也是毫無美感、假扮與獨斷！」有一天，拉薩爾透露一項「深層的機密」，義大利解放者馬志尼、加里波底和普魯士政府一樣，都是他手下操弄的棋子。卡爾與燕妮再也隱忍不住，他們開始嘲笑他這些拿破崙式的幻想——這使得日耳曼彌賽亞大發怒火，他叫囂說馬克思太「抽象了」，不能了解政治現實。當拉薩爾就寢之後，馬克思躲在書房寫另一封信給恩格斯，嘲笑他客人的「黑人」特徵。

燕妮對於拉薩爾入侵的描述比較不帶仇怨，多一點幽默：

他幾乎被沈重的名聲壓垮，他已經取得了學者、思想家、詩人、政治家的名聲。新鮮的桂冠戴在他神祇般的額頭上，或者說戴在他僵硬直立的黑人頭髮上。他已勝利地結束義大利戰役，此時偉大行動者正構思新的政治出擊，他的靈魂進行激烈的掙扎。仍有一些科學領域尚未被探索！古埃及學荒蕪許久：「我是否應以古埃及學者的身份震驚全世界？或是展現自己作為行動者、政治家、鬥士、軍人的全才？」真是偉大的難題。他在心中的想法與情感間搖擺不定，經常以宏亮的語調表達這些鬥爭。他風馳電掣穿過我們的房間，高聲演講，比手劃腳，他的音調十分高亢，鄰居都被可怕的叫囂所嚇到了，紛紛問我們怎麼一回事。這就是「大人物」內心的掙扎，以尖銳的不和諧方式爆發出來。

只有在他要離開的那一天，八月四日，拉薩爾才承認馬克思的困境——他也不太可能不注意這一點，房東與一堆債主偏偏於此時敲門，高聲揚言要找財產查封官來。即使在這時，他慷慨解囊也相當有限。他提供馬克思十五英鎊，只是當作短期借款，條件是恩格斯要保證償還。

過了幾個月，拉薩爾對這樁小額交易吹毛求疵——堅持一份恩格斯「簽名的契約」，對於償還日期討價換價——馬克思甚至後悔拿了這筆錢。在一番惡言相向的書信往來之後，他迂迴地道了歉。「我們會爲了這件事而完全決裂？……無論如何，我相信我們的關係仍完好如初。」他是一個坐在火藥桶上的人，一個只想要轟自己腦袋的絕望可憐蟲：難道這些不足以爲他魯莽的忘恩負義致歉嗎？

拉薩爾再也沒有回信。他將友誼結束怪罪於「財務因素」，其實兩人的政治差異早就足以造成決裂。拉薩爾對於普魯士國家有一種老黑格爾派的敬意，現在更鼓吹舊容克貴族（Junker）統治階級（以俾斯麥爲代表）與新工業無產階級（當然以他爲代表）相互合作，以阻止逐漸抬頭的自由派資產階級之野心。在一八六三年七月，拉薩爾創立日耳曼工人總會（General German Worker's Association）之後兩週，他寫信給鐵血宰相，誇耀自己對會員有絕對的掌控權力，「你最好羨慕我這一點！我享受的權力地位可以讓你再無懷疑，只要你首先確保他們的利益，工人階級本能傾向專制獨裁。正如我最近告訴你，就算工人之間存在共和思想，但或許正因如此，他們更認爲君主天生就是社會獨裁者，而反對資產階級社會的自私主義。」（這封信反駁了一位馬克思傳記作者拉達茲（Fritz J. Raddatz）的說法，「與俾斯麥之間『惡名昭彰的密謀』從未曾發生。」）工人所要求的不是資產階級擁立的君王，像法國的路易．菲力浦（Louis Philippe），而是「從原來麵團捏出來的君王，緊握著劍柄……。」

我們可能會懷疑，這種用一條法國麵包（baguette）來砍砍殺殺、耀武揚威的奇怪景像是否能巴結到普魯士國王。也許不會：雖然拉薩爾表現一付忠誠洋溢的模樣，他事實上想像一種由威廉國王、俾斯麥和他自己組成的三頭統治，一旦中產階級被迫減少，他就不必再利用其他兩位同夥人了。他的專制密謀也可以被描述爲「社會凱撒主義」（social Caesarism），是馬克思十分厭惡的東西——更令馬克思感到惱怒的是，拉薩爾還在其宣傳辭令中「厚顏無恥抄襲」《共產黨宣言》，再添加反動、自誇的裝飾。他是主人、救贖者、騎在馬背上的英雄。甚至在二十歲時，他在一篇「對全世界宣戰之文告」（Manifesto of War Against the World）裡，鬧劇般的自私心態就表露無遺：「欲達目的不擇手段；沒有神聖不可犯的東西；我獲得了獅子的權利，有權撕裂拆解……只要我能掌控某人心靈，我會毫不留情濫用……從頭到腳，我不外乎是意志。」如果他不存在，尼采也一定會發明他。

這種精神隨伴隨他一生，至死不渝。在一八六四年，拉薩爾迷戀上一位年輕的棕髮美女，她的名字是海倫勒・封・鄧寧格斯（Helene von Doenniges），已經與一位瓦拉西亞（Wallachian）王子揚格・封拉柯維茲（Janko von Rakowitz）訂婚。受辱的未婚夫向超級英雄提出決鬥挑戰，並射中了他的腹部喪生。旁觀者指出，拉薩爾甚至沒有拔出手槍，當他的對手瞄準時，他只是神秘地微笑。難道他相信自己是所向披靡？或者他認爲浪漫的英年早逝才能確保永恆名聲？這是個大謎底。正如恩格斯所評論，「這種事只可能發生在拉薩爾身上，他奇特而獨一無二地混合了輕佻膚淺與多愁善感、吝嗇小氣與騎士作風。」消息傳來，馬克思比自己所料更顯悲傷。無論他做了什麼，拉薩爾畢竟是「我們敵人的敵人，」一位四八年的老戰士。「天曉得，我們的隊伍不斷地消耗殆盡，眼前卻沒有新人補充。」他對哈茲菲爾德伯爵夫人也致上慰問之意，至少「他死於勝利輝煌的英年，就像阿契里斯

（Achilles）一樣。」

在這種情況之下，這是大方的讚美之辭。兩年前，馬克思爲了在克來夫頓台街招待拉薩爾，幾乎快要破產；他的回報是憤怒、不信任與最後的沈默。自從那次拜訪之後——馬克思懷疑，也許部分因爲這次拜訪——家裏的經濟狀況就每況愈下。在一八六二年八月，拉薩爾離開倫敦後幾天，馬克思前往撒德波美爾希望向萊恩．菲力浦安排另一筆借款，但發現他的舅舅出遠門。他接著到特利爾，他的母親則拒絕給他任何錢。那一年的聖誕節，燕妮．馬克思試著向阿巴巴奈爾（Abarbanel）先生討好，他是一位熟識的法國銀行家，結果卻更爲悲慘。她乘渡輪往波隆納（Boulogne）途中，遇暴風雨幾乎沈船；開往阿巴巴奈爾家的火車遲了兩個小時；當她終於抵達之後，才發現銀行家中風癱瘓，躺在病床上。燕妮兩手空空回倫敦時，還遭遇到更多不幸：她搭乘的巴士翻覆，在倫敦坐的計程車撞上了另一輛車，一個輪子壞掉了。當她終於步行回到克來夫頓台街，背後跟著兩位男童幫她提行季，卻得知瑪麗安．克洛伊茲（Marianne Creuz），也就是海倫．德穆特同母異父的姊妹，因心臟病發作，於兩小時前去世。想像這個場景：一位去世的女僕躺在前廳，另一位則搶天呼地，太太則一身泥濘、精疲力竭——而一家之主正苦思如何湊足七點一英鎊付給葬儀社。馬克思對於這種悲喜劇的場面苦中作樂：「這是可憐小孩們很好的聖誕節表演。」

然而，這一次古怪的厄運卻未如往常一般，對他的健康與生產力造成任何不良影響。那些拉薩爾對於「理論」的嘲諷，卻成爲他完成書所需的激勵，這本書由於他與福格特的私人恩怨而遭逢劫難，中斷甚久。「但願我知道要如何重新開始這些事業！」他在拉薩爾倫敦之旅後的低迷時刻寫給恩格斯。「親愛的朋友，所有的理論都是灰色，只有事業才生氣蓬勃。不幸地，我太晚才了解這一點。」這時正值馬克思申請鐵路事務員的工作，由於字跡潦草被拒。沒關係：他大可將自己文才好好運用，有燕妮隨侍在旁，就能將他的筆跡謄寫成排版工人看得懂的東西。再也沒有記者工作使他分神，他開始著手寫經濟學批判的下一篇連載。

「這是一件奇怪卻非無意義之事：卡爾·馬克思最後三十年居住與工作的國家，也是他在全世界名聲最小的國家，」經濟學家約翰·雷（John Rae）在一八八一年十月的《當代評論》（Contemporary Review）中如此評論，當時是馬克思去世的前兩年。「他的說法傳播全世界，在某些角落激起政府無法消滅、也無法接受的迴響。」在一八六九年，恩格斯寄一篇《資本論》的詳盡分析給自由派的《雙週評論》（Fortnightly Review），編輯退稿並附上一篇簡短說明，解釋「這對於《評論》的英國讀者太科學了。」幾年之後，一場某位英國經濟學家主講關於「利益的和諧」的演講會上，一名社會主義的聽衆質疑「所有的社會階級都有相同利益」這種愉快的預設，他引用《資本論》來支持自己的懷疑。「我不知道有這本書，」演講者反駁。

馬克思的主要著作幾乎在生前沒有一篇翻成英文，最重要的例外即是《共產黨宣言》，也只有一小撮於一八五〇年十一月訂閱哈尼《紅色共和派》的憲章派人士才能看到。但《泰晤士報》曾遲至十個月之後刊登這篇文章，該報連忙警告讀者「廉價出版品包含了最野蠻與無政府主義的學說……宗教與道德都會顛覆與嘲諷，每一項經驗證實、社會賴以依存的行爲規律都被公然攻擊。」警告完了，才是兩段《宣言》的節錄——但出處未曾註明，《泰晤士報》「不想指出是哪一位作家所著或出自那一篇文章，以免該文廣爲流傳。」托利黨的政治人物約翰·威爾遜·克羅克（John Wilson Croker）試著加強恐共情緒，寫了一篇激動的文章譴責「革命文學」（充滿了同樣來自《宣言》的引文），他的文章刊登於一八五一年九月的《季評》（Quarterly Review），但沒有其他人也想要參一腳。《共產黨宣言》就在英國消失了，直到山繆爾·摩爾於一八八八年發行新譯本，這已是作者逝世五年之後的事。

約翰·雷也許認爲「很奇怪」，英國人沒有注意到這位在倫敦市中心翻土的老鼴鼠，但事實上這完全可以了解。他們要如何聽過他？馬克思在與激進的哈尼與狂人厄克特決裂之後，就和英國工人與知識份子斷了線。在一八五〇年代，他用來養家的新聞作品刊登於《紐約論壇報》。對於英國大衆，他幾乎是透明人，整天待在博物館，與日耳曼同伴共渡夜晚。在一八六九年五月，他加入了「皇家工藝、製造業與商業振興協會」（Royal Society for the Encouragement of Arts, Manufactures & Commerce），這個協會因爲主辦一八五一年與一八六二年的博覽大會而聲名大噪。但沒有證據顯示，他參與協會的任何一場演講或是使用過圖書館。他也許因爲參與協會夏季的聚會而覺得反感，那是一場在一八六九年一月於南肯辛頓博物館（South Kensington Museum）舉行的談話會。小燕妮是他晚會的伴侶，她給了恩格斯一份完整的報告：

在所有乏味的事物中，談話會最乏味。英國人真是天才，發明了這種沈悶的娛樂！想像約七千名群眾身著全套晚禮服緊湊在一起，無法移動或坐下來。椅子很少、間隔又遠，幾位泰然自若的老婦人還被別人搶了座椅……眼中所見全是絲織、香緞、織棉、蕾絲，這些全掛在最醜的衣架上——形形色色的婦女，有些打扮粗俗，另一些眼神遲滯，無論矮胖或高瘦，盡皆醜陋。傳言中英國貴族的美貌，現場一點痕跡也無。我們只看到兩位可以稱得上美麗的女孩。在男士方面，只有少許有趣的臉龐，他們可能是藝術家，大多數都看來像無趣的「大鬍子」與過胖的牧師。

她的父親喝得酩酊大醉以消解無聊，他公然嘲笑一張發給所有客人的傳單，標題是「騷擾達官貴人」，要求皇室貴族與其他名人應容許不被干擾地自由走動，「跟任何平民百姓一樣。」正如小燕妮誓言，「他們不會在那裏再次找到我們。」

馬克思幾乎每次與當地英國人接觸，都以災難收場，尤其當他兩三杯黃湯下肚之後，更是如此。一晚，他與埃德加．鮑爾、李卜克內西一同在陶頓罕路上買醉，他們打算在牛津街與漢普斯提德街之間的每間酒館裡至少喝一杯啤酒。在一路上至少有十八家酒館，當他們抵達最後一站時，他早就隨時要尋釁。一群兄弟會的成員本來安靜地享用晚餐，卻被這群醉漢三人組搭訕，他們還辱罵積弱不振的英國文化。馬克思宣稱，除了日耳曼以外，沒有其他地方出得了貝多芬（Beethoven）、莫札特（Mozart）、韓德爾（Handel）、海頓

（Hayden）之類的大師；自命不凡、滿口假道德的英國只適合市儈居住。即使對於溫文儒雅的兄弟會成員這也太過份了。「該死的外國人！」有人怒斥，其他人則是緊握拳頭。三十六計走爲上策，這群鬧事者逃之夭夭。李卜克內西進一步講這個故事：

現在我們的「啤酒之旅」已經玩夠了，為了要讓沸騰的熱血冷卻下來，我們開始急行軍，直到埃德加．鮑爾撞上一堆舖地石。「好啊，我有個主意！」他回想到學生時期的瘋狂惡作劇，順手拾起了一粒石頭，啪啦一聲，媒氣燈裂為碎片。無聊舉動是會傳染的——馬克思與我不落人後，我們打破了四或五個街燈——時間約是在清晨兩點，街上空無一人……。喧嘩聲引起一名警察的注意，他立即果決地打訊號給其他同事。很快地，訊號有了回應。情況變得很危急。所幸，我們瞧見了這個情況，也幸好我們熟悉這一帶。我們向前奔跑，三或四名警察落在我們身後有一大段。馬克思展現出我認為不太可能的敏捷身手。狂奔了幾分鐘之後，我們順利進入了一條次要街道，穿過一條兩街之間的巷子裏，到了警察的後面，他們追丟了。現在我們安全了。他們沒有看清楚我們，而我們沒有再經歷冒險就回到了家裏。

在倫敦街頭散步時，馬克思經常停下來摸摸小頑童或是坐在門口的流浪兒頭髮，塞半便士到他們的小手裏。但是經驗告訴他，英國成人對於有外國口音的陌生人不太友善。在一次在陶頓罕路上坐巴士，他與李卜克內西注意到酒館外有群眾聚集，他們聽到尖銳刺耳的女聲高喊「殺人！殺人！」雖然李卜克內西試圖阻止他，馬克思仍是跳出車外，擠進群衆裏。但是這位女士只是喝醉酒的婦人，樂於與他先生大聲爭吵；馬克思的出現立即重新聚集了人群，他們將憤怒轉向這兩個好管閒事的傢伙。「人群朝向我們聚集越來越多，」李卜克內西描述，「他們對於『該死的外國人』作勢威脅。特別是那位婦人，對於馬克思特別生氣，使力拉扯他威嚴閃亮的黑鬍子。我儘量平息風暴——但是徒勞無益。如果不是兩位警官適時出現，我們可能就要會爲了善心舉動而付出慘痛代價。」從此之後，李卜克內西注意到，馬克思與倫敦無產階級交往時變得「更爲謹慎一點」。

這並不是因爲他介意，正如歷史學者威利斯（Kirk Willis）所指出，「到了一八六〇年，馬克思沒有興趣吸收英國弟子或宣傳員，因爲他有一項更重要的計劃在進行——在知識上摧毀古典政治經濟學。」在接下來的四年內，他再度躲進了彼此不相識的大英博物館閱覽室，準備對於資本主義進行最後一擊。「附帶一提，我正努力工作，說來也奇怪，我的灰色事業在悲慘處境裏進展良好，遠勝於前幾年的情況，」他在一八六二年六月告訴恩格斯，他附加一句，自己在分析中發現了「一、兩件有趣而令人驚訝的新奇事物。」在一八六一年與一八六三年之間，他寫滿了一千五百頁以上。「我要擴充篇幅，」他解釋，「因爲那些日耳曼惡棍以書本的體積來衡量其價值。」

過去曾使他無從解答的理論難題，現在突然間一目了然，像是一杯琴酒一樣地振奮人心。就以農業地租的問題爲例——或著他常說的「狗屎地租玩意」。「我一直對於李嘉圖理論的絕對正確性深感疑惑，現在終於搞懂了這場騙局。」李嘉圖只是搞混了價值與成本價格。在中期維多利亞時代的英國，農產品的價格高於其實際價值（也就是體現在商品中的勞動時間），地主將這種差異以更高昂的地租納入自己的口袋。然而在社會主義之下，剩餘將爲以工人福祉重新分配。因此，即使市場價格仍保持不變，貨物的價值——其「社會性格」——將會全然改變。

他對於進展感到滿意，有時他甚至過於樂觀——在一八六二年，一位漢諾威（Hanover）的醫生庫格曼（Ludwig Kugelmann）寫信問他，何時可以期待《政治經濟學批判》的續集。「我很高興從你的信中看到，你與你的朋友對於我的政治經濟學批判感到興趣，」馬克思立即回應。「第二部分現在終於完成，也就是說只剩下謄寫與出版前最後的修飾。」他的結尾暗示道，「你可以偶爾寫信給我，告訴我國內的情況。」因此，友善的通信一直保持超過了十個年頭，最後馬克思突然決定，他不再想要與這位「吹毛求疵的市儈」有任何干瓜葛。

手稿當然還沒有完成；需要很多大刀闊斧的功夫才能進行「最後的修飾」。即便如此，這畢竟是他在一八六七年用來建造偉大的巴洛克傑作的原始材料。贅長的題目——《批判經濟學的批判：第二卷》——現在放棄了。而且他在一封給庫格曼的信中第一次透露，「它將獨立成冊，以《資本論》爲名」。

9 牛頭犬與士狼

燕妮．馬克思從來不曾分享丈夫對於恩格斯的敬愛。她當然感謝他的慷慨大方，也感激他對卡爾的知識友誼與鼓勵，恩格斯關心孩子們，更令她深受感動，他們敬稱這位父執輩為「將軍」。然而，對於燕妮而言，他永遠是恩格斯先生。她在許多方面都是沉著冷靜、不易受驚嚇的婦女，樂見暴力革命與推翻資產階級，但她仍舊是個端莊賢淑——或說正經——的中產階級婦女，無法忍受男女同居，尤其這位女主角還是個目不識丁的「女工」。

恩格斯在一八四二年第一次到曼徹斯特時，認識了瑪麗．博恩，那時他正為了寫《英國工人階級狀況》而蒐集資料，兩人很快相戀。這位活潑、一頭紅髮的愛爾蘭無產階級，沒有受過多少教育，卻教了恩格斯不少事，不亞於恩格斯對她的指導。她的妹妹莉迪亞（Lydia）後來也加入成為「三人行」。恩格斯欣賞莉迪亞「對她出身階級懷抱熱烈的情感，猶如與生俱來。〔她〕在我心中無限珍貴，每當我遇到關鍵的時刻，她都強力支持我，遠超過那些打扮時髦、假裝聰明、『受過教育』、『多愁善感』資產階級的女兒。」

馬克思與恩格斯在一八四五年會合時，這段戀情復燃；他付錢給瑪麗，要求她來布魯塞爾一陣子。恩格斯隱身於曼徹斯特的商業生涯之後，就在他家附近爲她安排了一小間房子，到了一八五〇年底，兩人便共築愛巢。有時候，燕妮．馬克思被迫承認瑪麗的存在，她以「您的夫人」來稱呼她，其實他們的關係從未經過法律認可。莉迪亞（「莉斯」（Lizzy））加入這個家庭，更是嚴重污辱馬克思夫人清教徒般的情感，但恩格斯才不理會這些。

恩格斯對瑪麗．博恩的深情，也造成他與馬克思溫暖而無間斷的友誼之中的唯一一道寒流。馬克思不反對他朋友異端的家庭組合（事實上，恩格斯彷彿替身一般，帶給他某種程度的想像快感），但馬克思出於尊敬燕妮，也傾向忽視博恩姊妹的存在——這一次後果卻十分嚴重，那時他收到這封恩格斯簡短而可怕的訊息，日期是一八六三年一月七日：

親愛的摩爾：

瑪麗去世了。昨晚，她很早就寢，當莉斯在午夜要去睡覺時，發現她已過世。一切都在突然之間，死因可能是心臟衰竭或中風。直到今天早上，我才被告知；星期一晚上她還很健康。我不知道要如何表達自己的感覺。可憐的女孩全心愛著我。

菲．恩

馬克思在隔天回信。「瑪麗去世的消息嚇了我一跳，也讓我感到驚惶。她的本性善良，充滿機智，也與你很親近。」到目前為止還算可以；但這只不過是一長串細數自己苦難的引言。「鬼才曉道為什麼只有惡運才纏著我們這一圈的人不放。我不再知道要往何處走……。」馬克思嘗試在法國與德國要錢卻一無所獲，沒有人願意讓他賒欠，他被要求付學費與房租，不可能再工作下去。牢騷發完了之後，他恢復神智，「我眞是自私地可怕，居然在這個時候告訴你這些恐怖的事情，」他承認。「但這是同種治療法。一場苦難可以引開某人對另一場苦難的注意。而且，終究說來，我又能如何呢？」話雖如此，他可以一開始就試著更有技巧地表達自己的弔唁。換個角度說，馬克思確實也處於極為悲慘之困境：小孩自聖誕節後就沒有上學了，一部分原因是上學期的學費仍未繳，另一原因是她們唯一可以穿出去的衣服與鞋子都拿去典當了。甚至他在信末道別時，腦中仍比較掛念自己的問題，而不是恩格斯的喪親之痛：「為什麼不幸降臨在瑪麗身上？難道不應該是我的母親？畢竟她苦受病痛折磨，早已活夠了。你可以看到，在某些時候，壓力讓一個『文明人』腦中出現怎樣奇怪的念頭。再會吧。」

恩格斯讀這封信感到憤怒與驚訝。馬克思膽敢在這個時候提到錢——尤其是他知道恩格斯最近正因棉價滑落而苦不堪言？他保持了五天的沈默，才寄出一封冷冰冰的答謝函。他的信平常都以「親愛的摩爾」開場，但這種不拘形式的親暱態度到此為止：

親愛的馬克思：

以人之常情，此時我的不幸與你所採取的冷漠觀點，使我無法早一點回信給你。我所有的朋友，包括泛泛之交在內，在這個良心上需要為我感到難過的時刻，都給了我比期望更多的同情與友誼。你認為這是宣稱自己「心靈冷靜」的好時機。隨便你吧！

現在馬克思的心靈再也冷靜不下來。接下來的三個星期內，克來夫頓台街的廚房桌子上惡言滿天飛，燕妮責怪馬克思不早一點向恩格斯提示，他們的處境多麼悲慘可憐；他怪她總以爲，一家人可永遠依賴曼徹斯特來的津貼（「這可憐的女人將無謂受苦，因爲女人總是要求不可能的事，」馬克思事後一點也不憐香惜玉地說，「女人眞是奇怪的動物，再怎麼聰明的女人都一樣。」）他們爭吵許久之後，決定卡爾在破產法院中宣佈自己無力償還債務。小燕妮與勞拉要找女家庭教師的工作，萊菁在其他地方就業，而小杜西與雙親一同搬進市立模範住宅（City Model Lodging House），這是窮人的避難所。

馬克思眞的有此打算？或這只是爲了贏回恩格斯同情的苦肉計？很難說，但他的悔悟無疑相當誠懇：

我寫給你那封信是我的不對，我一寄出去就後悔。但造成這件事的原因絕對不是冷酷無情。我的內人與小孩都可以作證，一收到你的信之後，我大感震驚（早上的第一件事），彷佛最親近與喜愛的人去世了。但當我在晚上回信給你時，我處於十分無助的環境壓力之下。房東找了一個當舖老闆來我家，肉販抗議帳單未付，煤炭與食糧都用完了，小燕妮躺在病床上。在這種情況之下，我只能求助於冷嘲熱諷。

雖然負荊請罪，但仍帶有許多自悲自憐。這是馬克思一輩子唯一一次誠心的道歉。

恩格斯以他慣有的寬宏大量，立即認出了馬克思的懺悔。「親愛的摩爾，」他寫道，又恢復了往日親切的招呼方式：

謝謝你如此坦白。你現在終於知道，上封信帶給我什麼樣的觀感。當你與一個女子同居幾十年後，不可能不對她的去世感到深受打擊。我覺得自己最後一絲的青春也隨之埋葬。你的信寄到時，她還沒有下葬。我告訴你，那封信足足在我心中縈繞了一個星期；我總是不能從腦中移開。不要介意，你的這封信已重修舊好，我很高興，在失去瑪麗的同時，我沒有失去最老與最好的朋友。

這場交惡再也沒有提起：二話不說，恩格斯挑起拯救濱臨破產邊緣的馬克思一家人之重責大任。他沒有辦法借錢，乾脆直接從厄曼與恩格斯公司的收支匣中偷了一百英鎊支票，再背書轉讓給馬克思。「這是十分放肆的行爲，」他承認，「但必須冒險。」另一筆兩百五十英鎊在幾個月後來到，足以讓馬克思整個夏天無憂無慮——錢來得正是時候，因爲他剛好因膿瘡而無法工作。

十一月份一封來自特利爾的電報宣佈罕麗達．馬克思去世，享年七十五歲。她十分準確地預測自己的死期——十一月三十日午後四時，亦即結婚五十週年的當天與當時——準確得令人起疑，但似乎無人猜測這老女人是否自殺結束生命。馬克思聽到這個消息，反應之冷淡一點也不令人意外：「命運奪走了一位我的家人。我自己一隻腳也已踏進墳墓裏。情況就是這樣子，老天或許覺得我比老媽子更需要留下來。」恩格斯寄來了十英鎊紙幣支付到特利爾的旅費，沒有弔慰之詞：他太了解馬克思，知道虛假的慰問比什麼都不提，更不會冒犯他。

遺囑拖了好幾個月才執行，扣除萊恩舅舅的預支與借款，馬克思只剩下一百英鎊多一點，儘管如此，這仍足以大肆慶祝一番。馬克思鄙視資產階級的謹慎理財原則，他言行如一：如果家裏沒有錢，他就避鋒頭躲債、虛張聲勢、招搖撞騙以求生存；但若手上有一筆橫財，他就肆無忌憚地花費，不顧慮明天。一八五六年，馬克思一家人得力於燕妮從嘉洛琳納．馮．威斯特伐倫得來的一小筆遺產，搬進了克來夫頓台街，當時他們必然知道負擔不起這幢房子的開銷。現在鬧劇又要重演。一八六四年三月，罕麗達的第一筆錢匯來，他們簽了一幢寬敞華廈的三年租約，地點在邁特蘭公園（Maitland Park）的莫登那別墅（Modena Villas）一號。新地址只離克來夫頓台街兩百碼遠，就社會地位與風格而言，卻是一個截然不同的世界——那是有錢醫生與律師偏愛的住宅，有大花園與「迷人的溫室」，空間足以讓每個女孩擁有私人臥房。一樓有個俯視公園的房間，馬克思用來充當書房。

莫登那別墅一年的房租高達六十五英鎊，幾乎是克來夫頓台街的兩倍。馬克思要如何支付這項奢侈品，實在是個謎：但再一次，他一廂情願的樂觀期待竟然美夢成真。一八六四年五月九月，威廉．「天狼」．沃爾弗（譯註❶）死於腦膜炎，將「我所有的書籍，屬於我的債權與現金，與我所有的剩餘財產，以及我死後擁有或有權享有、有權處分的不動產與租地，根據這份遺囑歸於上述的卡爾．馬克思所有。」沃爾弗是少數一八四八年的老戰友，對馬克思與恩格斯始終忠貞不二。他與他們一起在布魯塞爾的共產主義者通訊委員會工作，一八四八年革命時期一同在巴黎，馬克思編輯《新萊茵報》時，他也跟著到科隆。自從一八五三年起，他平靜地住在曼徹斯特，以語言教師謀生，大致依賴恩格斯了解最新的政治消息。「在曼徹斯特，沒有人比我們可憐的朋友更廣受歡迎了，」馬克思參加葬禮後寫信給燕妮，喪禮中他數度因悲慟而崩潰。

執行遺囑的過程中，馬克思與恩格斯才驚覺，溫和的老天狼靠著省吃儉用累積了一小筆財富。即使扣除葬禮費用、遺產稅、給恩格斯的一百英鎊、給醫生路易．波夏特（Louis Borchardt）的另外一百英鎊——馬克思很生氣，因爲他認爲這位「浮誇的笨醫生」要爲他的去世負責——仍剩下八百二十英鎊給主要受惠人。這筆錢遠超過馬克思從寫作掙來的收入，也解釋了爲何《資本論》第一卷（三年後出版），開卷獻詞題給「我不能忘記的朋友威廉．沃爾弗，勇敢、忠實、高尚的無產階級先鋒戰士，」而不是另一位更顯而易見、理所當然的候選人，弗里德里希．恩格斯。

譯註❶：一八四八年，馬克思於科隆創立的《新萊茵報》有兩位同姓記者，斐迪南．沃爾弗及威廉．沃爾弗，為了避免混淆，這兩位沒有親屬關係的沃爾弗先生，綽號分別是「紅狼」（Red Wolf）及「天狼」（Lupus），見第五章。

馬克思一家人立即揮霍這筆意外之財。燕妮為新家添購傢俱並重新裝潢，她解釋「我認為最好將這筆錢用在這裡，而不是一點一滴地消耗在柴米油鹽上面。」她也為小孩買了寵物（三隻狗、兩隻貓、兩隻鳥），以馬克思最愛的杯中物命名，包括威士忌、陶弟酒（Toddy）。在七月，他帶家人到藍姆斯蓋特渡假三個星期，但是陰莖正上方的惡性膿包發作，十分掃興，迫使他躺在旅店床上，終日怨天尤人。「狂歡的庸俗者在這裡作威作福，更過份的是，連你的妻女也一樣，」他寫道，忌妒地望著窗外的海灘。「看了就難過，可敬的海洋之神，年長的巨人族，竟然要忍受這些小侏儒在他生病時放肆作樂，還要伺候他們娛樂。」此時膿包取代了財產查封官，成為他發怒的主要來源。但大部分時間裡，他以同樣漫不經心的蔑視態度看待他的病。那年秋天，他為小燕妮與勞拉在莫登那別墅舉行一場盛大舞會，她們好幾年來一直婉拒舞會邀約，因為擔心無法回請對方。五十位年輕朋友一直狂歡到清晨四點，很多食物剩下，小杜西獲准在第二天為當地小朋友辦一場臨時的茶會。

馬克思在一八六四年夏天寫信給萊恩．菲力浦，透露自己富裕新生活的另一項驚人細節：

告訴你一件事，可能帶給你不小驚嚇。我在炒作股市——其中小部分押美國基金，但主要炒英國股票。今年英國股市如雨後春筍般興旺（各種想像得到、想像不到的合資企業都在發展），大盤指數曾飆漲到完全不合理的高點，然後大部分個股又狂瀉到底。我操盤的結果，賺進四百英鎊。既然目前政治局勢的複雜度讓我有更大的運作空間，我將重頭再玩一遍。操作股票有一點花時間，不過，冒點風險讓你的敵人繳械投降，仍然值得。

事實上沒有這些交易的確切證據，有些學者宣稱，馬克思只是虛構這個故事，向他生意味十足的舅舅炫耀。但這也可能是真的。他的確很注意股票價格，當他向恩格斯吵著要魯普斯遺產下一筆的支付時，他提到「如果我十天前有筆錢，我早就在此地股市大開殺戒，海撈一頓。時機又來了，只要有智慧與一筆小錢，就可以在倫敦掙錢。」

炒股票、主辦晚會、在公園蹓狗：馬克思處於嚴重危險之中，他變得體面而有地位。有一天一份奇怪的文件寄達，宣佈一項他所不知道的消息，他已經當選一項市政府的閒差，「聖潘克拉斯教區委員會的警官」（the Vestry of St Pancras）。恩格斯覺得這件事很好笑：「敬禮，聖潘克拉斯教區委員會的警官！現在你應該準備一套像樣的行頭：紅色的睡衣、白色的睡帽、長到腳踝的拖鞋、白色的褲子、長長的陶土煙斗、一瓶紅酒。」但馬克思抵制宣誓就職，他引用愛爾蘭鄰居的建議，「我告訴他們自己是外國人，他們想得美。」

自從共產主義者同盟分裂之後，他一直是堅決的旁觀者，拒絕任何試圖招募他的委員會或政黨。「我感到很滿意，現在我們倆人都遠離公衆，處於眞正的孤立，」他早在一八五一年二月告訴恩格斯，聖潘克拉斯的市儈們當然不足以誘惑他離開長期蟄居狀態。儘管如此，在十三年「眞正孤立」的歲月之後（一點也不平和、寧靜），馬克思現在想要重出江湖了。一八六三年，波蘭奮起反抗沙皇壓迫，他的反應十分積極，可視爲他轉換新心態的第一個兆頭。「你如何看待波蘭事件？」他在二月十三日問恩格斯。「可以確定，革命的年代在歐洲重新開啓了。」四天之後，他決定，普魯士代沙皇出頭鎮壓波蘭起義者這件事，「迫使我們站出來說話。」在此階段，他的構想僅只於一本小冊子或一篇宣言——他的確在十一月出版了簡短的「波蘭宣言」。但他沒有料想到，十二個月之後，他成爲第一個國際工人階級群衆運動的實際領袖。

馬克思的成年生活有一種潮汐般進與退的節奏，白浪滔滔撲向前，隨後則是隆隆的退浪聲。參與和孤立的遞嬗都非他所能控制，而是由偶發事件與情境所主使——疾病、流亡、家庭災難、政局變遷、友誼破裂。但這也可視爲一種意志的實驗，試圖調合理論和實踐的要求、私人沈思和社會參與。正如許多作家一樣，他是居於鬧市的隱者，渴望一種靜下來工作免於被干擾的孤獨，也期待行動與爭論的刺激。他比多數人更敏銳地感覺這種兩難，因爲個人在社會中的異化狀態是他念茲在茲的主題。

在一篇一八三五年的學生作文裏，洋溢著一種剛買第一只刮鬍刀的十七歲男孩的輕鬆自信，問題就像剛長出來的短鬍鬚一樣容易解決。「指引我們選擇職業的主要方針，就是人類的福祉與我們自己的圓滿，」他寫道。「不應該認爲這兩種宗旨會相互衝突。」爲何不會？因爲人性即是如此，個人只在奉獻於他人時才會達到圓滿的最高境地。有些只爲自己工作的人「也許會成爲著名的學者、偉大的智者、出色的詩人、但他絕不是圓滿的、眞正偉大的人。」歷史只讚揚那些透過豐富我族而使自己高尚的人，而「宗教本身教導我們要效法這種理想，爲了全人類而犧牲自己……誰敢否定這種說法？」

事實證明，馬克思自己就否定了這種說法。他一旦醒悟，宗教不是治療異化的藥方，只是麻痺痛苦的鴉片，就被迫在他處找尋完整性——首先在黑格爾哲學偉大而統一一切的自我意識裡尋找，而後在歷史唯物論。但無論他如何致力於人的完整圓滿，終究無法逃脫古老神學關於信仰與功德對立的爭辯：歷史唯物論只是換了一套世俗形式，如理論相對於實踐，或言辭相對於作爲。「哲學家只是用不同的方式解釋世界，而問題在於改變世界，」他於一八四五年宣稱，彷彿大筆一揮，分工就被揚棄了：未來每個人都是哲學家與鬥士，正如我們可以在早上放羊，下午畫圖，晚上釣魚。在那段日子裡，馬克思全身上下散發一種存在主義式的熱忱，對象牙塔的封閉心態至感不耐。在一八四七年一篇鮮少人知的文章中，他嘲笑一位比利時記者巴特爾（Adolphe Bartels），他竟然被德國流亡革命份子在布魯塞爾的作爲給嚇著了：

巴特爾先生宣稱他的公眾生活結束了。的確如此，他撤退到私人生活，也不想離開它；每當有公眾事件發生，他至多不過抗議幾聲，然後大聲宣告，他相信自己做自己的主人，無論運動有沒有他，都不會發生任何改變。他有權以其至高無上的裁定拒絕運動。我們同意，這也是參與公眾生活的眾多方式中之一種，他也可以藉著散發各種宣言、聲明與抗議，將公眾自我隱藏在個別私人的卑微身影後面。這位不受重視、備受誤解的天才就是以此種方式展露自己。

然而，馬克思在未來數年中也逐漸相信，一位如他這般備受誤解的天才，獨自一人在書桌前匆匆草就抗議和聲明，以此種方式參與公衆生活，也沒什麼不好。凡事都有起伏規律：有時撕裂，有時縫補；有時戰爭，有時和平。或將這些聖經的話混合在一起說，當戰爭的喧囂已經沈寂，爲何還要模仿老虎的行動？

因此，如果拿他對巴特爾的嘲諷攻擊和《政治經濟學批判》（一八五九年）的自傳性序言對比，就會發現心態上有明顯差異。在《批判》序言中，他坦承當《萊茵報》於一八四三年被迫關門之後，他其實獲得一個長久企盼的機會，能「從公衆舞台退下，回到研究天地」，他「非常樂於把握這次機會」。而馬克思後來寫作序言之時，處於一個比一八四三年更爲長久的退隱階段——即使日耳曼報紙指責他消極無爲，他也沒有想要打破沈寂的念頭。一八五七年，一群紐約革命份子寫信給他，請求他重組倫敦的共產主義者同盟，他過了一年時間才回答；而他在回答中也僅指出，「從一八五二年以來，我與任何組織都無關連。我堅信我的理論工作對工人階級有較大的助益，遠勝於我干預目前在歐陸興盛的組織。」正如他在一八六〇年二月告訴菲萊利格拉弗，「你是詩人，而我是批判者，對我而言，一八四九到一八五二年的經歷就足夠了。『同盟』與巴黎四季社（societe de saisons）和上百個其他組織一樣，都僅是共產黨歷史長河中的一段小插曲，現代社會的土壤孕育著它，從每一個角落很自然地鑽出來。」這個有機體的比喻，最適切地描述了四年之後，「國際工人協會」（International Working Men's Association）（下文中簡稱爲第一國際）如何鑽出土壤，迎接陽光。

一個以「國際」自豪的組織居然在英國誕生，這看起來很矛盾。英國的島國封閉性格長久以來不僅是地理上的僥倖，也是一種生活方式，歷代學童都學習歌頌莎士比亞關於這個王威顯赫的島嶼、另一個伊甸園的詩詞：

這個珍貴寶石鑲嵌在銀色大海，
如石牆聳立，
如護衛家園之壕溝，
抵禦劣邦的覬覦，
這片福地、這片土壤、這國度、這英國……

當英國人說到「歐洲」或「大陸」時，他們並不包括自己的國家：他們是指國外，一個奇怪而野蠻的國度，當地人撒尿在你的鞋子上，或在床上吃大蒜。英國人當然可以造訪國外——更可以征服外邦，創建有史以來最遼闊的帝國——但無論是維多利亞時期的砲艦外交或現代足球流氓，冒險目的都在於提醒外國佬，他永遠是低劣品種。畢竟，還有哪個民族能吹噓自己承受天命，發源於青青大海？十九世紀的幽默作家傑若德（Douglas Jerrold），也是迪更斯的朋友與《潘趣》（Punch）雜誌的作家，就在這個情結上開玩笑，他寫道，「我所了解存在於法國與英國之間最好的東西即是——海洋。」這些半玩笑半認眞的東西至今仍常出現在英國小報的頭版標題。一位明理善辨之人只要腦中一出現「英國」，也會突然變得胡言亂語、不知所云。「當你從國外任何一地回到英國，你立即感覺連呼吸的空氣都不同，」歐威爾（George Orwell）在一篇著名而過譽的文章中寫道。「不消幾分鐘，許多小事都帶給你同樣感覺：啤酒較苦、硬幣較重、綠草更青……」可憐的外國人，連個像樣的草地都沒有。

然而，英國除了自誇自擂與仇視外國人的歷史以外，也存在另一種傳統——較不為人知、卻同樣源遠流長——英國的國際主義，尤其存在於工會運動份子之間。我們想起英國工人反對南非種族隔離的運動，或在一九七〇年代拒絕為智利獨裁政權生產貨物：至少某些英國工人本能地與被壓迫者親近，並願意表現他們的態度，青史所載屢見不鮮。正如憲章派領袖哈尼在一八四七年葡萄牙起義時所說，「人們開始了解，國外與國內問題同樣影響自身；塔古斯（Tagus）的自由受挫，泰晤士河畔自由之友一同受辱；法國共和主義成功，各地專制政權都一齊敲響喪鐘；英國民主憲章勝利，將拯救歐洲上百萬人民。」我們很容易採取當時統治精英的觀點，認為所謂「泰晤士河畔自由之友」，僅存在於哈尼的想像中。否則英國為何能在一八四八年席捲全歐的革命瘟疫當中倖免呢？哈尼的兄弟民主派——其委員會成員包括法國、德國、瑞士、斯堪地那維亞的難民——也許聚會討論歐陸的動盪事件，但一般英國工人真的在乎他們所不知道的遙遠國度中發生的鬥爭嗎？

答案就在一八五〇年令人驚訝的「海瑙事件」——這事件很湊巧就發生在泰晤士河畔。奧地利陸軍元帥海瑙（Baron von Haynau）男爵是一位以「土狼」聞名的野蠻將軍，他在鎮壓義大利與匈牙利暴動時，虐待戰俘與鞭撻婦女，因而贏得這個渾號。一八五〇年八月，他暫時卸下繁重的虐人工作，到倫敦度短假。參觀行程包括遊覽河南岸的包克萊與柏金啤酒釀製廠。哈尼鼓動所有的「自由之友」在參訪行程中抗議，但他自己也不期待會成功——接下來發生的事讓他與其他人一樣驚訝。土狼進入啤酒廠，一隊馬車夫在他頭上丟了一堆乾草，並向他投擲堆肥。他跑到街上，接駁夫與搬運煤炭工人參與追逐——撕裂他的衣服，拔掉他一大片鬍鬚，高喊「打倒奧地利屠夫！」海瑙試圖躲在河邊喬治酒館的垃圾箱內，但很快被搜出來，飽以更多的糞便。直到警方到達酒館，划船護送他過泰晤士河到安全之處，這位狼狽不堪而飽受羞辱的屠夫再沒有辦法繼續他的假期。過了幾個小時，南華克（Southwark）街頭可以聽到一首新歌：

> 趕他走，趕他走，遠離河岸我們這頭，
> 讓他去找托利黨與貴族名媛。
> 讓他在西區大搖大擺，撒野鬧夠，
> 但他不敢再回到河邊的「喬治」喝酒。

哈尼的報紙《紅色共和派》從海瑙事件中看到，「工人階級在政治知識上長足進步，他們展現高尚的正義之愛，對於專制與殘暴深惡痛絕。」爲了慶祝此一事件，法靈頓會堂（Farrington Hall）舉行一場集會，恩格斯也上台演講，但現場報名人數暴滿，好幾百人不得不被拒於門外。遠自巴黎與紐約的工人團體也致函祝賀。甚至外交大臣巴麥尊爵士也心中竊喜，認爲陸軍元帥只能忍氣吞聲、自認倒楣。但保守派報紙如《季評》覺得一點也不好笑：河邊暴動乃最嚴重的警訊，「顯示外國勢力滲透我國人民」——外國勢力是十九世紀中葉的委婉說詞，指社會主義的恐怖病毒。

《季評》其實毋需擔心，至少時機未到。在接下來的十年裏，河岸精神不復再現，少數的英國社會主義團體——共產主義者同盟、憲章派、兄弟民主派——不是消亡就是睡著了。直到一八六○年左右，無產階級才從長期昏睡中醒過來。正如霍布斯邦（Eric Hobsbwam）所說，此一復甦在本質上是「政治行動與工業行動的奇怪結合，是各種激進主義從民主主義到無政府主義的大雜燴，其中有階級鬥爭、階級聯盟，也有政府或資本家的讓步。但首先它是國際性的，這不僅因爲它像自由主義復活那樣，在各個國家同時產生，也因爲它與工人階級的國際團結密不可分。」

一八六○年創立的倫敦職業聯合會（London Trade Council），是許多這類活動的幕後主事者。它舉辦一場歡迎義大利解放者加里波第（Giuseppe Garibaldi）的遊行（吸引了五萬群衆參加）；接著又在一八六三年三月於聖詹姆士會堂（St James Hall）舉行公共集會，誓言支持美國內戰中林肯這一方，與奴隸制對抗。馬克思罕見地進城參加聚會，他很高興注意到「工人說得眞好，一點也沒有資產階級的詞彙。」但我們也不應忽略拿破崙三世無心的貢獻，他在一八六二年博覽會期間，支付法國工人代表團訪問倫敦，因此讓他們有機會與職業聯合會祕書長奧德格（George Odger）建立關係。一八六三年七月，幾位法國代表又返回倫敦參加一場慶祝波蘭起義的群衆集會，奧德格寫了一封「英國工人致法國工人公開信」，提議雙方應建立制度化管道，以鞏固跨海峽工人的團結友誼。接著又召開了另一場會議——這次是在柯芬園（Covent Garden）宛如洞窟的聖馬丁會堂（St Martin's Hall），日期一八六四年九月二十八日——以慶祝英、法工人在「國際工人協會」的新結盟。

注意這個名稱：如果他們的雄心不僅限於英、法工人之間的友好協定，他們至少還需要其他地區的象徵代表。於是，一八六四年九月某個早晨，一位名叫勒魯貝（Victor Le Lubez）的法國年輕人到莫登那別墅一號敲門，問馬克思能否建議一位代表「日耳曼工人」的人選。馬克思本人太資產階級了，不符資格，所以他推薦流亡的裁縫匠埃卡留斯（Johann Georg Eccarius），他是從前共產主義者同盟的老戰友。值得好奇推敲的是，爲何勒魯貝與奧德格沒有先想到埃卡留斯，因爲埃氏本人亦參加職業聯合會，他們早就相互認識。也許熟悉埃卡留斯個性的人反而心生輕視，此事經常發生：他笨拙而毫無生趣的舉止幾乎得罪所有與之共事的人。他們也許希望馬克思能找到一位更振奮人心的無產階級演說家，參與這場重要集會。

我們值得在此暫停一下，推敲馬克思爲何薦舉埃卡留斯，這說明了他性格中的哪些特點。馬克思的批評者不斷散播一項傳聞，說他是無可救藥的自大狂，鄙視工人階級社會主義者，把他們當成一群舞弄理念超過能力範圍之外的傻蛋。舉例而言，傳記作者倍恩指出，「馬克思輕視人類，尤其是輕視他稱之爲無產階級的人。」即使善察明辨的馬克思學者如阿維耐里教授（Professor Shlomo Avineri）也寫道，「馬克思懷疑，沒有外來知識份子的幫助，無產階級就不能構建自己的目標並實踐之。此一態度文獻多所記載，並恰好符合他對於革命的看法。他認爲革命從不始於『群衆』，而是由精英團體發動。」從哪裡可以找到關於這些看法與態度的文獻記載？誠然讀者在馬克思著作——以及阿維耐里教授的註釋裏——都找不到。阿維耐里提到馬克思「瞧不起」魏特林一事：誠如我們所見，馬克思事實上對魏特林很大方，他認爲不應對一位窮裁縫匠太刻薄，尤其他眞正爲自己的信仰受難。兩人最終決裂的原因並非馬克思高傲地鄙視下層階級，而是他對這位自戀狂的政治與宗教囈語感到忍無可忍，長期累積的不耐終於爆發。如果魏特林是中產階級知識份子，馬克思會用更粗暴的方式對待他。

讓我們來看阿維耐里的第二項呈堂供證。「即使他最忠實的追隨者裁縫匠埃卡留斯，亦飽受主子兼導師毫無道理的輕蔑對待。」這段話再次沒有註明任何出處：很顯然，馬克思蔑視裁縫匠、補鞋匠與其他小人物，已是普遍公認之事實，毋需進一步證明。

實情則完全相反。埃卡留斯第一次嶄露頭角的機會，正是馬克思所賦予。他幫埃氏爭取在短命的倫敦期刊《新萊茵報評論》（NRZ Revue）上刊登其〈倫敦的裁縫業〉論文。「這篇文章的作者，」馬克思告訴讀者，「也是一家倫敦裁縫店的工人。我們試問日耳曼資產階級能舉出多少同等級的作者，以同樣方式掌握現實脈動？……讀者會發現，這篇文章在批判現狀時不多愁善感、不道德說教、不作動機猜測，如魏特林與其他從事寫作的工人常犯的毛病；這篇文章在面對資產階級社會及其動態時，完全不受情緒沾染，展現一種純粹、更自由的唯物主義見解。」

這段話裡看不到一點輕蔑的味道。在馬克思一生最窮困潦倒的一八五〇年代，他仍舊以體貼、同情的態度對待埃卡留斯，並幫他把文章發表在國外的德文報紙上。馬克思希望埃氏鬻文維生，不必再清晨五點至晚上八點從事單調操煩的裁縫工作。「如果有錢匯來，我建議埃卡留斯先拿一部分，如此他不必一天到晚都在裁縫，」他如此建議一位華盛頓的記者同志。「如果有可能，想想辦法讓他身上有點錢吧。」無論馬克思自己的財務狀況再怎麼險惡，他仍堅持先滿足埃卡留斯的需求。

一八五九年二月，埃卡留斯因肺癆而病倒，馬克思形容「我在倫敦所經歷最悲慘的事。」幾個月之後，他傷心地提到，埃卡留斯「再度昏倒於血汗工廠，」並問恩格斯是否能寄幾瓶紅酒給這位可憐傢伙進補。一八六〇年，埃卡留斯因身體狀況不良，被迫暫時放棄裁縫，住在馬克思付房租的宿舍，固定爲美國報社寫文章，一篇三美元。當埃卡留斯的三個小孩於一八六二年腥紅熱流行時去世，也是貧困交加的馬克思負責籌募基金，支應喪葬費用。最後，當馬克思應邀爲一八六四年九月的歷史性聚會提名一位演講者時，他還是薦舉他的老友。馬克思事後同恩格斯說，埃卡留斯完成了「精彩的演講」，附帶提到自己雖然也在會場，但很高興保持緘默。儘管有這麼多的事證，許多作者至今仍舊調重彈，說馬克思以惡劣及倨傲的態度鄙視一名卑微的裁縫匠。

事實上，馬克思之所以參加第一國際的開幕大會，並「放棄我對此類邀請一律敬謝不敏的原則」，正是由於有許多眞正工人參與第一國際，又缺少驕傲自得的中產階級玩票者從中攪和，讓人耳目一新。他原本只是以緘默觀察者的身分來到聖馬丁會堂，但傍晚大會結束時，他被推選進入理事會。

這兒似乎出現了一點點矛盾。無庸置疑，馬克思是個資產階級知識份子。他一旦加入理事會，不就稀釋了其中無產階級的純度？而他又如此欣賞稱許此種純度。我們必需更仔細地觀察第一國際的組成份子，才能回答這個問題。理事會包括兩位日耳曼人（馬克思與埃卡留斯），兩位義大利人，三位法國人與二十七位英國人——他們幾乎都是工人階級。這是很混雜的組合：英國工會主義者熱衷於自由集體協商的權利，對社會主義革命沒興趣；法國普魯東派（Proudhonist）整天夢想著烏托邦，卻不喜歡工會；再加上一些共和主義者，馬志尼的弟子與波蘭自由的鼓吹者。他們幾乎對每一件事的看法都不同——尤其關於第一國際究竟應允許一個開明中產階級知識份子扮演什麼樣的角色，此類問題歧見最深。第一國際成立兩年後，馬克思在一封寫給恩格斯的信裡，描述了一件經常發生的衝突事件：

> 英國工人成員為了要抗議法國先生們——他們認為除了「手工工人」之外，其他任何人皆不得成為國際工人協會之會員，或至少不得具有參選大會代表之資格——英國人昨日推舉我擔任理事會主席。我聲明無論如何都不接受此項職務安排，並推舉奧德格〔英國工會領袖〕取代我，他事實上等於再度當選。儘管管如此，仍有人不顧我的聲明投票給我。

這場會議的記錄記載，馬克思「認爲自己不具資格，因爲他是腦力勞動者，並非體力勞動者，」但事實並不如此單純。（他想要繼續寫作《資本論》的念頭也許發揮更大的影響。）幾年之後，一位名叫色克斯頓（Sexton）的醫生申請加入組織，私下議論之聲再度四起，「讓專業人士加入理事會究竟是否值得」；根據會議記錄，「馬克思公民認爲，在理事會成員絕大多數皆由工人出任的情況下，讓專業人士加入並不值得憂慮。」一八七二年，第一國際被許多稀奇古怪的美國小團體滲透而出現問題，當時正是馬克思提議，大會成員至少要達到三分之二皆爲雇佣勞工的標準，否則不再吸收新團體。此提案成功通過。

簡言之，馬克思雖認爲第一國際的掌權者與從屬會員絕大多數都應是工人階級，但他可不會因爲自己缺乏無產階級資歷而感到困窘：像他這樣的人只要不擺架子、不出鋒頭，仍有許多可資貢獻之處。恩格斯也遵行此一範例，但他身爲富有資本家，要求自己謹愼低調、處處約束，可以想見頗爲勉強。恩格斯於一八七〇年賣掉自己在家族企業的持股，並搬到倫敦定居，他幾乎立即接受理事會席位，但婉拒接管財務。「恩格斯公民反對，他認爲只有工人才應該被任命處理與財務有關的事務，」會議記錄如此記載。「馬克思公民不認爲這項反對有道理：一位具商業背景的人士最適合出任此一職位。」恩格斯堅持不就——或許他的顧慮才是對的。正如馬克思主義學者德瑞普（Hal Draper）指出，處理錢財是工人組織中最棘手的工作，因爲政治鬥爭最慣用的伎倆，就是指控對方帳目不清。而恩格斯不過是一名新來乍到的曼徹斯特生意人，對任何想要興風作浪的「法國先生們」，都是再顯著不過的標靶。

馬克思也許偏愛幕後工作，但他的工作量卻十分沈重：若非他的努力，第一國際或許在一年內就解體了。每星期二，理事會固定在蘇活區希臘街破舊不堪的總部開會——剛好一個世紀之後，這個地點成爲上流社會的夜總會，一些諷刺藝人如蓮妮．布魯斯（Lenny

Bruce）與彼德．庫克（Peter Cook）用全然不同的伎倆顛覆主流價値觀。會議記錄顯示，馬克思很樂意負擔這份單調沈重的工作。（「佛克斯、馬克思、克萊姆公民被選派參加排字工人協會……。馬克思公民提議，克萊姆公民附議，理事會應感謝克坦公民慷慨贈與的禮物……。馬克思公民說巴賽爾與蘇黎世的團體已加入協會……。馬克思公民報告，他收到從日耳曼寄來購買會員卡的三英鎊，他將錢交給財務祕書……」）他的影響力自始就很明顯。一八六四年十月五日，理事會第一次開會的首件議案，就是馬克思提議倫敦職業聯合會的克萊姆（William Randal Cremer）出任祕書（「克萊姆先生全票當選。」）當晚，馬克思被選入一個小組，其任務乃是爲新創立的協會起草議事規則與宗旨。

到目前爲止一切都好，但馬克思後來生病了，錯過了兩次會議。十月十八日當天，他在病床上躺著，被一封埃卡留斯的緊急信給挖起來；埃卡留斯警告，如果馬克思當天晚上再不出席會議，理事會將採納一份枯燥乏味且自相矛盾的宗旨草稿。馬克思步履蹣跚來到希臘街，萬分驚恐地聽著勒魯貝大人朗誦「一篇陳調濫調、寫作拙劣、完全沒有修飾的序文，居然妄想成爲本協會之宗旨。文章充斥一些最無關痛養的法國社會主義思想之皮毛，但在這層外表之下，馬志尼的民族主義陰影無處不在。」經過冗長的辯論，埃卡留斯提議將這份讓人食不下嚥的菜單退回小組，做進一步修改。他保證文章中的「情感」絕不改變，巧妙地先發制人，堵住敵人說他想要推翻整篇文章的質疑。

馬克思就是要這個機會。他以最天眞無邪的表情建議，兩天後小組到他家來開會，那裏比窄小的希臘街房間舒適（地窖的藏貨也較豐富）。當一票人湊到馬克思家時，他東拉西扯了一堆關於修改規則的討論，光是此項討論即欲罷不能地持續到凌晨一點，此時他們尚未開始「修改」序文。下次理事會開會是在五天之後，他們如何能及時準備妥當？他疲憊不堪的同事，哈欠愈來愈長，最後馬克思建議由他自己試著修補一番即可，他們全都心懷感激地接受了他的提議。所有草稿都留在他手上，他們回家睡覺去。

「我認爲不可能從這些材料裡搞出什麼名堂，」他告訴恩格斯。「所謂的情感早就『承載』於文章中，我現在又意圖修改它，爲了展現我這種極其怪異的做法確實有道理，我寫了一篇《致工人階級聲明》（這不是原來的計劃：原先他們打算寫一篇回顧自一八四五年以來工人階級奮鬥史之類的東西）；我藉口說所有必要事實都已包含在《聲明》中，我們不應同樣事情重複說三遍，於是將整篇序文都改掉了，丟掉原則宣示的部分，最後以十條規則取代原先的四十條。」他爲了安撫某些虔誠、缺乏革命傾向的會員，文章中也提及關於眞理、道德、責任與正義等等，避免出現殺氣騰騰的詞彙。《共產黨宣言》就是因爲這些用辭而顯得文氣勃發，躍然紙上。正如他向恩格斯解釋，「我們要耐心等待運動復甦，才能使用以往大膽的語言。我們目前需要fortiter in re, suaviter in modo。」這句話從拉丁文翻譯是：輕柔說話，並帶一根大棍子。

馬克思儘管退隱多年，卻絲毫未喪失議事場上的狡詐機智。十一月一日的理事會議中，部分出於他的建議，幾位新成員進入理事會。其中包括了芬德（Karl Pfander），共產主義者同盟的老戰友，曾查驗李卜克內西的頭顱；容格（Hermann Jung），瑞士籍製錶匠；杜邦（Eugene Dupont），法國樂器工匠；萊斯納，一八四八年抱著《共產黨宣言》草稿衝往印刷廠的那位裁縫匠。他們全是馬克思的堅定支持者——此時馬克思需要召集所有他能獲得的支持，因爲某些英國會員對他的新文件不太滿意。根據會議記錄，有人提出溫和的修改建議，「關於『氮』與『碳』這類名詞，應該加上一些解釋（以註腳的形式說明）。」（馬克思認爲這實在無必要，「我們其實毋須再提醒讀者，」他在註腳中有氣無力地寫道，「除了水和某些無機物外，碳與氮也是人類食物的主原料。」）印刷工人魏斯（William Worley）提出較帶有敵意的反對意見。他於前次會議就明白表示，反對「資本家與勞工對立」的說法；這一次馬克思將資本家形容爲「守財奴」，更觸犯他的改革主義信念。結果十一票比十票，理事會決議刪除此一煽動字眼。於是，《聲明》無異議通過。

理事會一致通過這份「對工人階級奮鬥史的回顧」，相當於對馬克思拿捏分寸、忖度局勢的讚賞。文章裡沒有革命預測，也沒有幽靈或妖怪在歐洲徘徊——他只是儘力將英國工業描寫成一隻以兒童血液苟延殘喘的吸血鬼，讓讀者感到毛骨悚然。在大部分篇幅裡，他讓事實說話，從自己正在進展的作品《資本論》中抄錄官方統計資料，點綴整份文件，以證明「從一八四八年到一八六四年，工人群衆悲慘處境一點也未減輕。」但他在想像另一個國度的美好願景時，一如往常，甜得像一碗牛奶凍，其模糊、無具體輪廓之程度，也像一碗牛奶凍：「雇佣勞動只是一種暫時與低級的形式，就像之前的奴隸勞動與封建農奴勞動一樣，都註定滅亡。工人將以篤定之心、興奮之情、堅定雙手，從事聯合勞動。」

這篇聲明以「全世界無產者，聯合起來！」告終，以往那些鼓動工人打破枷鎖的熟悉句子，則有技巧地省略了。即便如此，我們仍禁不住猜想，他的同僚在通過之前，究竟有多仔細審查這篇文章。「土地巨頭和資本巨頭總是要利用政治特權來捍衛和持續經濟壟斷，」他在文章結尾處提到，「因此，奪取政權已成爲工人階級的偉大使命。」理事會中許多英國代表排斥這種想法，他們認爲工人階級的偉大使命在於組織工會，以談判協商爭取更好待遇與工作條件，政治之事就留給國會議員去操心。這當然也是絕對溫和的祕書長克萊姆的看法，他後來成爲自由黨國會議員，退休時以騎士頭銜封爵。但連他也投票支持這篇聲明，可見馬克思說服力之高超。正如老共產主義者同盟成員如芬德、萊斯納等人所熟知，馬克思令人生畏的外表——他深黑的眼睛、脫口而出的機鋒、無懈可擊的分析頭腦——總是主導任何一場會議。距離馬克思上一次坐在聖馬丁會場上沉默旁聽幾乎不到一個月，他已主導整個大局。

但是光靠馬克思個人人格特質的力量，卻不足以弭平仇怨與敵對，像第一國際的組成份子這般紛雜與不協調，注定逃脫不了內鬨之命運。甚至理事會中少數的法國代表也分裂爲水火不容的共和主義者與普魯東派。共和主義者以勒魯茲爲代表，本質上是中產階級激進份子——熱衷於自由、平等、博愛，但對於工業與私有財產的爭論不感興趣。普魯東忠心耿耿的弟子們以雕版工杜蘭（Henri Louis Tolain）爲首，將共和國與政府都視爲集權暴政，侵害他們代表的小店主與工匠之利益；他們的政治目標是在各地成立信用互助會與小規模合作社。其中一名普魯東派份子拉法格（Paul Lafargue），是年輕的醫科學生，於一八六六年成爲理事會成員，後來變成勞拉．馬克思的丈夫。他第一次與未來岳父會面的情況不太理想。「那該死小朋友拉法格，用他的普魯東主義來煩我，」卡爾向勞拉抱怨，「直到我好好修理他一頓，才肯停止。」拉法格在一場演說中宣稱，民族與國籍都是最純粹之妄想，馬克思諷刺他，「我們的朋友拉法格與其他想要揚棄國籍的人，都用『法文』向我們演說，也就是用一種台下十分之九的聽衆都聽不懂的語言，」此言一出，在場的英國同事都哄堂大笑。他還補上一句，這位年輕熱心份子否定國籍存在，「意味著他們已被法國民族模型所洗腦，而他們對此竟完全不自覺。」

勇敢的英國工會主義者對這些關於法國的爭執口角聽得津津有味、興致盎然；但當他們得知，日耳曼人與法國人居然將偉大的馬志尼——在倫敦也算是個英雄——當作裝模作樣的笨蛋時，英國人就感到特別驚訝。馬志尼對民族解放的熱情，被認爲相當程度妨礙工人體會階級的絕對重要性。「現在我們的處境很困難，」馬克思在另一場於希臘街惡言相向的會議之後坦承，「因爲我一方面要反對英國佬愚笨的義大利主義，另一方面又要反對法國人錯誤的論證。」

這眞是個耗費時間的事業。一八六五年三月，他在一封給恩格斯的信裏描述一週典型的工作時間。星期二晚上開理事會，杜蘭與勒魯兹一直吵到午夜；會議結束之後，他還必須轉檯到附近一間酒館，簽兩百張會員卡。第二天，他參加聖馬丁會堂的集會，慶祝波蘭起義已屆週年。星期六與星期一，小組集會討論「法國問題」，兩次都吵到凌晨一點。接著又回到星期二，理事會中又是一場狂風暴雨，「英國人深深覺得，法國人非常渴望迎接另一個波拿巴！」在會議空檔時間，「總有人闖進來見我，」爲了商議下週即將召開一場關於「有房產者投票權」（household suffrage）的會議。「眞是浪費時間！」他抱怨。

恩格斯也這麼想。馬克思死後，他說，「摩爾的生命中若少了第一國際，就如一只脫落了鑽石的戒指。」但最初連恩格斯也搞不懂，馬克思明明可以在書桌前撰寫《資本論》，為何願意浪費無數小時在蘇活區昏暗的內室裡苦受折磨。「我總是暗中期望，國際協會內童騃無知的兄弟情感將無法維繫太久，」他在一八六五年沾沾自喜地評論，在此不久前法國人之間才剛結束一場相互毀滅的爭吵。「這種情形還會不斷發生，而且會消耗你大量的時間。」因此，恩格斯在一八七〇年馬克思退休搬到倫敦之前，都一直不願加入這個組織。

在一八六五年之前，馬克思就已是第一國際的實際領袖，當時他的正式頭銜是「德國通訊祕書」。即使這個頭銜也讓人誤解：拉薩爾死後，馬克思在整個德國只剩下少數朋友——李卜克內西與婦科醫生庫格曼（Ludwig Kugelmann）——他大部分的「通訊」工作，就是暗中嘲笑拉薩爾繼承人施懷澤（Johann Baptist von Schweitzer）傳聞中的同性戀傾向；外加一些批評條頓民族政治嚴重落後的貶抑之辭。「我目前在普魯士沒有任何著力之處，」他寫給庫格曼醫生。「我寧願透過『國際協會』在英國製造煽動，對英國無產階級的作用既直接，又具有絕對重要性。我們現在發動普選權問題，此議題在英國的重要性比起在普魯士自然大為不同。」

當時英國議會的主要關注焦點即是擴充選舉權的問題——但需附加一點，一八六〇年代中期由托利黨與輝格黨提出的眾多改革方案中，極少依據高尚的政治原則，更多是出自攫取黨派利益的考量。某些辯論在當時十分激烈，但現今看來既遙遠又難以理解，譬如關於

「不動產所有人」（copyholders）、「六英鎊地方納稅人」（£6 ratepaypers），以及「五十英鎊自由租約房客」（£50 tenants-at-will）此三類人的投票權。雖然在投票權與選舉多票制上有許多狂想及各種古怪的辯論，但所有人包括上下兩院議員都有一項共識：關於投票權的規定，一定要有某種財產限制，以免閒雜人等都能對國家事務置喙。「我心憂慮之處，」巴格霍特（Walter Bagehot）於其《英國典章》（English Constitution）中說，「在於兩個政黨競相爭取工人階級支持；只要工人喜歡之事，政黨就保證做到……。」即使在政治上公認激進的壓力團體如「全國政治改革聯盟」（National Reform Union），也只希望擴充選舉權至兩種人身上：讓有房產者與納稅房客擁有投票權。

一八六五年春天，在一場聖馬丁會堂擁擠的會議之後成立了「改革聯盟」（Reform League），以推動男子普選權爲目標（婦女願意或能夠投票的想法明顯還太不切實際，完全不用考慮。）馬克思與第一國際的同僚全權掌控此一聯盟：「整個領導權在我們手裏，」他得意地向恩格斯透露。接下來的一年裡，他興致昂揚地投身此項大業，同時又要處理第一國際的事務、寫作《資本論》手稿、應付家庭與債主的要求——當然也要治療屁股上發作的膿包，它們比平時更爲嚴重。他用鋒利的刮鬍刀削除這些膿包，以惡意快感看著膿血噴到地毯上。有時，他一連好幾個晚上都撐到四點才蹣跚爬回床上，他覺得「倍受苦惱」，眞希望自己從來也不曾從冬眠狀態中甦醒過。

這場爭取普選權的戲局值得連連挑燈夜戰？他自已如此相信。「如果我們能成功地振奮英國工人階級的政治運動，」他在發動改革聯盟後寫道，「我們的協會（譯按：即第一國際）就已對歐洲工人階級貢獻良多，遠勝過其他可能方式，又不會徒然製造糾紛。」結局並非如此。走改革路線的工會領袖如克萊姆與奧德格，很快就做出讓步，他們決定只爭取擁有房產者之投票權（household suffrage）即可，放棄一人一票的理想訴求。而最後他們大致也獲得這樣的成果。一八六七年夏天，國會通過迪斯累里改革法案（Disraeli's Reform Bill），降低了郡選舉人的財產權限制，並將投票權擴展至都市所有的擁有房產者（householder）——如此一來，選民成長兩倍；但廣大的工人階級仍如以往一樣不能投票。

第一國際從未達到馬克思夸夸其言的高標準。他們早期有些成就，主要是抵制英國雇主招募外國工人充當罷工破壞者，一時間聲名大噪，吸引了許多小工匠團體加盟——其中包括了一些希奇古怪的團體，例如達靈頓聯合製鞋匠協會、箍桶匠同心會、西區五斗櫃製造者協會、白天工作釘書匠協會、英國理髮學徒會、彈性布織工協會、雪茄工人會等。但大型的產業工會卻敬而遠之。工程師聯合會的祕書長艾倫（William Allen），甚至拒絕接見第一國際派來的代表。更令人苦惱的是，倫敦職業聯合會也不願加入，該會祕書長奧德格甚至還是第一國際的主席。一八六六年夏天，第一國際首次於日內瓦召開全歐洲大會，所有加盟團體的會員總人數爲兩萬五千一百七十三人——這股力量不容小覷，但若說英國無產階級因此而得以「振奮」，也相差甚遠。如果第一國際想要大展鴻圖，就必須名符其實，擴充其領域遠超過達靈頓的製鞋匠。

馬克思本人錯過日內瓦大會，但仍試圖主導整個會議流程。當法國普魯東份子發動事先安排的抗議，反對中產階級社會主義者（「所有負起代表工人團體之責的人應是工人」），克萊姆挺身而出，替理事會中少數非勞工成員的表現說話。「在這些成員中，我只提一個人。馬克思公民將生命奉獻給工人階級，促其邁向勝利。」理髮學徒會的卡特（James Carter）接著發言：

馬克思公民剛才被提到。他完全了解第一次大會的重要性，應該只有工人階級代表參與；因此，他拒絕理事會賦與的代表身份。但這絕非是阻止他或其他人加入我們當中的理由；相反地，願意全心獻身於無產階級使命的人太少了，我們怎能將之拒於門外。中產階級雖然有錢有勢，但只有當它與掌握科學之人聯手時，才大獲全勝……。

在理髮店學徒都表示感謝之後，即使普魯東派領袖杜蘭也感覺不得不向這位不在場的英雄致敬。「我以工人的身分，感謝馬克思公民婉拒賦與他的代表地位。馬克思公民藉著此舉，證明工人大會應該只由勞動工人所組成。」其實馬克思公民一點也沒有這樣的意圖；也沒有跡象顯示，他不參加日內瓦大會是爲了避免觸犯無產階級的情感。一個較可能的理由是，他不想忍受法國孤立主義份子乏味的滔滔大論，而他可以利用這幾天，免於干擾地寫作《資本論》。

一年前他曾告訴恩格斯，草稿只需要一些「最後修改」，一八六五年九月前就可以完成。「我現在像一匹馬一樣工作。」他的朋友已經聽了好幾年這種充滿樂觀的預告，但這一次他似乎眞的在跑最後一圈了——即使如此，這匹跗節內腫的老駑馬是以跛行速度前進，而不是全力衝刺。一八六五年夏天，他每天都在嘔吐（「由於天氣燠熱與膽病連帶發作之故」），家中訪客突然增多，更添加了討人厭的旁務。燕妮的笨拙愚蠢弟弟埃德加．馮．威斯特伐倫來家裡做客，一住就是六個月，將地窖裏的酒喝個精光，「從早到晚都掛念口腹之慾」；其他訪客包括從南非來的馬克思表兄弟，馬斯垂克（Maastricht）來的外甥女與菲莱利格拉弗一家人。這就是他搬進有多餘房間的大房子所要付出的代價，但他卻難以承受此一代價。「兩個月來，我一直靠典當家產維生，」他感到焦慮煩躁。「成群債主每天都來敲門，讓人愈來愈無法忍受。」然而，就在暴風圈的平靜中心點，他的鉅作接近完工。到了一八六五年底，《資本論》已是一份厚達一千兩百頁、充滿墨水污跡、刪改、彎曲符號、亂七八糟拼湊在一起的手稿。在一八六六年元旦那天，他坐定謄寫一份乾淨的版本，並修飾風格——他形容這是「在分娩的長久劇痛結束之後，將嬰兒舔乾淨。」但此時他的膿包又復發。他遵照醫生囑咐，放逐到馬爾蓋特（Margate）一個月，在那兒除了泡在海中浴身之外，他什麼也不做，一天呑三次砒霜，心裏覺得飽受委屈。「我可以與戴家的米勒一起唱歌：『我不甩人，人也不甩我』。」海浴結束之後，膿包消失了——但是風濕與牙痛緊接著來；那時肝的老毛病又發作了。即使在他身體適合工作的日子裡，新噩運仍一如往常降臨，例如文具店老闆拒絕提供紙張，除非上一批的帳單先付清。

拉法格眞不會挑時間，他偏偏選在這個時機，向芳齡二十的勞拉．馬克思求婚。這位黑白混血的醫科學生，在第一國際與馬克思相遇之後，就將注意力轉到老頭子碧眼的女兒身上，以一種老頭覺得極其無禮的熱情向女兒求愛。拉法格本來就令人起疑，不僅因爲他的普魯東主義傾向，同時也因爲他怪異的法國—西班牙—印弟安—非洲系譜，看在未來岳父的眼裡，這簡直是基因錯亂。一旦馬克思找到信紙，他立即寄一封信給這位過分猴急的追求者，任何維多利亞時期的大家長閱讀這封信，都會稱許不已。

親愛的拉法格，容我表達以下我對你的觀察：

一、如果你想繼續與我女兒交往，你就要克制目前「求愛」的方式。你很清楚，你們目前尚未訂婚，任何事都屬未定。而且即使她在形式上已經許配給你，你也不該忘記，這是一輩子的事。戀人之間過度親密的舉止十分不宜，因為你們要共同生活，在一段無可避免的長時間裡，接受嚴苛的測試與鍛鍊……對我而言，當仰慕對象於戀人眼前現身時，真愛表現在戀人沉默、謙遜，甚至是害羞的反應上，絕對不是放縱自己激情，以及過早表現親暱行為。如果你要拿你黑白混血的性情當藉口，為自己的行徑辯護，我就有責任在你的性情與我女兒之間，以冷靜之理智插手干預。如果你在她面前，無法以一種倫敦社交禮儀容許的方式愛她，那麼你將被迫躲得遠遠地愛她。

事實上，拉法格可沒有拿自己的混血當藉口，是馬克思自己把這份熱情——以及與拉法格有關的任何事情——都歸諸於他「黑白混血的性情」。過了很久以後，直到一八八二年十一月，他仍重複他的看法，他告訴恩格斯，「拉法格有著黑人部落常發現的缺點——不知羞恥，我是指知道自己出糗的羞恥。」

馬克思在答應這樁婚事之前，要求這位年輕人完整報告自己的前途何在。「你知道，我爲革命鬥爭犧牲所有財富，」他寫給拉法格。「我一點也不後悔。相反地，如果我能再活一次，我會做同樣的事。但是我不會結婚。我要盡我一切力量，避免我的女兒撞上毀了她母親一輩子幸福的暗礁……。你在考慮結婚之前，一定要成就某些事業，你與勞拉兩人還需要接受長期的考驗。」結果這段考驗期並不長：一八六六年九月，馬克思寄出信之後只有一個月，勞拉與拉法格兩人宣布訂婚；一八六八年四月二日，他們於聖潘克斯公證廳正式結婚。她的父親一點也不浪漫，提到這件喜事時說，「拉法格眞是太好了，竟與我們住在一起，這可是我們全家負擔的一大解脫。可以想見，我們的支出又增加許多。」在婚宴上，恩格斯不斷開新娘玩笑，惹得她哭了出來。

勞拉缺少小燕妮與愛琳娜的活潑天性，她從來不是關愛眼神的焦點。（「我習慣躲在幕後，因此很容易被人忽略與遺忘。」）馬克思所有的女兒裏，她可能最像燕妮．馬克思：她的姊妹們夢想站在舞台中央，而勞拉唯一的願望不過是當個好家庭主婦。她的第一個小孩查爾斯．愛迪安（Charles Etienne），（暱稱「杜松子酒」（Schnapps）），於一八六九年一月一日出生，幾乎正好是婚禮的九個月後。接下來兩年，她又生了一個女孩與另一個男孩，他們都在襁褓中過世。看起來，勞拉無法避免她母親所撞上的暗礁。「在所有生命的搏鬥中，我們女人忍受更多苦楚，」燕妮．馬克思在悼念孫子過亡時寫道，「因爲我們的搏鬥比較渺小。男人從他與外在世界的鬥爭中汲取力量，因敵人出現而強壯鼓舞，不怕敵衆我寡。我們始終只能坐在家裏，補補襪子而已。」

10 毛茸茸的狗

莫登那別墅一號的房子早就化爲一堆塵土，但透過拉法格的生動描述，我們似乎仍可看見樓上那間馬克思工作的混亂巢穴。每一位邋遢成性的作家參觀之後，大概都會感到心有戚戚焉：

窗户對面、火爐兩旁沿牆是一排書架，架上堆滿了書，報紙與手稿堆積如山，一直到天花板。在火爐對面的窗户這一邊，放了兩張桌子，同樣堆滿了紙張、書籍與報紙。在房間正中央，光線充足，立著一小張平面書桌（三呎長，兩呎寬）與一張木製手扶椅，在手扶椅與書架之間，面對著窗户，有一張馬克思經常躺下小憩的皮沙發。壁爐上擺著更多的書、雪茄、火柴、煙草盒、紙鎮，以及馬克思的女兒、太太、威廉．沃爾弗、恩格斯的照片……。

他絕不容許任何人整理——或說是弄亂——他的書與報紙。房間表面看來亂得不成樣子，實際上每件東西都暗藏秩序，以致於他能立即找到所需的書或筆記本。他甚至能與人對談至一半時，忽然停下來找出某本書，翻出書中他剛才提及的某段引文或數據。他與他的書房融為一體：其中的書與報紙就像他的四肢一樣聽他指揮。

這情景幾乎與十二年前普魯士密探所寫的報告一模一樣，他描寫蘇活區迪恩街混亂的前廳——「手稿、書籍、報紙，以及小孩的玩具、他太太縫紉籃裏的碎布、幾個邊緣破裂的杯子、刀子、叉子、燈、一個墨水瓶、大杯子、荷蘭的陶土煙斗、煙灰——簡而言之，所有的東西都亂成一團。」十二年來，他的工作習慣一點也沒有改變：他還是劃過數百根以上的火柴棒，不斷點燃之前忘了抽完的煙斗與雪茄。「《資本論》的稿費，」他告訴拉法格，「甚至付不起我寫作時抽掉的雪茄。」

他買不起高貴的哈瓦那雪茄。有一次，他注意霍爾邦（Holborn）的一位煙草商打出「抽得愈多，省得愈多」的口號促銷雪茄，腦中突然冒出一個古怪的省錢絕招。他打算換抽新牌子，這種新雪茄比他平常慣抽的廉價方頭雪茄更臭、也更便宜。他告訴朋友，換抽這種新雪茄之後，他抽一盒可以省下一先令與六便士，如果他強迫自己抽很多，或許有一天光靠「省下來的錢」就能過活。他以不惜傷肺的決心實踐此一歪理，最後家庭醫生不得不介入，囑咐這位哮喘復發的病人用別的法子致富。

馬克思在整個一八六六年至六七年冬天苦於疾病，就算如此，疾病卻再也無法阻止他完成《資本論》第一卷的決心。他站在書桌前寫完第一卷最後幾頁，因爲臀部膿包發作，劇痛得無法坐下。（馬克思常服砒霜當作止痛劑，「它麻痺我的心靈太深，因此我需要隨時保持神智清醒。」）經驗豐富的恩格斯立即辨認出書中的幾段文字，「留下了膿包肆虐的痕跡。」馬克思也同意，他在鼠蹊部發燒時寫的文章，色調更陰鬱灰暗。「無論如何，我希望資產階級直到死前都記得我的膿包，」他詛咒。「眞是豬玀！」

儘管如此，經歷了二十年的醞釀等待，蛋終於要孵化了。「我決定等這本書全部完工，才寫信給你，」他在一八六七年四月二日告訴恩格斯，「現在正是完工時候。」一週之後他前往漢堡，將手稿交給出版商麥斯納。不過在出發之前，他照常寫一封懇求信給恩格斯，以便先從當鋪中贖回衣服與手錶。「家庭處境如此之糟，我怎捨得離開？她們一毛錢也無，而債主每天厚顏無恥地進逼。最後，我得趕緊補上一句以免忘記，所有治療勞拉所購買香檳的錢都已用罄，她現在需要好品質的紅酒，我負擔不起。看看這情況。」一如往常，找恩格斯就對了：七張五英磅的鈔票即刻寄到倫敦來。

馬克思同時告別了他的膿包與《資本論》，他離開英國時感覺「像五百頭豬一樣食慾旺盛」：即使是風雨交加的五十二小時恐怖航程，也澆不熄他高昂的興致。「當芸芸衆生都因顚簸而暈船，東倒西歪躺成一片，此時船上的中堅份子若不能鎭定如恆，情況就更糟糕，」他現場實況報導。中堅份子包括一位倫敦的牲口交易商（「一位貨眞價實的約翰牛（John Bull）」），一位在祕魯東部遊蕩十五年的日耳曼探險家，和一位有漢諾威口音的虔誠老婦人。「這位美麗佳人究竟著了什麼魔，幹嘛非得待在這險惡環境中？她爲什麼不進婦女艙房？我們那位野蠻的德國人正興高采烈地講述野蠻人下流的性行爲，以此盛大款待我們的耳朵。」

馬克思將寶貴的貨物交給麥斯納排版付梓，預定在五月底之前出版。接下來的一個月裡，神采奕奕的作者住在漢諾威的庫格曼醫生家裏，以便就近校對大樣。「庫格曼是一位在婦科專業中出類拔萃的醫生，」他寫給恩格斯。「其次，他也瘋狂崇拜我們的理念，以及我們兩個人。（在他的崇拜舉止中有一股特別類似威斯特伐倫的氣質，深獲我心）。他有時熱情過度，使我困擾……。」雖然兩人在此之前從未謀面，但庫格曼多年來一直寄崇拜信給馬克思。他家裡蒐藏的馬、恩作品集，比起兩人自己保存的部分還完整：譬如《神聖家庭》這本書出版不久之後，馬克思就丟失了自己的那一本，從此他再也沒見過這本書，直到在庫格曼家中又再度發現它。

庫格曼的熱情讓人有些吃不消，但馬克思仍稱讚，「他了解，他是眞正傑出的人，不受小事動搖，敢於犧牲；最重要的是，他有信念。他有個嬌小迷人的太太（葛楚達（Gertruda）），與一位八歲大女兒（法蘭齊斯卡（Franziska）），可愛極了。」馬克思立即爲一家人取上綽號，這是他喜歡他們的明顯標誌：庫格曼太太成了「伯爵夫人」，因爲她雍容大方，總是禮數週到；她先生號稱「文澤」（Wenzel），典故出自兩位同名的古波西米亞國王，一好一壞，名聲恰成對比。「我父親是明顯喜怒現於色的人，」法蘭齊斯卡回憶，「馬克思會看他的心情好壞，叫他好文澤或壞文澤。」如果醫生在法蘭齊斯卡與伯爵夫人面前談起政治，馬克思會立即請他封口：「年輕女子不適合此項話題，我們稍後再談。」這位快活的智者以笑話、文壇逸事、民歌來娛樂女主人。他唯一一次大發怒火，乃因一位訪客問道，共產主義之下誰要來擦鞋子。「就是你，」馬克思乖戾地反脣相譏。庫格曼太太連忙開玩笑打圓場，她說自己不能想像馬克思先生處在一個眞正平等的社會，因爲他的品味與習慣實在太像貴族了。「我也不能想像，」他同意。「這一天總會到來，但屆時我們早已駕鶴西歸。」庫格曼一家人說他外表很像一尊擺在屋內的宙斯半身像——威武的頭顱、濃密的頭髮、奧林匹亞諸神的眉毛、威嚴卻親切的表情。他立即感到心中暈暈然。

他在漢諾威逗留的期間，不只庫格曼一家人奉爲上賓。「我們兩人在日耳曼的聲望，」他告訴恩格斯，「尤其在『有教養』官員間的聲望，遠超乎我們的想像。譬如，漢諾威的統計局長麥克爾（Merkel）來訪，他說他長年研究貨幣問題卻毫無所獲，但我立即徹底廓清了問題。」馬克思接受當地鐵路公司負責人的邀宴，此人感激莫名，因爲馬克思博士竟然肯降尊紆貴，眞是「令我三生有幸」。更讓馬克思得意的是，連俾斯麥也派使者前來，宣稱首相希望「借用你的偉大才能，爲德國人民服務。」右翼的民族自由黨主席班寧格森（Rudolf von Benningsen）也親自前來致意。

難怪馬克思如此雀躍不已。他的健康狀況良好，膿包也不敢露出醜陋面容，即使每晚縱情飲酒，肝病也沒有發作。疾病纏身、窮困潦倒、沒沒無名的無眠歲月已被掃入歷史的垃圾箱。「我總覺得，」恩格斯在四月二十七月寫道，「那本你醞釀這麼久的該死的書，是所有不幸的根源。除非你完成它，將之拋諸背後，否則你永遠擺脫不了這種命運。」印刷廠發生延誤，這意味他必須等到五月五日才能拿到校對稿，那天是他的四十九歲生日。過去若發生這種不順之事，馬克思經常一兩天內脾氣特壞，現在卻完全不影響萬里晴空般的心情。「我希望且有信心在一年之內成功，」他預測，「也就是徹底改善財務狀況，終至再度自力更生。」什麼叫再度？在馬克思成年歲月中，他從未有一刻不需向他人要求援手。正如他於信中向恩格斯坦承，「沒有你，我絕對無法完成作品。你主要是爲了我才荒廢大好前程，虛度於生意之中；這件事就像噩夢般不斷啃囓我的良心，你可以相信我說的話。何況，你還得分享我生活中所有的悲慘遭遇。」才不過幾段話之後，憂慮與意志消沉又再度出現，於他耳際齊聲嘮叨不休。出版社希望他於年底之前，交出第二卷與第三卷；倫敦債主等他一回去，就要和身撲上；「還有家庭生活的折磨、家務糾紛、常見的騷擾，我無法安頓下來，心無掛慮地重新工作。」

中產階級倫敦市民感受的折磨與眞正窮人的折磨大不相同。他回到倫敦之後，第一件向恩格斯提出的請求是幾箱波爾多與萊茵紅酒，因爲「我的小孩有義務邀請其他女孩在七月二日來參加舞會，她們整年都無法邀請任何人，或答應別人的邀請，快要有失體面了。」以往，他爲了得到幾便士去買麵包與報紙，花費好大力氣；現在，他的家庭必需品則包括那些郊區有錢人急切用來擺飾門面的東西。詩人菲萊利格拉弗丟掉了一家瑞士銀行英國分行的經理職位，現在依靠英國、美國、日耳曼仰慕者奉獻的基金收益維生，過著奢華闊綽的生活，他得知消息後，「感到十分苦惱」。治療他的苦惱之最好藥方，就是送小孩到波爾多度個暑假（當然由恩格斯出資），好讓他清靜一下，繼續在《資本論》的校樣上塗塗寫寫。作品未發表之前，少數瞧過部份內容的人的溢美之辭，讓他寄望出版的當天早上，名聲會響徹整個歐洲。埃卡留斯告訴朋友，「先知正著手將所有的智慧結晶出版成冊。」

馬克思修改了幾個星期之後，於八月十六日清晨完成了第一卷的校樣，他連忙寄給贊助者一封由衷的感謝信。「就這樣，第一卷完成了。完全是由於你才使一切成爲可能！沒有你爲我做的犧牲，我不可能應付這三卷的龐大工作量。我擁抱你，充滿感激……向你致敬，我親愛、珍貴的朋友。」

英國首相威爾遜（Harold Wilson）在《資本論》出版滿一個世紀之後，誇稱自己從未念過它。「我只不過翻到第二頁——那兒就有個註腳幾乎佔滿整頁篇幅。我覺得正文才兩句話，註腳就佔一整頁，眞是太過分了。」威爾遜在政治學、哲學、經濟學上都有傲人學歷；他以爲自己表示對馬克思毫無所悉，會讓有教養的中產階級會更喜歡他——這想法不難理解，因爲英國與美國的中產階級不僅拒絕了解馬克思，而且還莫名其妙地爲此自豪。因此，你經常可聽到一位連兩頁《資本論》都讀不完的人說出愚蠢至極的循環論證。「《資本論》根本是胡扯。」你怎麼知道是胡扯？「因爲它不值得讀。」

哲學家卡爾．波普（Karl Popper）提出反對這本書比較精緻的說法。他認爲我們無法判斷馬克思的作品是不是廢話，因爲書中所謂的資本主義發展「鐵律」，是一種沒有說明前提條件的歷史預言，就像諾斯特達瑪斯（Nostradamus）的四行詩一樣模稜兩可。它們不像完整的科學假設，既不能被證明——或是依照波普理論中最重要的判準——也不能被否證（falsified）。「一般的科學預測都是有條件的，」波普主張。「他們宣稱某種改變（譬如，茶壺裏水的溫度改變）將伴隨其他改變（水的沸騰）。」但其實，用同樣的實驗方法來檢測馬克思的經濟理論並不難，你只要研究過去一世紀實際發生的事件即可明瞭。他預言，一旦資本主義進入成熟期，將可觀察到下列一連串現象：週期性衰退；資本主義更加依賴技術進步作爲其發展動力；龐大、近乎壟斷的財團出現，其黏濕觸角伸向全世界各個角落，以尋找可供剝削的新興市場。如果這些預測一項也沒發生，我們就不得不承認，這老頭的確在說廢話；但二十世紀西方經濟體明顯呈現繁榮—衰退的景氣循環，比爾．蓋茲的微軟公司稱霸全球，這些證據都顯示馬克思的話確有道理。

好吧，批評者說，馬克思相信無產階級會「愈來愈悲慘」總錯了吧？他難道沒有預測，資本主義藉著無限壓低工人的薪資與生活水準，才能蒸蒸日上、繁榮昌盛嗎？看看今日的工人階級，個個都有自用汽車與碟型衛星天線：他們並不悲慘吧？經濟學家保羅．薩繆爾森（Paul Samuelson）曾宣稱，即使遺忘馬克思的全部作品也沒關係，因爲工人的貧窮化「根本沒有發生」——既然英、美兩國歷屆大學生必念薩氏的教科書，這種觀點已廣爲接受。但這其實是一個迷思，基於誤讀《資本論》第一卷第二十五章之「資本積累的一般規律」。「貧窮現象，」他寫道，「是資本主義生產及財富發展的前提要件。它是資本主義生產的附帶成本：但資本往往知道如何將這些成本轉嫁到工人階級與小資產階級身上。」然而，在這段文字裏，他並沒有提及整個無產階級的貧窮化，而是指社會「最低階層」愈來愈貧無立錐之地，譬如失業者、乞丐、病人、老人、寡婦與孤兒。這是工人階級與小資產階級必須支付的「附帶成本」。誰敢否認馬克思描述的底層階級今日仍存在？另一位流放猶太人曾說「窮人永遠與你們同在」，從來沒有經濟學家因耶穌預言貧窮永不消失，而認爲祂的教誨全然不可信。

馬克思真正預言的是，在資本主義之下會發生相對——而非絕對——的工資降低。此說的正確性乃不證自明：幾乎沒有任何企業在獲利二〇%之後，會以加薪二〇%的方式將掠奪之剩餘價值原封奉還給員工。所以，儘管許多工人買得起微波爐，工資增加的幅度仍遠落後於資本增加的幅度，而且差距愈來愈大。「不論工人的報酬高或低，其處境必然隨著資本的積累而日趨惡化。」

馬克思對於貧窮的定義，與耶穌基督類似，既有精神層面的意涵，也有經濟層面的意涵。如果一個人得到全世界，卻喪失靈魂，他富有嗎？或者用馬克思在《資本論》中的語言來表述，資本主義提高生產力的方式——

使工人畸形發展，成為窄化、零碎的人；把工人貶低為機器的附屬品；使工人在勞動過程中苦受折磨，從而摧毀了勞動的實質內涵；工人在勞動過程中創造知識的潛力離他遠去，其程度恰等於科學作為獨立之力量被併入勞動過程中。資本主義提高生產力的手段，還使工人的工作環境變得惡劣，使工人於勞動中匍匐於最卑鄙可惡的專制之下，工人的生活時間變成勞動時間，連工人的妻子兒女都被拋擲到資本的札各納特神像（juggernaut，譯

譯註❶：印度奧立沙（Orissa）省的神祇，傳說被裝載此神像的車輾死者，可往極樂世界，信仰此說者，在每年巨大的花車遊行時，自投於輪下。

註❶）之車輪下……。因此，天秤的一端是財富的積累，同時在另一端卻是貧困、折磨、奴役、無知、粗野和道德墮落的積累。

如果將最後一句話單獨抽出，可以視爲馬克思預測工人財務將無限惡化的又一例證，但只有笨蛋——或一位經濟學講師——才能在讀完前面聲色俱厲的指控之後，還維持這種詮釋觀點。

「我們應謹記在心，」當代宣告馬克思主義死亡之最具影響力思想家克拉考夫斯基（Leszek Kolakowski）也承認，「在馬克思的分析中，無論針對雇佣勞動所導致的去人性化（dehumanization）也好，或是他提出資本主義無可避免走向滅亡的預測也好，物質貧窮皆非必要前提。」的確如此。但是克拉考夫斯基稍後又忘了自己的建議，重複裝置波普老掉牙的圈套，誘人誤入歧途。「馬克思的價值理論作爲一種對經濟現象的詮釋，」他警告，「並不符科學假設的常規要求，尤其是可否證性（falsifiability）的要求。」它當然不符合：任何石芯試紙、電子顯微鏡或電腦程式都不能測試「異化」與「道德墮落」這類不可觸現象的存在與否。

《資本論》事實上不是一個科學假設，甚至不是一份經濟學論文，雖然贊成與反對的熱心人士一直堅持這樣看待。作者本人對於自己的意圖倒是十分清楚。「現在，關於我的作品，我要告訴你一個簡單的事實，」馬克思於一八六五年七月三十一日寫給恩格斯。「我還要多寫三章，以完成理論的部分……，但是除非整件作品清楚呈現在我眼前，我無法說服自己交出任何東西。無論這些章節有什麼缺點，我寫作的長處就在於讓它們融合爲藝術的整體……。」另一封在一星期之後寫的信，稱這本書是一件「藝術品」，並說明他的「藝術考量」導致延遲交稿。

假設馬克思眞想要寫一份平鋪直敘的古典經濟學論文，而不是一件藝術品，他早就這樣做了。事實上，他寫過這樣的文章：他於一八六五年六月曾發表兩次演講，後來出版爲《價値、價格與利潤》（Value, Price, Profit）一書。在此書之結論，我們可以一窺其簡明清晰的文風：

既然商品的可交換價值相當於這些東西的社會功能，與其自然屬性無關，我們首先要問，所有商品的共同社會內容為何？這就是勞動。為了要生產某一商品，就必須耗費或投入一定的勞動量。我指的不僅是單純的勞動，而且是社會勞動。如果一個人生產物品滿足自己的直接需要，供自己消費，他創造了產品卻不是商品……商品具有價值，因為它是社會勞動的結晶……價格本身不過是價值的貨幣表現罷了……工人沒有直接出賣他的勞動，而是出賣他暫時轉讓給資本家支配的勞動力……現在假定，一個工人每天平均需工作六小時，才能維持每日基本的生活開銷。同時我們又假定，六小時的勞動量換算成金價相當於三先令。那麼三先令就是這個工人一天勞動力的價格，或其價值的貨幣表現……資本家支付了這個紡紗工人一天或一周的勞動力價值，卻獲得了整天或整週使用此勞動力的權利。這樣，資本家迫使這個紡紗工人一天工作十二小時（舉例來說）……資本家預付三先令，卻得到六先令的價值。因為他預付六小時勞動結晶的價值，卻取得十二小時勞動結晶的價值。資本家每天重覆此一過程，他就每天預付三先令和每天取得六先令，這六先令中有一半拿去支付工資，另一半則構成資本家不付任何等價而白賺到的剩餘價值。資本主義生產或薪資制度，就建立在此種資本和勞動之間的交換上，而此種交換又不斷讓工人繼續其工人身分，資本家繼續其資本家身分。

無論這篇經濟學分析還有什麼其他優點，至少任何頭腦清楚的小孩都可以懂：沒有複雜的隱喻或形上學，沒有混淆的岔題，或故作哲學高論，也沒有炫耀文采。爲何馬克思在寫作主題相同的《資本論》時，使用完全不同的風格？難道他突然喪失了平鋪直敘的表達能力？顯然不是：在發表演講的同一時間，他也正接近完成《資本論》第一卷。馬克思在《價值、價格與利潤》一書中罕見地使用了一個類比，從中我們可發現些許蛛絲馬跡，以解釋寫作風格上的差異。馬克思相信商品以其「眞實」價值等價賣出，利潤由此而生；而非一般人直覺認爲，利潤來自商品價值之上所添加一筆額外索取的費用。這個類比用以說明馬克思爲何相信違反直覺的解釋。「我的解釋看來好像很矛盾，而且與日常生活經驗抵觸，」他寫道，「但是地球圍繞太陽運行，以及水由兩種易燃氣體所構成，聽來也很矛盾。如果從日常生活經驗的角度來看，科學眞理總是矛盾，只捕捉到事物迷幻、虛妄的本質。」

這聽起來像是請求以科學標準來衡量他的大作。但是更仔細聽：他在處理「事物迷幻、虛妄的本質」，這個主題無法納入政治經濟學、人類學、或歷史等學科既存的風格框框內被處理。如馬克思指出，「商品乍看之下是一件平凡無奇的東西，極易理解。但事實上，對商品的分析顯示，它是一件非常怪誕之事物，充滿了形上學的微妙和神學之精準區別。」他欣賞李嘉圖與亞當斯密的客觀而不帶感情的方法：的確，《資本論》目前最常被嘲笑的部分——例如價值的勞動理論——得自於這些古典經濟學家，也是當時流傳甚廣的正統說法。儘管如此，他仍認爲「資產階級的經濟科學已走到自己無法超越之極限。」

在大英博物館，馬克思發現了成堆關於資本主義運作的資料——政府藍皮書、統計報表、工廠檢查員與公共衛生官員的報告——他將這些資料拿來大加運用，如恩格斯在《英國工人階級狀況》也曾做過相同之事。但他另一個主要的資料來源卻極少受人注意，此即是文學作品。他在討論機械對於勞動力的影響時，使用一八六一年普查數據以證明，機械化產業如紡織廠與金屬工廠所雇用的工人數目，遠少於家庭傭人之總數。（眞是資本主義運用機械剝削的輝煌成果！）技術進步帶來人類社會的災難，資本家如何推卸自己的責任呢？馬克思在說明此點時，將他的普查數據擺在一邊，借用狄更斯小說《孤雛淚》（Oliver Twist）中，故事人物比爾·賽克斯（Bill Sykes）站在被告席的一番話：「陪審先生們，這位推銷商的喉嚨確實被割斷了，」塞克斯解釋，「但這不是我的罪過，這是刀的罪過。難道我們就因爲這一點短暫的不方便，就禁止使用刀嗎？……如果你們禁止用刀，那就等於把我們拖回到野蠻時代。」

如果我們將《資本論》視爲想像作品來閱讀，可以從中得到更多使用價值，甚或利潤：它是一部維多利亞時期的通俗劇，或一部巨大的哥德式小說，其主角為自己創造的怪物所奴役與折磨（「資本來到世界，從頭至腳沾滿了污泥，每個毛孔都在流血」）；或說是一個諷刺的烏托邦，像司威夫特（Swift）在《格列佛遊記》中描寫一個會說話的馬之國（land of the Houyhnhnms），各項景致優美迷人，只有人是邪惡的。在馬克思想像的資本主義社會裡，當平凡常人被貶謫為軟弱無能、流放無依的啞嗚（Yahoos）時，一個虛假的伊甸園就誕生了，與司威夫特的馬樂園同出一轍。他在《共產黨宣言》中曾寫下，所有堅實的東西都消融於空中；現在，在《資本論》裏頭，所有眞正屬於人性之事物都凝結硬化為非人的物質力量，沒有生命的物體獲得威脅人類的生命與活力。貨幣在過去只不過是價值的表達——一種商品與商品之間的溝通語言——現在成了價值本身。

在最簡單的世界裏，交換價值幾乎不存在：人們為滿足自己的需求而生產——一隻羊腿、一條麵包、一根蠟燭——只有在滿足需求之外有剩餘，才交換這些貨品。但是後來出現了肉販、麵包師傅、蠟燭製作人，這三個人都是惡棍。我們為了購買他們誘人的產品，必需變成雇佣勞動者；我們不再為工作而活，而是為活命而工作。我們逐漸、無法阻擋地被拉進商品與工資、價格與利潤的社會交換網絡，一個幻想的國度，其中每件事都不如表面所見。看看《資本論》第一章開頭的第一句話：「在一個資本主義生產方式占統治地位的社會裡，財富呈現為『龐大的商品堆積』，個別商品就呈現為財富的基本形式。」細心讀者會立刻警覺到這段話中動詞的選擇，重複出現以形成強調之效果——「呈現為……」（appear as...）。這段話雖然不如《共產黨宣言》開頭第一句那般戲劇性，卻有相同的目的：

它提醒我們正進入一個幽靈與鬼魂的世界，正如馬克思在後來一千頁裏不斷提醒我們。

> 交換價值呈現出偶然與純粹相對的性格……讓我們來看勞動產品的內涵還剩下些什麼。除了幽靈般的客觀性之外，什麼也沒留下……於是，重商體系重整旗鼓了，在其中價值就是一種社會形式，或更精確說，此種形式的虛無飄渺的鬼魂……高級勞動與簡單勞動之間的區別，「技術勞動」與「非技術勞動」的區別，其實部分基於純粹的幻覺……他們〔政治經濟學家〕沒有揭露這種資本—關係，反而展現它的虛假表象……

馬克思慣於揭露光輝表象與醜陋現實的差距——去除威武騎士的偽裝，暴露內裡其實是一個穿著內褲的矮胖小男人——這當然是一種喜劇的慣用手法。

《資本論》中到處可見荒誕現象，許多人經常引之證明馬克思的精神異常。這其實反映了主題的瘋狂性格，而不是作者瘋了。從一開始，這就是很明顯的。譬如馬克思思考一件外套與二十碼織布的相對價值時，逐漸陷入一場狂野而超現實的沈思中。

> 誠然，縫外套是一種與織麻布不同的具體勞動。但是，把裁縫看作與織布相等，實際上就是把前者化為兩種勞動中確實共通的東西，亦即化為它們共同的人類勞動特徵……然而，外套本身，也就是外套—商品的實體層次，純粹只有使用價值。一件外套本身如同任何一塊織布一樣，都不表現價值。這只說明了，當外套進入與織布的價值關係中，外套的

意義比在這種關係之外更多一些；就像某些人穿上鑲金邊的制服之後，制服的意義就大為不同一般。

我們念了這一段荒誕好笑的明喻之後，應該有所警覺，我們其實是在念一個冗長無聊、結構散漫的滑稽故事（shaggy-dog story，譯按：直譯爲毛茸茸的狗故事，亦即章名的由來）。當馬克繼續講下去，這情況就越來越明顯：

即使將外套扣上鈕扣，顯出整齊外觀，織布還是在它（外套）身上一眼認出與自己血緣相近的美麗靈魂，價值的靈魂。然而，外套對織布而言不能算是代表價值，除非在織布眼中，價值也同時呈現外套的形式。這就好像說，A對B而言不能算是「國王陛下」，除非在B眼中，國王陛下呈現A的形體外貌，並隨著「人民之父皇」每天更新儀表，B的認知也每天更換面容特徵、髮型與其他許多事物……織布作為使用價值，在觸覺上明顯與外套不同，但它在價值上又等同外套，因此看來就像外套。

正當讀者頭暈目眩、腦袋快爆炸之際，馬克思說出了最關鍵的一段話：

織布因此獲得一種不同於其自然形式之價值形式。織布透過其與外套之等同，發現自己的價值特性；正如基督徒透過其與上帝羔羊之類同，發現自己的溫順綿羊本性一般。

除了沒有用綠色魔法墨水將整頁上下顛倒印以外，這些段落透露得再清楚不過，讀者正進行一場高深莫測、不知所云的冒險之旅。這使人聯想馬克思最愛的《特利斯屈蘭．善弟》的結尾：

——天啊！我的母親說，這個故事在講什麼？

——一隻公雞與一隻公牛，紐克說；——是我讀過同類型故事中最好的故事之一。

馬克思年輕時曾迷戀羅倫斯．史坦（Laurence Sterne），他也嘗試寫過一個喜劇小說，同樣是冗長散漫、荒誕突梯的故事。將近三十年之後，他終於找到自己的主題與風格。根據史坦的傳記作者約塞洛夫（Thomas Yoseloff）的說法，史坦「打破當時寫作的傳統：他的小說與其說是小說，不如說是一篇散文，一本哲學著作，或一篇回憶錄，或爭議小冊風格寫就的在地諷刺文。他講了什麼，想到什麼，就寫下來；他的書結構鬆弛、不連貫，充滿了奇特而困難的怪東西……。」同樣的描述也適用於馬克思與他的史詩。《資本論》就像《特利斯屈蘭．善弟》一樣，充滿了體系、三段論證、悖論、形而上學、理論與假設、深奧的解釋、異想天開的無聊玩意。其中一位插科打諢的丑角是面目模糊、略具雛形的資本

譯註❷：本書作者採用《資本論》英譯本的誇張譯法，將德文的 Geldbesitzer（即貨幣所有者）譯為錢袋先生（Mr Moneybag）。

家，錢袋先生（Mr Moneybags，譯註❷）。「要從商品的使用中取得價值，我們的錢袋先生就必須幸運地在流通領域內，即市場上，發現某一種特定商品，它的使用價值本身具有成為價值源泉的特殊性……從而創造出價值。」幸運的老錢袋先生正好找到了勞動力這種商品，它具有繁殖自身價值的特殊能力。

為了要充份處理資本主義錯亂的邏輯，馬克思的文章充滿了反諷，有時甚至滿溢而出——但一個多世紀以來，幾乎仍無人注意此點。美國文學批評家愛德蒙·威爾遜（Edmund Wilson）是極少數的例外，他稱讚馬克思為「司威夫特之後最偉大的反諷作家。」這是極高的讚譽，需要證據支持；讓我們從《剩餘價值學說》（Theories of Surplus Value），也就是《資本論》第四卷，引一段文字：

旁論：生產性勞動

哲學家生產觀念，詩人生產詩歌，牧師生產教化，教授生產講義綱要等等，犯人則生產犯罪。倘若我們更仔細考察一下，最後這個生產部門和社會整體之間的關係，我們將免除許多偏見。犯人不只生產犯罪，也生產刑法，由此引出教授講授刑法，還有必然不可免的講義綱要，讓這位教授把他在課堂上的講課內容當作「商品」，投到一般市場上來……。甚且，犯人還生產所有的警察、刑事法庭、獄卒、法官、絞刑執行者、陪審團等等。這麼多不同的職業，在社會分工上形成這麼多的門類，也讓人類精神發展出各種不同的能力，創造新需要和滿足這些需要的新方法。單是刑訊拷打一項，已經引出各種非常巧妙的機械發明，接著又僱用一大群可敬的手工業者，生產種種工具。犯人的事蹟還會予人印象，部分有道德的意義，部分有悲劇的意義（視情況而定），如此又激起公眾的道德感和審美感，也算是提供一種「服務」。犯人不僅生產出刑法的講義綱要，不僅生產出刑法法典，以及制定刑法的人，也生產出藝術、純文學、小說，甚至悲劇。比方說，不僅有彌爾納（Muellner）的《罪》（Schuld）和席勒（Schiller）的《強盜》（Raueber），也有《伊底帕斯》（Oedipus）和《理查三世》（Richard the Third）……。犯人對發展生產力的貢獻，還可以逐一詳列下去。如果沒有小偷，鎖能發展到今天如此完善的地步嗎？如果沒有製造偽鈔者，鈔票印刷工廠又怎麼能像今天這般完善呢？……不說私人犯罪的領域，如果沒有民族的犯罪，世界市場怎能成形？民族又怎能興起？自亞當時代以來，罪惡之樹不同時就是知識之樹嗎？

這段文字的反諷程度可以與司威夫特的溫和建議相媲美，他曾說要根治愛爾蘭貧窮的方法，就是說服饑餓的窮人吃掉自己過多的嬰兒。（值得附帶一提，一八七〇年，馬克思以四先令六便士的低廉價錢，買了司威夫特作品全集共十四卷。）正如威爾遜正確地指出，馬克思理論抽象化的目的——商品的舞蹈、逗趣的邏輯打結——主要是為了反諷；在馬克思的書中，這些反諷與另一些全然不同的描述混雜、並列在一起。那些則是對資本主義律則在現實中創造的悲慘與墮落，從事冷酷、舉證歷歷的描寫。「馬克思以極為科學的架勢創造了冷冰冰的公式，其意義在於他裝著若無其事地時常提醒我們，工人口袋裡沒有錢，從他身上榨出太多血汗，他的靈魂缺乏天然享樂，」威爾遜繼續說。「馬克思爲了與經濟學專家競爭，寫了一篇諧仿諷刺文章……。」

然而，到了最後，連威爾遜也亂了方寸：他將馬克思提昇至與司威夫特並駕齊驅的諷刺天才之萬神殿，只不過隔了幾頁以後，他抗議「在馬克思的世界觀之下，暗藏著不成熟的心理動機，」並抱怨《資本論》闡述的理論，「就像辯證法一樣，只是形上學者創造的產物，這位形上學者馬克思從未讓位給經濟學者馬克思。」這種牢騷甚至連一點創意都無。某些《資本論》第一版的德國評論者早已指責馬克思帶有「黑格爾式的詭辯」，馬克思對於這種指控很樂意認罪。正如他在一八七三年問世的德文第二版跋中，提醒這些批評者，他早就在三十年前「批評過黑格爾辯證法的神祕部分，」當時黑格爾哲學還蔚爲風潮。「但正當我寫《資本論》第一卷時，那些在今日德國文化界高談闊論的人，那些暴躁、傲慢、平庸的模仿者，已經時興將黑格爾……當作一條『死狗』。因此，我要公開承認，我是這位大思想家的學生，並且在關於價值理論的一章中，有些地方我甚至賣弄起黑格爾特有的表達方式。」

威爾遜對馬克思賣弄辯證法技巧感到如此不爽，他對馬克思的反諷又如此高度讚揚，但兩者其實融爲一體，難以區分：兩種技巧都是爲了打翻表面的現實，以揭露隱藏的眞理。「那些說話拐彎抹角、裝腔作勢的日耳曼庸俗經濟學者，抱怨我的書的風格，」馬克思於一八七三年寫道，「沒有人比我更強烈感受《資本論》在文學風格上的缺點。」但是其他地方的批評者，甚至那些懷有敵意的人，都承認《資本論》寫作風格的優點。倫敦的

《星期六評論》（Saturday Review）說，「作者的觀點極爲有害，但若論其邏輯的合理性、修辭的活力，以及他爲最枯燥乏味的政治經濟學問題增添迷人的魅力，則無庸置疑。」《當代評論》（Contemporary Review）雖然愛國心切，鄙視日耳曼經濟學（「我們不認爲卡爾．馬克思有什麼可以教我們」），另一方面卻稱讚作者沒有忘記「人類的利害關係——『衣食飽暖的利害關係』是科學的基礎。」《聖彼德堡消息報》（St Petersburg Journal）讚美他的寫作「異常鮮活生動」，讓馬克思感到特別滿意。「在這方面，作者……和大多數日耳曼學者大相逕庭，這些學者……的文字含糊不清、枯燥無味，以致普通人看了腦袋都要裂開。」

儘管《資本論》第一卷生動的魅力，它對普通人而言仍舊太深奧了。馬克思決定將最難懂的章節擺在書的開頭，更是增加一般人閱讀的困難。「萬事起頭難，每門科學都是如此，」他在序言中解釋。「因此，本書第一章，特別是有關商品之分析的部分，最難理解。我已對其中關於價值實體（the substance of value）與價值量（the magnitude of value）分析，儘可能做到淺顯易懂。」他向讀者保證，價值形式眞的很簡單：「然而，人類智慧耗費兩千多年不斷努力，想要徹底了解它……因此，除了討論價值形式的部分之外，不能說這本書難懂。當然，我假設讀者都願意學習一些新事物，並願意自己獨立思考。」

結果證明，這是期待過高的假設。當這本書在排版時，恩格斯勸他應該將大塊文章分成許多簡短的小節，並加上獨自的標題，以澄清抽象論證。若不如此做，將是「嚴重錯誤」。恩格斯說，「這樣雖會讓整本書看來有點像教科書，但廣大讀者將發現，如此一來就易懂多了。一般人，甚至學者，就是不習慣你目前的思考方式，你必須儘可能讓讀者容易懂一些。」馬克思在校樣上做了修改，但其實只是在枝微末節做一些修修補補。「你怎能讓這本書的外部結構弄得像現在這個樣子！」恩格斯檢視最後的校樣之後，略帶憤怒地問道。「第四章幾乎有兩百頁，卻只有四個小節……更糟糕的是，思路不斷被舉例說明所打斷，在舉例之後，也從未針對重點摘要總結，以致於讀者總是從某一重點的舉例說明，直接跳入另一重點的闡述中。眞是令人疲倦，也讓人搞不清楚。」然而，他不協調地加上一句，「這些都不重要」。

即便是一些最仰慕馬克思的弟子，在試圖了解深奧的前幾章時，也會眼神呆滯。「請代爲轉告貴夫人，」他寫信給庫格曼，「論『工時』、『協作、分工與機器』，以及最後關於『原始積累』的章節可以馬上開始讀。你必須向她解釋所有不懂的詞彙。如果有其他疑難之處，我樂於幫忙。」當偉大的英國社會主義者莫里斯（William Morris）在數年後念《資本論》時，他「腦中亂成一片，十分痛苦……。無論如何，我念我懂的部分，希望能在閱讀中得到一些資訊。」《資本論》出版時文壇一片緘默，無人回應，或許眞正的原因是大部分人根本看不懂，而非政治偏見使然。「我的書引不起迴響，使我心緒不寧，」馬克思在十月寫信給恩格斯，透露失眠又再度騷擾他。「我的病總起源於心裏。」恩格斯儘可能地引起騷動，他寫一篇充滿敵意的匿名評論，寄給日耳曼一家資產階級出版社，也鼓勵馬克思其他朋友做相同的事。「當務之急就是不論以何種方式，要讓這本書一再被討論，」他告訴庫格曼。「馬克思在這方面不夠主動，就像年輕女孩一樣害羞，我們其他人就得多擔待些……。用我們老朋友耶穌基督的話來說，我們要像鴿子一樣天眞，像蛇一樣狡猾。」

庫格曼醫生儘最大努力，在一兩份漢諾威的報紙上放幾篇文章，但助益有限，因爲他自己本人也不懂這本書。「庫格曼每天都變得更笨一些，」恩格斯抱怨。燕妮倒是比較慈悲：漢諾威的助手也許是粗野無文的笨蛋，但他至少心懷好意。燕妮因丈夫的鉅著普遍受冷漠而感到沮喪，同時又警覺他日益惡化的健康，因此，她對於任何支持都心懷感激。「不可能找到其他書的寫作環境比本書更艱苦惡劣了，」她說，「我確定我可以寫一本祕史，訴說許多、簡直是太多不爲人知的困難、焦慮與折磨。如果工人略微察覺作者爲本書所做的犧牲，這本書因他們之故而寫，而且只爲他們而寫，他們或許會多展現一些興趣。」

一八六七年聖誕節前兩天，卡爾躺在沙發上，膿瘡發作苦不堪言；燕妮在廚房毫無樂趣地準備應景布丁——撒葡萄糖、切杏仁果與橘子皮、切碎板油（牛羊腰部的硬脂肪）、揉合雞蛋與麵粉——樓下傳來一個聲音，「一尊大雕像到了。」這是庫格曼家的宙斯半身像，從日耳曼寄來作爲聖誕節禮物，在長途運送過程中只受到輕微刮傷。「你不知道你爲我們帶來多大的喜悅與驚訝，」燕妮寫信給醫生。「我誠摯地感謝你，也謝謝你對卡爾的書展現之興趣，以及爲了這本書持續不懈地做了許多努力。」大部分日耳曼人讚賞這本書的方式，她悲情地說，「是完全保持沈默。」

在一八六八年前三個月，馬克思完全無法工作。如果他走到大英博物館，大腿內側的膿瘡就會與褲子摩擦；如果他坐在書桌旁，臀部的膿瘡很快就會迫使他回到沙發，斜著一邊側躺；如果他試著寫點東西，他肩胛下方的膿瘡就會疼痛發作。甚至他寫給恩格斯的信也明顯變短了。「上個星期持續一整週，我長了許多流血的帶狀匐行疹，特別難纏，不容易去除左胳肢窩的那一團，」他在三月二十三日報告。「但是整體而言，我感到好多了……，」這情形沒維持多久：隔天當他念一本書的時候，「我眼前像籠罩一層黑幕。此外，恐怖的牙痛與胸悶也同時發作。」如果他不用生產《資本論》接下來「該死的兩卷」，以及找一家英國出版社出書，他就要搬到瑞士去了。在倫敦，馬克思全家人一年的生活費大約是四百至五百英鎊之間；但是在日內瓦，他計算只要兩百英鎊，就可以舒服度日。

馬克思現在逗留在倫敦的唯一理由，是兩個佔據他相當多時間的機構——大英博物館與國際工人協會。然而，這時他心中或許浮現了另一個考量：日內瓦現在是巴枯寧的大本營，馬克思早就認爲這個人最有可能摧毀第一國際。

11 乖張狂暴的大象

巴枯寧是個頭髮濃密的俄國巨人，十分符合大肆咆哮、聲若巨雷的革命份子典型，充滿衝勁、熱情與純粹的意志。據說作曲家華格納就是以他來塑造齊格飛（Siegfried）的性格，華格納是他在一八四九年德勒斯登起義的老戰友。在杜思妥耶夫斯基（Dostoyevsky）的小說《附魔者》（The Possessed）中，也可以察覺到他於其中現身。各種傳說很自然地圍繞著這一號人物，其中許多是他自己創造的。有個故事說，這位無懼的巨人在義大利起義事件中，直接從一幢被包圍的房屋內走出來，穿過一群士兵，沒有人敢動他一根寒毛。他在全世界遊盪，宣稱自己是廣大的暴動兄弟會或聯盟的領袖，其實他能號召的人總共不出十來個常聚酒館的同伴。他像小男生一般酷愛各種秘密圖謀的伎倆——暗號、口令、隱形墨水。馬克思說他是俄國的大法師（hierophant），但是恩格斯認爲大象的稱號比較適合：龐大的身軀、沈重的步伐，習慣踐踏任何阻擋在他面前的東西。

巴枯寧經常被稱爲現代無政府主義之父（也常有人以此稱呼普魯東），但是他並沒有留下偉大的理論典籍。他的遺產就只有一個想法，國家是邪惡的化身，必須要摧毀。共產主義國家不會比資本主義國家更好：權威仍集中在少數人手裏，即使國家由「工人」掌控，工人也會很快變得如他們推翻的暴君一樣腐敗與獨裁。他提議另一種聯邦制的無政府組織，權力廣泛分佈，沒有人能濫用。

他的弟子會說服你相信這些簡略的想法。他們到底有多少人頗值得注意：終其一生，他可說是一位沒有軍隊的將軍，或失去古蘭經的穆罕默德；但是到了二十世紀，他卻贏得了成群仰慕者——其中許多人完全不具革命傾向，也不相信無政府主義——他們讚揚他預見馬克思的理念終將導致古拉格（Gulag）。兩個人不斷被相提並論，而且總是不利於馬克思。「兩人之間的鬥爭，是至今工人運動史所有爭論的核心，」德國馬克思主義學者弗利茲·拉達茲（**Fritz Raddatz**）寫道。「我們不得不做出如下結論……馬克思與巴枯寧＝史達林與托洛斯基。」英國歷史學者卡爾（E. H. Carr）形容巴枯寧與馬克思兩人的性格差異：「一位是心胸豁達、難以控制衝動的人；另一位則是理智完全壓倒感情的人，若依旁人膚淺觀察，會懷疑他是否毫無情緒……一位充滿個人魅力；另一位則是冷酷異常，使人敬而遠之，並心生畏懼。」的確，E.H.卡爾也承認巴枯寧有時魯莽冒失，言行不一；但若比起馬克思主義信徒的枯燥乏味、工於心計，比起他們展現之冰冷、缺乏人性的紀律，巴枯寧的缺點簡直都成了美德。

根據以撒·柏林（**Isaiah Berlin**）的說法，「巴枯寧與馬克思的差異就像是詩詞與散文的不同。」話中的意涵再明白不過——巴枯寧象徵詩歌般的自由精神，而馬克思則是缺乏創意的勤學者——這也不過是粗糙的托洛斯基／史達林公式另一種學究的說法：人道的自由放任者，相對於無情的權威主義者。這是一個迷思，但具有足夠的眞實性使它不斷流傳。巴枯寧的確是一位情感奔放的傢伙，鄙視馬克思謹愼的理性主義與處處注重細節的個性。他對於資本複雜的運作結構，一點興趣也無；就像馬克思也討厭巴枯寧暗中搞陰謀顚覆之類的手段，這方面兩人倒是旗鼓相當，互相平衡。除此之外，所有關於這兩位巨人之間互鬥的說法，都是胡說八道。

他們曾在一八四四年於巴黎見過面，而後於一八四八年革命前夕的布魯塞爾，兩人再度碰頭，彼時巴枯寧仍較傾向共產主義，不是無政府主義者。他比馬克思年長四歲，但他承認年輕人的學識比他豐富（「我當時對於政治經濟學一無所知」），另外他也直覺猜測，兩人南轅北轍的個性不可能產生任何「推心置腹的交情」。那年夏天，馬克思的《新萊茵報》登出一項巴黎流傳的小道消息，據說來自於喬治·桑（George Sand），宣稱巴枯寧是沙皇的密探：馬克思願意傳播這項謠言，可能出自於他對於俄國與俄國人本能上的不信任。儘管如此，他還是樂意登出喬治·桑的一封信，否認她曾說過這種事情，並附上一封簡短的編輯啓事爲這個錯誤致歉。數週之後，巴、馬兩人在柏林偶遇，「你知道，」馬克思戲謔地透露，「我現在是共產主義者祕密結社的頭目，我們的紀律極爲嚴明，只消我隨口向一位會員說『幹掉巴枯寧』，他就會幹掉你。」既然這個消息的來源是巴枯寧本人，我們不必然要相信這位無可救藥的幻想者之證詞。如果馬克思眞的發出這種威脅，這位火爆的俄國浪子會再與他說話嗎？

接下來的十六個年頭，兩人未曾再謀面，但純粹只是地理阻隔的緣故。一八四九年德勒斯登起義結束，巴枯寧與華格納的冒險事業也玩完了，在八年的時間裡，巴枯寧成爲階下囚，輾轉於德勒斯登、布拉格與聖彼得堡的監獄之間。一八五七年，沙皇尼古拉斯駕崩，俄國大赦囚犯，他剩下的刑期改爲流放西伯利亞。四年之後，他偷渡上一艘前往舊金山的輪船，脫逃成功。爾後他從舊金山藉道紐約，又回到歐洲。

儘管馬克思討厭巴枯寧的矯飾與做作，他還是能一眼就認出這傢伙是號人物，正如他與拉薩爾相識的情況一樣。恩格斯於一八四九年發表在《新萊茵報》的一篇文章，就充分表現出這種亦敵亦友的關係。他公開抨擊巴枯寧密謀創建泛斯拉夫民族的企圖，但他也說：「巴枯寧是我們的朋友。這不妨礙我們批評他的小冊子。」事實上，他們也嘲笑他的習性。像拉薩爾一樣，巴枯寧經常成爲馬克思與恩格斯通信中的笑柄。「巴枯寧已經變成一頭怪獸，一大團肥肉與脂肪，再也無法走路了。」馬克思在一八六三年快樂地寫道。「更離譜的是，他是性變態，竟然嚴密看管一位十七歲的波蘭小女孩，她傾慕他政治受難的偉蹟，兩人於西伯利亞結婚。他目前人在瑞典，正與芬蘭人一同『孵化』革命。」馬克思在寫這段文字時，實際上從一八四八年之後就再也沒有見過這頭怪獸了。但是在一八六四年秋天，當巴枯寧從瑞典前往義大利，途中於倫敦稍作逗留時，兩人曾碰面重續舊緣。巴枯寧旅行的目的，是爲了向社會主義者裁縫匠萊斯納訂做幾件西裝。

有些歷史學家宣稱，馬克思總是討厭巴枯寧，但此次會面卻完全看不出這種跡象，因爲正是馬克思提出見面的請求，他從萊斯納（一位國際的理事會成員）那兒聽到巴枯寧在城裏的消息。何必費力找一位他看不起的人？馬克思於隔天給恩格斯的信更證明，這是一場同志們的團圓。「我必須說我比以往更喜歡他……大致說來，極少人在十六年之後仍讓我感覺他有所長進，沒有退步；巴枯寧就是其中之一。」幾個星期之後，一封從佛羅倫斯來的信洋溢著熱情，巴枯寧稱馬克思爲「我最親愛的朋友」，讚賞他寫給國際的開幕致詞，並且請求一張簽名照。

他們在倫敦的交談中，巴枯寧說他現在放棄了對鬼鬼祟祟圖謀與地下組織的幼稚迷戀：他發誓，從現在開始，他將只參加廣大的「社會主義運動」，也就是國際。但他一到了義大利，很快又回復以往的陰謀嬉戲——現在又有一位富有的俄國恩主奧布連斯基公主（Princess Obolensky）支持他，在他耳邊出餿主意。她顯然認爲這位肥胖、滿嘴無牙的巨人魅力無法擋。接下來三年時間裡，巴枯寧與國際一點關係也沒有。

一八六七年，公主與她寵幸的無政府主義者搬到瑞士，巴枯寧很快就注意到國際已經建立相當強大的力量。爲了彌補未能及時參與導致喪失的優勢，他決定挾持這個組織，他的傳記作者E.H.卡爾也稱這是個「大膽計劃」。大膽，卻也極度荒唐。他自命爲「社會主義民主國際同盟」（International Alliance of Socialist Democracy）的領袖——這是他發明了許多名稱響亮但微不足道的小團體當中，最新的一個——他寫信給工人國際，提議合併，而且要求在平等的條件下合併。他將成爲新組織的共同主席。很自然，馬克思與他在理事會的同僚嘲笑這個提議：若論加盟國際的工會與團體，他們代表了數萬名工人，而巴枯寧的「國際同盟」算起來恐怕不超過二十人。巴枯寧的正面攻堅受挫之後，他決定暗地裏走後門進來。他告知理事會，國際同盟解散了。但是另一個新成立的組織，在社會主義民主旗幟下單純的「同盟」，希望能以正常、謙虛的加盟團體身分，加入工人國際，就跟其他地方分部一樣。馬克思認爲無妨，建議接受。

那些將巴枯寧描繪成反對英雄的人，說他厭惡中央集權之權力結構，反對僵化的上下從屬關係；但這些人很難解釋他接下來的舉動——於是他們乾脆遺忘這件事。在他第一次也是唯一一次參與的國際大會上（一八六九年在巴塞爾），他主張「建立由上百萬國際工人所組成之國家，國際的角色就是要建構這種國家」——他暫時忘記，像他這樣一位眞正的無政府主義者，應該對任何形式的「國家」都感到厭惡才對。在另一回合爭辯中，他居然提議強化理事會否決新申請者、驅逐現有會員的權力。這一點也不令人意外，連E.H.卡爾也承認，「這時巴枯寧的野心在於掌控理事會，而不是摧毀它。」更仔細看，就能看得更清楚：他後來對於理事會的憤怒，不是出自某種憎惡權威的高尚情操，而是酸葡萄心理，因爲他無能掌控理事會。

私底下，他如往常一樣進行不軌之圖謀。在一場巴枯寧與其助手查理·貝隆（Charles Perron）的交談中，我們可以觀察巴枯寧典型操作手法的完美展現：

> 巴枯寧向他保證，國際本身是一個傑出的組織，但是有個更好的團體貝隆也應該加入——同盟。貝隆同意。然後，巴枯寧說，即使是在同盟內部，也有一些人並非眞正的革命份子，他們拖垮它的行動，因此在同盟背後應該要有一群「國際兄弟」。貝隆也同意了。過了

幾天，他們再度見面，巴枯寧告訴他，「國際兄弟」還是太大，在其背後應該要有個指導委員會或是三人局——他與貝隆應該加入其中。貝隆笑了，並且再度答應。

這就是權力回歸人民的偉大鼓吹者的說詞。

在一八六九年巴塞爾大會中，代表決議一年後應於巴黎再度集會。但這項計劃突然遇到一八七〇年七月爆發的普法戰爭——這是拿破崙三世爲了支撐搖搖欲墜的第二帝國，孤注一擲挑戰強大的俾斯麥。國際長久以來就爲了這一刻而準備。回溯一八六八年巴塞爾大會，當時即通過一項動議，決定一旦戰爭爆發，國際就要號召工人總罷工——但馬克思駁斥這種想法，稱之爲「比利時的廢話」。他認爲工人階級「的組織力量仍不夠強大，無法左右局勢。」他相信，國際只需恰如其份地提出某種「堂皇的宣言與高調」即可，大意是說普魯士與法國的戰爭將導致兩國與整個歐洲的毀滅。

他盡責地完成了這項工作。一八七〇年七月二十三日，就在兩國宣戰的四天之後，理事會批准了馬克思起草的宣言。他興高采烈地（也正確地）預言死對頭路易·波拿巴的失敗。但是他警告，如果日耳曼工人容許這場戰爭失去「純粹的防禦性質」，淪爲攻擊法國人民，那麼無論戰爭勝利或失敗都同樣是災難一場。幸運的是，日耳曼工人階級十分明理，不會坐視這種結果發生：

> 不管當前這場可惡的戰爭怎樣結束，全世界工人階級的聯合終將根絕一切戰爭。法國

官方與普魯士官方彼此同室操戈，互相殘殺；而法國工人與日耳曼工人卻互通和平與友誼的音訊。單是這一件史無前例的偉大事實，就使人們可以展望更加光明的未來。這個事實表明，新社會正在誕生，完全脫離了經濟悲慘和政治昏憒的舊社會，這個社會的國際原則將是和平，因為不論何處的統治者都相同——勞動者！這個新社會的先聲就是國際工人協會。

眞是振奮人心。彌爾（John Stuart Mill）寄了一封致賀信，宣稱自己「對於宣言高度讚賞。每個字詞都恰到好處；文章再簡短有力不過。」雖然馬克思公開保持中立立場，但他不免私底下計算各種可能性，思考那一種結果最能符合他的目標。

早在一八五九年二月，他給拉薩爾的信中就預測，普法之間的戰爭「當然有嚴重後果，就長期而言，必然是有利於革命的。但是在戰爭初始階段，法國會激起波拿巴主義，英國與俄國內部的革命運動將倒退，日耳曼將重新掀起關於民族主義議題的低劣熱情。因此依我之見，從各方面來看，戰爭首先將帶來反革命的結果。」從這封信寫完十一年以來，他心中一直盤算戰爭的各種可能結果。「由於風濕病發作，我連續四晚無法入睡，」他在一八七〇年八月告訴恩格斯，「我想像一些關於巴黎等等的事，以打發時間。」一種令人愉快的想像就是雙方輪流打擊對方，使波拿巴與俾斯麥都同時衰弱不堪，然後普魯士最終獲勝。「我期待這種結局，因爲波拿巴明確失敗有可能激起法國革命，而日耳曼明確失敗只會拖延現狀二十年。」

馬克思太太或是他最好的朋友都不需要找這種迂迴說詞，以合理化自己選邊加油。燕妮認爲法國應該好好被教訓一頓，因爲他們太厚顏無恥，竟敢輸出「低劣文明」到神聖的日耳曼土地。「所有法國人，即使是當中極少數的好人，在內心深處都藏有某種沙文主義，」她寫給恩格斯，「這種傲慢必須從他們心中擊潰。」恩格斯在戰爭期間掙了一筆小錢，他爲《潘摩雜誌》（Pall Mall Gazette）寫軍事分析文章，也感覺到宗族忠誠力量的拉扯。「我對於日耳曼人軍事成就的信心與日遽增，」他興奮地說。「看來我們眞的贏了第一場重要會戰。」一旦波拿巴的軍隊被擊潰了，他長久受苦的子民就有機會自己當家做主。

但是巴黎市民在抵抗普魯士軍隊的當口，還能找到適當的手段或領導人發動一場革命嗎？在那些無眠的夜晚，此問題遠比其他任何問題更折磨馬克思。「我們不得不承認一項事實，波拿巴鬧劇上演二十年之久，已在法國人民之間造成極嚴重的道德淪喪、意志消沉，」他寫給恩格斯。「若我們還寄望革命之英雄主義，是完全站不住腳的。你認爲如何？」恩格斯幾乎沒有餘裕回答，波拿巴不久就在色當（Sedan）投降，新政權——第三共和國——在巴黎宣佈成立。

如果你在河畔待得夠久，你會看到敵人的屍體飄流而過。二十年前，小丑拿破崙登基稱帝，激發馬克思寫出《路易·波拿巴的霧月十八日》；現在他極樂意爲波拿巴寫訃文。九月九日，國際發出了第二份關於戰爭的宣言，一開頭就是相當自豪的肯定，「我們對於第二帝國的生命力沒有看走眼。」但是，馬克思繼續說，「我們當時有不祥預感，擔心戰爭在普魯士手中『會失去純粹防禦性質，變成反對法國人民的戰爭』，結果證明也是對的。」任何人回去翻閱第一篇宣言都會注意，他事實上否認這種可能性，堅稱英勇的日耳曼工人階級會預先阻止。但是當法國於色當之役投降之後，純粹「防禦」戰爭即告結束，現在德國人卻要求兼併亞爾薩斯（Alsace）與洛林（Lorraine），他很快重寫歷史以免自己難堪。

我們倒不想太過苛責老馬克思。他早先對於條頓民族自制的讚揚，是主觀期待凌駕客觀經驗的結果。但除了這個顯著的例外，他未卜先知的能力倒是準確得令人驚訝。普魯士由於其軍事僥倖，以及沉醉在勝利的傲慢中，導致它打算分割法國，接下來會發生什麼事？馬克思在第二篇宣言中警告，德國面臨兩種不祥的可能，其一是「成爲俄國擴張政策的公開工具；或是在短暫的喘息之後，再度預備打另一場『防禦』戰爭，這次可不是最近時髦流行的『局部』戰役，而是各民族之間的混戰——即聯合的斯拉夫語系民族和聯合的拉丁語系民族之間的戰爭。」在另一封寫給國際的美國組織者佐爾格（Friedrich Adolph Sorge）的信裏，馬克思更展現了洞燭機先的眼光，「那群普魯士笨蛋看不見，目前的戰爭不可避免導致……一場德、俄之間的戰爭。第二場戰爭必將成爲俄國社會革命的導火線。」馬克思沒有活到目睹一九一七年的變局，但他一點也不會驚訝。有時，他甚至看得更遠：

如果國界應當根據軍事利益決定，那麼要求就會毫無止境，因為任何一條國界都必然有其缺點，可以用兼併鄰近地區的辦法來加以改進。這種國界永遠也無法免除糾紛，最終且公允地確定下來，因為它總是戰勝者強迫戰敗者接受的結果，從而播下新戰爭的種子。

某些人喜愛引用馬克思偶爾對時局的誤判，以證明他的歷史觀確實短視無比。這些人士也許願意告訴我們，還有哪一位維多利亞中期的人物，能如此精準地預示希特勒的興起。

馬克思的第二篇宣言歡迎新的法蘭西共和國（「共和國萬歲！」），但字裡行間卻懷有深層的不安。「共和國並沒有推翻王位，它只是佔據了空下來的位子，」他寫道，「共和國不是社會革命的成果，它是因應民族防禦的需要而成立。」臨時政府是一個不穩定的聯盟，其中有奧爾良派（Orleanists）、共和派、波拿巴派、雅各賓派等等，未來有可能成爲皇室復辟的橋樑或跳板。儘管如此，法國工人必須克盡自己作爲公民的義務，忘卻所有革命的念頭。「當敵人幾乎已在敲巴黎城門的時候，一切推翻新政府的企圖都是絕望的蠢舉。」

絕望的蠢舉當然是巴枯寧最喜愛的娛樂，他一直在瑞士的別墅裡追蹤法國的消息。當他聽到色當慘敗後，里昂隨之起義，他立即趕赴巴黎，大踏步進入市政廳（Hotel de Ville），任命自己爲「法國拯救委員會」的領袖。他現身於市政廳陽台，對廣大群眾發表宣言，他命令國家消滅——順帶一提，任何不同意的人都要處死（好個自由派）。此時國家化身爲一排國民衛隊，穿過某個疏忽未設防的門，突然衝入市政廳，迫使這位里昂的彌賽亞急忙逃回日內瓦湖畔安全的別墅內。

馬克思力持冷靜，公開勸戒眾人避免鬧事，以免危及共和國。但此警告就如巴枯寧的虛榮鬧劇一樣，一點也沒有影響力。此時一位老資格的自由派律師提爾（Adolphe Thiers）

登上第三共和的總統寶座，新政權命名不當，稱為「國防政府」，提爾上台後旋即謀求與普魯士談和。巴黎人視此為投降的舉動；提爾又宣布，國家將要求人民立即償還所有到期之帳單與地租，以此作為籌措戰敗賠款的財源。這些欠款原本在包圍時期都被暫時擱置了，如今卻要求立即償還，人民的憤怒更加高漲。在一八七一年三月十八日，一群憤怒群眾在巴黎國民衛隊支持之下，走上街頭，衛隊也拒絕聽命交出武器。提爾與其追隨者忽忙逃至凡賽爾，首都就落在市民手裏。

高盧的公雞再一次高聲啼叫。歐洲的統治者一開始假裝沒聽見，也許心裡希望，只要他們不理會，這陣雞啼會自動消失。但這個伎倆失敗了，他們開始驚慌失措，觀察此一過程非常有趣。倫敦《泰晤士報》氣急敗壞地斥責「民主的危險情緒，在所謂的首都中進行顛覆文明的密謀。」該報報導，連馬克思也對暴動感到害怕，他寄出一封強硬的譴責信給國際的法國成員。但《泰晤士報》後來不得不刊登馬克思的否認聲明，他指出傳聞中的那封信是「無恥的偽造」。（「資產階級報紙關於巴黎內部消息的所有報導，你一個字都不能信，」他如此建議在日耳曼的李卜克內西。「全都是謊言與欺騙。資產階級報業的無恥文人，在這次報導中展現的卑鄙惡毒，最是讓人嘆為觀止。」）

馬克思為「巴黎內部消息」而振奮不已，他卻擔憂一件事而沖淡了興奮之情。他擔心革命份子為求好表現而太過高尚慷慨。他們沒有立即進軍凡爾賽，一舉殲滅提爾與那群可憐的隨從，他們「浪費寶貴的關鍵時刻」在舉行全市的公社選舉。他也不贊成他們竟允許國家銀行照常營業：如果馬克思是主事者，他會立即將銀行金庫洗劫一空。儘管如此，能活在那一刻眞是幸福。「這些巴黎人，具有何等的活力，何等的創造歷史力量，何等的自我犧牲精神！」他驚嘆。「經歷了六個月由內部叛徒而非外敵造成的饑餓與毀壞，在普魯士軍刀的威脅之下，他們依舊站了起來，彷彿法國與普魯士之間從未發生戰爭，彷彿敵人仍未兵臨城下！翻遍歷史，從未有這樣偉大的事蹟。」

三月二十八日，經由全巴黎市民普選選出九十二位公社成員，其中十七位是國際的會員。同一天倫敦理事會召開會議，一致通過讓馬克思草擬一篇新的「致巴黎人民宣言」。但是後來文章沒交出來。在公社存活的兩個月裏，國際沒有發表任何公開聲明。等到馬克思於四月三十日交出五十頁長的宣言，它成了巴黎公社的墓誌銘：提爾的軍隊三天前重新佔領了城市，巴黎街道染血，至少兩萬名公社成員遇害。

爲何延遲？傳記作者通常歸因於「馬克思個人對於公社的矛盾態度」。他確實一直擔心公社會失敗，但擔憂不等同於矛盾。主要的理由其實更平凡而熟悉，他在四月與五月的大部分時間裡，罹患支氣管炎與肝臟的毛病，使他無法參加理事會——更無法收集堂堂五十頁褒揚所需的證據，以妥善處理巴黎人歷史性的全體動員（levee en masse）。「目前的局勢讓我們親愛的摩爾十分痛苦，」他的女兒燕妮在四月中旬寫道，「這無疑是他生病的主因之一。我們許多朋友都在公社裏。」其中一位就是《官報》（Journal Officiel）的編輯，郎蓋（Charles Longuet），在公社淪陷之後他搬至倫敦，並且在一八七二年娶了小燕妮。另一位公社成員利沙蓋雷（Prosper Olivier Lissagaray），後來成爲愛琳娜．馬克思的祕密未婚夫——這訂婚後來終究破裂。在普魯士包圍城市前夕，保羅與勞拉．拉法格逃離巴黎，他們在波爾多的避難所忙著為公社進行宣傳鼓動的工作。

馬克思被疾病與不祥預感所擊倒，還必須與他自己執著的完美主義搏鬥：不論他寫作大部頭的《資本論》或是簡短的小冊子，除非他收集與篩選了所有可能的證據，否則他很不情願對任何主題發表明確意見。在公社成立的幾個星期內，他連忙發出十幾封信給歐陸的同志，纏著他們要求更多的文件與新聞剪報。在他這篇令人引頸企盼甚久的宣言中——最後以《法蘭西內戰》（The Civil War in France）名稱出版——有一些口不擇言的段落，從此判斷，他的研究還包括仔細考察八卦新聞（gossip columns）。在前面幾頁，我們讀到他對提爾的外交部長迷人的描述：「法夫爾（Jules Favre）在阿爾及爾時，與一位酒徒之妻姘居，他膽大包天，竟然於數年間陸續偽造一些文書，以其姘居人子女的名義謀得一大筆遺產，因而變成了一個財主。」財政部長皮卡爾（Ernest Picard）被冠上「國防政府中的約・密勒（Joe Miller）」之稱號，這是指一位倫敦音樂廳的喜劇演員。馬克思對於英國流行文化的知識幾乎等於零，我們可以推論，這一句是他那些迷戀戲劇的女兒所建議的。但是其他對於皮卡爾的指控則是純粹來自馬克思，每一項起訴狀上的罪名都帶有法學家的手筆。我們得知，皮卡爾「是一位名叫阿圖爾・皮卡爾（Arthur Picard）的哥哥。這個阿圖爾曾因詐騙錢財而被逐出巴黎交易所（見一八六七年七月三十一日巴黎警察局的報告），並且在擔任動產信用公司於帕勒斯特羅街五號的一家分公司經理期間，盜用三十萬法郎，並根據他的自白供詞被判罪（見一八六八年十二月十一日巴黎警察局的報告）。皮卡爾正是指派這個阿圖爾・皮卡爾擔任他創辦之《自由選民》（l, Electeur Libre）的主編。」公社成員也許同意讓銀行金庫不受干擾，但他們卻樂意搜查警察的檔案。

馬克思介紹了小角色之後，現在他帶領提爾本人登場——這個「侏儒怪物」：

提爾是一個玩弄政治小騙局的專家；背信忘義和賣身變節的愛好者；議會黨派鬥爭中施展小權術、陰謀詭計和卑鄙奸詐的老手；他一失勢就不惜鼓吹革命，而一旦大權在握則毫不遲疑地把革命浸入血泊；他只有階級偏見而沒有思想，只有虛榮心而沒有良心；他的私生活卑鄙齷齪，在公開場合則面目可憎——甚至他現在已扮演法蘭西蘇拉（Sulla，譯註❶）的角色，還是不自禁地做出荒唐可笑之傲慢姿態，顯示他的行徑有多麼令人討厭。

馬克思接著勾勒巴黎公社成立的背景。巴黎人民並非進行一場推翻合法政府的叛變；當提爾做出違憲之命令，要求國民衛隊放下武器，讓巴黎陷入毫無防備之險境時，人民英勇地嘗試拯救第三共和，公社於焉成立。他驕傲地附加一句，三月十八日的人民起義大致上並未被「暴力所污染；這種暴力行徑在『上等階級』所發起的革命，特別是反革命中卻極為常見。」

他再度將矛頭對準了總統本人，以極細緻、露骨之描寫舉例說明他所謂的上等階級暴

譯註❶：指Lucius Cornelius Sulla，古羅馬之獨裁者，意圖加強元老院之權勢，削弱平民及護民官之權力，以實行國制改革。

力，不替讀者稍做保留：

四月初，提爾第二次向巴黎進攻。第一批巴黎戰俘被押解至凡爾賽，這些人受到令人髮指的殘酷虐待。皮卡爾把兩手插在褲袋裏，在俘虜行列前踱來踱去，恣意嘲笑他們；提爾夫人和法夫爾夫人則由她們尊貴（？）的女侍簇擁著，站在陽台上拍手喝采，稱讚這個凡爾賽暴徒的卑鄙罪行。被俘的常備團士兵一律遭到冷血地屠殺。我們英勇的朋友，杜瓦爾將軍，一位鑄鐵匠，沒有經過任何形式上的審訊就被槍斃。加利費，一位被妻子豢養的男人，吹噓自己曾下令殺光一小隊國民衛隊；而他的妻子曾在第二帝國酒宴上無恥地賣弄色相，因而醜名遠播……。他[提爾]這個議會中的侏儒，因緣際會扮演起帖木兒大汗的角色，感到無比亢奮虛榮，竟剝奪那些挑戰他卑鄙渺小的人所享有交戰一方的權利，甚至不准救護人員保持中立，拯救傷患。如伏爾泰早已預見，再也沒有任何事比起讓一隻猴子暫時放縱恣肆，發揮其老虎般獸性，更加令人厭惡。

我們讀這麼多的譏刺和憤怒，快要消受不了之際，馬克思技巧地話鋒一轉，開始思考起公社賦予的教訓。他引用公社於三月十八日起義的宣言，其中誇稱巴黎的無產階級「藉著奪取政府權力，成爲自己命運的主人」。眞是天眞的錯覺，他如此認爲。工人階級不可能單純地「掌握現成的國家機器，並運用它來達到自己的目的」；就如同沒有人可以用哨子吹奏出一首鋼琴奏鳴曲。所幸，公社很快了解這一點，他們廢除了政治警察，以武裝人民來取代常備軍，廢除教會特權，讓學校免於主教與政客的干預，並進行所有政府官員的選舉——其中也包括法官——使他們「對選民負責，並可以撤換」。公社憲法將所有至今被國家吸收的力量歸還給社會，而轉變立即可見：「公社眞是奇蹟地改變了巴黎的面貌！巴黎不再是不列顛的大地主、愛爾蘭的遙領地主、美利堅的前奴隸主和暴發戶、俄羅斯的前農奴主和瓦拉幾亞（Wallachian）的封建貴族麇集的場所。陳屍場內一具屍首也沒有了，夜間偷竊不再發生，搶劫事件幾乎絕跡了。事實上，自從一八四八年二月以來，巴黎街道第一次如此安全，雖然街道上一個警察也沒有。」

但是這種情況不能持久。正如馬克思指出，提爾血洗巴黎的理由自相矛盾：倘若提爾的宣傳爲眞，少數「僭越者」挾持廣大巴黎市民作爲人質長達兩個月，公社是這些人的傑作；那麼爲何凡爾賽嗜血如命的警犬爲了消滅革命，需要殺害上萬人民？馬克思於文章結尾處發出另一陣義憤之怒吼，譴責政府暴行，並誓言不論在法國或世上任何地方，公社精神長存，永不消逝。

巴黎公社誕生之土壤就是現代社會本身。無論屠殺多少人，都不能將公社連根刨起。除非各國政府先消滅資本加諸勞動之上的專橫統治，才有可能連根剷除公社。但如此一來，各國政府即毀滅了自身寄生於社會的條件。

工人的巴黎，與他們創立的公社，在人們心中將永遠象徵新社會來臨前的光輝預兆，受人景仰。為公社犧牲的英烈永遠活在工人階級的偉大心中。至於那些摧毀公社的劊子手，歷史已將他們釘在永恆的恥辱柱上，不論為其辯護的教士怎樣禱告，也不能使之解脫。

《法蘭西內戰》是馬克思最令人沈醉的著作之一——但對於溫和的英國工會主義者魯克夫特（Benjamin Lucraft）與奧德格而言，它實在太強烈了。一旦文章經理事會採納，他們立即辭職，抗議國際不應該淌這趟混水，去干涉政治。（因此，他們還是回到親切、熟悉又不干涉政治的自由黨，追求卑微的政治野心。）《法蘭西內戰》前兩版三千份在兩週之內就銷售一空；德文版與法文版也同樣迅速銷罄。或許，馬克思令人印象最深刻的成就，即是讓左翼勢力內部的敵對派系忘掉他們之間的爭吵。「《內戰》的法文版對於流亡者有極大的影響力，」馬克思的女兒燕妮寫道，「因為它幾乎讓所有黨派都感到滿意——布朗基派、普魯東派與共產主義者。」

《法蘭西內戰》也大大增加了馬克思與國際協會的聲名。那些擁護現狀的人絕對無法相信，一般小老百姓有能力或意願反抗強權。所以一旦發生任何公民不服從或抵抗的行為，他們必定急著搜尋幕後操作的黑手——可能是某號大人物單獨的傑作，也可能是「一小群有政治意圖、緊密結合的團體」在幕後拉繩操控。（克麗斯蒂（Agatha Christie）於一九二二年出版的小說《祕密對手》（The Secret Adversary），極為鮮活地呈現了這種偏執傾向。小說中描述英勇的私家偵探湯米與杜本斯兩人，調查一連串突發的產業罷工。「勞工動亂的幕後黑手是布爾什維克黨人，」他們得知，「但是在布爾什維克黨背後，又有另一個人。」

此一惡棍在幕後指揮與操縱整個俄國革命，卻不讓自己曝光；結果發現，這人是一位名叫布郎先生的英國人。）維多利亞時期也有許多像湯米與杜本斯之類的人，他們毋須大費周章尋找巴黎公社背後的犯罪勢力，只消翻看《法蘭西內戰》的最後一頁，證據全在那兒。「滿腦子警察思想的資產階級一定猜測，國際工人協會正在從事某種密謀，其領袖在中央指揮，不時下令於各國煽動暴亂，」馬克思諷刺地說。「事實上，我們的協會只是將各個文明國家之最先進工人結合起來，形成一個國際間的聯繫。無論階級鬥爭在何處、以何種形式、在何種條件下有系統、有步驟地發生，我們協會的成員總是自然而然站在最前列。」

國際的某些個別成員確實被推選進入公社，但國際本身在這兩個月之間，除了委託馬克思起草一篇宣言之外，什麼也沒說，什麼也沒做。即使這篇宣言也太晚出現，以致於對大局毫無影響。但是馬克思以誇大口吻宣稱，協會總是「站在最前列」，在歐陸引發一陣騷動。重新登上外交部長寶座的法夫爾，要求所有歐洲政府立即將國際列爲非法組織。一家法國報紙指認馬克思爲謀反者的「最高領袖」，宣稱他從倫敦的巢穴發號施令，「組織」了二月十八日的暴動。國際被說成有七百萬的成員，所有人等待馬克思下達作亂的指示。偉大的馬志尼，共和派民族主義的浪漫英雄，逮到這個機會算舊帳，他告訴義大利與英國的報紙，馬克思「頤指氣使、作威作福；妒忌他人的影響力；沒有認眞的、哲學或宗教的信仰，本性中仇恨遠多過於愛。」

其他歐洲政府趁機搧風點火，挑動這股驚惶的風潮。西班牙同意引渡公社的流亡者；德國駐倫敦大使則催促英國外交大臣格蘭維爾爵士（Lord Granville），將馬克思當成一般罪犯，因爲他殘暴地「威脅生命與財產」。格蘭維爾與首相及女王商量之後，他答覆，「據了解，極端的社會主義意見在本國工人之間毫無影響力，」而且「國際協會的英國支部並未針對外國採取任何實際行動。」此外，英國政府也不能逮捕一位沒有犯法的人士。

內務大臣阿伯戴爾爵士（Lord Aberdare），持續地被要求對馬克思與國際採取一些行動，這要求尤其來自一位喧鬧的資淺國會議員，名叫亞歷山大・貝里－考區蘭（Alexander Baillie-Cochraine）。阿伯戴爾對此事表達意見之前，要求私人祕書取得國際傳聞中的煽動性文件。馬克思樂於合作：在七月十二日，他寄給內務部一份文件包裹，包括了成立宣言、臨時規則、與一份《法蘭西內戰》。當這個消息傳到巴枯寧耳裡，他指責馬克思是「狡滑與邪惡的警察間諜」——此一誹謗此後不斷重覆。一位晚近的馬克思傳記作者，羅伯特・貝恩（Robert Payne），仍認爲「這指控有部分眞實性」。

但是爲何馬克思不力圖澄清這些胡言亂語，以免英國政府信以爲眞？他不像巴枯寧，沒有時間暗中祕謀。國際是合法組成的工會聯合組織，爲何要鬼鬼祟祟行事，彷彿牆壁背後藏有不可告人之祕密？他光明正大、坦蕩蕩行事的信念終獲支持，阿伯戴爾閱讀文件之後告訴國會，馬克思與其支持者只不過是一群無傷大雅的不滿份子，他們只需要「某種宗教教育」以導正自身行爲。《泰唔士報》不信這番說詞。該報擔心，原本堅定團結的英國工會運動者一向只要求「一日辛勤工作後的公平所得」，現在卻有可能被外國進口的「奇特理論」所腐化。

由於馬克思廣爲流傳的小冊子，英國報紙充分警覺到內部有敵人。「以往我們甚少公開看見或聽見『國際』的影響力；事實上，該組織才是革命的眞正主導力量。那隻幕後隱藏的黑手，擁有神秘可怖的魔力，指揮操縱著整部革命機器。」《弗萊澤雜誌》（Frazer,s Magazine）於一八七一年六月如此報導。一份天主教雜誌《寫字板》（Tablet）警告其讀者，倫敦市中心一家不甚起眼的書店散發邪惡氣息。「我們要進一步說，這家普通書店的重要性遠超過一間宮殿與紀念碑。某個組織的總部就設在此處，其命令傳出，從莫斯科到馬德里，從新世界橫跨舊世界，都有無數人士聽命服從。該組織之門徒已經對法國政府發動一場絕望戰爭；在該組織的宣言中，甚至誓言對世上所有政府宣戰——這就是帶來不幸的、無所不在的國際工人協會。」《觀察家》（Spectator）雜誌的社論讚揚馬克思的散文風格（「如同柯伯特（Cobbett）一樣生動有力」），同時也認爲該宣言「也許是當前最重要與最不祥的政治預兆。」普法戰爭期間，恩格斯曾是《潘摩雜誌》舉足輕重的撰稿人；現在連該雜誌也加入這場獵巫行動，將馬克思描繪成「天生的以色列人，」他已爬升爲「一個以建立政治共產主義爲職志的龐大密謀團體」之首領。

馬克思過了多年隱姓埋名的生活，突然發現自己聲名大噪。「正如傳聞指出，該團體之秘書同時身兼指導者的角色，以該團體之名發言並發表文章。此人乃是一位充滿惡意、暴躁衝動、不知節制的德國人，名叫卡爾．馬克思，」《季評》如此報導。「另一正確消息來源指出，他的許多英國同僚不齒其暴力行徑，反對其蠻橫作風，不願被拖進殘暴血腥之泥沼中，與之同流合污；但他本人對於血腥暴力倒是一點也不以爲意。」起初，這些叫囂倒是讓他頗爲自得。「我有幸成爲倫敦最受辱罵與最討厭的人，」他向德國朋友路德維希・庫格曼誇耀。「對於一個在森林裏閒蕩了二十個沈悶年頭的人來說，這眞是奉承。政府報紙——《觀察者》（Observer）——要脅告我。他們敢的話就做吧！我才不管這些惡棍！」但是無所謂的抗逆態度很快消逝，報紙幾乎每日重覆報導錯誤的事實與幻想，馬克思感到自尊受傷。當燕妮代他寫信要求《民意》（Public Opinion）週刊道歉時，馬克思要她在信中附上她的舊名片（「燕妮・馬克思夫人，威斯特華倫男爵之女」）——「這群托利黨人士必然因此感到害怕」，他私心期待。然而，大部分時候，他喜歡直接反擊，不講究繁文縟節。「如果你們繼續散播謊言，我將採取法律行動，」他警告倫敦的一家法文報紙《國際》（L'International），該報宣稱，許多歐洲「被蒙騙」的工人已經耗盡家財，只爲了供養馬克思「於倫敦過盡奢華享受的生活」。《潘摩雜誌》傳播一項最新謠言，又激起馬克思另一次反擊：

先生，

昨日我閱讀貴報發自巴黎的報導宣稱，眾人言之鑿鑿說我住在倫敦，事實上荷蘭官方已應俾斯麥—法夫爾的要求，將我逮捕歸案。過去兩個月來，法國—普魯士警方一直捏造關於國際之誇張故事，至今毫無疲倦、罷手之跡象；而凡爾賽以及歐洲的報界也樂於跟進，散播這些謠言。這則消息或許又是這許多數不清謠言中的一則。

先生，我很榮幸，向您致上我的忠誠

卡爾・馬克思

莫登那別墅一號，邁特蘭公園

《潘摩雜誌》對這封信的反應，則是指控馬克思誹謗法國政治家茹爾・法夫爾——而那位住在莫登那別墅的忠誠讀者再次提筆攻擊。「我宣告你是個誹謗者，」他告訴編輯弗德里克・格林伍德（Frederick Greenwood）。「我看透你了，你既無知又傲慢無禮。如果我們住在歐陸，我會讓你用另一種方式負責。你忠誠的，卡爾・馬克思。」《潘摩雜誌》將這封信登了出來，英國讀者的感受可想而知，這更加深了他們對這位危險德國歹徒的疑慮。

在七月中，一位紐約《世界報》（World）的記者來到莫登那別墅，觀察巢穴裏的妖魔鬼怪。馬克思的居住環境與外觀首先讓他感到驚訝，他居然是一位富有的中產階級——也許是一位生意蒸蒸日上的股票仲介商。

真是舒適的生活，這是有品味且手頭寬裕的人士才能享有的寓所，但環顧四周，其中並未有任何擺設特別彰顯主人的性格。然而，桌上一本精緻的萊茵河風景圖冊透露他的國籍。我小心翼翼望著旁邊桌子上的花瓶想尋找炸彈。我找尋汽油的味道，但聞到的是玫瑰花香。我偷偷地回到座位上，陰沈地等待最壞的狀況。

他進來並親切地與我打招呼，我們相對而坐。啊，在我面前促膝長談的人士，就是傳說中革命的化身，國際協會的真正創始者與精神指導者。他曾在一篇宣言中提及，如果資本膽敢向勞動者宣戰，就等著看自己的房屋化為灰燼吧——簡言之，在我面前的這位人士就是巴黎公社的辯護者。你記得蘇格拉底的半身像嗎？那位寧死也不向當時神明低頭的人物——額頭從側面看來，輪廓十分優美，在其底下則是短而扁平、彎起來像是切半的掛勾的鼻子。只要在心中想像這種半身像，再將頭髮染成黑色，到處灑上一些灰色，將這顆頭擺在中等身高但是壯碩的身體上，然後馬克思博士就出現你面前。如果用面紗蓋住臉的上半部，你也許以為身旁出現的是一位天生的教區委員。一旦五官特徵及粗大的眉毛露出來之後，你立即知道自己正在與所有聯合勢力裏最強悍的人打交道——一位思想的夢想家，一位夢想的思想家。

這篇訪談記錄本身一點也配不上其精心的場景描述。馬克思眞的是國際背後的傀儡操縱者嗎？「沒有什麼祕密可供你挖掘，親愛的先生，」他咯咯地笑，「也許你可以挖掘看看，爲何某些人就是這麼愚蠢、冥頑不靈，硬是不相信我們協會一向光明正大的作風，這些人腦袋裡究竟有何秘密。協會所有的會議記錄都有出版，任何想要看的人都可以拿得到。你可以用一便士買到我們的規則，用一先令買到的小手冊會讓你知道的事情幾乎和我們自己一樣多。」美國的新聞記者半信半疑。國際也許是由眞正勞工組成的社團，但難道他們眞的不是邪惡天才手中操縱的工具嗎？這位天才難道沒有喬裝成倫敦西北郊體面的中產階級市民嗎？「這種說法沒有證據，」馬克思簡短地回答。

他變得懶於反駁這些流傳在西歐與其他地方的煽動性謠言。一份法國報紙《自由的未來》（L'Avenir Liberal）報導說，他已經去世；接著他於紐約的《世界報》讀到自己的訃文，稱讚他是「為所有被壓迫階級與人民代言的最奉獻、最無畏與最無私的一位保衛者。」也許，用詞相當令人滿意——但也很觸霉頭，因為他確實體弱多病。到了八月中旬，醫生診斷他罹患「精神耗弱」，建議他好好放鬆兩個星期並吹吹海風。「我沒有隨身帶肝藥，」馬克思在布萊頓（Brighton）的全球飯店寫信告訴恩格斯，「但是海風真的對我很好，」他忘了提到一直在下雨，而且他還患了嚴重的感冒。

無論他走到哪兒，惡名就跟到哪兒。他抵達布萊頓不久之後，認出一個躲在街角的笨偵探，那人過去在倫敦經常跟蹤他與恩格斯。幾天之後，馬克思再也受不了到處被監視，他走到一半停下來，轉過身，狠很地瞪了尾隨他的人一眼。這位探子卑順地脫掉帽子，溜走了，後來再也沒有遇見。

如果他們知道真相，這些偵探就不用勞師動衆、大費周章了。馬克思麾下那批龐大而有紀律的軍隊，只存在於易受驚嚇的政治人物與編輯的想像之中。一旦公社遭鎮壓摧毀，國際本身也很快就解體了。法國支部被查禁，其成員不是被殺，就是被流放到遙遠的新卡勒多尼亞（New Caledonia）殖民地；英國的工會領袖投入格來斯東（Gladstone）的自由黨懷抱；美國支部被一對怪異姊妹維多利亞．伍德赫爾（Victoria Woodhull）與田納西．克來夫林（Tennessee Claflin）的中產階級弟子所把持，他們鼓吹靈性主義、通靈術、自由戀愛、禁酒主義與通用語言（伍德赫爾曾是巡迴各地的雜耍賣藥團的一員，靠推銷蛇油起家，後來以其精湛的魅功，從商業大亨柯里流斯．凡德比爾德（Cornelius Vanderbilt）騙來一大筆錢。她受惠於馬克思的門戶開放政策，任何人只要大致宣誓遵守協會的宗旨，都允許加入；但是後來連馬克思的耐性也磨光了，因爲她宣佈自己要以國際工人協會與全國靈性主義者協會的身份，角逐美國總統寶座。）在馬克思退居海濱的期間，幾位流亡倫敦的巴黎人被推選進入理事會。他們大部分都是只會大放厥詞的普魯東份子，派系爭吵又重新開始。

當然還有虎視眈眈的米哈伊爾．巴枯寧，他眼巴巴地望著受傷跛行的國際，像一隻饑餓的土狼等待牠的大餐。他現在更肆無忌憚地搞陰謀，身旁還跟隨著一隻新走狗，色該．聶察耶夫（Sergei Nechayev）。他是一位頭腦錯亂的無政府主義恐怖份子，於一八六九年來到瑞士。他向巴枯寧誇稱，自己組織了一個遍及全俄羅斯的革命細胞網絡，並口沫橫飛地講述自己從聖彼得堡的彼德與保羅碉堡成功越獄的故事。巴枯寧本人即非同小可的幻想家，立即對聶察耶夫感到肅然起敬。雖然聶察耶夫的大部分故事都純屬虛構，但他對於暴力的嗜好卻相當眞實：在逃離俄國之前，他謀害了一名聖彼得堡的同學，沒有任何理由，只爲了證明他敢下手。他成爲巴枯寧的黨羽之後，出版了一系列煽動的文章與宣言，宣稱出自「國際」，警告世人災難即將來臨。

巴枯寧派份子的古怪行徑，造成國際瑞士支部羅馬聯盟（Federation Romande）一分爲二，並且引發無止盡的混亂——因爲兩個派系都相繼以聯盟的名義發表聲明。爲了解決這項爭議，倫敦總部於一八七一年九月召開特別會議，地點在陶頓罕路上的藍色驛站酒館舉行。「眞是困難的工作，」馬克思寫信給太太，她很聰明地跑到蘭姆蓋特去度假。「早上與晚上都有會議，其中還有委員會會議，聆聽證人，還要寫報告等等。但是比以往所有大會完成更多的事，因爲沒有觀衆到場，代表們再也不必表演慷慨陳詞的鬧劇了。」

馬克思一向是酒館內的優秀表演者，主導整個會議進行。他指出，巴枯寧保證要解散他所謂的「社會主義民主同盟」，作爲加入國際的條件，但「同盟並未眞正解散，它一直維持某種形式的組織。」代表們沒有直接譴責巴枯寧，但他們通過一項動議，向外公開宣告聶察耶夫從來就不是國際的會員或代表，他「經常使用國際工人協會的名義，以便在俄國行騙作惡。」大會同時命令巴枯寧派份子停止使用羅馬聯盟的名號，但作爲招降納叛的一種手段，允許他們獨立組一個支部，名爲侏羅紀聯盟（Jurassian Federation）。

巴枯寧被從輕發落。但是他知道馬克思在準備最後的攤牌，因爲國際實在太小了，容不下他們兩人。倫敦總部的會議結束之後，新成立的侏羅紀聯盟自行在瑞士的桑維耶（Sonvillier）小鎭召開大會，對倫敦會議「不具代表性」大加撻伐。的確，在藍色驛站裏有十三位理事會成員出席，但是從世界各地來的代表只有十位——兩位來自瑞士（都是反對巴枯寧），法國與西班牙各一位，比利時有六位之多。然而，桑維耶的會議更是不具代表性：十六位代表都是巴枯寧派份子。他們發出一份傳單在歐陸的國際各支部傳閱：「如果世上存在一件不容否認、經驗中屢試不爽的事實，那即是擁有權力者恆腐敗……少數人將理事會成員的職權視爲私產……他們以爲自己就是政府。因此，他們認爲自己的特殊理念應該成爲協會的官方看法，並且是唯一經過授權的見解。而其他團體的反對意見不再是正當的意見表達，與他們自己的理念具有同等價值；現在這些不同看法被視爲是貨眞價實的異端邪說。」他們說，矯正這種猖獗的威權主義之唯一藥方，就是廢除理事會的權力，將它貶爲單純的「信箱」……

接下來幾個月，巴枯寧發出一連串愈來愈歇斯底里、口水四射的傳單，給國際的西班牙與義大利成員，說自己是「德國與俄國猶太人陰謀串通」之下的受害者，「這些猶太人狂熱獻身給他們的獨裁者兼彌賽亞馬克思」。只有「拉丁民族」，他奉承地加上一句，能夠阻止希伯來人支配全世界的祕密計劃。

猶太世界構成一個單一的吃人教派、一個吸血的民族、一種集體的寄生蟲，貪婪成性、封閉自足，其成員不只跨越國界，甚至橫跨各種不同的政治意見光譜——目前這個世界絕大部分操縱於兩個人手中，其一是馬克思，另一個則是羅特希德家族（Rothschild）2。我知道羅特希德是十足的反動派，卻極欣賞共產主義者馬克思的才能；同樣地，共產主義者馬克思也基於本性相吸與尊敬崇慕之情，情不自禁地佩服金融天才羅特希德。這是猶太人的團結，一種歷史中綿延不絕的強大團結，將兩人結合在一起。

這些口不擇言的咆哮一無是處，但至少是肺腑之言。回溯一八六九年，他就已經寫了一篇攻訐猶太人的長文（猶太人「完全沒有道德感與人格尊嚴」），他只舉了五個例外：耶穌基督、聖保羅、史賓諾莎、拉薩爾與馬克思。當一位朋友問他爲何馬克思獲得赦免，巴枯寧解釋他要讓敵人不懷戒心：「我有可能與他決戰，此事甚至可能短期之內就發生……但凡事都應按部就班，戰鬥的鐘聲尚未敲響。」現在戰鬥開始了，他不再需要隱藏自己的眞實情感。

在此說明一項重要區別。直到第二次世界大戰之前，不少通俗小說家如阿革達．克里斯蒂，於其著作中經常出現一些隨口而出的反猶言論（「他當然是個猶太人，但卻是一個極好的猶太」）；然而，沒有人會指責克里斯蒂想要逮捕六百萬猶太人，並屠殺他們。同樣地，「猶太人乃經濟動物」的刻板印象在十九世紀極爲普遍：馬克思本人在早期《論猶太人問題》中也曾使用這個意象。但巴枯寧將惡毒詛咒指向「猶太血緣」，不管其實際的宗教信仰、商業行徑、社會階級或政治意識形態爲何。馬克思曾說，人類的普遍解放將使猶太人從猶太教中解放出來，而巴枯寧只希望消滅他們。「在每個國家，人們都厭惡猶太人，」他在一封致國際波隆那支部的公開信中如此說。「他們太厭惡猶太，以致於每次人民革命都伴隨發生猶太大屠殺：此乃自然結果……」

理事會的反應完全可以理解。它不得不與種族屠殺的叫囂劃清界線，尤其此時歐洲的每一家報社都在找尋攻訐國際工人協會的機會。一八七二年六月，國際發行一本由馬克思執筆的小冊子《國際內部的虛構分裂》（The Fictitious Split in the International），其中第一頁的內容就足以反駁書名，馬克思證實國際內部的分裂已巨大如英吉利海峽：「國際正遭遇自創始以來最嚴重的危機。」他指控巴枯寧煽動「種族戰爭」，並以籌組祕密團體作爲他實現無政府主義、摧毀工人運動的偉大藍圖之一小步。

巴枯寧展開反擊，要求召開全體大會，以便徹底解決爭端。國際自一八六九年之後就沒有舉行全體大會——首先是因爲普法戰爭，後來又因巴黎公社遭鎮壓，警察展開一連串追捕——因此，理事會很難開口拒絕。它依職權宣佈，一八七二年九月二日將於荷蘭海牙召開全體大會，但這又引起巴枯寧另一回合火力全開的抗議。他要求大會於其大本營日內瓦舉行；但理事會指出，國際總共召開四次大會，其中三次都在瑞士，這次不必再錦上添花了。巴枯寧遂決定全程杯葛到底，仍指示他的隨從「派代表到海牙，但清楚交代他們一項強制命令，即不論大會以多數決通過任何議案，只要其中有符合馬克思路線者，全數人一齊退場抗議。」

在會前數度短暫交鋒之後，海牙大會在爾虞我詐的狂亂氣氛中召開，會議地點的名稱相當諷刺，叫做「協合會堂」（Concordia Hall）。共有六十五名代表與會，但來了更多記者、間諜、好奇的觀光客，想要一睹這群危險革命份子的廬山眞面目，彷彿他們是馬戲團的獅子。一份比利時報紙向讀者透露令人沮喪的消息，這位恐怖主義與混亂的教父，馬克思博士，看起來就像「一位紳士農夫」。自由派荷蘭記者卡利區（S. M. N. Calisch）報導，據聞馬克思在阿姆斯特丹有親戚：「如果此事屬實，他的親人不用擔心引介他進入上流社會，或是在動物園咖啡廳一同喝茶。他穿著灰色西裝予人的印象很稱頭。任何不認識他的人，或任何與國際的恐怖夢魘無關的人，都會將他當成一位到處蹓達的旅客。」即使如此，珠寶店緊閉大門，擔心共產主義者打碎門窗，偷走所有的寶飾。一家當地報紙《海牙日報》（Haager Dagblatt），建議婦女與小孩留在室內。

令警探與新聞記者大感沮喪的是，大會立即進入不公開的議程，代表的身份都要檢查。一位柏林的間諜難過地寫信給他的老闆，「公衆甚至連看一眼會議廳的地板都不被允許，也不准試著透過打開的窗戶探聽裏面談論的任何一句話。」《泰晤士報》的記者眞的將耳朵貼在鑰匙孔上，但是只聽到「一陣憤怒的叫囂聲，主席的鈴聲不時響起。」討論既火爆又冗長：整整三天，敵對派系爲了搶佔上風，互相抹黑對方，幾乎無人得以倖免。當時有人指出，代表芝加哥德國工人出席的馬特曼·貝里（Maltman Barry），其實是來自倫敦的托利黨人，「不是英國工人承認的領袖，」馬克思回答這沒什麼丟臉，因爲「幾乎所有英國工人承認的領袖都賣給了格來斯頓」——這種言論表明他一點也不想贏得其他英國代表的支持。僅管如此，他至少可以依賴德國人與法國人，包括小燕妮的未婚夫查理·郎格。馬克思的女婿保羅·拉法格機靈地偷偷加入西班牙代表團，除了他以外，西班牙人全是巴枯寧的堅定擁護者。

經過三天馬拉松會議之後，勝負揭曉，無政府主義者明顯寡不敵衆。有些代表不能長久離開工作崗位，等不及實際辯論與表決，就匆匆回家了；其他人則四處遊蕩，在當地妓院尋找更刺激的聚會。

「我們終於見識一場眞正的國際大會，」九月五日晚上，大門終於對公衆敞開之後，《法國人》（Le Francasis）報紙如此報導，「這裡聚集的群衆數目超過會堂容量十倍以上，掌聲、干擾聲、推擠拉扯聲、令人心煩意亂的叫喊聲、人身攻擊、極度尖銳、針鋒相對的叫罵聲、抗議聲、要求秩序聲，最後則是宣布會議結束聲，僅管討論尚未完了，那時已過晚上十點，會堂如熱帶叢林般悶熱，各種事情紛至沓來，最後在一片難以言喻的混亂中結束。」雖然，馬克思悄悄地坐在恩格斯背後，盡量讓自己不顯眼，但沒有人懷疑這位紳士農夫正是主導一切的人物。在第一場關於擴充理事會權力的辯論中，一位來自紐約的代表主張國際需要一位「智力過人」的強勢領袖。會堂上傳出一陣笑聲，所有眼睛都同時望向馬克思。這項動議以三十二票對六票，十六票棄權通過。

當這項結果宣佈時，恩格斯突然從座位上站起來，要求「向大會表達看法」。他說，有鑑於目前國際明顯分裂，不太可能使法國人與西班牙人合解，或是使英國人與德國人合解，他與馬克思提議，理事會日後應改在紐約召開。

代表們都不敢相信方才耳中所聽到的話，所有人坐著沉默不語，持續了一兩分鐘。一位英國觀察者寫道，「這是一場政變，每個人都看著隔壁的人，希望別人能打破沈默。」歐洲是新革命運動的搖籃，一年多前，巴黎公社成員才剛證明這一點：國際如何能在大西洋彼岸培養與教育它的新生兒？恩格斯讚揚美國工人組織的優秀「能力與熱誠」，特別不具說服力，因爲每個人都知道，過去幾年來，國際的美國支部忙著與維多利亞·伍德赫爾與其瘋狂的信仰對抗。的確，全部只有美國人參加的理事會可免於普魯東派、布朗基派、共產主義者之間的爭論，但是它也缺少卡爾·馬克思強大的智力。他的某些死敵正是基於這個理由傾力支持這項提議，許多盟友也基於同樣理由不得不投票反對。「他個人的監督與指導乃絕對必要，」一位心慌的馬克思主義者以懇求的音調說。另一位代表則說，與其將總部搬到紐約，不如搬到月球上算了。由於無政府主義者集體投票贊成，馬克思與恩格斯如其所願：二十六票支持，二十三票反對，六票棄權。

馬克思將國際流放到美國，故意宣判它的死刑。「公社的命運如天上之星，已經過了它運行的最高點，即便在它的全盛期也不算太高。」《觀察者》在九月十四日評論，「除非在俄國，我們將再也看不到它如此高懸空中。」爲何他要如此？馬克思學者將此問題當成無解的謎題，但其實沒有什麼天大的祕密：他努力維繫這些交戰部落，不使之分裂，已經感到十分疲乏，如此而已。馬克思事先已讓一、兩位同志知道這項秘密。「我操勞過度，」他在大會召開前三星期，寫信給一位俄國朋友，「事實上，我的理論研究嚴重受擾，過了九月之後，我將離開生意事務〔指涉理事會的暗語〕，目前都由我一肩挑起，正如你所知，這些事務也已擴及到了全世界。但凡事都要節制，我再也無法——至少在一段時間之內——將這兩種迴然不同的事務結合在一起。」在一封日期標示爲一八七二年五月二十八日，收件人是比利時社會主義者西撒．德．巴普（Cesar de Paepe）的信裏，他的口氣聽來更像是軍人解甲歸田之後的一派輕鬆愉快：「我等不及要參加下一次大會，它將終結我的奴役狀態。此後，我將再度恢復自由之身，不再接受任何行政工作……」馬克思知道自己若不出席指導，理事會注定解體，在壽終正寢前也許對共產主義造成嚴重傷害。但總比讓這隻受傷的野獸到處肆虐來得好。

在決議將總部遷往紐約之後，海牙大會後來的辯論只能說是反高潮（anti-climax）。但是馬克思仍準備在告別公衆舞台之前演出最後一段戲劇轉折。就在他前往海牙的兩個星期前，他收到一封來自聖彼得堡的文件，似乎能證明巴枯寧是一位殺人狂。現在他於大會中秀了出來，於是點燃最後一把人性交戰的虛榮烽火。

回溯一八六九年冬天，巴枯寧一如往常一樣缺錢，他從一位名叫流巴文（Lyubavin）的出版社代理商那兒拿了三百盧布，要將《資本論》翻譯成俄文。大概很難找到一位比他更不適合這項工作的人：他除了是無可救藥的延宕者以外，更不可能做任何提昇馬克思名聲的事。但是流巴文顯然對兩人之間的恩怨並不知情，過了幾個月，他寄一封措詞溫和的信詢問手稿是否完成了。一八七〇年二月他收到回覆，這是巴枯寧囂張的爪牙，即年輕的色該．聶察耶夫寄出的恐嚇信。他宣稱自己代表某個革命刺客的祕密「單位」，指控流巴文是一個寄生蟲與勒索者，試圖阻止巴枯寧「爲俄國人民此一至爲崇高之目標打拼奮鬥」，強迫他從事文字的苦役工作。聶察耶夫命令出版商撕毀契約，讓巴枯寧保有這筆錢，否則

看看你是與誰打交道，你就會因此盡力避免任何遺憾之事發生。我們會以一種較不文明的方式二度登門拜訪……我們總是嚴格守時，我們已計算出你收到這封信的確切日期。你也應該同樣守時地接受這些要求，如此我們就不會被迫採取極端的手段，引發更嚴重的事件……完全看你，是否我們的關係會變得更友善，是否我們都能更相互了解；否則我們的關係將會朝向令人不快的方向。

先生，我有幸向您致上我的忠誠……

爲了提示「極端手段」所指爲何，聶察耶夫在信紙上畫了一個有手槍、斧頭和短劍的

標誌。

這種伎倆可不是推薦給錯過截稿日期的作者。巴枯寧後來宣稱自己不知道這封信，他也不知道聶察耶夫因涉及謀殺一位聖彼得堡的學生而通緝在案：一旦他在一八七〇年春天知道了這個可怕的眞相，他就立即與這位嗜血的同伴斷絕往來。這番辯解無辜的說詞，被此後的歷史學者與傳記作家一致接受，但是這位世界級的幻想家說出來的話最不可信賴。

眞相就在巴黎的國家圖書館檔案室裏。一九六六年，邁可・康芬諾（Michael Confino）教授發現一封巴枯寧寄給聶察耶夫的長信，日期是一八七〇年六月二日——也就是說，在無政府主義之父宣稱與其不檢點的兒子斷絕關係之後。巴枯寧一點也沒指責他，他甚至提議兩人繼續從事陰謀勾當，唯一的但書是「男孩」（他這樣親切地稱呼聶察耶夫）以後選擇下手對象時要小心一點。「這個簡單的法則，」他寫到，「一定要成爲我們行動的基礎：眞實、誠懇、所有兄弟們相互信任，對於任何一位有可能成爲兄弟或是你希望成爲兄弟的人，也要如此；謊言、詭計、糾纏不休，必要時使用暴力，以對待敵人。」巴枯寧就是這樣否認「罪行」。

那封聶察耶夫寄給不幸的流巴文的犯罪信件，在馬克思展現給海牙的代表們看之後，達到了預期的效果。大會的最後一天，代表們以二十七票比七票多數通過，將巴枯寧逐出協會。

國際搬遷到紐約之後，開始急遽沒落，最後於一八七六年正式解散。巴枯寧死於同一年。聶察耶夫，那位他鍾愛的男孩，於一八七二年秋天從瑞士押解回俄國，被判謀殺罪，監禁於聖彼德與保羅碉堡——在那裏，他歷經了十年在陰濕地窖中單獨禁閉的歲月，死於三十五歲。馬克思比他們活得都久。

12 刮過毛的豪豬

悖論、反諷與矛盾三者，讓馬克思的作品充滿活潑動人的力量，這惡作劇般的三股力量也構成了他生命中的基調。我們或可推測，馬克思會大大讚揚愛默生（Ralph Waldo Emerson）傲視蒼生的信念：「處處講究一致性的習慣，是小人物心中豢養的妖魔，只有小政客、小哲學家、小牧師才信之不疑。偉大的靈魂面對一致性，根本無事可做。」

馬克思在工作生涯中總是一貧如洗，結果當他放棄討生活的掙扎之後，卻覓得到財務上的穩定，我們對於這種命運的反諷應該也不意外。一八七〇年夏天，恩格斯將家族公司的合夥股份賣給厄曼兄弟；他利用這筆收益，固定每年付給那位不知節制的朋友三百五十英鎊年金。「我簡直要被你的慷慨擊倒了，」馬克思喘氣地說。二十年時間內，恩格斯成爲一大群嗷嗷待哺者的一家之主——博恩姊妹、馬克思一家人、海倫·德穆特——同時也爲自己的政治信念努力寫作與奮鬥。他從來不曾抱怨，正如燕妮·馬克思所說，「他總是身體健康、充滿活力、心情愉快、興致昂然，他尤其愛喝啤酒（特別是維也納的牌子）」。在莉斯・博恩與她笨頭笨腦的姪女瑪麗・愛倫（Mary Ellen）（綽號「舞鞋」）的伴隨下——這又是另一位他負責照顧的流浪兒——恩格斯搬到倫敦，租了一幢在攝政王公園路一百二十二號的豪宅。

但命運的反諷並非總是如此善良。馬克思經歷了國際充滿衝突的那段年代，使他對法國社會主義者產生強烈反感，他曾希望以辭去理事會職務來遠離情緒反彈。可惜他畢竟逃不過這些眼中釘、肉中刺；命運賜與他兩位女婿，都是法國社會主義者。在一八七二年十月二日，海牙大會結束幾週之後，小燕妮於聖潘克斯公證廳的官辦婚禮中，嫁給郎格。

新娘的母親有時也不贊同卡爾較極端的偏見，當然鼎力支持這樁喜事。她開始將有關法國人的每一件事都掛在嘴邊，到處跟人談論——他們的「傑出」（hauteur）、他們的「活力」（elan）、他們的「才識」（savoir faire）、他們的「意念堅定」（idées fixes）、他們的「豐沛熱情」（grandes passion），也許還有一些「我不知道的事」（je ne sais quoi）。「郎格是很有天份的人，」她在女兒訂婚時寫信給李卜克內西，「他很善良、誠實、有禮貌……但是，我一想到他們即將結婚，心中就隱隱有股不安。如果燕妮選擇（比方說）英國人或德國人，而不是法國人，那就好了。法國人的民族性當然十分迷人，但也難免有許多缺點與古怪。」

結果一點也不錯，郎格的確是一位陰沈、自私、殘暴的老粗，他讓太太在家中不停操勞家務。「雖然我像黑奴一樣做苦工，」她告訴妹妹愛琳娜，「他卻只會對我大吼大叫，只要他在家，無時無刻不抱怨我。」對於馬克思而言，這場悲慘婚姻唯一的安慰就是孫子出生——燕妮總共生了五個小孩，其中只有一個早逝——另外就是郎格是倫敦大學講師，有固定的收入，足以讓燕妮衣食無虞（在結婚前兩年，馬克思一家的財務陷入絕境，她被迫找一份家庭女教師的工作。）

相較之下，勞拉的先生看起來更是無藥可救的人。拉法格放棄了學醫的打算，因爲三個小孩相繼死亡使得他喪失了對醫生的信心；他開始從商，買了一種照相刻板「新技術」的專利權。這個不被看好的生意一開始就困難重重，他經常與夥伴——流亡的公社份子勒摩蘇（Benjamin Constant Le Moussu）——爭吵。爲了要保住家族顏面，馬克思不得不買回拉法格的股份（幾乎不用說，當然是老好人恩格斯出資）。馬克思本人後來因所有權的問題與勒摩蘇發生爭執，兩人爲了避免出庭的難堪與種種花費，將爭議交付給一位左翼律師哈里遜（Frederic Harrison）仲裁。他在回憶錄中記載：

在他們提出證據之前，我要求他們依程序將手按在聖經上發誓，一如當時法律規定。兩人都充滿了恐懼，馬克思抗議說他絕不會如此作賤自己；勒摩蘇說從沒有人敢要他做這樣卑微的行徑。他們爭論、抗議了一個半小時，每個人都拒絕在別人面前宣誓。最後，我協調出一個妥協方案，兩人同時「按著那本書」，不用說一句話。在我看來，兩人都像是怕用手污染那本聖書似的，因而畏畏縮縮，很像歌劇中的魔鬼孟菲斯托弗斯（Mephistopheles）畏懼十字架。他們終於可以針對案子爭論，機靈的勒摩蘇獲勝，因為馬克思慌張而自亂陣腳。

這項挫敗更堅定了馬克思的信念，在一大堆「法國式胡言亂語」的背後，巴黎社會主義者都是騙徒與惡棍。勒摩蘇立即被列入馬克思私人的無賴百獸誌，他被指責為侵佔者，「騙了我與其他人一大筆錢，然後還對別人施以下三濫的誹謗來粉飾自己的惡劣，將自己表現為一個橫遭誤解、無辜又美麗的靈魂。」但是馬克思的怒火轉向拉法格，都是這個無能的白癡拖他下水。拉法格與郎格這兩位女婿除了個性上的「缺點與古怪」之外，也都是政治上的輕佻笨蛋，拒絕接受憤怒岳父無數的訓話與教誨。「郎格是最後一位的普魯東派，而拉法格是最後一位的巴枯寧派，」他向恩格斯抱怨。「但願魔鬼把他們捉起來！」

兩位女兒淪喪給法國人也許可當成命運無情的折磨，若連第三個女兒也失去了，就是不可思議的粗心。所以，當愛琳娜陷入與利沙蓋雷的熱戀中之時，我們可想像馬克思會有什麼恐怖的反應。利沙蓋雷當時三十四歲，整整大她一倍。他來到莫登那別墅時，正值馬克思對抗拉法格與郎格的高盧戰爭進行之際，這是利沙蓋雷的不幸。在其他的情況下，他也許看來還勉強可以接受。「所有關於巴黎公社的著作都是垃圾。除了一個例外，這就是利沙蓋雷的作品，」小燕妮在一八七一年告訴庫格曼，顯然是重述她父親的看法。當利沙蓋雷在幾年後出版完整的《公社歷史》（History of Commune）時，馬克思甚至幫愛琳娜翻譯成英文。儘管如此，這位仁兄仍是不折不扣的法國人：他掛在額角上抹髮油的頭髮、傲慢的假笑、漫不經心的浮誇作風，在在透露出他是一位輕浮的個人主義者。利沙蓋雷有義務證明，他能成為一位負責的丈夫。「我對他一無所求，」馬克思寫信給恩格斯，「他自己應該提出證據，而不是空口無憑地誇說自己比傳言更好、有理由可以信賴他……。討厭的是，我爲了孩子，對他的態度必須十分審愼，甚至縱容他。」

實情並非如他所說，因爲他長期以來根本禁止「杜西」見「利沙」，而眞正持審愼態度與疼愛女兒的燕妮·馬克思則默許他們幽會。這些偷偷摸摸的相會只是加深這對戀人分離時的痛苦。在一八七三年三月，愛琳娜在布萊頓女子學院獲得教職，她希望藉此逃避馬克思兇惡的眼神（或許也爲了避免金錢上的依賴）；到了九月，她精神崩潰，回到家裏。如果愛琳娜被迫在父親與情人之間做選擇，她無法抗拒孝順的拉力——但爲什麼要有這種選擇呢？幾個月之後，她在他的書桌上留下一封信，透露了苦惱萬分的心情與尚未消失的孝心：

親愛的摩爾

我懇求你一件事，但首先你答應我不要生氣。我想知道，親愛的摩爾，我何時能再見到「利」。永遠看不到他太痛苦了。我盡可能保持耐心，這眞是困難，我覺得再也撐不下去了。我不期望你說他何時可以來這裏，我也不應該這樣期望，但是我能不能偶爾與他一同散步？……

當我在布萊頓病得很嚴重時（我一天暈眩兩、三次），「利」來看我，每次都讓我更強壯更快樂；更能夠承受肩頭上沈重的負擔。〔馬克思被瞞在鼓裡，完全不知道有這回事。〕我上次看到他已經是很久以前的事了，我覺得很難過，雖然我努力振作，我很努力讓自己快樂，我再也無法……

無論如何，親愛的摩爾，如果我現在不能見他，可否告訴我何時可以。這樣我就有所期待，如果見面不再遙遙無期，等待就比較不會難熬。

我親愛的摩爾，請不要因為我寫了這些話而對我生氣，原諒我太自私，再度打擾你。

你的
杜西

馬克思拒絕讓步。

愛琳娜讓自己忙碌不堪，以轉移注意力，如同她父親經常的作法。她在文辛太太那裏報名了表演課，希望能實現兒時嚮往的演藝生涯；她參加了新莎士比亞協會與布郎寧協會，這兩個團體都是社會主義教師芬尼瓦爾（Frederick James Furnivall）所創建；她像年輕時的馬克思一樣，發現了大英博物館溫暖的聖殿，在那裏進行自由研究，並且爲芬尼瓦爾翻譯（正當她在閱覽室工作時，認識了一位年輕的愛爾蘭人，名叫蕭伯納（George Bernard Shaw），最近剛到英國，兩人日後成了無話不談的好友。）過了幾年，她於一八八二年六月在布郎寧協會的年度聚會中朗誦詩歌，隨即興奮地寫信給小燕妮報告情況，

場地擠滿了人——各式各樣「文人」與其他「名人」都在場，我很緊張，但表現得棒極了。薩斯蘭．歐爾太太（皇家學會主席弗德理克．萊頓的姊妹）要帶我去見布郎寧，並且

當他的面朗讀他的詩！今天下午我受邀參加王爾德夫人家裏舉行的「擁擠集會」。她的兒子就是那位無精打彩又討人厭的年輕人奧斯卡・王爾德（Oscar Wilde），他在美國惡名昭彰。既然兒子還沒回來，母親又很親切，我打算赴約……。熱忱真是一件好事！

信中所使用的驚嘆號，如同她提及那些「名人」時充滿崇敬之情，甚至不敢直呼其名的態度，讓人聯想起《無名小卒日記》的主人翁布特（Charles Pooter）先生（譯註❶）。

雖然愛琳娜對文藝的熱忱給自己帶來歡樂與安慰，但仍無法使她完全脫離心中癡迷利沙蓋雷的死結。最讓愛琳娜感到傷心的是，從不了解她的燕妮，居然表現得如此善體人意，而親愛的摩爾卻完全無視於她的犧牲——即使「我們的本性如此相近」。許多訪客也說，兩人連外貌都極爲神似：烏溜溜而明亮的眼睛，突出的鼻子上面有個寬而低的額頭。在愛琳娜的相片畫上鬍子，你就有一幅青年馬克思的肖像。「我不幸只遺傳了我父親的鼻子，」她開玩笑地說，「而不是他的天份。」當馬克思比較幾個女兒的長相時，承認「燕妮最像我，但杜西就是我本人。」她模仿父親，嘗試以不斷抽煙來安定脆弱神經，這是文

譯註❶：《無名小卒日記》（The Diary of A Nobody）是維多利亞中期小說家George and Weedon Grossmith夫婦所寫的經典喜劇諷刺小說。主人翁布特先生住在倫敦郊區，有房子、生活節儉、對人際關係相當敏感、有時會說些幽默的雙關語，卻也焦慮不堪、容易發生意外，他的生活世界有小小的悲傷與喜悅，總是謹慎守禮。這個角色已成為英國中產階級的文化象徵。

人雅客常見的習慣，但在一位維多利亞時期有教養的少女身上看到，實在希罕又駭人。

甚至他們的病也一模一樣。杜西的憂鬱症表現在頭痛、失眠和膽病，幾乎都是馬克思熟悉的症狀（除了膿瘡以外）。「爸爸、醫生或任何人都不了解的是，」她抱怨，「我主要的困擾在於心病」——對於一個曾經承認「我的病都是源自於心理」的父親而言，竟搞不懂女兒同樣的症狀，實在令人費解。一八七〇年代的大半歲月中，這對哮喘的父女在歐洲各個溫泉勝地之間旅行，以治療痼疾，但看來他們不過使彼此病得更嚴重。一八七三年八月，杜西於布萊頓時常暈厥，馬克思寫給一位聖彼得堡的同志，「我好幾個月以來十分痛苦，有時甚至覺得自己已病危，這是過度工作的結果。我頭痛得厲害，我擔心會中風：……。」兩個星期之後，他正在喝一湯匙的覆盆子醋，以為這將有益健康，卻不小心噎著了：「我的臉發黑，再過一秒鐘左右就要離開人世。」杜西回到倫敦之後，他開始思考「中風的可能性」。起初，醫生認為他有可能中風，但診斷之後卻改為精神耗弱。十一月二十四日，父親與女兒離開倫敦，前往海洛蓋特（Harrogate）接受礦泉治療，燕妮．馬克思因此放下心中一塊大石頭。

兩人享受了三個星期的休息與礦泉浴，馬克思磨自己的腦袋，讀一位自己不喜歡的作家聖伯夫（Saint-Beuve）之作品。「如果聖伯夫在法國這麼有名，」他寫給恩格斯，「那一定是因為他在各方面都是法國虛榮心的最典型化身……用。浪漫派的姿態與新創造的詞彙到處招搖、趾高氣昂。」倘若馬克思希望藉著閱讀忘卻另一位趾高氣昂、他女兒傾慕不已的法國人，這本書可一點也不適宜。但是他看起來很快活，僅管他回到莫登那別墅過聖誕節時膿瘡發作，報紙的小道消息又滔滔談論他的健康狀況，他的心情仍不受影響。「我讓英國報紙時常宣佈我的死訊，也不願出面澄清，」他說。「我才不在乎公衆，況且如果我偶爾發作的疾病被誇大渲染了，就不再有遠從世界各地的陌生人向我提出各式各樣的要求（理論或其他方面的要求）。」

從海洛蓋特回來的路上，他花了一天在曼徹斯特逗留，由恩格斯的朋友岡伯特醫生檢查，醫生發現他罹患「某種肝臟伸長的毛病，」對於這種病唯一已知的治療方法，就是旅行到波西米亞時髦流行的溫泉城鎮卡爾斯巴德（Carlsbad）。因爲這趟旅程需要穿過德國境內，他有可能以顚覆份子之名義被捕，馬克思認爲機率非常小。但是後來他想到一個點子：在英國居住超過一年的流亡人士可以申請英國公民權，因此當他通過邊界接受戍衛警隊盤查時，將享有英國女皇陛下的保護。馬克思提交歸化申請書，加上四位漢普斯提德鄰居作證他具有「良好品德」的宣誓證詞，一併交給英國內務部。於是，他與愛琳娜於一八七四年八月十五日出發前往德國，信心滿滿地認爲歸化證明在幾天之內就會核發下來。然而，在八月二十六日，內務大臣寫信告知馬克思的法律顧問，他的申請遭拒絕了，信中沒有說明理由；但是在八月十七日，一封由倫敦警察廳寄給內務部的機密信件中揭露了一切，這封信目前收藏於國家檔案室（Public Record Office）：

卡爾．馬克思——歸化問題

卑職稟報如下，關於上述人士，他是一位惡名昭彰的德國煽動者，國際協會的匪首，共產主義的鼓吹者。他背叛自己的國家與國王。

證人「塞頓」、「馬帝孫」、「曼寧」與「阿德考克」等先生都是英國出生的臣民，體面的房產所有者。他們提供與申請人交往接觸時的證詞，經查正確無誤。

W. 來姆斯，警官
F 威廉生，督察長

根據後來事情實際的發展，馬克思其實不需要維多利亞女皇及其外交使節的協助，就能抵達卡爾斯巴德——或許因爲他有愛琳娜相伴，她生來就是英國臣民。但他仍然小心翼翼，以「查理．馬克思，私人紳士」的名義登記投宿日耳曼飯店，並希望沒人懷疑他的身份。當地警察一眼就看穿僞裝，歷經一個月的持續監視，他們不得不承認他「沒有值得懷疑的理由」——這結論毫不令人意外，因爲他的身體狀況不佳，使他沒有時間在癱瘓病友與醫生之間醞釀革命。「我們兩人都嚴守作息規則，」他告訴恩格斯。「每天早上六點我們各自去泡溫泉，我要喝七杯水。每兩杯水之間，有十五分鐘的休息，這段時間要上下行走。喝完最後一杯水，再走一個小時的路，就可以喝咖啡。晚上睡前還要再喝一杯冷水。」每日下午他們一同在史洛斯伯格（Schlossberg）花岡岩山丘的茂密森林裡尋幽訪勝，其他的病人看到愛琳娜都嚇壞了，她煙不離手，一直在吞雲吐霧。

這些礦泉水的清理療效對馬克思的肝臟十分有好處，卻使他心情愈發鬱悶——即使庫格曼夫婦來訪也不能使心情好轉，他們就在隔壁房住下來。近來，馬克思對這位不請自來的弟子所做種種不知節制、愚蠢的舉動，愈來愈感到厭煩；而現在，庫格曼先生斥責老婆的聲音，穿過飯店薄薄的牆壁，吵得他無法入睡。「我快要被這位仁兄的家庭勃谿煩死了，我的忍耐終於消耗殆盡，」馬克思在信中向恩格斯一五一十陳述。「這位賣弄學問的騙子、滿嘴歪理的資產階級市儈，居然說他太太無法了解他，不懂他內心深處嚮往更開闊世界觀的浮士德本性，而他以最令人厭惡的方式，折磨這位任何方面都遠勝於他的女士。」馬克思搬到上一層樓的房間，再也不跟庫格曼醫生說話。

也許有人猜想，馬克思大概是對此間膚淺、狹窄的社交圈厭煩透頂，才心情欠佳吧，其實他早已迷上此道。一八七五年與一八七六年，馬克思再度前往卡爾斯巴德療養；之後，德國通過新的反社會主義法，他前往卡爾斯巴德的風險大增，不得不另覓良處，這時最具有布爾喬亞色彩的懷特島（Isle of Wight），成了他的新歡。該島同時也是維多利亞女皇與丁尼生爵士青睞有加的水療地。無論他走到那兒，同行旅客都驚訝地發現，這位令人生畏的共產主義惡魔，乃宴會中的靈魂人物。他於一八七五年造訪卡爾斯巴德期間，一份維也納報紙描述他極爲健談，是全鎮最受歡迎人：

他總是出口成章、譬喻精湛，談笑饒有深意。如果你在社交場合加入他的談話圈，現場又剛好有機智過人的女士作伴——女士與小孩是最佳的話題帶動者，他們總以個人觀點來看事物，經常使人跌入個人遭遇的溫馨回憶之中——此時馬克思會不吝賜予他豐富且井然有序的回憶寶藏。他喜好談起浪漫主義仍在吟唱最後一首自由森林之歌的舊日時光……。彼時海涅顧不得新作墨漬未乾，即匆忙趕至他的書房一同討論。

這份報紙又煞有其事地說，「馬克思現在已六十三歲」；事實上，他只有五十七歲。三年後，《芝加哥論壇報》（Chicago Tribune）的一位記者寫道，「他一定超過七十歲」。只要醫生許可，他仍然寫作《資本論》後兩卷，但彷彿已默認挫敗，安於無傷大雅的逸事，滿足於旁觀與回憶。激情參與的年代——小冊子與請願、聚會與權謀——都已經過去了。

兩位長女婚事已定，在漢普斯提德的別處定居，邁特蘭公園別墅對於人丁日稀的家庭而言已顯得太大了。一八七五年三月，卡爾、燕妮、愛琳娜、海倫搬到相距一百碼遠，同一條街上的四十四號，那是一幢四層有露台的樓房，略小卻便宜很多。他在那裏度過了餘生。

馬克思的年歲漸增，他的居家習慣就愈來愈有規律與節制。他不再有精力可以在陶頓罕路上闖酒館，連續下棋或是熬夜伏案工作。他在固定時間起床，早餐時讀《泰唔士報》，就像任何一位中產階級的紳士一樣，然後整天待在書房裏。傍晚時分，他穿上黑外套，戴上軟氈帽（如愛琳娜所說，看起來像「一群陰謀份子才會戴的帽子」）在倫敦街頭蹓達一個小時左右。他現在近視得厲害，有時在返家路上誤闖隔壁鄰居大門，發現鑰匙不合之後才曉得自己弄錯了。

星期天留給家人共處：午餐是烤牛肉（海倫烤得恰得好處），接下來與勞拉、小燕妮與她的兒子一同在公園散步。德國社會民主黨的創始人之一的貝貝爾（August Bebel），「驚喜地發現，馬克思在當時到處被人描述為世上最窮凶極惡的壞蛋，卻充滿溫暖與慈愛地與孫子嬉戲，而孫子們對祖父也依戀有加。」當小埃德加．郎格十八個月大時，家人發現他誤將一塊生腎臟當成巧克力啃食——即使味道有異仍咀嚼不停。馬克思立即給這個小男孩取了「野狼」的渾號，後來改稱為「茶先生」，因為他總是喝個不停。

馬克思家婉拒訪客白天造訪，但星期日除外。馬克思的醫生（特別是他的太太）禁止他在晚上工作，於是他樂於扮演好客的主人，在晚餐桌上與慕名前來結識這位大人物的外國朝聖者共享美酒與軼事。「他很和藹，」俄國革命份子墨洛索夫（Nikolai Morozov）報導，「一般謠傳他的個性難以伺候或高不可攀，我倒是一點也沒察覺。」

每一位造訪邁特蘭公園路的訪客都發出相同的驚嘆：在獅子般威武鬃毛的面目背後，其實隱藏一隻愛嬉戲、喵喵叫的小貓。「他說話的聲調像是一位寧靜祥和、與世無爭的大族長，與我之前對他的印象全然相反，」德國新聞記者伯恩斯坦（Eduard Bernstein）如此報導。「必須承認，我先前從他的敵人那邊得到描述，預期見到一位陰沈又易怒的老紳士。然而我面前卻出現一位白髮紳士，充滿笑意的黑眼珠傳遞友誼訊息，言談溫文儒雅。幾天之後，我向恩格斯表達我的驚訝，他堅稱，『話雖如此，馬克思還是有掀起驚濤駭浪的本事』。」

另一位德國社會主義者考茨基（Karl Kautsky）聽過一大堆有關馬克思的火爆故事，當他抵達邁特蘭公園路時，緊張得幾乎要精神分裂。他害怕像年輕時的海涅一樣出糗——他謁見歌德時，過於畏懼而想不出任何話題，只談及從耶拿到威瑪路上的可口甜梅。但馬克思不像老歌德那樣拒人於千里之外：他以友善的微笑迎接考茨基，問他是否以他那廣受歡迎的小說家母親明娜·考茨基（Minna Kautsky）爲榜樣。一點也不，考茨基愉快地回答——以爲馬克思正暗自恭賀考茨基夫人的好福氣，但馬克思不喜歡他的回答，便討厭起這位自大的青年。「無論馬克思對我的觀感如何，」考茨基於多年之後寫道，「他完全不顯露一絲惡意，我心滿意足地離開他家。」馬克思私下認爲考茨基只是個「心胸狹窄的平庸之輩」，但他多所節制，證明這位朱彼特天神變得多麼溫和。

他不再費心更正敵人散佈的誹謗或不實消息。「如果我要一一否認每件曾說過或寫過有關我的事，」他在一八七九年告訴一位美國記者，「那我得聘請一大堆祕書。」一家位於哈倫（Haarlem）的出版社發行一本居心不良的「傳記」，他也表現一付雲淡風輕的態度，不予理會。某份荷蘭期刊請他對粗劣不堪的內容發表評論，「我不回應這種小事，」他如此回答。「我在年輕的時候，有時會耍一些狠手段，但是智慧隨著年齡增長，至少我不再徒勞無益地與人硬碰硬。」年紀也賦予他傑出、尊榮的地位：即使是過去三十年來對自己國家出了一位歷史巨人一直懵懂不知的英國人，現在也展現出某種好奇與尊敬，這其中甚至包括皇親國戚。一八七九年，英國女皇之嬌女維多利亞公主，同時也是未來德皇威廉的皇后，曾垂詢一位資深自由黨政治家，問他對於馬克思了解多少。這位國會議員即格蘭特·道夫勳爵（Sir Mountstuart Elphinstone Grant Duff），他歉然表明自己毫無所知，但保證邀請這位「紅色恐怖博士」聚餐一敘，並於事後回報。

從勳爵後來寫給公主的信來看，馬克思在三個小時的聚會中表現相當出色，地點在聖詹姆斯宮的德凡夏俱樂部（Devonshire Club）裡富麗的用餐室：

他是一位矮小之人，頭髮與鬍鬚皆已灰白，但上唇之鬍髭仍為黑色，形成奇怪對比。臉型略圓，額頭飽滿，形狀優美——眼神有些兇惡，但整體表情倒是令人愉悅，絕對不是一位慣於啃蝕搖籃裏嬰兒的紳士——我敢說，這是警方對他的看法。

他的談吐屬於見聞頗廣、甚至可說是極有學識的人——對於比較文法學很感興趣，使他進入了舊斯拉夫語與其他冷僻的研究，他的言談帶有許多古怪的說法與一些無趣的幽默：

⋯⋯

馬克思談完了關於斯拉夫語的話題之後，開始轉向政治。他預期俄國「有大崩盤徵兆，且爲期不遠」，此一徵兆始於由上而下的改革，終於沙皇專制政體的崩潰；接下來德國出現人民起義，對抗「當前軍事體制」。格蘭特．道夫提出不同意見，他說歐洲統治者會彼此同意降低軍費，減輕人民的經濟負擔，以此預防革命發生。但馬克思向他保證，統治者之間「各種各樣的恐懼與嫉妒」將使此一策略無法實現。「科學愈進步，人民的軍事負擔就愈形沉重，」他預言，「因爲毀滅技術也隨科學進步而日新月異，每年都花費更多的精神意志在昂貴的戰爭機器上。」好吧，格蘭特．道夫承認馬克斯的分析有道理，但就算革命爆發，共產主義者的所有夢想與計劃也不盡然能一一實現。「無疑必將如此，」馬克思回答，「但歷史上所有偉大的運動都進展緩慢。這只是邁向更美好明天的一小步，就如同貴國一六八八年的革命（譯按，即光榮革命）一般。」說得眞好！

馬克思雖不知道他說的每一句話都被記錄下來，但是他有足夠的警覺心與常識，避開了狡猾詢問者所設下的小陷阱。正如動爵告訴公主：

在談話過程中，馬克思數度談到公主陛下與王子陛下，每次都展現適當的尊敬與禮儀。即使他談及某些顯赫人物的口氣並不尊敬，但也不顯憎恨與粗暴——倒是充斥著尖刻辛辣的批評。他不似馬拉（Marat，譯註❷）那般殘暴危險。

當他提及那些被認為與國際協會有關的恐怖活動時，其態度就與任何體面人士一般無異……

總括我對馬克思的印象，還算不錯，儘管他的意見與我正好相反，我很樂意與他再度會晤。不論他喜不喜歡，他都不會是翻轉世界的人。

在心情灰暗鬱悶的時刻，馬克思有時也徬徨無助。他在巴爾札克（Balzac）的小說《未知的傑作》（The Unknown Masterpiece）裏，發現自己焦慮心情的精準描寫。故事是關於一

譯註❷：馬拉（1743-1793），法國大革命時期雅各賓派領導人之一，國民公會代表，創辦《人民之友報》，參與領導推翻吉倫特派的起義，建立雅各賓專政，後被人刺殺。

位天才畫家極度執著於完美，窮盡數年心力修改飾潤一位妓女的畫像，以臻「至眞至美之境」。最後他將大作展示於衆人面前，所有人只看到一堆不成形狀的顏色與隨意畫出的線條：「一無所獲！一無所獲！十年努力付諸東流……。」他將毫無價值的畫布付之一炬——投入「普羅米修斯之火」——當晚即去世。

然而，馬克思未知的傑作至少有一位大名鼎鼎的內行讀者欣賞——至少他是這麼想的。一八七三年十月，《資本論》德文第二版出版之後數月，他收到以下的信：

道恩街・貝克漢鎮・肯特郡

親愛的先生：

我很榮幸收到您賜予之大作，為此我深表感激。我衷心期盼自己能更深入了解政治經濟學如此深奧又重要的課題，使自己受之無愧。雖然我們的研究領域差異甚大，但我相信我們都熱切希望知識的範圍能不斷擴展，畢竟長期而言，這將有助於人類的幸福。

您忠誠的

查理・達爾文

馬克思與達爾文是十九世紀最具革命性與影響力的兩位思想家；兩人大半輩子的住所相距只有三十里之遙，彼此又有許多共同熟識的朋友，難道他們之間沒有任何接觸、交往？許多人躍躍欲試，想找出存在於這兩人之間某個失落的環節。甚至當馬克思的棺木於高門墓地下葬時，恩格斯就已經在拉這層關係了。「達爾文發現了人性演化的法則，」他宣稱，「馬克思則發現了人類歷史演化的法則。」這一小群圍繞墓旁的送葬者包括蘭克斯特（Edwin Ray Lankester），他是馬克思與達爾文的共同密友，顯然也不反對將演化論與革命份子結合起來的嘗試。唯一可能提出抗議的人是馬克思自己，但是他已無能爲力。

達爾文於一八六〇年出版《物種起源》（On the Origin of Species），馬克思對於這本書最初的反應也許印證了恩格斯在他死後的評斷。「雖然這本書以典型英國的粗糙風格寫就，」他在一八六〇年十二月寫道，「但其中蘊含了自然史的基礎，對我們的觀點極有裨益。」一個月之後，他告訴拉薩爾，「達爾文的書相當重要，依我之見，它提供了階級鬥爭史觀在自然科學上的基礎。」但這不過是他在興頭上的熱情，幾年之後便逐漸修正並煙消雲散：達爾文「生存競爭」學說也許適用於自然界，若作爲一種人類歷史的解釋，它將導致馬爾薩斯式的幻想，以爲人口過剩是政治經濟學的主導力量。

馬克思對於馬爾薩斯學說感到厭惡，竟使他擁抱另一個更怪異的理論。法國博物學家特雷摩（Pierre Tremaux）於一八六五年出版《人類與其他物種的起源與轉變》（Origine et Transformations de l, Homme et des Autres Etres），他假定演化規律乃是由地質與土壤中的化學變化所控制。此一狂想在當時就引不起任何人的興趣，現在則更是完全被遺忘了。但是馬克思在數星期內對這個點子如癡如狂，其他什麼事都不顧。「這是對達爾§Â學說非常重要的超越，」他寫道。「譬如關於民族性之類的問題，只有在這本書中才能找到自然方面的堅實基礎。」俄羅斯地景的「表面構造」使得斯拉夫人被韃靼化與蒙古化了；基於同樣道理，「一般黑色人種只是高等人種的退化」的祕密，只能在非洲塵土飛揚的平原上找到。恩格斯很少批評馬克思，即使批評，措辭上也盡可能表現溫和與恭敬；但這一次，他毫不掩飾地表露看法，他認爲這老頭大概瘋了。不久之後，特雷摩被悄悄從馬克思的萬神殿中撤下，達爾文再度獲得平反。他在一八七三年寄出的《資本論》扉頁寫有獻辭：「查理．達爾文先生，一位眞誠的仰慕者卡爾．馬克思」，並附加一個註腳，提到《物種起源》的「劃時代」意義。

若非在距今七十年前又發現另一封信，馬克思與達爾文的交往歷史大概就到此打住。這封信的日期是一八八〇年十月十三日，它徒生波瀾，並誤導了此後無數的馬克思學者：

道恩街．貝克漢鎮．肯特郡

親愛的先生：

感謝您的來信與附寄物品——您若要出版對於敝人著作任何形式的評論，真的不需要徵得我的同意，倘若我做出這種毫無意義的首肯，我將感到十分荒謬。我寧願這一部或這一卷不要題獻給我（但我感謝您的好意），因為這在某種程度上，將意味著我支持一本完全不瞭解其內容的出版品——此外，雖然我強力鼓吹對各種主題都進行自由思考，但我認為（無論這種想法正確或錯誤），直接攻擊基督教與有神論的言論，對於公眾不起任何作用；我認為，促進思想自由的最好方式，就是逐漸啓蒙人類的心靈，而唯有科學進步方能做到這一點。因此，我一向避免論及宗教事務，我將自己侷限在科學的範圍內。或許我帶有不適當的偏見，因為倘若我協助旁人攻擊宗教，我的家人將因此難過——抱歉拒絕你的請求，我老了，虛弱不堪，無法承受讀校對稿的工作（以我目前的經驗所知）——

您忠誠的

查・達爾文

這封信首度由一份蘇聯報紙《在馬克主義的旗幟下》（Under the Banner of Marxism）於一九三一年公諸於世，該報並推測「附寄物品」一定是《資本論》英文版當中論及演化論的那兩章。這完全是胡說八道，因爲《資本論》直到一八八六年，也就是馬克思死後三年才譯成英文。

英國哲學家以撒・柏林（Isaiah Berlin）更加深了混亂的程度。他於一九三九年出版一本極具影響力的傳記作品《卡爾・馬克思》，其中宣稱馬克思原本希望將最初的德文版本題獻給達爾文，「他在同時代的人當中，對達爾文懷有最深的知識仰慕。」根據柏林的說法，「達爾文以一封有禮貌、措辭謹愼的信，婉拒了這份榮譽，他自承不懂經濟學，但祝福作者能擴展人類知識的版圖——他認爲這是兩人共同的願望。」柏林如此將兩封信混爲一談，並且完全忽略《資本論》出版於一八六七年，根本就是在所謂馬克思向達爾文表示「敬意」的十三年前；況且這本書清楚地題獻給威廉・沃爾夫。

自從二次大戰之後，所有研究馬克思（以及許多研究達爾文）的學者都採信達爾文拒絕馬克思將作品題獻予他的傳說，他們只爭論究竟是《資本論》的哪一版本遭到拒絕。「馬克思當然希望將《資本論》第二卷題獻給達爾文，」麥克里蘭（David McLellan）於一九七三年出版的馬克思傳記中寫道，此一說法仍存在於最近的平裝本裡（一九九五年）。這不會比以撒・柏林的說法更具說服力：第二卷是恩格斯在馬克思死後從許多筆記與手稿拼湊而成。達爾文不可能被要求在一八八〇年「讀校對稿」，因爲這種稿件並不存在。此外，恩格斯在第二卷導言中更證實，「馬克思不斷提及，他打算將《資本論》的第二卷與第三卷題獻給他的太太。」

所有關於達爾文寫給「馬克思的第二封信」之臆測都是錯的。如果達爾文收到一本論政治經濟學的著作，他爲何要對「攻擊宗教」感到不滿？但一直沒人提出質疑。直到一九六七年，阿維耐里教授在《交鋒》（Encounter）雜誌中主張，馬克思對於達爾文主義的政治運用感到不安，這位偉大的共產主義者居然懇求偉大的演化論者同意出版其作品，這實在「相當不可思議」。那麼要如何解釋那封一八八〇年的信呢？「馬克思將《資本論》題獻給達爾文的動機，」他倒是很不具說服力地主張，「顯然只是隨便說說而已。」

阿維耐里的懷疑——姑且不論他的結論——與夫萊（Margaret Fay）可說是所見略同。她於七年後偶然間翻閱到《交鋒》的文章，當時她還是一位加州大學的年輕研究生。「我的本能直覺使我持續造訪生物學圖書館，並且漫無目標地到處亂逛。」她寫道，「我隨手翻閱達爾文的傳記，以及馬克思主義者對演化論的詮釋，想知道達爾文著作裏是否有某些我忽略的政治意涵。」她在偶然間發現一本薄薄的小書《學生版的達爾文》（The Student, s Darwin），內容沒有絲毫特殊之處，不過是演化論的教學說明。但有兩件事吸引她的注意，一是出版日期爲一八八一年，另一是作者名字是愛夫林（Edward B. Aveling），此人後來與愛琳娜・馬克思相戀。難道達爾文的第二封信根本不是寫給馬克思，而是寫給愛夫林？

這是個靈感啓發的一刻，夫萊解答了以撒・柏林與無數教授在半個世紀以來都無法解答的難題。《學生版的達爾文》是一套叢書的第二卷，名稱是「科學與自由思想國際叢書」，由狂熱的無神論者比桑（Annie Besant）與布萊特勞（Charles Bradlaugh）主編。因此，這就是達爾文提及「完全不了解」內容的一系列出版計畫中的「這一部或這一卷」，由此也明白他爲何不想與「直接攻擊基督教與有神論的言論」有任何糾葛。在收藏達爾文文件的劍橋大學圖書館裏又發現一封愛夫林的信，日期爲一八八〇年十月十二日，附在《學生版的達爾文》幾個抽印章節的樣本裡。於是，夫萊的靈感得到進一步證實。阿夫林在信中請求「您的同意，作爲對本書有力的支持」，他又加上一句，「我提議將這本書獻給您，倘若得您允可，將是拙作與在下的莫大榮耀。」

現在剩下來的唯一問題是——爲何達爾文寫給阿夫林的信出現在馬克思的檔案裏——這很容易解釋。愛琳娜・馬克思與愛德華・阿夫林於一八九五年開始整理她父親的信與手稿，這些東西在恩格斯死後，就歸他們所有。兩年後，阿夫林寫了一篇文章比較這兩位英雄，其中他引用一八七三年的信，同時提到他也曾與達爾文通過信。一旦完成了這篇文章，他將所有研究材料收於一個資料夾，沒有想到因此留下一道錯誤的痕跡，下個世紀幾乎爲此翻遍千山萬水。甚至到晚近都還在重複這項錯誤。英國歷史學者強生（Paul Johnson）於一九九八年十月寫道，「達爾文不像馬克思，他是一位眞正的科學家，在一個著名的時刻裡，有禮但堅決地拒絕了馬克思所要求的浮士德式交易。」

事實上，這兩位維多利亞時期智者唯一所知的接觸，是那封一八七三年眞實性無庸置疑的感謝信，馬克思經常用來驕傲地向朋友與家人炫耀，證明達爾文視《資本論》爲「大作」。但是這本目前仍躺在肯特郡的道恩舍（Downe House）書架上的大作卻令人遺憾地透露一個完全不同的訊息。達爾文習慣在他讀過的任何書籍上塗寫鉛筆筆記，這本書並沒有；厚達八二二頁的篇幅裏只有前一〇五頁被割開。我們不得不接受這種結論，他只不過瞧了前面一兩章，就寄了感謝函——後來再也沒有看過這份不想要的禮物。

「眞是典型的英國人，」馬克思如果知道眞相，他也許會如此抱怨。第一次讀《物種起源》時，他就警告恩格斯，「要忍受英文論證的笨拙方式。」英國人對於《資本論》的反應始終是沈默與不解，這更令他相信，每一位眞正的英國人都擁有「固執愚蠢的天賦異稟」。機靈的辯證法大師居然被流放到地球上最市儈的國家——一個由本能、粗糙的經驗主義所統治的國度，在這兒「知識份子」一詞甚至是嚴重的罵人詞彙，這也算是命運再次捉弄的確證吧。「馬克思雖在英國長期居住，」高級律師麥克杜內勳爵（Sir John Macdonnell）於一八七五年三月號的《雙週評論》寫道，「他在此地不過是一個虛幻空洞的名字。人們以謾罵向他致敬；他們根本不讀他的作品。」終馬克思一生，《資本論》都未出英文版，此一事實在他的認知中是民族短視的徵狀，而非原因。（「我們很感謝您的來信」，麥克米倫先生公司寫給恩格斯的朋友蕭雷姆（Carl Schorlemmer），他是曼徹斯特大學的有機化學教授，「但是我們不打算出《資本論》的英譯本」。）對少數眞心想要研讀內容的英國人而言，語言隔閡又是一項難以逾越的障礙。當馬克思的一位國際老同事福克斯（Peter Fox）獲贈一本《資本論》之後，他說感覺像得到一隻大象，不知該如何處置。在馬克思的文件裏頭，有幾封來自蘇格蘭工人巴勒（Robert Banner）絕望的求救信：

> 難道它沒有被翻譯的希望嗎？目前沒有英文著作宣揚勞苦大眾的信念，我們這些青年社會主義者所接觸到的書，全都是站在資本的利益發言；因此我們的信念在這個國家中仍處於極為落後的情況。如果有一本以社會主義立場來詮釋經濟學的書問世，你很快會發現，這個國家將出現一股終結目前落後狀態的風潮。

那些最能夠欣賞這本書的人沒有能力理解，而受過教育的精英雖然能理解，但是卻沒有閱讀的動機。正如英國社會主義者海德曼（Henry Hyndman）所抱怨，「我們現今習慣在利劍的尖端套上大而軟的防護塞，此種做法在英國尤然。於是，馬克思以裸露劍尖激烈攻擊對手的做法看來相當不妥，對於我們這些溫文儒雅的假鬥士與頭腦體操者而言，實在難以相信這位毫不留情的爭論者、資本與資本家的激憤抨擊者，確實是當代最深刻的思想家。」

海德曼本人就是上述通則的例外——也是其他每種通則的例外。他出身於伊頓（Eton）

學校與劍橋的三一學院（Trinity College），曾一度參加蘇塞克斯（Sussex）郡的板球俱樂部，據說他信奉社會主義是「因爲他未被列入劍橋十一人之內，由此不齒、唾棄整個世界。」（英國劇作家伍德浩斯（P. G. Wodehouse）筆下的人物皮史密斯（Psmith）很像他，皮史密斯被伊頓學校驅出校門，喪失了與哈洛（Harrow）中學在洛茲打板球的榮譽，便改宗信奉馬克思主義，從此見到每個人都稱呼「同志」。）海德曼從未放棄那些能夠彰顯階級身分的行頭，他經常身著大禮服與絲質高帽出現在左翼聽眾面前。他的政治路線也是由上而下：無產階級不能自我解放，只有那些「不同出身且少年早熟、鋒芒畢露的人士」才能使之重獲自由。但他自己又相信，他是城裏最正宗、最熱門的激進份子（大概只有他自己一個人這樣想）。「我總是期盼革命在下星期一早上十點就爆發，」他說，「不如此期待，我就無法繼續下去。」他在一八八〇年初讀了《資本論》的法文譯本，隨即用許多誇張的讚美詞轟炸作者，最後馬克思不得不同意見他。

「我們交談的方式很特別，」海德曼描述兩人在邁特蘭公園路四十一號首度會面的情景。「馬克思討論到興頭時，習慣來回在房裏走動，彷彿他在雙桅帆船甲板上踱步運動。而我在長途航行中，也養成了相同的習慣；一旦心中若有所思，就會開始來回踱步。因此，你可看到師生兩人就隔著桌子持續兩、三個小時來回不停走動，忙著討論古今大事。」海德曼宣稱他「求教心切」，但根據馬克思的描述，都是這位老伊頓人在說話。

海德曼取得了入場資格，又得知馬克思的醫生禁止他晚上工作，於是他養成晚餐後不請自來，現身於邁特蘭公園路住所的習慣。家庭中的每一位成員都覺得此人殊爲討厭——尤其在某些晚上，愛琳娜的一群朋友，亦即陶格貝里俱樂部（Dogberry Club）成員，會固定於客廳聚會朗讀莎士比亞戲劇，此時海德曼的打擾最令人厭煩。馬克思喜歡這些表演，總是在表演完後堅持玩猜字謎與索韻的遊戲。（一位陶格貝里份子回憶，「當他覺得遊戲中某個人表現特別滑稽，總是笑到眼淚流下臉頰」）；但是海德曼突然闖入，向這群聚會夥伴發表他對格來斯頓先生（譯按：William E. Gladstone，一八八〇至一八八五年的英國首相。）的高見，也絲毫不見慚愧。某次海德曼又來騷擾過後，馬克思寫信給小燕妮描述當時情況：

> 我們被海德曼與他太太入侵，他們兩人都有相當高超的無事逗留功夫。我倒很喜歡他太太，因為她思考與說話的方式很直率、不拘泥，又十分果決，但看她崇拜喋喋不休、志得意滿的丈夫的模樣，多麼有趣！媽媽累了（快要晚上十點半了），她回去休息了。

不可避免的絕裂發生在一八八一年六月。當時海德曼出版他的社會主義宣言《屬於所有人的英國》（England For All），馬克思驚訝地發現其中兩章大部分是未獲許可抄襲自《資本論》。該書前言有一段說明，「我要感謝一位偉大思想家與原創作者之著作，本書第二章與第三章的想法與大部分材料受其啓迪甚多，我相信，大多數國人不久將有緣親睹這部著作。」馬克思認爲這種處理方式根本不妥。海德曼怎能不提《資本論》及其作者的名字呢？他牽強地解釋，英國人「恐懼社會主義」，而且「怕被外國人指導」。但正如馬克思指出，這本書不可能在第八十二頁召喚「社會主義惡魔」之後，同時又緩解英國人的恐懼；況且最愚鈍的讀者也猜得出，前言所提的那位匿名思想家必定是個外國人。這是不折不扣的竊盜——更糟的是，他又自作主張在少數不是直接抄自《資本論》的段落中加油添醋，犯了一些白癡錯誤。海德曼被逐出邁特蘭公園路的住所。他於三十年後撰寫的回憶錄裡，嘮叨提到馬克思對於新觀念總是有很高的興趣，並加上一句：「他不太在乎別人全盤抄襲他的著作，頂多抱怨幾句。」海德曼的敏銳度跟他同階級的大多數人差不多，像一頭麻醉過的犀牛。

還好，馬克思與一位英國弟子鬧翻之後，立即又得到另一位英國弟子——這一次他謹慎行事，沒有眞正與此人見面，免得又被另一位喋喋不休、自鳴得意的人纏上了。恩尼斯特．貝爾福特．巴克斯（Ernest Belfort Bax），出生於一八五四年，來自於一個從事雨衣製造商的中產階級家庭，父母都是虔誠的基督教徒。他受巴黎公社事件影響，開始傾向激進的政治立場，那時他還是個學生。一八七九年，高水準的《現代思想》（Modern Thought）月刊開始連載他介紹當代重要思想家的長篇系列文章，包括叔本華、華格納與馬克思（於一八八一年開始）等人。巴克斯曾於德國研習黑格爾哲學，他是同世代的英國社會主義者當中，唯一一位接受辯證法乃生命內在動力之人。他描述《資本論》在「經濟學領域的革命性成就及其深遠之影響，可比擬天文學中的哥白尼體系，或機械學中的萬有引力定律。」

馬克思受寵若驚：他終於找到一位了解他的英國佬。「這種文章可是頭一遭見到，文章中充滿對新觀念的真正熱誠，作者勇敢起身對抗瀰漫英國上下的市儈作風，」他寫給一位現住美國的四八年老戰友佐爾格。更棒的是，《現代思想》在倫敦西區張貼海報，宣傳這篇文章。當他將巴克斯的文章唸給生病的太太聽，她立即高興起來。

海德曼被驅出馬克思家庭核心圈的主因，無疑是文抄公行徑與粗鄙的舉止。但他對於自己遭逐的一項解釋也言之成理：馬克思或許正因燕妮久病不癒而情緒暴躁，「使他對任何事都只看到最壞的一面。」一八八〇年夏天，卡爾對燕妮的病況惡化極度擔心，他帶她去曼徹斯特找醫生朋友岡伯特商量，醫生判定她患嚴重的肝病，囑咐應長期靜養，最好療養地就在海邊。於是，大隊人馬拔營前往蘭姆斯蓋特度假——包括恩格斯、卡爾與燕妮、勞拉與保羅．拉法格、小燕妮與查理．郎格，加上他們的小孩，強、亨利、埃德加。「這次出遊對於馬克思特別有幫助，我希望他能徹底舒緩一番，」恩格斯寫給一位日內瓦的共產主義者。「他的妻子不幸已久病不愈，但她仍盡可能保持心情愉快。」

這句話換個說法，就是一點也不快活。馬克思不滿意岡伯特醫生的診斷，鼓勵她徵詢卡爾斯巴德的另一位專家菲迪南．菲來克斯的意見——這位專家既然沒有見過燕妮，便要求一份描述她身體狀況的詳細報告。「我最近病情惡化的主因或許是嚴重的焦慮，」燕妮在列舉種種生理症狀之後說，「它沈重地壓在我們這些『老傢伙』身上。」她指出，法國政府近來已宣佈特赦政治流亡者，再也沒有任何理由阻止女婿郎格返回巴黎，這等於硬生生從一位老婦人身邊奪走她的女兒與孫子。「親愛的好醫生，我多麼希望多活一陣子。生命愈是走到盡頭，人們愈是對此『垂淚之谷』（譯按，指人世間）依戀不捨，眞是奇怪啊。」

馬克思從未讀過這封信，但他十分了解她的死亡恐懼：在蘭姆斯蓋特閒待了一個月之後，他報告說，燕妮的病「突然惡化，有可能致命。」

馬克思在休養生息之後，感覺稍微好一些；但是身體才稍有改善，很快又被潮溼且寒冷的冬天所侵蝕。這氣候「帶給我持續的感冒與咳嗽，還讓我晚上不得成眠，」他向一位聖彼德堡的通信者解釋，健康狀況不佳使他無法回信，更別提讓《資本論》剩下的幾卷有所進展。「最糟糕的是，即便我求助倫敦最有名的名醫，馬克思太太的病況仍日益危險，此外我還有一堆麻煩的家務事。」其中一件麻煩事，就是小燕妮與其小孩突然離開他們，遠赴巴黎，在那兒查理．郎格已被任命爲喬治．克里蒙梭（Georges Clemenceau）的激進日報《正義》（La Justice）的編輯。「你知道——以馬克思太太目前的身體狀況——分離是多麼痛苦。對於她與我而言，三個小孫子就是生命中歡樂的無盡泉源。」有時，他聽到街上小孩的嬉鬧聲，會衝到窗前，暫時忘了那群疼愛的小子目前正在海峽的另一邊。有一天他在邁特蘭公園散步時，公園管理員招呼他，問起「小強尼」，也就是強．郎格的近況如何，讓他感受到另一陣巨痛。歹運連續來，一八八一年四月，孫子馬色爾在郎格於阿瓊德義（Argenteuil）的新家出生，他也錯過了。他的祝賀詞或許因此充滿怨天尤人的語調：「我當然奉媽媽與杜西指示寫這封信……祝福你們事事如意，但是我不認爲『祝福』有什麼用，只不過用來掩飾自己無能爲力罷了。」差堪告慰的是，至少新生兒是個男孩。雖然燕妮．馬克思滿心期待有一位孫女，「至於我，在這個歷史的轉折點，我喜歡生出個『男性的』小孩。在他們面前橫亙著人類歷史上最具革命性的時期。此刻『年老』眞是件壞事，你只能預見而不能眞正看見。」

他與他的太太倆人都覺得像瑪士撒拉（Methuselah）一樣老。卡爾洗土耳其浴，以活絡因風溼而僵直的腿；燕妮則是連續好幾天躺在床上，變得更消瘦。有時候，她的疼痛神奇地消失，覺得自己可以去散步或去劇院，但是馬克思知道她不可能康復。燕妮得了癌症。「唉，我倆都曉得，我太太的病沒得醫了，」他在一八八一年六月寫給老朋友佐爾格。「過幾天，我要帶她去伊斯特博恩（Eastbourne）的海邊。」她在那裏不得不使用輪椅——「身爲一個堂堂的步行者，我在幾個月之前還認爲這東西有失顏面。」

他們在南部海岸待了兩個星期之後，燕妮的狀況已經能夠與卡爾一同踏上橫跨海峽的旅程，探訪他們新出生的孫子。但是當他們抵達阿瓊德義的時候，她得了嚴重的腹瀉。女主人的精神狀況也不佳。「小燕妮氣喘得很嚴重，」馬克思寫給恩格斯，「房子會漏風，小孩倒是一如往常地強壯。」稍後英國傳來消息，杜西罹患某種嚴重、原因未明的疾病，馬克思獨自一人匆匆趕回倫敦，察看究竟是怎麼回事。他發現她處於「精神徹底沮喪」的狀態，現今將歸類爲厭食症。「她好幾個星期以來幾乎不吃東西，」他寫信給恩格斯。「醫生說沒有器官上的問題，心跳、肺等等都正常；基本上整個症狀源自胃的失常，變得不習慣接受食物（而且她又大量喝茶，使情況更加惡化；他馬上嚴禁她喝茶）；另外，神經系統過度操勞也是原因之一。」

燕妮．馬克思幾個星期之後回來，由孜孜不倦的海倫．德穆特相伴，她立即躺回床上。在十月初，馬克思很肯定認爲她的病「接近終結了」。馬克思本人也因支氣管炎而臥病在床，但當他得知德國社會民主黨獲得了帝國議會的十二個席次後，他十分振奮。「如果有哪個外在事件能讓馬克思多少恢復元氣，」恩格斯在十一月底寫給伯恩斯坦，「那一定是選舉。無產階級從未表現如此精采……。三年來，前所未有的迫害與殘酷的高壓手段在德國各處上演，任何形式的公共組織，甚至溝通都完全不可能存在。但我們年青人回來了，不僅恢復了往日實力，甚至比以往更強大。」

燕妮．馬克思於一八八一年十二月二日去世。在最後的三週裏，她與她的丈夫甚至不能彼此見面：他的支氣管炎由於得了肋膜炎而更加惡化，被禁閉於隔壁臥房，不能移動。她的最後遺言用英文說出，在樓梯轉角處迴盪：「卡爾，我沒有力氣了……。」醫生禁止馬克思參加葬禮，三天後於高門墓園一個沒有宗教安排的角落舉行。他常常回憶燕妮去世前一天叱責一位護士的插曲，事關燕妮忽略了某些醫療規定：「我們又不是外人！」以此安慰自己。另外，他自己糟糕的健康狀況，也暫時轉移了悲痛，他需要一天用碘劑塗抹胸口與脖子好幾次。「對付心靈苦痛的唯一有效處方，就是生理疼痛，」他寫道。「在我前面是世界末日，而牙疼又如影隨形。」

恩格斯說馬克思本人現在等於死了——這是殘酷的觀察，卻又那麼眞實。就在燕妮在世的最後幾天，他由於失眠與缺乏運動耗光所有體力，染上最後奪去性命的疾病。他的德國編輯偏偏挑了這麼不巧的時機，要求《資本論》的新版本，但此時他根本不可能工作了。他遵照醫囑，在愛琳娜伴隨下前往懷特島兩個星期，嘗試以當地「溫暖而乾燥的氣候」治病——結果卻碰上強風、大雨與降至零下的溫度。由於「捉摸不定的天氣」，他的支氣管黏膜炎更惡化了。他在文特諾爾（Ventnor）散步時，當地醫生要求他戴上口罩。

愛琳娜的飲食與作息仍不正常，在憂鬱沈默與「令人吃驚的歇斯底里」發作之間擺盪。她對演藝生涯的渴望現在幾乎已成實際的生理需求：除非這種饑渴得到滿足，否則她就會不吃不喝。他們從文特諾爾回來的日期是一八八二年一月十六日，正好是愛琳娜二十七歲生日，此一巧合令她痛苦地想到，她的荳蔻年華都奉獻給家庭了。馬克思知道必得釋放她。「至於未來的計劃，」他在一月十二日寫給恩格斯，「第一步就是解除杜西作爲我伴侶的責任……這女孩處於極大的精神壓力之下，甚至已開始損害她的健康。旅行、換個天氣、醫生都不能幫上忙。」

然而，馬克思本人極需換個天氣：除非他逃離使其病情加劇的英國冬天——「這個該死的英國病」——否則他的黏膜炎沒有救了。義大利拒絕他入境（最近有人在米蘭被捕，只因爲他姓馬克思），他決定有生以來第一次離開歐洲，在二月十八日前往阿爾及利亞。

馬克思開始爲期一年的無盡流浪：三個月在阿爾及爾，一個月在蒙地卡羅，三個月與郎格一家人在阿瓊德義，一個月在瑞士勝地微菲（Vevey）。他每到一處，當地就下起傾盆大雨與雷陣雨，即使前幾個星期還烈日曝曬，在他抵達後都變了天，眞是一致得令人感到滑稽。他在十月回到倫敦，但是濕冷的天氣立即迫使他再到文特諾爾，他在那裏待到一八八三年一月。在一八四〇年代，他被一陣陣的革命與反動吹盪於歐洲各國首都之間；現在，他再度成爲遊牧民族，只是這次乃是被支氣管的刺痛所驅使；歷史再度重演，這一次則是沈悶的鬧劇。在阿爾及爾，他很少費神看報紙，而喜好參訪植物園，與同行夥伴聊天，或只是望著海。他的唯物論與辯證法現在有什麼用？他在一封寫給勞拉的信裏，轉述當地一則阿拉伯寓言，似乎恰好反映他現在的處境：

一位船夫在湍急的河邊等待。欲往對岸的哲學家登上了船。接下來就是對話：

哲學家：船夫，你知不知道歷史？

船夫：不！

哲學家：那麼你浪費了一半的生命！你學過數學嗎？

船夫：不！

哲學家：那麼你浪費的不只是一半的生命。

哲學家的話剛出口，一陣風來打翻了船，船夫與哲學家都掉進水裏，這時

船夫大叫：你會不會游泳？

哲學家：不會！

船夫：那麼你浪費了全部的生命。

他從外表看來仍是一位仰之彌高、令人生畏的人物：一位約略在此時遇見馬克思的英國人還記得，他是「一位各方面都很龐大的人，很大的頭與頭髮，很像『頭髮蓬亂的使徒彼得』（shock-headed Peter's）。」或者，馬克思也許像密爾頓（John Milton）作品裏頭的參孫（Samson），「鬃毛直立宛如／激怒野豬之背脊，亦如生氣之豪豬。」但是在他生命的最

後幾年，肋膜炎與支氣管炎消磨了他的體力，他不再有斥責打擊市儈的力氣。最後他承認力量消散，將美髯獻給了一位阿拉伯的理髮師。他在一八八二年四月二十八日寫給恩格斯，「我剪掉了先知的鬍鬚與最高的榮耀。」

一個刮得光溜溜的卡爾·馬克思幾乎是無法想像的——他確信後世不會看到這幅模樣。他在象徵性除毛之前，自己先照了一張像，毛髮蓬鬆，眼睛瞇瞇的，以提醒女兒別忘了記憶中所熟知的那個人。這就是我們看到的最後一張照片：一位和藹的朱彼特，一位知識界的聖誕老人。正如他開玩笑說，「我仍是擺一張好臉色。」至少對他家人的確如此。他的肋膜炎相當難治；他在蒙地卡羅時，一位當地專家證實他的支氣管炎已轉爲慢性疾病；但是馬克思不讓他的女兒知道病況。「我告訴孩子們的話都是事實，但並非完整的事實，」他解釋。「沒有必要驚動她們。」

小燕妮同時間也隱瞞一個祕密，不讓他知道：她得了膀胱癌。馬克思於一八八二年夏天來到阿瓊德義時，小燕妮早已因懷孕過於頻繁，加上照顧四個活潑小孩而體力透支、積勞成疾，她一直隱瞞自己的痛苦——而愛琳娜與海倫來訪無疑對她隱藏病情也頗有助益。小強尼·郎格自從搬到法國後就很野（「由於無聊而變得頑皮」，馬克思推斷），當愛琳娜在八月中旬返回倫敦時，她帶走這位六歲大的淚人兒，承諾接下來幾個月要監督他的教育與生活作息。她希望逃離責任的願望破碎了：不到一年時間，她從父親的特別護士，變成外甥的家庭教師。但事實上，這份新工作讓愛琳娜很快樂，她不久後就將強尼當成是「我的小孩」。他的兄弟埃德加、哈利與父親於八月底一同前往卡瓦道斯（Calvados）度假，留下小燕妮與嬰兒馬色爾在家；但是她仍舊疲憊透支，經常疼痛不堪。當她又產下一名女嬰之後（取名爲燕妮，也叫美美Meme），她終於在給愛琳娜的信裏坦承她的膀胱癌：「我眞不希望世界上任何一個人有這種折磨，我已承受了八個月，那是難以形容的痛苦，而照顧小孩更使我像是活在地獄。」她附加一道嚴格的禁令，不能讓摩爾知道。但是父女同在一個屋簷下共度夏天，不可能完全隱瞞；生活中處處透露大事不妙的訊息。冬季他於懷特島上住所固定寄出信件，請求告知「可憐的小燕妮」與嬰兒的消息。「我對她的近況很難過，」他在十一月告訴愛琳娜，「我擔心她承受不了重負。」

馬克思本人也無法減輕這份負擔。他由於氣管黏膜炎發作，在十二月份大部分時間裡都被禁閉於文特諾爾的博尼法斯花園（Boniface）一號住所——不過此時肋膜炎與支氣管炎至少暫時獲得抑制。（「想想看，大部分與我同時代的人，尤其那些與我同年紀的人很多都翹辮子了，這眞是振奮人心啊。」）一八八三年一月五日，他從拉法格那裡得知小燕妮的病況危急；第二天早上，他被一陣猛烈咳嗽驚醒，以爲自己快要窒息了。這兩件事難道有某種看不見的關聯嗎？他詢問當地一位友善的年輕約克夏醫生，名叫詹姆斯．威廉生，是否內心的痛楚會「影響黏膜運動」？

燕妮．郎格在一月十一日下午五點去世，享年三十八歲。愛琳娜一得知這個消息，就動身前往文特諾爾：

> 我曾經度過許多悲傷的時刻，但是從沒有如此刻這般悲傷。我覺得自己將宣判父親的

死刑。在漫漫長途中，我絞盡腦汁尋找告訴他的適當方式，但是我根本不需要告訴他，我的臉透露了一切。摩爾立即說，「小燕妮死了」。然後，他催促我立即去巴黎，照顧小孩。我想要留下來伴隨他，但是父命難違。我只不過在文特諾爾待了一個半小時，便再度踏上返回倫敦的悲傷旅程；從那兒我前往巴黎。摩爾替小孩著想，我只不過執行他的願望。

我不要再多說關於回家之事了。我只能回想當時因恐懼而起的戰慄，那種痛苦與折磨。但是夠了。我回到家，摩爾也回來了，靜待解脫。

在離開文特諾爾之前，馬克思草草寫了一張便條給威廉生醫生，解釋他爲何要匆忙辭別。「親愛的醫生，請您將帳單寄到倫敦市西北區，邁特蘭公園路四十一號。我很抱歉沒有時間向您告別。我在可怕的頭痛中得到一些解脫。生理疼痛是心理疼痛的唯一『麻痺藥』。」據我們所了解，這是他寫過的最後一封信。馬克思附加了一張自己的照片當做紀念品，並用顫抖的手寫下，「祝新年愉快」。

正如愛琳娜所知，她的父親回家乃是等死。在病痛難當的時刻，維多利亞時期的小說經常替他帶來慰藉；但此時他受到喉頭炎、支氣管炎、失眠與盜汗的侵襲，身體虛弱不堪，連這些小說都已無法閱讀。他的雙眼瞪著虛空，或有時翻閱出版社的目錄，一邊將腳浸在芥末水裏取暖。海倫·德穆特試著在晚餐煮一些外國菜讓他精神愉快，但是馬克思偏好自己發明的食物——每天一品脫的牛奶（他先前很厭惡），再加上好幾杯的蘭姆酒與白蘭地。到了二月，他的肺部長了膿瘡，臥病在床。恩格斯在三月七日寫道，馬克思的健康

「仍舊沒有起色。如果從現在起，連續兩個月都是溫暖的天氣，那就會大有幫助；但是現在刮西北風，幾乎要起風暴了，加上大雪紛飛，讓人如何能期待治好長期的支氣管炎！」三月十四日星期三，恩格斯於通常造訪的時間下午兩點半左右來到家裏，萊菁下樓告訴他，馬克思在火爐旁最愛的扶椅上「半睡著了」。他們進入臥房一兩分鐘之後，他就與世長辭了。「人類失去了一位智者，」恩格斯寫信給一位美國的同志，「而且是我們這時代裏最出色的智者。」

卡爾·馬克思在一八八三年三月十七日下葬於高門墓園的一個偏僻角落，正是他太太在十五個月以前埋葬的同一塊地上。只有十一位送葬者參加了葬禮。恩格斯在墓前發表悼詞，形容他是一位革命天才，卻變成當代最遭嫉恨和最受誣蔑的人；他預言「他的英名和事業將生生世世，永垂不朽」。法國、俄國、美國的社會主義報紙以同樣令人作嘔的標題刊登頌辭——「工人最好的朋友與最偉大的導師」、「人類的不幸」、「國王被遺忘後，他仍萬世流芳」、「一位凡間最高貴的人」。但是在他六十五年的有限生命中度過大半歲月的國家裡，他去世的消息幾乎不受任何人注意。「卡爾·馬克思博士，德國社會主義者宣告死亡，」倫敦的《每日新聞》報導。「他的理論曾一度驚嚇皇帝與總理大臣，但他活著見到自己的理論逐漸崩垮失效……英國工人不喜歡認同這些原則。」《泰晤士報》刊登的訃文只有短短一段文字，其中每一句都有錯誤。訃文說他生於科隆，二十歲時移民到法國。只有《潘摩雜誌》預料他會活在世人的記憶中：「《資本論》雖然尚未全部完成，但將會衍生一大堆較小篇幅的書，逐漸影響認眞思考社會問題的所有階級人士。」

他自己會選擇何種墓誌銘？他於一八八〇年夏天在蘭姆斯蓋特度假時，遇見了美國記者史文斯頓（John Swinston），他爲《紐約太陽報》（New York Sun）寫一系列關於「法國與英國旅遊」的文章。史文斯頓望著這位老家長在海灘上與孫子嬉戲（「馬克思不讓雨果（Victor Hugo）專美於前，他深知當祖父的藝術。」）傍晚，他獲准進行一次採訪。他報導說：

> 談話圍繞著世界、人、時代與理念流轉，我們的杯子在海邊玎璫作響。鐵路列車不等人，夜幕即將降臨。我們思考了時代的絮聒與毀滅，也談過了白天與夜晚的景色，我心頭浮現一個關於存在最終法則的問題，我想要從這位智者口中找到答案。在一陣沈默中，我進入語言的深處，並且提高了聲調，我用重大的話語打斷這位革命者與哲學家：「到底是什麼？」
>
> 他望著面前洶湧的波濤與海灘上活動的眾生，心頭似乎翻轉了一下。我問道，「到底是什麼？」他用低沈與莊嚴的語氣回答說：「鬥爭！」起初，我以為聽到了絕望的回聲；但是也許這就是生命的法則。

後記

卡爾．馬克思去世時沒有國籍，也沒有留下遺囑。他的財產估計是兩百五十英鎊，主要是根據邁特蘭公園路四十一號的家俱與書籍價值。這些東西以及他龐大的書信與筆記都收歸恩格斯保管——海倫．德穆特也是一樣，她在攝政王公園路一百二十二號當管家，直到一八九〇年十一月四日死於腸癌。

恩格斯忙於拚湊《資本論》的筆記與手稿。第二卷在一八八五年七月（於德國）出版，第三卷則是在一八九四年十一月。第一個正式的英文譯本（一八八七年）賣得不好，但是一個盜版英文本三年後在紐約出現，第一刷五千份立即銷售一空——也許是因為出版商寄給華爾街銀行家一份傳單，宣稱這本書揭露了「如何累積資本」。恩格斯在一八九五年八月五日死於食道癌。大約有八十人參加了渥金（Woking）火化場的葬禮；愛琳娜．馬克思與三位朋友一同到伊士特博恩，從比區海德(Beachy Head) 划船出海六英哩，將他的骨灰撒於大海。

在恩格斯死後，整理與保存馬克思文件的工作落入愛琳娜．馬克思與她的情人愛德華．阿夫林身上。阿夫林醜得令人驚訝，其品格不值信任，亦同樣惡名昭彰。他也是個舌燦蓮花的騙子，「只需要比倫敦最英俊的男子多花半個小時」就可以成功誘騙婦人。他與愛琳娜公然同居，由於他們大部份的朋友是演員、自由派人士和其他波西米亞類型的人，所以沒有人覺得詫異。倒是他以可怕的方式對待她，嚇到了其他客人：小說家奧利弗．史來納（Olive Schreiner）將阿夫林描述爲一位「惡棍」；威廉．莫里斯認爲他是一隻「聲名狼藉的狗」。愛琳娜在一八九八年三月發現，他於去年夏天已經暗中娶了一位二十二歲的女演員，終於明白朋友的說法多麼正確。阿夫林解決這項危機的方式就是向愛琳娜提議兩人一起自殺。愛琳娜盡其本份，寫了一張溫柔的告別信，並且吞下了他準備的氰酸。不用說，阿夫林沒有打算遵守承諾：她一吞下了致命的毒藥，他就離開房子。阿夫林雖然沒有被控謀殺，他無疑殺了她。

勞拉與保羅．拉法格住在巴黎郊外，大部分依靠他們從恩格斯要來的錢維生。在一九一一年十一月，也就是他六十九歲、而她六十六歲時，他們認爲不值得再活下去，於是一同自殺。他們聯合葬禮上的主要致詞者是一位俄國共產主義者，名字叫做列寧（Vladimir Ilyich Lenin），他說勞拉父親的理念將比任何人的想像更快實現。

馬克思的四個小孩比他先走一步，兩位僅存者都是自殺。唯一逃過這項詛咒的家庭成員是佛萊迪．德穆特，他平靜地在倫敦東區居住與工作。一九二九年二月二十八日他死於心臟衰竭，享年七十七歲。終其一生，他本人與其他人都沒有想到佛萊迪也許是一位名人的兒子，這位名人的臉孔與名字在那時已廣爲全世界所知。

歷史與現場 141

Karl Mark

資本主義的先知—馬克思

作　者—法蘭西斯·惠恩(Francis Wheen)
譯　者—洪儀眞　何明修
核　譯—夏傳位
主　編—吳家恆
董事長
發行人—孫思照
總經理—莫昭平
總編輯—林馨琴
出版者—時報文化出版企業股份有限公司
108台北市和平西路三段二四〇號三樓
客服專線—(〇二)二三〇四—七一〇三
(如果您對本書品質有任何不滿意的地方,請打這隻電話)
郵撥—〇一〇三八五四〇時報出版公司
信箱—台北郵政七九~九九信箱
時報悅讀網—http://www.readingtimes.com.tw
電子郵件信箱—history@readingtimes.com.tw
美術編輯—林麗華
責任編輯—黎家齊
校　對—溫洽溢
印　刷—科樂印刷有限公司
初版一刷—二〇〇一年十二月二十四日
定　價—新台幣三八〇元
⊙行政院新聞局局版北市業字第八〇號

ISBN 957-13-3578-8
Printed in Taiwan

國家圖書館出版品預行編目資料

資本主義的先知：馬克思／法蘭西斯・惠蔭（Francis Wheen）著；洪儀眞，何明修譯.
--初版 . -- 臺北市：時報文化 , 2001〔民90〕
面： 公分 . -- (歷史與現場；141)
譯自：Karl Marx
ISBN 957-13-3573-8（平裝）

1. 馬克思（Marx, Karl, 1818-1883） 傳記

549.348 90022238